O LIVRO DA MÚSICA CLÁSSICA

O LIVRO DA MÚSICA CLÁSSICA

GLOBOLIVROS

GLOBOLIVROS

DK LONDRES

EDITOR DE PROJETO
Sam Kennedy

EDITOR DE DE ARTE SÊNIOR
Gillian Andrews

EDITOR SÊNIOR
Victoria Heyworth-Dunne

ILUSTRAÇÕES
James Graham

EDITOR DE CAPA
Claire Gell

GERENTE DE DESENVOLVIMENTO DE DESIGN DE CAPA
Sophia MTT

PRODUTOR, PRÉ-PRODUÇÃO
Jennifer Murray

PRODUTOR
Mandy Inness

GERENTE EDITORIAL
Gareth Jones

GERENTE EDITORIAL DE ARTE
Lee Griffiths

DIRETORA ASSOCIADA DE PUBLICAÇÕES
Liz Wheeler

DIRETORA DE ARTE
Karen Self

DIRETOR DE DESIGN
Philip Ormerod

DIRETOR DE PUBLICAÇÕES
Jonathan Metcalf

PROJETO ORIGINAL
Toucan Books

GLOBO LIVROS

EDITOR RESPONSÁVEL
Lucas de Sena Lima

ASSISTENTE EDITORIAL
Lara Berruezo

TRADUÇÃO
Maria da Anunciação Rodrigues

CONSULTORIA
Irineu Franco Perpétuo
João Luiz Sampaio

PREPARAÇÃO DE TEXTO
Estúdio Sabiá

REVISÃO DE TEXTO
Huendel Viana
Erika Nogueira

EDITORAÇÃO ELETRÔNICA
Equatorium Design

Editora Globo S.A.
Rua Marquês de Pombal, 25 — 20230-240
Rio de Janeiro — RJ — Brasil
www.globolivros.com.br

Texto fixado conforme as regras do Acordo Ortográfico da Língua Portuguesa (Decreto Legislativo nº 54, de 1995).

Todos os direitos reservados. Nenhuma parte desta edição pode ser utilizada ou reproduzida — em qualquer meio ou forma, seja mecânico ou eletrônico, fotocópia, gravação etc. — nem apropriada ou estocada em sistema de banco de dados sem a expressa autorização da editora.

Publicado originalmente na Grã-Bretanha em 2019 por Dorling Kindersley Limited, 80 Strand London, WC2R 0RL. Parte da Penguin Random House.

Título original: *The Classical Music Book*

1ª edição, 2019 - 3ª reimpressão, 2024

Impressão e acabamento:
Coan

Copyright © Dorling Kindersley Limited, 2019
Copyright da tradução © Editora Globo S.A., 2019

UM MUNDO DE IDEIAS
www.dk.com

CIP-BRASIL. CATALOGAÇÃO NA PUBLICAÇÃO
SINDICATO NACIONAL DOS EDITORES DE LIVROS, RJ

C674L

Collisson, Steve
    O livro da música clássica / Steve Collisson ; ilustração James Graham ; tradução Maria da Anunciação Rodrigues. - 1. ed. - Rio de Janeiro : Globo Livros, 2019.
    352 p. : il. (As grandes ideias de todos os tempos)

Tradução de: The classical music book
Inclui índice
ISBN 978-65-8063-402-6

    1. Música - História e crítica. 2. Classicismo na música. I. Graham, James. II. Rodrigues, Maria da Anunciação. III. Título. IV. Série.

19-58194
    CDD: 780.9033
    CDU: 78.0302

Vanessa Mafra Xavier Salgado - Bibliotecária - CRB-7/6644

COLABORADORES

DR. STEVE COLLISSON, CONSULTOR

Violoncelista, palestrante e examinador britânico, o dr. Steve Collisson foi professor do Royal Birmingham Conservatoire, da Universidade de Birmingham e da Open University. Integrou o júri de muitos festivais e concursos, entre eles a competição BBC Young Musician.

LEVON CHILINGIRIAN

Fundador, com o pianista Clifford Benson, do Quarteto Chilingirian, o renomado violinista Levon Chilingirian se apresenta no mundo todo e dá aulas na Royal Academy of Music e na Guildhall School of Music & Drama de Londres.

MATTHEW O'DONOVAN

Diretor de Música Acadêmica no Eton College, no Reino Unido, Matthew O'Donovan escreve amplamente sobre música. É também membro fundador do grupo vocal Stile Antico e arranjador com trabalho publicado.

GEORGE HALL

Ex-editor da Decca e dos BBC Proms, George Hall é crítico musical em período integral. Ele escreve para várias publicações de música do Reino Unido, como *Music Magazine*, da BBC, *The Stage* e *Opera*.

MALCOLM HAYES

Compositor, escritor e radialista, Malcolm Hayes escreveu biografias de Anton Webern e Franz Liszt e editou *The Selected Letters of William Walton*. Seu *Concerto para violino* estreou nos BBC Proms em 2016.

MICHAEL LANKESTER

Formado no Royal College of Music, Michael Lankester fez carreira internacional como regente. É diretor musical da Hartford Symphony Orchestra de Connecticut e regente-residente da Pittsburgh Symphony Orchestra.

KARL LUTCHMAYER

Pianista de concertos internacional, Karl Lutchmayer é professor no Trinity Laban Conservatoire de Londres e palestrante convidado de várias escolas de música, como a Juilliard e a Manhattan School.

KEITH MCGOWAN

Grande conhecedor de música, Keith McGowan tem trabalhado com a maioria dos principais grupos de música tradicionais de Londres e foi mestre de música de várias produções no Shakespeare's Globe, em Londres.

KUMI OGANO

Professora associada adjunta de música no Connecticut College, Kumi Ogano é instrumentista abalizada da obra dos compositores japoneses Toru Takemitsu e Akira Miyoshi.

SOPHIE RASHBROOK

Sophie Rashbrook compõe e apresenta música clássica na Sinfonia Cymru, de Gales, e no Royal College of Music, de Londres.

DRA. CHRISTINA L. REITZ

Professora associada de música na Western Carolina University, na Carolina do Norte, a dra. Christina L. Reitz ministra cursos de história da música e de música americana.

TIM RUTHERFORD-JOHNSON

Professor do Goldsmiths College, na Universidade de Londres, Tim Rutherford-Johnson escreve na internet sobre música contemporânea e é autor de *Music after the Fall: Modern Composition and Culture since 1989*.

HUGO SHIRLEY

Jornalista e crítico de música estabelecido em Berlim, Hugo Shirley é colaborador regular das revistas *Gramophone* e *Opera*.

KATIE DERHAM, APRESENTAÇÃO

Apresentadora dos programas *Sound of Dance* e *In Tune* da BBC Radio 3, Katie Derham é uma das vozes mais conhecidas da estação. É o rosto dos BBC Proms desde 2010 e apresenta o programa semanal de notícias *Proms Extra* durante a temporada. Katie também está à frente de documentários de televisão como *The Girl from Ipanema: Brazil, Bossa Nova, and the Beach*, da BBC, e dos programas *All Together Now: The Great Orchestra Challenge* e *Fine Tuned*. Em 2015 foi finalista de *Strictly Come Dancing* e, em 2017, venceu o *Christmas Special*.

SUMÁRIO

12 INTRODUÇÃO

MÚSICA ANTIGA
1000–1400

22 A salmodia é a arma do monge
Cantochão, anônimo

24 Ut, ré, mi, fá, sol, lá
Micrologus,
Guido d'Arezzo

26 Devíamos entoar salmos com um saltério de dez cordas
Ordo virtutum,
Hildegarda de Bingen

28 Cantar é orar duas vezes
Magnus liber organi,
Léonin

32 Tandaradei, cantou doce o rouxinol
Le Jeu de Robin et de Marion,
Adam de la Halle

36 A música é um conhecimento que faz rir, cantar e dançar
Missa de Notre-Dame,
Guillaume de Machaut

RENASCIMENTO
1400–1600

42 Nem uma só composição anterior aos últimos quarenta anos [...] merece ser ouvida
Missa L'Homme armé,
Guillaume Dufay

43 Língua, proclame o mistério do corpo glorioso
Missa Pange lingua,
Josquin Desprez

44 Ouça a voz e a oração
Spem in alium,
Thomas Tallis

46 O eterno pai da música italiana
Canticum Canticorum,
Giovanni da Palestrina

52 Essa é a natureza dos hinos – eles nos fazem querer repeti-los
Great Service,
William Byrd

54 Todas as árias e madrigais [...] sussurram suavidade
O Care, Thou Wilt Despatch Me,
Thomas Weelkes

55 O festim [...] maravilhou e assombrou todos aqueles estranhos, que nunca ouviram algo igual
Sonata pian' e forte,
Giovanni Gabrieli

56 Acorde, meu alaúde!
Lachrimae,
John Dowland

BARROCO
1600–1750

62 Uma das diversões mais magníficas e caras
Eurídice,
Jacopo Peri

64 A música deve emocionar todo o ser
Vésperas,
Claudio Monteverdi

70 Lully é merecidamente digno do título de príncipe dos músicos franceses
O burguês fidalgo,
Jean-Baptiste Lully

72 Ele tinha um talento especial para expressar a energia das palavras inglesas
Dido and Aeneas,
Henry Purcell

78 O sentido das igrejas não é o vociferar dos coralistas
Ein feste Burg ist unser Gott,
Dieterich Buxtehude

80 O novo Orfeu de nosso tempo
Concerti grossi, op. 6,
Arcangelo Corelli

82 A união dos estilos francês e italiano deve levar à perfeição musical
Pièces de clavecin,
François Couperin

84 Os ingleses gostam de algo em que possam marcar o tempo
Water Music,
Georg Friedrich Händel

90 Não espere intenção profunda, mas um gracejo engenhoso com arte
Sonata em ré menor, K. 9 "Pastoral",
Domenico Scarlatti

92 A primavera chegou, e com ela a alegria
As quatro estações,
Antonio Vivaldi

98 O objetivo de toda música deveria ser apenas a glória de Deus
A Paixão segundo São Mateus,
Johann Sebastian Bach

106 Telemann está acima de todo elogio
Musique de table,
Georg Philipp Telemann

107 Tinha todo o coração e a alma em seu cravo
Hippolyte et Aricie,
Jean-Philippe Rameau

108 Bach é como um astrônomo que [...] descobre as estrelas mais maravilhosas
A arte da fuga,
Johann Sebastian Bach

CLASSICISMO
1750–1820

116 Seu *forte* é como um trovão, o *crescendo* é como uma catarata
Sinfonia em mi bemol maior, op. 11, nº 3,
Johann Stamitz

118 O ato mais comovente de toda a ópera
Orfeu e Eurídice,
Christoph Willibald Gluck

120 Devemos tocar com a alma, não como pássaros treinados
Concerto para flauta em lá maior, Wq 168,
Carl Philipp Emanuel Bach

122 Fui forçado a me tornar original
Quarteto de cordas em dó maior, op. 54, nº 2, Hoboken III:57, Joseph Haydn

128 Seu enorme gênio elevou Mozart acima de todos os mestres
Sinfonia nº 40 em sol menor, K 550,
Wolfgang Amadeus Mozart

132 O objetivo do piano é substituir toda uma orquestra por um artista
Sonata para piano em fá sustenido menor, op. 25, nº 5,
Muzio Clementi

134 Pelo poder da música, andamos alegres através da noite escura da morte
A flauta mágica,
Wolfgang Amadeus Mozart

138 Vivo somente em minhas notas
Sinfonia nº 3 em mi bemol maior, "Eroica", op. 55,
Ludwig van Beethoven

ROMANTISMO
1810–1920

146 O violinista é aquele fenômeno peculiarmente humano [...] meio tigre, meio poeta
24 caprichos para violino solo, op. 1, Niccolò Paganini

148 Dê-me a lista da lavanderia e eu a musicarei
O barbeiro de Sevilha,
Gioachino Rossini

149 A música na verdade é o próprio amor
Der Freischütz,
Carl Maria von Weber

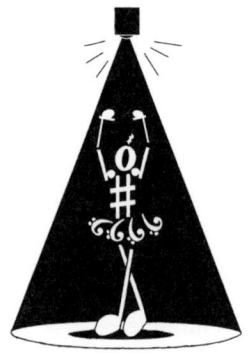

150 Ninguém sente a dor de outro. Ninguém entende a alegria de outro
Die schöne Müllerin, Franz Schubert

156 A música é como um sonho. Um que não consigo ouvir
Quarteto de cordas nº 14 em dó sustenido menor, op. 131, Ludwig van Beethoven

162 A instrumentação é o que conduz a marcha
Sinfonia fantástica, Hector Berlioz

164 A simplicidade é a conquista definitiva
Prelúdios, Frédéric Chopin

166 Minhas sinfonias teriam chegado ao opus 100 se eu as tivesse escrito
Sinfonia nº 1, a sinfonia "Primavera", Robert Schumann

170 A última nota foi afogada numa torrente de aplausos
Elias, Felix Mendelssohn

174 Amo a ópera italiana – é tão despreocupada...
La traviata, Giuseppe Verdi

176 Aquele que segura o diabo, que o segure bem
Sinfonia Fausto, Franz Liszt

178 E os dançarinos rodavam alegres nos labirintos vertiginosos da valsa
Danúbio azul, Johann Strauss II

179 Vivo na música como um peixe na água
Concerto para piano nº 2 em sol menor, Camille Saint-Saëns

180 A ópera deve fazer as pessoas chorar, sentir horror, morrer
O ciclo do anel, Richard Wagner

188 Ele [...] vem como se enviado direto por Deus
Sinfonia nº 1, Johannes Brahms

190 As notas dançam lá em cima no palco
O quebra-nozes, Piotr Ilitch Tchaikovski

192 Uma sinfonia tem de ser como o mundo, tem de conter tudo
Assim falou Zaratustra, Richard Strauss

194 A arte emocional é um tipo de doença
Tosca, Giacomo Puccini

198 Se um compositor pudesse dizer o que quer em palavras, não se incomodaria em dizer em música
Das Lied von der Erde, Gustav Mahler

NACIONALISMO
1830–1920

206 Minha pátria significa mais para mim que qualquer outra coisa
A noiva vendida, Bedřich Smetana

207 Mússorgski tipifica o gênio na Rússia
Quadros de uma exposição, Modest Petróvitch Mússorgski

208 Tenho certeza que em minha música há um sabor de bacalhau
Peer Gynt, Edvard Grieg

210 Eu queria fazer algo diferente
Réquiem, Gabriel Fauré

212 A música do povo é como uma flor rara e adorável
Sinfonia nº 9, Antonín Dvořák

216 Sinto uma força indômita
O guarani, Antônio Carlos Gomes

218 A arte da música, mais que todas as outras, é a expressão da alma
The Dream of Gerontius, Edward Elgar

220 Sou um escravo de meus temas, e me submeto a suas exigências
Finlândia, Jean Sibelius

222 **Música espanhola com sotaque universal**
Ibéria, Isaac Albéniz

223 **Um labirinto maravilhoso de habilidade rítmica**
El sombrero de tres picos, Manuel de Falla

MODERNISMO
1900–1950

228 **Vou ver a sombra que você se tornou**
Prélude à l'après-midi d'un faune, Claude Debussy

232 **Quero que as mulheres voltem a mente para obras grandes e difíceis**
The Wreckers, Ethel Smyth

240 **O público não deveria ter ouvidos complacentes**
Pierrot lunaire, op. 21, Arnold Schoenberg

246 **Não entendi um compasso de música em minha vida, mas a senti**
A sagração da primavera, Igor Stravinsky

252 **E voando cada vez mais alto, nosso vale é seu cálice dourado**
The Lark Ascending, Ralph Vaughan Williams

254 **Levante-se e assuma sua dissonância como um homem**
Sinfonia nº 4, Charles Edward Ives

256 **Nunca escrevi uma nota sem intenção**
Parade, Erik Satie

258 **A vida é muito como o *jazz* [...] é melhor quando se improvisa**
Rhapsody in Blue, George Gershwin

262 **Uma *extravaganza* louca na beira do abismo**
Les Biches, Francis Poulenc

263 **Trago o espírito juvenil de minha terra, com música jovem**
Sinfonieta, Leoš Janáček

264 **Musicalmente, não há um centro único de gravidade nesta obra**
Symphonie, op. 21, Anton von Webern

266 **O único caso de amor que tive foi com a música**
Concerto para piano para a mão esquerda, Maurice Ravel

268 **Só a ciência pode infundir vigor juvenil à música**
Ionisation, Edgard Varèse

270 **Uma nação cria música. O compositor só a arranja**
Quarteto de cordas nº 5, Béla Viktor János Bartók

272 **Detesto imitação. Detesto recursos banais**
Romeu e Julieta, Serguei Prokófiev

273 **A música balinesa manteve a vitalidade rítmica primitiva e jubilosa**
Tabuh-Tabuhan, Colin McPhee

274 **A verdadeira música sempre é revolucionária**
Sinfonia nº 5 em ré menor, op. 47, Dmítri Chostakóvitch

280 **Minha música é natural, como uma queda-d'água**
Bachianas brasileiras, Heitor Villa-Lobos

282 **Nunca fui ouvido com tão enlevada atenção e compreensão**
Quarteto para o fim do tempo, Olivier Messiaen

284 **Devo criar ordem a partir do caos**
A Child of Our Time, Michael Tippett

286 **A música é tão bem tecida [...] que leva com mão muito forte a seu próprio mundo**
Appalachian Spring, Aaron Copland

288 **Compor é como dirigir numa estrada com neblina**
Peter Grimes, Benjamin Britten

MÚSICA CONTEMPORÂNEA

298 Os sons são o vocabulário da natureza
Symphonie pour un homme seul,
Pierre Schaeffer/Pierre Henry

302 Não entendo por que têm medo de ideias novas. Eu tenho medo das velhas
4'33", John Cage

306 Ele mudou nossa visão de tempo e forma musicais
Gruppen,
Karlheinz Stockhausen

308 O papel do músico [...] é a eterna experimentação
Pithoprakta, Iannis Xenakis

309 A comunhão íntima com as pessoas é o alimento natural de todo o meu trabalho
Spartacus,
Aram Khatchaturian

310 Fui atingido pela carga emocional da obra
Trenodia para as vítimas de Hiroxima,
Krzysztof Penderecki

312 Se você se torna um ismo, o que faz está morto
In C, Terry Riley

314 Quero entalhar [...] um tom doloroso único tão intenso como o próprio silêncio
November Steps,
Toru Takemitsu

316 Em música [...] as coisas não melhoram nem pioram: evoluem e se transformam
Sinfonia, Luciano Berio

318 Se me contar uma mentira, que seja uma mentira pra valer
Eight Songs for a Mad King,
Peter Maxwell Davies

320 O processo de trocar pausas por batidas
Six Pianos,
Steve Reich

321 Nós estávamos tão adiante [...] porque todos os outros ficaram tão atrás
Einstein on the Beach,
Philip Glass

322 Esse deve ser o primeiro fim da arte [...] transformar-nos
Apocalypsis,
R. Murray Schafer

323 Eu poderia começar do caos e criar ordem nele
Quarta sinfonia,
Witold Lutosławski

324 Vulcânico, expansivo, deslumbrante – e obsessivo
Études, György Ligeti

325 Minha música é escrita para ouvidos
L'Amour de loin,
Kaija Saariaho

326 Azul [...] como o céu. Onde se elevam todas as possibilidades
blue cathedral,
Jennifer Higdon

328 A música usa blocos de construção simples e cresce organicamente a partir deles
In Seven Days,
Thomas Adès

329 Esse é o âmago de quem somos e do que precisamos ser
Alleluia, Eric Whitacre

330 OUTROS COMPOSITORES

340 GLOSSÁRIO

344 ÍNDICE

351 CRÉDITOS DAS CITAÇÕES

352 AGRADECIMENTOS

APRESENTAÇÃO

A música tem certa magia. Pode transportar-nos a um mundo diferente, fazer-nos dançar ou lembrar pessoas queridas que perdemos. Um simples acorde pode nos levar às lágrimas. Longe de ser reserva exclusiva da elite, a música hoje comumente chamada de clássica, que propiciou prazer e inspiração no mundo ocidental durante a maior parte dos últimos mil anos, continua a deliciar os ouvintes. Ela desperta emoções em nossos filmes favoritos; sua massa sinfônica aumenta a dramaticidade da ação em jogos de computador; e ela se esconde na estrutura e nas melodias das músicas populares do dia a dia. Sua magia é de um tipo muito especial, e cresceu e evoluiu ao longo dos séculos, moldada pela política, geografia, religião – e pelo gênio particular de uma profusão de grandes compositores.

Às vezes basta ouvir e deixar a música envolver-nos sem perguntar por quê, quando, ou onde ela se originou. Porém o conjunto de obras da música clássica pode parecer intimidadoramente vasto, abrangendo muitos estilos e gêneros diferentes. Por exemplo, a música antiga da Igreja medieval – cantochão e canto – é um mundo sônico distante das cataratas de som criadas pelas orquestras sinfônicas do século XIX, usadas por compositores românticos como Tchaikóvski e Brahms, ou do experimentalismo atonal de Schoenberg, no início do século XX. Por vezes, explorar universos sonoros novos pode causar estranhamento ou mesmo um pouco de desconforto, pretendido pelo próprio compositor.

Com este livro você descobrirá o contexto das grandes obras musicais dos últimos mil anos. Entender quem eram os compositores e por que eles compunham pode ser revelador e acrescentar uma nova camada ao desfrute e compreensão do ato de ouvir. Uma obra familiar como *As quatro estações*, de Vivaldi, ganha nova ressonância quando se aprende que Vivaldi demonstrou pela primeira vez o verdadeiro potencial da forma concerto e que sua fama correu da Itália à Alemanha, onde inspirou um jovem organista chamado Johann Sebastian Bach.

Talvez você saiba que Beethoven ficou surdo no fim da vida, mas conhecer quais de suas obras ele compôs sem nunca ouvi-las dá um sentido profundo à experiência da audição, aumentando o deslumbre. Perceber que Mozart era realmente um *pop star* do século XVIII pode convencê-lo a dar uma nova chance a *O casamento de Fígaro*. Poder, patrocínio e censura desempenharam cada um seu papel na gênese de algumas das mais amadas obras musicais. Como você descobrirá, os dramas e escândalos da vida real muitas vezes acompanhavam a dramaturgia musical no palco e nas partituras.

Esses são os mundos que o livro que você está prestes a ler o convida a explorar. Ele será um companheiro inestimável numa jornada por diferentes períodos da história musical, aprofundando seu conhecimento e sua apreciação de algumas das maiores obras de música clássica. Ele deliciará aqueles que já amam a música clássica mas talvez nunca tenham, até hoje, tido acesso aos elementos que compõem o vocabulário e a teoria musicais. E, melhor que tudo, irá, espero, estimular horas infindáveis de novas audições.

A música clássica, como toda música, tem a paixão em seu cerne. É por isso que as grandes obras do passado perduram há séculos, os compositores atuais ainda lutam para igualar sua beleza, e milhões de nós, hoje, amamos tocá-las, ouvi-las e ser transportados por elas. Há tanta música maravilhosa e apaixonante lá fora – deixe que este livro abra seus olhos e seus ouvidos para ela.

Katie Derham

INTRODU

ÇÃO

INTRODUÇÃO

Parte vital da cultura humana desde pelo menos o Neolítico, a música tem sido um traço de todas as civilizações, como mostram as pinturas rupestres, os afrescos e a arqueologia. O que é genericamente referido como "música clássica" é a música da civilização ocidental que evoluiu da época medieval até o presente. Em sentido amplo, cobre um vasto espectro e não só a música orquestral ou de piano, como muitos imaginam. Este livro mostra seu desenvolvimento como parte essencial da cultura europeia, espalhando-se pelo mundo, deliciando, surpreendendo e por vezes desconcertando o público, ao evoluir com os séculos.

Saltos ousados

O desenvolvimento de uma tradição musical da música de Igreja medieval e dos trovadores da corte à vanguarda do século XXI, foi muitas vezes gradual, mas também pontuado por inovações empolgantes. As primeiras óperas, montadas no fim do século XVI, por exemplo, revolucionaram a música sagrada e também a profana; a sinfonia "Eroica" de Beethoven chocou as plateias do início do século XIX com sua estrutura inovadora e o descaso pelas convenções clássicas; já *A sagração da primavera*, de Igor Stravinsky, atordoou os que assistiram à sua estreia em Paris cem anos depois. Esses saltos definiram os principais períodos da música clássica – Música Antiga, Renascimento, Barroco, Classicismo, Romantismo, Nacionalismo, Modernismo e Música Contemporânea –, embora essas sejam distinções amplas, com estilos diferentes dentro de cada uma, e as fronteiras não sejam nítidas.

O papel da Igreja

Como outras formas de arte, a música foi moldada por influências externas, além de indivíduos brilhantes. A primeira delas foi a Igreja. A música clássica ocidental nasceu numa Europa dominada pela Igreja. Além de deter considerável poder político, o clero supria a única fonte de aprendizado da sociedade. Para os instruídos, a música era parte do culto, e não diversão. Era entoada por monges sem acompanhamento instrumental.

A Arte Nova

Por centenas de anos, a Igreja resistiu a mudar o canto simples de textos sagrados, com subidas e descidas representadas em manuscritos por neumas (marcas inclinadas). Por fim, novas ideias abriram caminho. Com a invenção de um sistema de notação por Guido d'Arezzo, monge italiano do século IX, os coralistas começaram a cantar harmonias simples nas músicas. Mais tarde, eles as embelezaram com outras melodias, criando a polifonia, um novo som que, no século XIV, foi saudado como a Ars Nova, a "Arte Nova". Os compositores logo introduziram outras inovações, como o acompanhamento de órgão. A Igreja começou a perder o controle sobre a música e a cultura em geral, um processo favorecido pelo nascimento de um novo movimento cultural, o Renascimento. Conforme desaparecia o tabu da música

A música é o ato social de comunicação entre pessoas, um gesto de amizade, o mais forte que existe.
Malcolm Arnold

INTRODUÇÃO

profana, a expressão dos compositores se tornava mais livre e sua música se espalhou pela Europa, em especial após a invenção de um método de impressão e, portanto, de distribuição da música. Não mais controlados pela Igreja, os músicos buscaram trabalho nas cortes aristocráticas da Itália, França, Inglaterra e Países Baixos, onde alcançaram ganhar a vida oferecendo entretenimento.

Os religiosos, porém, ainda detinham poder, e após a Reforma um estilo musical mais austero se impôs nas igrejas protestantes do norte europeu, e mesmo as autoridades católicas buscaram moderar a complexidade da polifonia. Os compositores desenvolveram então um estilo harmônico mais simples, porém mais expressivo. As *Vésperas* (1610), de Monteverdi, abriram novo campo para a música sacra incorporando elementos desse emocionante novo estilo.

Explosão musical

Pela mesma época, em Florença, um grupo de intelectuais chamado Camerata de' Bardi apresentou um novo entretenimento que combinava música e teatro, criando a ópera. Foi um sucesso nas cortes aristocráticas, que continuavam a patrocinar compositores e artistas, e a demanda crescente também do público por ópera e música em geral levou ao investimento em casas de ópera, salas de concertos e teatros públicos.

Conforme o Barroco evoluía, compositores como J. S. Bach e Georg Friedrich Händel criaram obras de complexidade crescente, aproveitando as orquestras fornecidas por seus mecenas aristocráticos. A música do Alto Barroco foi especialmente expressiva, muitas vezes embelezada com trinados e outros ornamentos, às vezes de um virtuosismo deslumbrante.

Por algum tempo o público afluiu aos concertos para ouvir as últimas peças para orquestra, óperas e obras corais, mas com o surgimento do Iluminismo, a Idade da Razão, as tendências mudaram. Subitamente houve uma demanda por música mais elegante, que enfatizasse o equilíbrio e a clareza, levando ao período clássico, de onde a "música clássica" derivou seu nome.

Em pouco tempo, os compositores clássicos, como Mozart, Haydn e Beethoven, fixaram as formas musicais que são a base dos repertórios de concerto modernos, como a sinfonia de quatro movimentos, o concerto solo e o quarteto de cordas. A música também se tornou popular nos lares à medida que a crescente classe média obtinha tempo de lazer e os instrumentos musicais, como o piano, se tornavam mais acessíveis.

O período romântico

Apesar de sua influência duradoura, o período clássico deu lugar a um novo movimento cultural quase ao nascer. O Romantismo, com sua ênfase no indivíduo, varreu a Europa, e a expressão ganhou precedência sobre a clareza. Os compositores levaram as formas clássicas ao limite na pesquisa por novos sons. Eles buscavam fontes de inspiração extramusicais, na arte, na literatura, nas paisagens e na experiência humana.

O Romantismo foi em essência um movimento alemão, embora a ênfase no indivíduo tenha levado a uma onda de compositores »

Que paixão não pode a música despertar e sufocar...
John Dryden

nacionalistas, que buscavam distanciar-se do domínio austro-húngaro do *ancien régime* musical e defendiam a música de cada nação. Compositores russos e tchecos passaram a integrar temas e elementos de música folclórica nas obras, tendência explorada depois por compositores de outras partes da Europa.

No fim do século XIX, os excessos do Romantismo alemão precipitaram uma ruptura nas próprias fundações da música ocidental, baseada nas harmonias das escalas maiores e menores. No século seguinte, os compositores passaram a buscar não só um estilo original mas uma linguagem musical totalmente nova. Duas das muitas tendências que emergiram foram especialmente influentes: o serialismo de doze notas, sistematizado por Arnold Schoenberg e aperfeiçoado por Pierre Boulez, e a aleatoriedade – em que o acaso tinha papel na composição ou execução da música.

Novas influências

Esses experimentos musicais coincidiram com a evolução do *jazz* e mais tarde a explosão da música *pop* e do *rock*, cuja batida rítmica tinha apelo instantâneo, fazendo as plateias se afastarem dos sons estranhos da nova música clássica e mesmo da música clássica em geral. Apesar disso, a música popular também influenciou e inspirou os compositores clássicos, produzindo uma fertilização cruzada de ideias que deu nova vida às formas clássicas, ao lado do aproveitamento da tecnologia moderna. Compositores como Karlheinz Stockhausen exploraram o potencial do estúdio eletrônico e dos enormes avanços dos equipamentos de gravação.

Hoje, alguns compositores, mais conscientes do gosto do público, escrevem num estilo mais acessível que cinquenta anos atrás, mas continuam a experimentar, produzindo música que incorpora vídeo, teatro e influências globais.

Os elementos da música

Para entender as ideias e inovações descritas neste livro, é útil familiarizar-se com os elementos de construção da música clássica ocidental, muitos dos quais foram idealizados por monges medievais, a partir de conceitos formulados pelos gregos antigos. As notas são o material fundamental de toda música, cantada ou tocada. A altura de uma nota individual, mais grave ou mais aguda, em especial em relação a outras, é representada por uma letra (A para indicar o lá, B para o si, C para o dó e assim por diante), às vezes modificada por "acidentes" (sustenido ou bemol) que sobem ou descem a nota em um semitom. Na maior parte da história da música clássica, as melodias (padrões de notas) foram compostas com notas das escalas maior e menor, que ajudam a determinar o espírito de uma peça musical. A escala também rege a harmonia, em que duas ou mais notas são tocadas juntas. Certas combinações de notas – acordes – são consoantes, ou harmoniosas, e outras mais dissonantes, ásperas; os acordes maiores tendem a soar mais luminosos, enquanto os menores são mais tristes.

Uma característica dos períodos barroco, clássico e romântico era o

O ritmo e a harmonia abrem caminho para os lugares internos da alma.
Platão

sistema de tonalidade maior-menor, em que uma nota principal, chamada tônica, é o centro gravitacional ao redor da qual a composição gira – distanciando-se da tônica para criar tensão e aproximando-se para resolvê-la.

Formas musicais

Diferentes estilos de música enfatizam aspectos particulares de sua estrutura. Alguns se concentram na melodia, talvez com acompanhamento harmônico, como foi comum no início do Barroco; outros empregam o contraponto – o entrelaçamento de duas ou mais melodias numa forma complexa de polifonia que é uma das características definidoras da música clássica ocidental.

A forma de uma peça também é importante: ela pode compreender partes diferentes reconhecíveis, talvez em escalas contrastantes. Por exemplo, numa forma simples ABA, uma ideia musical é apresentada, seguida de uma segunda, e então a ideia de abertura é repetida. As formas musicais vão de canções simples, como os *Lieder*, popularizados por Franz Schubert e Robert Schumann, à complexidade de uma sinfonia de vários movimentos. Para os ouvintes, a diferença mais notável entre uma música renascentista e uma sinfonia totalmente desenvolvida do século XIX é o som da voz e/ou dos instrumentos. Ao longo da história, novos instrumentos foram inventados e os antigos aperfeiçoados, dando aos compositores e músicos novos sons com que trabalhar. Cada instrumento tem um timbre distintivo, e diferentes combinações de instrumentos e vozes se desenvolveram com o tempo. Elas vão da *cappella* (voz sem acompanhamento), passando por instrumentos solo, como o piano, e pequenos grupos de câmara, como o quarteto de cordas, à orquestra de concerto completa, com mais de setenta instrumentistas de cordas, madeiras, metais e percussão, e – desde os anos 1950 – tecnologia eletrônica.

>
> Foi-se o tempo em que a música era escrita para meia-dúzia de estetas.
> **Sergei Prokofiev**
>

Este livro

Como os compositores juntaram esses elementos para desenvolver diferentes gêneros de música clássica, quais os fatores que os influenciaram? É o que este livro explica, apresentando marcos da história da música clássica ocidental: não só os grandes compositores e suas obras, mas algumas das figuras menos conhecidas cuja música exemplifica um estilo ou período. Eles estão arranjados em ordem cronológica, situando-os num contexto histórico mais amplo para mostrar como refletem a sociedade e a cultura.

Cada capítulo enfoca uma obra que ilustra um desenvolvimento particular da música, discutindo seus traços mais destacados e sua significação em relação a outras peças do mesmo compositor ou estilo. A coluna lateral "Em contexto" e a seção "Ver também" trazem referências cruzadas a outras obras musicais relevantes para a que está em discussão. Como nem todos os maiores compositores, sem falar em todas as grandes obras, podiam ser apresentados, a seção "Outros artistas", no fim do volume, traz detalhes sobre outros nomes importantes e suas obras.

MÚSICA
1000–1400

ANTIGA

INTRODUÇÃO

O papa Gregório I reúne as tradições de cantochão de toda a Igreja na tentativa de unificá-las.

↑ **c. 600**

O rei dos francos Carlos Magno instrui seus músicos a usar as nuances dos cantores romanos, liderando o desenvolvimento da **notação neumática**.

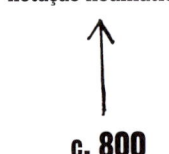

↑ **c. 800**

Publicada a obra anônima *Musica enchiriadis*, a primeira a nomear **notas (ou alturas) musicais** com as letras A a G.

↑ **c. 875**

A peça musical *Ordo virtutum*, de **Hildegarda de Bingen**, representa uma guerra entre as Virtudes e o Demônio pela alma humana.

↑ **c. 1151**

---

c. 750 ↓

O **canto gregoriano**, síntese dos cantos romano e galicano, é encomendado pelos regentes carolíngios franceses.

c. 850 ↓

O desenvolvimento da **sequência**, texto associado a uma melodia cantada particular da missa latina, redefine a música litúrgica.

c. 1026 ↓

Guido d'Arezzo escreve o tratado *Micrologus*, dedicando-o a Tedaldo, bispo de Arezzo, na Toscana, Itália.

A música que chamamos hoje de clássica ocidental evoluiu a partir da praticada na Igreja medieval europeia, que por sua vez tem raízes na música religiosa judaica e na das antigas Roma e Grécia. Nosso conhecimento dessa fase inicial é, porém, limitado, já que era uma tradição oral, passada por músicos de geração em geração. O pouco que se sabe ao certo vem de relatos da época, que quase exclusivamente descrevem a música sacra, já que a Igreja efetivamente tinha o monopólio da alfabetização.

O papel da Igreja

A história da música clássica começa com textos sagrados em latim cantados por monges como partes do culto. A execução era simples – apenas voz, sem acompanhamento, com só uma linha de música, a monodia, que poderia ser cantada por uma pessoa ou um coro em uníssono. Esse tipo de música recebeu o nome de "cantochão", e cada região tinha sua própria coleção de cantos. No início do século XVII, porém, o papa Gregório tentou reunir, classificar e padronizar essas variações regionais, como parte de seu empenho em unificar a prática litúrgica.

Para garantir que a apresentação do cantochão fosse padronizada em toda a cristandade, uma notação musical foi desenvolvida, com símbolos chamados "neumas" escritos sobre o texto para dar uma indicação gráfica da forma da melodia. Então, em algum momento do século IX, o ritmo das mudanças se acelerou: uma forma padronizada de culto, a missa, foi fixada, com cantochãos específicos para suas várias partes. A notação também se sofisticou, com uma linha horizontal para esclarecer a altura das notas, mostrando quão agudas ou graves são.

Mais significante musicalmente foi a introdução do *organum*, uma forma simples de harmonia. Enquanto no cantochão só havia uma linha de música, o *organum* tinha duas, e mais tarde três, ou até quatro. Uma voz cantava o cantochão e outra uma linha paralela de música algumas notas acima ou abaixo.

Conforme a música se tornou mais complexa com os anos, os meios de registrá-la também evoluíram, e no século XI

MÚSICA ANTIGA 1000–1400

Le Jeu de Robin et de Marion, de **Adam de la Halle**, considerada a primeira obra profana francesa, estreia em Nápoles.

A *Missa de Tournai*, composta por vários autores anônimos, é o primeiro **arranjo polifônico** de uma missa transcrito num manuscrito.

É composta a polifônica *Missa de Notre-Dame*, do francês **Guillaume de Machaut**.

c. 1280–1283   **c. 1320**   **c. 1360–1365**

c. 1170   **c. 1300**   **c. 1350**

Em Paris, **Léonin** liga o cantochão à polifonia em seu *Magnus liber organi*.

De mensurabili musica, do teórico musical **Johannes de Garlandia**, explica os sistemas rítmicos modais.

A *Missa de Toulouse* reúne **movimentos polifônicos de missa** adaptados de motetos existentes para três vozes.

---

estabeleceu-se um sistema de pontos com formas diversas escritos numa pauta de quatro ou mais linhas horizontais – o precursor de nosso padrão moderno de notação musical.

A música se difunde
A notação não só ajudou a padronizar a execução como permitiu que se escrevessem novas músicas, o que ocorreu do século XII em diante, marcando o início da música clássica como é conhecida hoje. A música não era mais anônima e passada oralmente, e isso levou ao surgimento de compositores que gostavam de testar técnicas inovadoras. A harmonia simples do *organum*, com vozes cantando em paralelo com a melodia do cantochão, foi sucedida por um estilo mais complexo – a polifonia –, em que cada voz tem sua própria melodia. Essa nova técnica se iniciou com Léonin e Pérotin, em Paris, e logo se espalhou pela Europa.

Ao mesmo tempo, a música profana também florescia, na forma de menestréis viajantes que entretinham as cortes aristocráticas e as pessoas nas ruas. Chamados de trovadores, eles eram poetas, além de compositores e artistas, e, à diferença dos músicos de igreja, cantavam com acompanhamento instrumental. É provável que também tocassem música apenas instrumental para dança, mas como tal música profana ainda era uma tradição oral, nada se conservou dela.

Em meados do século XIV a música polifônica com linhas vocais entrelaçadas se tornou conhecida como Ars Nova, a "Arte Nova", e os compositores que dominavam a técnica foram encarregados de escrever missas para as catedrais.

O novo estilo não foi desenvolvido apenas para a missa cristã. Os compositores também escreviam arranjos menores de palavras em estilo polifônico chamados "motetos". Alguns eram arranjos de textos sagrados, mas vários compositores "sérios" também escreveram motetos polifônicos sobre poemas laicos. Com o fim do período medieval e o início do Renascimento, o monopólio da Igreja sobre a música declinou. A música sagrada e a profana estavam prestes a florescer lado a lado. ∎

A SALMODIA É A ARMA DO MONGE
CANTOCHÃO (SÉCULOS VI a IX), ANÔNIMO

EM CONTEXTO

FOCO
Cantochão

ANTES
c. 1400 a.C. Uma tabuleta de argila da antiga cidade de Ugarit, no norte da Síria, registra o hino de um culto religioso, com notação musical fragmentária.

c. 200 a.C.–100 d.C. Achada num túmulo perto de Éfeso, na Turquia, a "canção de Sícilo" é a mais antiga composição musical completa com notações.

DEPOIS
1562–1563 O Concílio de Trento, da Igreja Católica, proíbe cantar os ornamentos medievais do cantochão medieval conhecidos como "sequências".

1896 Os monges da Abadia Beneditina de Solesmes publicam o *Liber usualis*, tentativa de devolver ao canto gregoriano, distorcido por séculos de uso, um texto mais puro e padronizado.

A Igreja Cristã se iniciou como seita judaica, e assim a nascente liturgia (as formas de serviço) da nova fé compartilhava muitos traços do culto judaico, como a repetição falada ou cantada da escritura e das orações. Especificamente, os cristãos enfocaram alguns tipos de observância, como a recriação da Última Ceia (que mais tarde se tornaria a missa), o canto de salmos e a leitura de escrituras e orações para marcar os dias santos e as festas da nova Igreja. Com o tempo, esses ritos evoluíram para o Ofício Divino ou Liturgia das Horas – a base do culto católico.

O canto de ritos

O cristianismo se espalhou a partir da Terra Santa, e com ele seus ritos e cerimônias, celebrados em línguas diversas nas comunidades onde se enraizou, como o aramaico na Palestina e o grego em Roma. Em resultado, diferentes estilos de canto se desenvolveram, como o moçárabe na península Ibérica, o galicano na Gália Romana e o ambrosiano, a partir de santo Ambrósio, um bispo de Milão do século IV.

Dessas primeiras liturgias, só os cantos da romana e da ambrosiana sobreviveram de forma reconhecível. Eles se tornaram conhecidos como "cantochão" (em latim *cantus planus*), pela simplicidade de suas melodias sem acompanhamento, cantadas num ritmo livre, semelhante à fala, refletindo a prosa não metrificada das orações, salmos e escrituras. Essa música, embora sem estrutura, seguia em grande parte o antigo

Esta escultura de madeira (c. 1500) mostra santo Ambrósio em seu estúdio. O bispo de Milão defendia o hino, ou "canção sagrada", como parte central do culto na igreja.

MÚSICA ANTIGA 1000–1400

Ver também: *Micrologus* 24-25 ▪ *Magnus liber organi* 28-31 ▪ *Missa de Notre-Dame* 36-37 ▪ *Canticum Canticorum* 46-51 ▪ *Great Service* 52-53

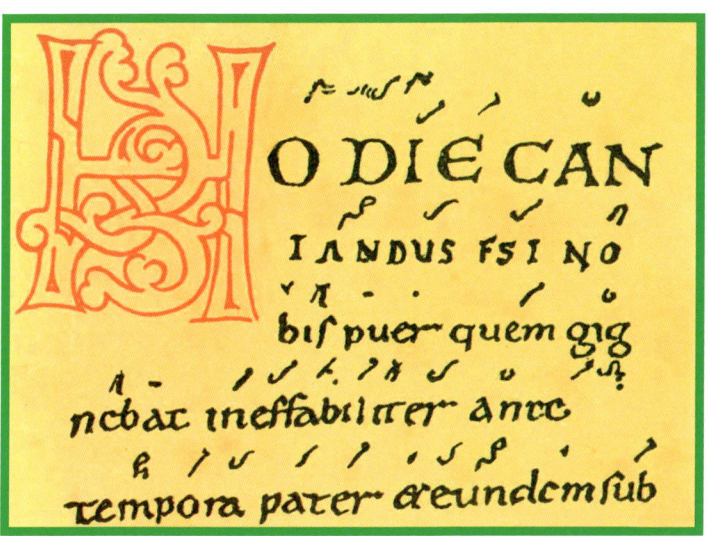

Este canto gregoriano, *Hodie cantandus* (Hoje precisamos cantar), de São Tuotilo, monge irlandês do século X, tem neumas nas linhas superiores e texto em latim embaixo.

A missa

Foi somente no século XI, ou ainda depois, que a missa alcançou sua forma final. Sua música se tornou conhecida como o Gradual, um livro dividido em Ordinário (os elementos que se mantêm iguais toda semana) e Próprio (as partes que são específicas da época e do dia no calendário da Igreja).

O Ordinário da missa tem cinco partes. A primeira, *Kyrie eleison* (Senhor, tende piedade), é um texto antigo em grego (a língua dos serviços romanos até cerca do século IV); a segunda, *Gloria in excelsis Deo* (Glória a Deus nas alturas), foi introduzida no século VII; a terceira, o *Credo* (Eu creio), foi adotada em 1014 (embora se acredite que date do século IV); e a quarta, o *Sanctus* (Sagrado), enraizada na liturgia judaica, tornou-se parte do rito católico antes das reformas do papa Gregório I. A quinta seção, *Agnus Dei* (Cordeiro de Deus), foi acrescentada à missa romana a partir de um rito sírio no século VII.

sistema modal grego de oitavas de sete notas, com cinco tons e dois semitons, e consistia em dois tipos de canto: o responsorial e o antifonal. O primeiro envolvia cantos solo mais elaborados, com uma resposta do coro. Os cantos antifonais, em que o coro e a congregação alternavam o canto, consistiam em melodias mais simples. Essas formas eram compartilhadas pelo cantochão romano e ambrosiano, mas o ambrosiano tinha progressão de notas mais suave e era mais dramático que o romano. Ele também fazia uso maior do melisma, em que uma série de notas era cantada com uma sílaba – estilo ainda presente na canção do Oriente Médio e da Ásia.

Em meados do primeiro milênio, havia milhares de cantos para os diferentes ritos. A questão da variedade de estilos e tradições foi enfrentada por Gregório I (papa de 590 a 604 d.C.), que queria unificar a prática litúrgica. Ele consolidou a música do rito romano e diz-se que incentivou a *schola cantorum* (escola de coro) papal, para fazer justiça ao repertório que se desenvolveu.

Repertório ampliado

Sob a regência de Carlos Magno (742–814), o primeiro sacro imperador romano, os cantos romanos foram combinados a elementos do estilo galicano, também de uso comum. Essa coleção expandida criou a base do canto gregoriano, que se mantém no âmago da música da Igreja Católica. O cantochão também foi o alicerce da música medieval e renascentista e de sua notação, baseada em pautas e neumas, ou notas, de cantos escritos. ∎

O ritual da missa se baseia na Última Ceia de Cristo e seus discípulos – aqui em detalhe de manuscrito do século VI.

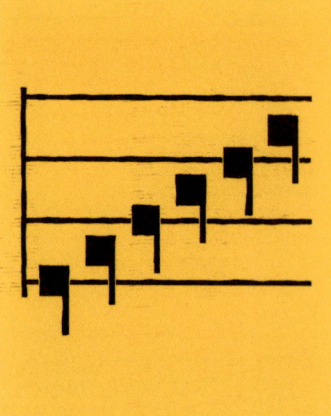

UT, RÉ, MI, FÁ, SOL, LÁ
MICROLOGUS (c. 1026), GUIDO D'AREZZO

EM CONTEXTO

ANTES
500 d.C. Boécio, senador e filósofo romano, escreve *De institutione musica*, que ainda estaria em uso como manual de música no século XVI.

935 d.C. *Enchiridion musices*, de Odo de Cluny, se torna o primeiro livro a nomear as notas musicais com as letras A a G na França.

DEPOIS
1260 O teórico musical alemão Franco de Colônia escreve *Ars cantus mensurabilis*, que aperfeiçoa a notação de Guido.

1300 Em Paris, Johannes de Garlândia escreve *De mensurabili musica*, descrevendo os seis modos rítmicos.

A notação musical ocidental moderna teve origem nos mosteiros europeus, no fim do primeiro milênio. Os símbolos musicais mais antigos, os neumas, eram traços simples de pena feitos para ajudar o canto, lembrando aos monges se a música subia, descia ou permanecia no mesmo tom.

Neumas diastemáticos, ou "aumentados", davam maior clareza à notação do canto, formalizando as figuras das notas e imaginando uma linha horizontal cruzando a página. Isso criava um "horizonte" contra o qual o cantor podia descobrir o tom. Apesar disso, neumas aumentados estavam sujeitos a mal-entendidos e era necessária mais precisão.

Invenção da pauta
A solução, creditada a Guido d'Arezzo, monge e teórico musical italiano (embora talvez só tenha formalizado o que já era prática corrente), foi desenhar quatro linhas na página, permitindo ao cantor estimar com precisão o movimento da melodia. A notação de Guido às vezes tinha uma das linhas em tinta amarela para mostrar a nota dó, e uma em vermelho para indicar o fá, de modo que não só o tom

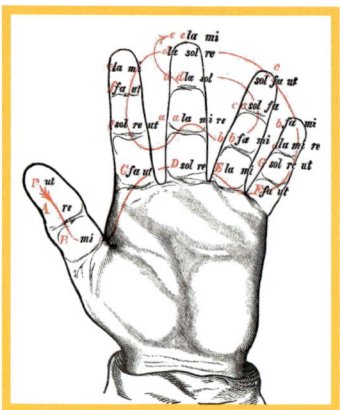

A Mão Guidoniana foi um sistema inventado para ensinar aos monges o modo mais fácil de referir-se às vinte notas da música litúrgica medieval.

fosse fixado de nota a nota, mas o cantor soubesse num olhar em que nota começar.

O tratado *Micrologus* (c. 1026), de Guido, descreve o recurso pelo qual hoje ele é mais conhecido, a Mão Guidoniana. Se um cantor moderno tiver de se referir a uma nota, poderá figurar a série contínua de dó a si, repetida nas sete oitavas do piano. Para especificar um dó em particular, ele poderá dizer "dó médio" (no meio do

MÚSICA ANTIGA 1000-1400

Ver também: Cantochão 22-23 ▪ *Ordo virtutum* 26-27 ▪ *Le Jeu de Robin et de Marion* 32-35 ▪ *Great Service* 52-53 ▪ *Vésperas*, Monteverdi 64-69 ▪ *A Paixão segundo São Mateus* 98-105

Decidi colocar notações nesta antífona, para que qualquer pessoa inteligente e aplicada possa aprender um canto.
Guido d'Arezzo

teclado). Porém, se essa não for a nota que tinha em mente, poderá dizer, por exemplo, "dó, na oitava acima do dó médio".

Guido, que só precisava de duas oitavas e meia (vinte notas) para cobrir a amplitude vocal dos cantos, usou as letras A a G para as sete notas, em seu sistema. O noviço indicava a ponta do dedão esquerdo e cantava um G (sol) grave. Deslizando o dedo para a junta média do dedão, sua voz ascenderia a A (lá) e assim por diante subindo na escala, espiralando o dedo ao redor das juntas e pontas dos dedos, para indicar todas as vinte notas (entrando no falsete conforme a espiral se estreitava e as oitavas subiam).

Sílabas da solmização

Guido apoiou essas setes letras em seis sílabas de "solmização" – ut, ré, mi, fá, sol, lá –, um sistema para se referir a melodias de modo abstrato. Foi o precursor do atual, mais familiar, sol-fá (dó, ré, mi, fá, sol, lá, si), mas as sílabas de Guido diferem porque a solmização não usava a nota si, de modo que só tem seis notas – um hexacorde. Conforme se ia além das seis notas, o hexacorde tinha de ser repetido em padrões superpostos na extensão das vinte notas da Mão Guidoniana. Cada nota terminava então com um nome de letra básico e uma coordenada secundária, derivada da posição única da nota na mão, para designar a oitava.

O "dó médio" moderno se traduz em "C sol-fá-ut" na Mão Guidoniana

O monge e teórico musical italiano Guido d'Arezzo usa coroa de louros no retrato pintado por Antonio Maria Crespi no início do século XVI, cerca de quinhentos anos após a morte de Guido.

e o sol mais grave, usando o nome grego da letra, era "gama ut" – daí a expressão ainda em uso hoje, "percorrer toda a gama".

O monge podia então facilmente especificar qualquer das vinte notas numa conversa, por escrito ou simplesmente apontando sua mão. ■

Os modos

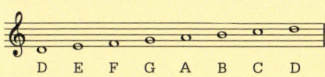

A música ocidental herdou uma base teórica fundamentada nas práticas musicais da Igreja inicial, na Grécia, Síria e Bizâncio. Em algum momento no século X, desenvolveu-se o princípio dos "modos" musicais (grupos ou "escalas" de notas), a partir dos quais as várias melodias do cantochão (base do canto "gregoriano", que logo surgiria) foram classificadas. Os modos ajudavam os monges a lembrar as muitas obras litúrgicas.

Os modos podem ser tocados usando só as notas brancas do piano. Se você tocar seis escalas completas de sete notas, começando a cada vez por uma nota depois, isso lhe dará uma ideia de como cada modo básico da Igreja soaria: em dó (modo jônio, que corresponde à escala maior), ré (dórico), mi (frígio), fá (lídio), sol (mixolídio) e lá (eólio, correspondente à escala menor natural). (O modo em "si", às vezes chamado "lócrio", não era usado na música ocidental na Idade Média por ser dissonante demais.)

A música foi organizada segundo essa teoria modal até que, na época dos compositores barrocos do século XVIII, como Bach e Händel, o princípio "maior" e "menor" da harmonia tonal reduziu o número de escalas, em essência, a apenas duas. Dali em diante, a música passou a ser classificada numa "escala" particular e não num dado "modo".

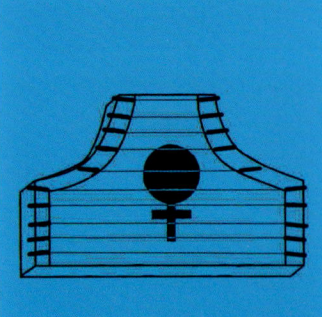

DEVÍAMOS ENTOAR SALMOS COM UM SALTÉRIO DE DEZ CORDAS
ORDO VIRTUTUM (c. 1151), HILDEGARDA DE BINGEN

EM CONTEXTO

FOCO
Compositoras antigas

ANTES
c. 920 As duas estrofes que se conservaram de *Sendibítr* (Uma mensagem mordaz), de Jórunn Skáldmaer, representam o mais longo poema escáldico (tipo de poesia norueguesa possivelmente cantada) de uma mulher.

1150 Em Paris, a abadessa Héloïse talvez tenha composto o drama musical de Páscoa *Ortolanus* e a sequência pascal *Epithalamica*, atribuídos ao teólogo Pierre Abélard.

DEPOIS
1180 Beatriz, condessa de Dia, escreve uma coletânea de cinco trovas. *A chantar m'er de so qu'eu no volria*, com notações, se conservou.

1210 Juliana de Liège pode ter escrito uma música para a festa de Corpus Christi que se diz ter vindo a ela numa visão.

U ma das vozes mais originais da música sacra do início da Idade Média foi a da monja santa Hildegarda de Bingen, na Alemanha. Sua produção musical é das maiores entre os compositores medievais identificáveis. A coletânea *Symphonia armonie celestium revelationum* (Sinfonia da harmonia da revelação celeste), por exemplo, inclui mais de setenta composições de cantochão.

Hildegarda tem uma visão divina, numa imagem de manuscrito do século XIII. Ela está ao lado de Volmar de Disibodenberg (esq.) e sua confidente, Richardis von Stade.

Santa Hildegarda teve como tutora uma jovem visionária, Jutta de Sponheim. Com o apoio de Jutta e do monge Volmar, na Abadia de Disibodenberg, ela estudou os salmos e praticou o repertório de canto do ano

MÚSICA ANTIGA 1000–1400

Ver também: *Le Jeu de Robin et de Marion* 32-35 ▪ *Missa de Notre-Dame* 36-37 ▪ *Missa L'Homme armé* 42 ▪ *The Wreckers* 232-239 ▪ *blue cathedral* 326

litúrgico, aprendeu a tocar saltério (instrumento de cordas) e a escrever latim. Como Jutta, Hildegarda afirmava ter inspiração divina, alegando nunca ter "aprendido neumas nem qualquer outra parte da música". Não se sabe quanto há de verdade nisso, mas Hildegarda podia estar tentando dissociar a si própria e a Jutta de uma educação em geral indisponível a mulheres. Se no século XII uma mulher dissesse conhecer o *trivium* (artes retóricas) ou o *quadrivium* (ciências e teoria da música) ou fizesse uma interpretação da Bíblia podia ser considerada uma ameaça direta à autoridade masculina.

Magnum opus

A obra mais famosa de Hildegarda, *Ordo virtutum* (A ordem das virtudes), é a mais antiga peça de moralidade remanescente e um dos primeiros dramas musicais registrados. A obra contém mais de oitenta melodias e é provável que fosse representada pelas monjas da ordem de Hildegarda. Com mais de vinte papéis cantantes, trata da luta entre dezessete "Virtudes" (cuja rainha é a Humildade) e seu adversário, Diabolus (o Demônio), por uma alma (*Anima*). Diabolus, talvez interpretado na origem pelo amigo e copista de Hildegarda, Volmar, carece de harmonia e articula interjeições faladas.

As melodias que acompanham o manuscrito indicam quando as Virtudes cantam como coro e dá música mais floreada às vozes solo. Quando as Virtudes se adiantam para se apresentar, a música se torna mais expressiva e animada, e as arrebatadoras linhas vocais da

O céu se abriu e uma luz de brilho extraordinário veio e permeou todo o meu cérebro [...] e de imediato eu soube o sentido da exposição das Escrituras.
Hildegarda de Bingen

Humilitas (Humildade), da *Fede* (Fé) e da *Spes* (Esperança) inspiram as Virtudes irmãs a responder com ardor. Porém a notação original vai pouco além do essencial: a interpretação moderna desse esboço são gravações com violinos, flauta e acompanhamentos em harmonia.

Textos e divindade

As cartas de Hildegarda revelam sua condição de "vidente e mística", que lhe dava não só liberdade para aconselhar (até o papa) como oportunidades de expressão musical. Ela sempre enfatizava a origem transcendente de suas obras. A música a conectava a um Éden perdido, antes de Adão e Eva precipitarem a Queda da humanidade ao comer o fruto proibido. Ela imaginava seus textos a serviço da música, de modo que "os que ouvem possam aprender sobre coisas internas". ▪

Hildegarda de Bingen

Filha mais nova de uma grande família da pequena nobreza, Hildegarda, nascida em 1098, passou a primeira infância em Bermersheim, ao sul de Mainz, na Alemanha. Tinha pouca saúde e já antes dos cinco anos começou a ter visões, chamando atenção da família ao prever com precisão a cor de um bezerro que ia nascer. Com oito anos foi entregue aos cuidados de Jutta de Sponheim, visionária que vivia como reclusa num eremitério perto da Abadia de Disibodenberg.

O eremitério de mulheres foi depois aberto a aspirantes a freiras, e aos catorze anos Hildegarda devotou a vida a Deus como monja beneditina. Com a morte de Jutta em 1136, Hildegarda, aos 38 anos, foi eleita diretora da comunidade religiosa. Desempenhou o papel até a morte, em 1179, mas também encontrou tempo para escrever três volumes de obras científicas e de teologia visionária, e poemas religiosos.

Outra obra importante

c. anos 1150 *Symphonia armonie celestium revelationum*

CANTAR É ORAR DUAS VEZES

MAGNUS LIBER ORGANI (c. 1170), LÉONIN

EM CONTEXTO

FOCO
Surgimento da harmonia vocal

ANTES
c. 1000 Mais de 160 *organa*, provavelmente escritos por Wulfstan, *chantre* da Catedral de Winchester, são coligidos no *Winchester Troper*.

c. 1140 O *Codex calixtinus* menciona certo Magister Albertus Parisiensis como compositor da primeira obra para três vozes com notações.

DEPOIS
c. 1200 Pérotin aperfeiçoa e expande a obra de Léonin em *Magnus liber organi*.

O desenvolvimento da polifonia (música com muitas camadas, para diversas vozes) no século XII está intimamente ligado a Notre-Dame de Paris, a impressionante catedral que Maurice de Sully fez construir quando se tornou bispo da cidade em 1160. Nessa época, Léonin, um compositor francês, criava ornamentos inusitados a duas vozes para realçar o cantochão tradicional. Com o patrocínio da catedral, Léonin e vários outros compositores inovadores formaram o que depois ficou conhecido como Escola de Notre-Dame.

Composição de *organa*

Não há registros sobre Léonin até quase um século após sua vida, quando um inglês que estudava em Paris (conhecido na musicologia como Anônimo IV) escreveu sobre Master Léoninus. Ele o descreveu

MÚSICA ANTIGA 1000–1400

Ver também: Cantochão 22-23 ▪ *Micrologus* 24-25 ▪ *Missa de Notre-Dame* 36-37 ▪ *Canticum Canticorum* 46-51 ▪ *Vésperas, Monteverdi* 64-69 ▪ *Ein feste Burg ist unser Gott* 78-79

A nave de Notre-Dame de Paris foi concluída pouco após a morte de Maurice de Sully, em 1196. Léonin e Pérotin criaram suas obras dentro ou perto da nova catedral.

como o *optimus organista* (melhor compositor de *organa*, ou harmonizações vocais) e autor do *Magnus liber organi* (Grande livro de *organum*), uma antologia de música usada pela catedral para solenizar a liturgia.

Anônimo IV escreve que o *Magnus liber* de Léonin foi usado até a época de Pérotin (c. 1160–1205), tido como o melhor compositor de *discantus* – um *organum* com contramelodias sobre o cantochão. Pérotin abreviou e melhorou os *organa* de Léonin, escreveu melhores *clausulae* (episódios musicais inseridos no canto) e também compôs *organa* para três e quatro vozes. Segundo Anônimo IV, a música de Pérotin ainda era usada em Notre-Dame em sua época (c. 1280).

Harmonia antiga

Antes de Léonin, as harmonias vocais eram muito mais simples. Os teóricos chamam a atenção para a prática de cantar em partes a partir da segunda metade do século IX, mas as etapas da evolução do canto harmônico não são claras. A *Schola cantorum* (coro) papal do século VII mantinha um total de sete cantores: três *scholae* (acadêmicos), um *archiparaphonista* (cantor de quarta ordem) e três *paraphonistae*, termo grego que significa "aquele que canta junto com o cantochão". Alguns musicólogos acreditam que isso indique um cantor especializado em um papel harmonizador.

A técnica mais simples de harmonização era o cantor sustentar a *finalis* (nota principal) do modo da peça de forma contínua sob o cantochão. Ela seria cantada com o som de uma vogal aberta, talvez mudando às vezes para um tom vizinho, para criar uma relação mais agradável com o cantochão antes de voltar à *finalis*. As tradições que envolvem acompanhamento com nota fixa ainda são ouvidas hoje na música *qawwali* sufi muçulmana da Índia e do Paquistão, e na de gaita de foles.

Um som pecaminoso

A mudança para a polifonia não foi bem recebida por todos. Na Igreja, alguns objetaram aos novos métodos – em especial o cardeal Robert de Courçon, que criticou os escritores de *organum* alegando que essa nova música era efeminada. Em *Summa*, ele escreveu que, "se um prelado licencioso dá benefícios a tais cantores licenciosos para que esse »

Monges cistercienses na Abadia Zwettl, na Áustria, praticam canto coral nesta miniatura com notações do *Graduale cisterciense* (c. 1268). Um *graduale* é um canto ou hino litúrgico.

EVOLUÇÃO DA HARMONIA VOCAL

A *Alleluia nativitas*, de Pérotin, foi escrita para três vozes. Como se vê aqui, na época o número de linhas na pauta não era fixo: elas davam apenas ideia aproximada da "altura" das notas.

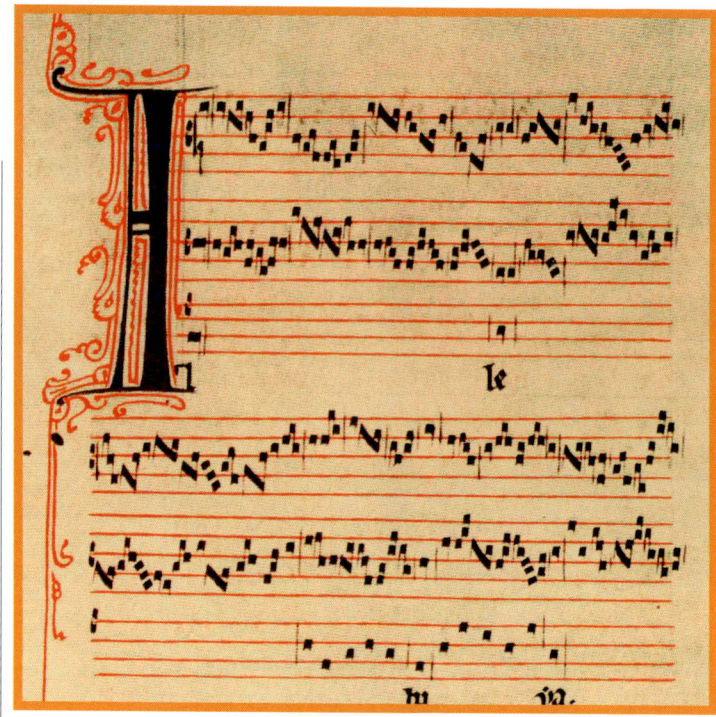

tipo de música licenciosa e de menestréis seja ouvida em sua igreja, creio que se contamina da doença de simonia".

Atitudes como a de Courçon, que associava o entrelaçamento de vozes masculinas da polifonia à sodomia, buscaram desacreditar o novo estilo musical ligando-o ao pecado.

Dois manuais

As primeiras obras que tentaram explicar a harmonia vocal foram *Musica enchiriadis* (Manual de música), de c. 900, e seu par *Scholia enchiriadis*. O método de harmonização mais simples ilustrado por seu autor era cantar em oitavas. Essa técnica era conhecida como *magadis* na Grécia antiga e ocorre naturalmente quando homens e meninos cantam em uníssono. O uso de uma harmonia básica paralela ao canto original se chamava "*organum* simples" nos dois manuais. *Scholia enchiriadis*

Mestres do *organum* [...] apresentam coisas efeminadas e de menestréis a pessoas jovens e ignorantes.
Robert de Courçon
Cardeal inglês
(c. 1160–1219)

também indica um método híbrido, em que a *vox organalis* (voz de acompanhamento) ou sustenta um tom ou se move em harmonia paralela com a *vox principalis* (voz principal), antes de voltar ao uníssono com o cantochão no fim das frases.

Embora o *organum* simples envolva mais de uma voz, esse canto em oitavas não é em geral descrito por autores modernos como "polifonia", porque as duas partes não são independentes. Criar harmonia apenas seguindo a melodia em outra oitava (ou outro intervalo harmônico) escraviza a parte harmonizadora à forma e ao movimento do cantochão. O objetivo é enriquecer o som do cantochão, mas a técnica tem pouca sutileza. Os musicólogos preferem descrevê-la como uma versão da "heterofonia" (ornamentação de uma linha).

Exemplos dispersos

Uma peça breve de *organum* para duas vozes independentes (*Sancte Bonifati Martyr*, São Bonifácio Mártir) veio à luz em 2014 na parte de trás de um manuscrito da Biblioteca Britânica que pode datar de c. 900. Ela parece demonstrar que alguns cantores no noroeste da Alemanha já tinham aderido a esse estilo híbrido de *organum* no fim do século IX. Embora seja um exemplo isolado, concluiu-se que é a mais antiga peça com notações de música polifônica para execução remanescente.

O *Winchester Troper* (c. 1000), manuscrito em dois livros na Catedral de Winchester, copiado de fontes francesas algumas décadas

MÚSICA ANTIGA 1000–1400

Evolução da harmonia vocal

Cantochão:
Uma só linha vocal, sem acompanhamento, em **ritmo livre**, como a fala.

Organum:
Adição de uma segunda voz numa oitava diferente, paralela à primeira voz.

Contraponto:
O **entrelaçamento** de tocar ou de cantar simultaneamente.

Harmonia:
Três ou mais notas musicais **cantadas simultaneamente**, criando um acorde.

após o *Sancte Bonifati Martyr*, dá um retrato da vida musical monástica na Inglaterra antes da conquista normanda. Embora o segundo volume contenha 174 *organa* (perfazendo o primeiro *corpus* substancial de composições polifônicas), a notação assume que o cantor já conheça o repertório. Os neumas sozinhos não dão uma indicação precisa da altura do tom, tanto da melodia do cantochão

original como da *vox organalis* harmonizante, tornando difícil a transcrição acurada dessas peças.

Um século após o *Winchester Troper*, a Escola de São Marçal de Limoges explorou a polifonia de quatro manuscritos franceses com noventa peças (c. 1120–1180) e do *Codex calixtinus* (c. 1140), de Santiago de Compostela, no noroeste espanhol. A notação dessa "polifonia aquitânica" era menos ambígua em tom que o *Troper* e indica que a maior parte do repertório era cantada com um ritmo. As peças são em geral para dois cantores, em estilo mais melismático, em que a voz mais aguda às vezes tem muitas notas, cantadas sobre uma voz mais grave menos ativa. O *Codex calixtinus* contém o que pode ser a primeira composição para três vozes com notações, a *Congaudeant catholici*.

A Escola de Notre-Dame

Com a construção da Catedral de Notre-Dame na Île de la Cité, em Paris, surgiu o estilo do descante, dando mais liberdade à voz mais aguda dos *organa*. Os dois cantores se separaram em um solista floreado e uma voz de acompanhamento que sustentava longas notas. Essa distinção se refletiu nos novos nomes de *tenor* (o que mantém) e *duplum* (segunda voz).

Nessa época, Léonin introduziu um grau maior de organização rítmica em suas composições, regulando o fluxo do metro numa forma antiga de "ritmo modal". Em sua versão madura, o ritmo modal punha em marcha a melodia

Acredita-se que Pérotin, chamado por Anônimo IV de Perotin Magister (Pérotin, o Mestre), viveu de c. 1160 a 1230. Ele é representado aqui com os sinos da catedral Notre-Dame de Paris.

> [Pérotin] punha notações em seus livros seguindo fielmente o uso e o costume de seu mestre, e ainda melhor.
> **Anônimo IV**

segundo um de seis padrões métricos (*troqueu, iambo* e assim por diante, relacionados à métrica poética clássica), indicados por duas formas de nota, *longa* e *brevis*. A duração da nota dependia do contexto. O desenvolvimento por Léonin do *organum* em descante deve muito a essa inovação.

Pérotin, o sucessor de Léonin no estilo parisiense de descante, foi um pouco além, compondo *organum* triplo e até quádruplo, para três e quatro vozes respectivamente. Proclamando sua glória, o bispo de Paris decretou em 1198 que as obras para quatro vozes *Viderunt omnes* e *Sederunt principes*, de Pérotin, fossem executadas no Natal, no dia de santo Estêvão (26 de dezembro) e no dia de Ano-Novo. ∎

TANDARADEI, CANTOU DOCE O ROUXINOL

LE JEU DE ROBIN ET DE MARION (1280–1283), ADAM DE LA HALLE

EM CONTEXTO

FOCO
Música medieval profana

ANTES
c. 1160 Surge em Paris e Beauvais a *Festum stultorum* (Festa dos Tolos), como uma oportunidade, no Natal, para que os clérigos se permitam uma paródia da liturgia.

c. 1230 *Ludus Danielis* (A peça de Daniel) é escrita em Beauvais como um drama litúrgico em latim.

DEPOIS
Fim do século XIV Começa em York e Wakefield, na Inglaterra, o ciclo anual das Peças de Mistério – representações de cenas bíblicas com música.

Sabe-se que diversas tradições musicais floresceram nas cidades e vilas da Idade Média, assim como nas cortes nobres, mas quase nada da notação dessas músicas populares se conservou. Embora a Igreja usasse escribas para controlar e registrar seu próprio repertório para a posteridade, a maior parte da música profana era passada oralmente. A falta de fontes escritas entre as pessoas comuns, porém, não é só consequência do analfabetismo. Para muitos músicos de dança e cantores de obras épicas, um texto escrito não refletiria a natureza improvisatória e hábil de sua profissão, aperfeiçoada por gerações de artistas hereditários. Mais ainda, ao registrar suas obras num manuscrito eles se arriscavam a entregar seu precioso repertório a rivais. As fontes da música profana

MÚSICA ANTIGA 1000–1400

Ver também: Missa *L'Homme armé* 42 ▪ *Water Music* 84-89 ▪ *Musique de table* 106 ▪ *A flauta mágica* 134-137 ▪ *Die schöne Müllerin* 150-155

Le Jeu de Robin et de Marion foi ao palco em São Petersburgo, na Rússia, em 1907. O cenário foi feito em aquarela por Mstislav Dobujínski.

europeia tendem a ser encontradas onde os estilos populares despertaram o interesse da Igreja ou da nobreza. Os cruzados do sul da França acharam os estilos altamente desenvolvidos de música instrumental e vocal que encontraram na Terra Santa especialmente atraentes, e esse foi um período de grande troca cultural, além de conflitos e hostilidade.

Línguas e influências

A música profana medieval apresenta identidades poéticas distintas, ligadas a línguas regionais. Duas línguas francesas medievais surgiram do latim: a *langue d'oc* ou occitano no sul da França e norte da Espanha (onde *oc* quer dizer "sim") e a *langue d'oïl*, ao norte do Loire (onde *oïl* quer dizer "sim"). Cada uma delas tinha sua tradição bárdica: o sul tinha a música do *trobador* e da *trobairitz* (feminino), enquanto o norte usava a palavra *trouvère*, palavras que devem ter derivado do antigo francês *trobar*, "encontrar" ou "inventar" (uma música). Uma raiz alternativa pode ser a palavra árabe *tarab*, "fonte de alegria". Diz-se que um dos primeiros trovadores, Guilherme IX, duque da Aquitânia, cantou "em verso com melodias agradáveis" sobre a experiência de liderar a assim chamada Cruzada do Temeroso para a Anatólia (hoje Turquia) em 1101. Suas canções são claramente influenciadas pelas convenções poéticas árabes, em particular as formas musicais populares da moachaha e do zajal.

Uma peça com música

Adam de la Halle, músico do século XIII, tem sido descrito como *trouvère*. Halle provavelmente escreveu *Le Jeu de Robin et de Marion* (A peça de Robin e de Marion) para seus amigos franceses como parte de uma celebração de Natal em Nápoles em 1284. Nobres franceses tinham se refugiado lá após a Sicília ter destronado Carlos I de Anjou (mecenas de Adam) num golpe sangrento na Páscoa. A peça conta a história de uma donzela do campo que é cortejada por um cavaleiro libidinoso, mas permanece fiel a seu amado Robin. »

Adam de la Halle

O músico francês Adam de la Halle nasceu na cidade tecelã de Arras em 1222 e cresceu aprendendo música como parte de sua educação teológica na Abadia de Vaucelles, fundada só um século antes. Seu pai esperava que entrasse para a Igreja, mas ele escolheu um caminho diverso. Após um breve casamento, inscreveu-se na Universidade de Paris, onde, entre outras coisas, aprendeu as técnicas polifônicas que aplicaria depois a gêneros musicais populares.

A princípio Halle usou sua poesia para criticar a administração corrupta de Arras, mas depois entrou a serviço da nobreza. Foi trabalhando para Carlos de Anjou, o qual se tornou rei de Nápoles, que ele escreveu *Le Jeu de Robin et de Marion*. Morreu poucos anos depois, entre 1285 e 1288.

Outras obras importantes

Data desconhecida *Mout me fu grief/ Robin m'aime/ Portare* (Grande foi minha tristeza/ Robin me ama/ Portare)
Data desconhecida *A Jointes Mains vous proi* (Pegue minha mão, suplico)

Os personagens-título desempenham a parte principal da música, em canções monofônicas que Halle criou ajustando suas próprias letras a canções de estilo popular. Alguns a chamaram de "primeira ópera-cômica", embora plateias modernas possam identificá-la mais a uma pantomima (peça de texto falado com músicas). A comédia de Halle não conhecia limites – ele zombava da Igreja e de seus clérigos corruptos, do povo de Arras, onde vivia e trabalhava, e mesmo de sua própria família e vida.

Contos de cavalaria

As músicas dos *trobadors* e dos *trouvères* se enraízam na cultura medieval do *fin d'amor* (amor cortesão) – o código de etiqueta entre um cavaleiro e uma dama idealizada, baseado nos princípios de lealdade e fidelidade que definiam a vida nobre. O Robin e a Marion de Halle jogam com essa ideia ao representar um cavaleiro tentando cortejar seu amor, mas também mostram a influência da tradição pastoral francesa da contação de histórias. A poesia do *trobador* sobreviveu bem: mais de 2 mil poemas se conservaram, compostos por mais de 450 poetas conhecidos. Porém a informação sobre o acompanhamento musical dessas obras é irregular, e meros 10% dos poemas têm notações de melodias associadas. A atividade *trouvère* no norte da França começou com o poeta Chrétien de Troyes, no século XIII, cerca de setenta anos após o primeiro *trobador* no sul. O número de músicas *trouvère* remanescentes é similar ao *corpus* do sul, porém mais de 60% das obras *trouvère* têm música – ainda que sem informação precisa sobre o ritmo.

Sul da Europa

Enquanto os *trobadors* e *trouvères* eram um grupo distinto de poetas cortesãos que escreviam em gêneros específicos, havia grande número de artistas menores com atividades variadas. No sul da Europa um músico podia receber o nome de

Henrique de Meissen  se apresenta na corte no *Codex Manesse* (1300). Ele era chamado de *Frauenlob* (louvor das mulheres) por suas canções de cavalaria.

Quando vejo a cotovia
Voar em direção ao sol [...]
É um assombro que o coração
Não derreta de anseio
com a visão.
Bernart de Ventadorn

MÚSICA ANTIGA 1000–1400

joglar ou *joglaresa*, enquanto seus colegas do norte eram chamados de *jongleurs*. As habilidades desses músicos abrangiam façanhas de destreza, fluência em qualquer instrumento para acompanhar a dança, interpretação de canções de amor e heróis ou simplesmente fazer o papel do bobo. No entanto, apesar da alegria que traziam, os artistas itinerantes não só ocupavam o degrau mais baixo da escala social como eram excluídos da proteção da lei. Um exemplo de música de *joglar* é a obra de Martin Codax (c. 1250), escrita no estilo de *cantiga de amigo*, gênero que contava histórias do ponto de vista feminino. Codax, por exemplo, evoca as emoções de uma mulher numa praia em Vigo (centro pesqueiro da Galícia, na Espanha), esperando que seu amado volte do mar.

Jogadores de taverna

Outro tipo de músico medieval da época, os goliardos, tinha muito em comum com os músicos itinerantes, mas eram, na verdade, clérigos desempregados conhecidos por tocar em tavernas canções obscenas que satirizavam a sociedade em todos os níveis. O manuscrito de *Carmina Burana* (c. 1200–1300) é a principal fonte remanescente de música goliarda. Já o nome "menestrel" designa um "pequeno ministro" em serviço talvez na corte ou numa cidade. Contando com habilidades musicais muito aprimoradas e podendo solicitar a proteção de um mecenas, um menestrel talvez escapasse um pouco da humilhação que era muitas vezes dirigida a um *jongleur*. No século XIV, porém, o termo "menestrel" foi usado cada vez mais na França para descrever todos os músicos urbanos – muitos dos quais tocavam em tavernas ou nas ruas.

Na Alemanha

O gênero de amor cortesão se difundiu da Europa latina para os povos falantes de alemão, onde o *Minnesinger* entoava canções sobre romances de cavalaria. Como seu correspondente francês, ele era bem-vindo em casas nobres como um igual social e exemplos de antigos *Minnelieder* (canções de amor) indicam que músicas de *trouvère* eram conhecidas na Alemanha. Por volta de 1200, o estilo assegurou uma identidade mais forte – retratada na obra de Walther von Vogelweide –, mas, comparados às obras das tradições francesa e italiana, poucos *Minnelieder* com suas melodias se mantiveram. ∎

Instrumentos medievais

Muitos dos instrumentos da música medieval europeia têm raízes no norte da África, Ásia central e Bálcãs. Eles incluem o alaúde (instrumento de cordas com a parte de trás semelhante ao casco de uma tartaruga), o rebeque (instrumento com arco, em forma de colher) e a charamela (precursora do oboé). O tamboril europeu lembra a tabla indiana, e o nacara se relaciona ao *naqqara* (timbale) asiático. É provável que a palavra "fanfarra" derive do árabe *anfar*, "trompetes".

Os poetas antigos muitas vezes se acompanhavam da viela, instrumento de cordas com arco que se pousa na clavícula. Uma viela podia ter de três a seis cordas que passavam sobre uma ponte (apoio de cordas) plana. Isso propiciava um estilo harmônico de execução, com muitas cordas soando juntas – diversamente da ponte do violino moderno, que permite fazer soar cordas individuais, favorecendo assim a melodia.

Músicos laicos europeus

Havia categorias distintas de músicos, definidos por condição social e público típico.

Trovadores Poetas e compositores que apresentavam canções para a nobreza inspiradas na cultura do amor cortesão.

Jongleurs Contadores de histórias, malabaristas e acrobatas itinerantes de baixa origem, que também dançavam e cantavam.

Goliardos Cantores itinerantes que antes eram clérigos. Cantavam muitas vezes músicas obscenas e poemas satíricos *a cappella*.

Menestréis Músicos que de início se apresentavam para a nobreza e depois em esquinas e tavernas.

A MÚSICA É UM CONHECIMENTO QUE FAZ RIR, CANTAR E DANÇAR
MISSA DE NOTRE-DAME (c. 1360–1365), GUILLAUME DE MACHAUT

EM CONTEXTO

FOCO
Polifonia e revolução da notação

ANTES
c. 1320 A *Missa de Tournai* é a primeira a usar a polifonia ("muitos sons").

c. 1350 A *Missa de Toulouse* junta movimentos polifônicos de missa arranjados a partir de antigos motetos (peças corais curtas sem acompanhamento).

DEPOIS
1415–1421 O *Old Hall Manuscript* contém vários arranjos polifônicos do *Kyrie*, à moda inglesa de elaboração dessa parte da missa.

anos 1440 A *Caput* é uma antiga missa de um compositor inglês que usa um *cantus firmus* (música fixa) ao redor do qual outras melodias se baseiam. Inclui uma voz grave abaixo da do tenor – uma das primeiras composições com uma parte para baixo.

O século XIV foi um dos períodos mais turbulentos da história medieval. A Pequena Era do Gelo, iniciada por volta de 1300, resultou em colheitas frustradas e fome, inclusive a Grande Fome de 1312–1317, e a Peste Negra matou até 60% da população da Europa.

A extrema turbulência social, econômica e ambiental impactou as certezas religiosas. Eruditos como o clérigo e cientista francês Nicole Oresme (c. 1320–1382) começaram a imaginar um universo mais complexo que a visão baseada na fé do mundo natural. A música, que já aceitava a polifonia, também foi influenciada por esse modo de pensar e explodiu numa nova complexidade métrica quando um colega francês de Oresme, o compositor e matemático Philippe de Vitry (1291–1361), criou um método preciso de notação do ritmo.

Uma nova ordem de ritmo
O novo estilo se tornou conhecido como Ars Nova, a partir do tratado *Ars nova notandi* (A nova arte de notação), de Vitry, publicado em 1322.

Vitry compôs peças vocais para demonstrar a nova notação na forma de motetos (composições polifônicas baseadas em uma melodia e um texto, com outras vozes trazendo diferentes palavras e melodias). Cada um dos motetos de Vitry, dos quais só doze se conservaram, mostrava aspectos diversos da técnica conhecida hoje

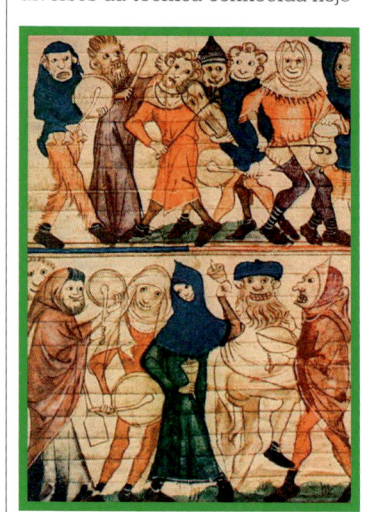

Músicos em iluminura de manuscrito de 1316 de *Le Roman de Fauvel*, poema francês de Gervais du Bus intercalado com algumas das primeiras músicas da Ars Nova.

MÚSICA ANTIGA 1000–1400 **37**

Ver também: *Magnus liber organi* 28-31 ▪ Missa *L'Homme armé* 42 ▪ Missa *Pange lingua* 43 ▪ *Canticum Canticorum* 46-51 ▪ *Vésperas*, Monteverdi 64-69

> "Alguns discípulos da Arte Nova estão preocupados com a divisão medida do tempo [...]. Proibimos esses métodos.
> **Papa João XXII**"

como isorritmo (do grego, "mesmo ritmo"), que buscava dar estrutura a composições extensas.

Vitry tomava uma série de notas em voz tenor (chamada *cor*) e aplicava a ela um padrão rítmico (*talea*). Como em geral a *talea* (ritmo) era mais curta que a *cor* (melodia), podia ser preciso fazer vários ciclos da *talea* para igualar uma repetição da *cor*.

A Igreja não era apaixonada pela Ars Nova, e o papa João XXII condenou-a num decreto de 1323. O clero estava alarmado com o papel do estilo na secularização do moteto, antes puramente sagrado e agora adotado como um modo de comentar eventos da época. O poema satírico *Le Roman de Fauvel* (c. 1316), por exemplo, contém 130 obras musicais, entre elas cinco motetos de Vitry.

Apesar da oposição religiosa, a precisão da nova notação abriu a porta a experimentos em ritmo e métrica. Eles podem ser ouvidos nos ritmos intricados e mutantes das obras dos italianos Matteo da Perugia e Philippus de Caserta e do compositor francês Baude Cordier

(todos ativos por volta de 1400), no estilo hoje conhecido como Ars Subtilior (Arte Ainda Mais Sutil). A Ars Nova se estabeleceu e formou a base do desenvolvimento da notação rítmica da música ocidental.

Mudanças na missa
As ideias de Vitry talvez tenham tido seu maior florescimento na música de Guillaume de Machaut, compositor e poeta do século XIV. Machaut usou as mesmas técnicas de isorritmo em seus motetos e nos movimentos *Kyrie, Santus, Agnus Dei* e *Ite, missa est* de sua *Missa de Notre-Dame*, o primeiro arranjo conhecido de música polifônica para um ciclo completo de missa de um único compositor. Além de empregar o isorritmo para unificar elementos da missa, Machaud usou um cantochão *cantus firmus* (música fixa) como melodia de ligação dos movimentos, da qual outras se desenvolvem, e acrescentou um *contratenor* para aumentar o número de vozes de três – o tradicional – para quatro, mais rico e mais expansivo.

Machaut assegurou seu legado artístico cuidando com atenção de sua produção e coligindo suas obras em manuscritos. Além de sua importância como compositor, Machaut foi um dos maiores poetas franceses medievais, produzindo vastas narrativas poéticas na forma de *lais* (versos de oito sílabas) e *dits* (poemas sem música). Ele também desenvolveu gêneros poéticos mais curtos com frases repetidas, ou refrões, como a *ballade*, o *rondeau* e o *virelai*, que se tornaram veículos de expressão populares entre poetas e compositores das gerações seguintes. ▪

Guillaume de Machaut

Nascido na região da Champagne, na França, por volta de 1300, Machaut passou grande parte da vida ao redor da cidade próxima de Reims. Após tomar as ordens religiosas, em 1323 ele integrou a corte de João de Luxemburgo, rei da Boêmia, viajando com ele pela Europa oriental e pela Itália como seu capelão e secretário. Por meio do rei João, Machaut obteve benefícios lucrativos, como cônego das catedrais de Verdun em 1330, Arras em 1332 e Reims em 1337.

Após a morte do rei João na Batalha de Crécy, em 1346, Machaut obteve a proteção de Bonne de Luxemburgo (segunda filha do rei João, o Cego) e de Carlos II, rei de Navarra, na Espanha. Passou os anos finais em Reims, supervisionando a compilação de suas obras. Morreu em 1377 e foi enterrado na Catedral de Reims.

Outras obras importantes

c. anos 1330: *Douce dame jolie* (virelai)
c. anos 1340: *Rose, liz, printemps, verdure* (rondeau)
c. anos 1340: *Voir dit*

RENASC
1400–1600

IMENTO

INTRODUÇÃO

c. 1430 — A *Rex seculorum* é composta como uma missa de *cantus firmus* no influente estilo inglês, atribuído a **John Dunstaple** ou a **Leonel Power**.

c. 1460 — **Guillaume Dufay** compõe a missa *L'Homme armé*, usando o terceiro intervalo da escala para criar um som doce.

c. 1515 — O compositor franco-flamengo **Josquin Desprez** coloca música no Ordinário em sua missa *Pange lingua*.

1568 — O compositor italiano **Alessandro Striggio** estreia o moteto *Ecce beatam lucem* em Munique, na Alemanha.

c. 1570 — **Thomas Tallis** compõe o moteto de quarenta partes *Spem in alium*, com oito coros de cinco vozes cada.

1572 — O italiano **Tomás Luis de Victoria** elabora sua primeira coletânea de motetos enquanto trabalha em Roma.

O movimento cultural chamado Renascimento surgiu na Itália já no século XIV. Porém um estilo de música renascentista distinto só se manifestou alguns anos depois. Floresceu primeiro nos Países Baixos, na corte de Filipe, o Bom, da Borgonha (1396–1467). Apesar de franco-flamengos por nascimento, os compositores ali eram cosmopolitas por natureza. O principal nome da escola franco-flamenga, Guillaume Dufay, inspirado pela polifonia da Ars Nova que ouvira na Itália, achou um modo de romper com o estilo medieval e começou a definir a música do Renascimento.

Uma das inovações de Dufay foi o uso do *cantus firmus*, a técnica de compor uma peça polifônica ao redor de uma melodia de cantochão. Ecoando a tendência renascentista para a crescente secularização, ele começou a usar melodias profanas em vez do cantochão como base para suas missas, que tinham estilo polifônico ricamente expressivo. Ele e outros compositores da corte borgonhesa, como Gilles Binchois, Johannes Ockeghem e um dos melhores autores do início do Renascimento, Josquin Desprez, não se limitaram à música sacra, escrevendo também motetos e canções profanas.

Novo desafio

A escola franco-flamenga de polifonia dominou a música do início do Renascimento, mas no século XVI isso mudou drasticamente. O poder que a Igreja Católica tivera na época medieval estava sendo contestado e em 1517 Martinho Lutero deflagrou a Reforma. Muitos se converteram ao protestantismo no norte europeu, onde os ofícios religiosos eram vistos de modo muito diferente, preferindo-se hinos e melodias simples para a congregação cantar a missas polifônicas entoadas só pelo coro. Tal música se tornou a base de uma tradição musical germânica distinta.

A Reforma, porém, provocou uma reação no mundo católico – a Contrarreforma –, com que a Igreja defendeu algumas de suas práticas e analisou e reformulou outras. Um dos objetos de exame foi a música dos ofícios religiosos. Muitos na Igreja Católica sentiam incômodo com a polifonia complexa que era moda, já que tantas vozes

RENASCIMENTO 1400–1600

c. 1580–1590

William Byrd compõe *Great Service* para uso em ocasiões formais na Capela Real de Sua Majestade, no Hampton Court Palace.

1585

O compositor veneziano **Giovanni Bassano** publica sua coletânea de quatro partes *Ricercare, passaggi et cadentie*, a ser tocada no estilo de um *étude*.

1600

Thomas Weelkes compõe *O Care, Thou Wilt Despatch Me* como parte de sua obra mais famosa – uma coletânea de madrigais.

1584

Giovanni Pierluigi da Palestrina escreve *Canticum Canticorum*, coletânea de motetos baseada em trechos do Cântico dos Cânticos bíblico.

1597

O organista italiano **Giovanni Gabrieli** usa dinâmica forte e suave em *Sonata pian' e forte*.

1604

Lachrimae, de **John Dowland**, usa dissonância para evocar uma atmosfera de melancolia.

---

cantando linhas melódicas diversas tornavam as palavras ininteligíveis. Os compositores foram aconselhados a moderar seu estilo, precipitando a adoção de uma polifonia relativamente simples que evitava as harmonias às vezes dissonantes da música polifônica e enfatizando a nitidez das palavras. Esse estilo mais claro e de som mais doce caracterizou a música dita do Alto Renascimento.

Entre os primeiros compositores a adotar o estilo estava Giovanni Pierluigi da Palestrina, que compôs inúmeros motetos e missas para igrejas de Roma. Compositores de toda a Europa acorreram à Itália para absorver o novo som e levá-lo a seus países. Na Inglaterra, ele foi adotado por compositores como Thomas Tallis e William Byrd.

Música instrumental

Não só a música de Igreja estava mudando. No fim do século XIV, quase não havia menestréis itinerantes, devido à devastação da Peste Negra. Eles foram atraídos para as cortes aristocráticas, onde forneciam entretenimento, entoando canções e tocando música para dança e cerimônias civis, como a posse de um novo doge em Veneza.

Numa sociedade mais laica, a música instrumental se tornou popular não só nas cortes mas na crescente classe média instruída, criando uma demanda por música para tocar em casa, tanto em *consorts* (grupos) de violas da gamba e flautas doces quanto em solos de instrumentos de teclado como o cravo. Graças ao surgimento da técnica mecânica de impressão, as partituras também ficaram facilmente disponíveis, e o novo estilo se espalhou pela Europa. Os madrigais, para pequenos grupos de cantores, se tornaram uma forma popular de entretenimento no lar, em especial na Itália e na Inglaterra.

Os compositores e o público, porém, já experimentavam outra forma no fim do século XVI, e um estilo dramático novo foi anunciado pelas obras de Giovanni Gabrieli em Roma. As últimas grandes peças compostas no estilo renascentista foram *Officium defunctorum*, de Tomás Luis de Victoria, e *Lachrimae*, de John Dowland, adequadas ao fim de uma era. ∎

NEM UMA SÓ COMPOSIÇÃO ANTERIOR AOS ÚLTIMOS QUARENTA ANOS [...] MERECE SER OUVIDA
MISSA *L'HOMME ARMÉ* (c. 1460), GUILLAUME DUFAY

EM CONTEXTO

FOCO
Novas harmonias

ANTES
1430 O inglês Leonel Power compõe *Alma redemptoris mater*, talvez a primeira missa a usar um *cantus firmus* – (música fixa) identificável como base de sua estrutura melódica.

1430 A *Rex seculorum*, missa de *cantus firmus* no estilo inglês, é composta por John Dunstaple ou por Leonel Power.

DEPOIS
1570 O italiano Giovanni Palestrina publica um arranjo de cinco vozes da missa sobre a melodia de *L'Homme armé*.

1999 O compositor galês Karl Jenkins incorpora a canção folclórica *L'Homme armé* no primeiro e último movimentos de sua missa *The Armed Man*.

A partir do compositor franco-flamengo Guillaume Dufay, a linguagem harmônica da música começa a soar mais familiar aos ouvidos atuais. Os compositores antigos seguiam os ideais harmônicos idealizados pelo filósofo e matemático grego Pitágoras, baseados na consonância "perfeita" das oitavas e dos intervalos de quarta e quinta. A inovação de Dufay era usar acordes que apresentavam o terceiro intervalo da escala como uma nota de harmonia (mi na escala de canto sol-fá, seguindo dó e ré). Historicamente, a harmonia dos intervalos de terça era vista como algo dissonante, a ser pouco usado.

Sons profanos na Igreja
As missas de Dufay usavam muito a técnica do *cantus firmus*, que construía uma peça ao redor de uma melodia preexistente, como uma composição sacra ou um cantochão conhecidos. Em *L'Homme armé*, Dufay escolheu uma canção folclórica francesa com melodia distintiva que se prestava bem a uma polifonia de vozes. Seguindo o exemplo dos músicos ingleses, que já tinham adotado os intervalos de terça, Duffay permite à música se apoiar no som doce e menos raso do intervalo. Isso estendeu o vocabulário harmônico e abriu espaço para mais vozes. ∎

O mestre de melodia Guillaume Dufay ao lado de um órgão portátil, numa iluminura de *Le Champion des dames*, obra poética do século XV.

Ver também: *Micrologus* 24-25 ▪ *Magnus liber organi* 28-31 ▪ Missa *Pange lingua* 43 ▪ *Canticum Canticorum* 46-51 ▪ *A Paixão segundo São Mateus* 98-105

RENASCIMENTO 1400–1600 43

LÍNGUA, PROCLAME O MISTÉRIO DO CORPO GLORIOSO
MISSA *PANGE LINGUA* (c. 1515), JOSQUIN DESPREZ

EM CONTEXTO

FOCO
Disseminação da música

ANTES
c. 1415–1420 O manuscrito iluminado *Squarcialupi codex*, maior coletânea de música italiana do século XIV, é compilado em Florença.

1457 O *Codex psalmorum*, produzido na cidade alemã de Mainz, é o primeiro livro impresso a conter música, embora a notação seja manuscrita.

DEPOIS
c. 1520 O impressor inglês John Rastell produz a primeira música em que pautas, notas e texto são impressos de uma só vez.

1710 O Estatuto de Anne, promulgado na Grã-Bretanha, dá aos autores copyright sobre suas obras impressas pela primeira vez, um direito por fim estendido à composição musical em 1777.

Josquin Desprez, nascido na França por volta de 1450, foi um dos primeiros a se beneficiar da imprensa. Até a invenção dessa tecnologia, em meados do século XV, a música era copiada à mão por copistas profissionais. Segundo o teórico de música suíço Heinrich Glarean, do século XVI, Desprez "publicou suas obras depois de muita deliberação e inúmeras correções". Esse cuidado fez de suas composições as favoritas no mercado nascente de publicação musical.

> Agora que morreu, Josquin está lançando mais obras que quando vivo!
> **Georg Forster**
> *Compositor alemão (1510–1568)*

Contemporâneo de Desprez, o italiano Ottaviano Petrucci aperfeiçoou um método de imprimir música em três etapas: as pautas, seguidas das notas e depois das palavras. A primeira publicação de Petrucci, *Odhecaton*, uma seleção com quase cem peças profanas, na maioria de compositores franco-flamengos, como Desprez, Antoine Busnois, Jacob Obrecht e Alexander Agricola, apareceu em 1501. Para vencer o desafio de uma primeira coletânea de música polifônica para missa com texto na parte de baixo, Petrucci decidiu pôr em sua *Missa* (1502) apenas obras de Desprez.

Uma missa atrasada
A missa *Pange lingua*, uma das composições finais de Desprez, tomou a melodia central de um hino da Festa de Corpus Christi escrito pelo frade e teólogo italiano do século XIII Tomás de Aquino. A obra não ficou pronta a tempo para o livro final de missas de Petrucci, de 1514, mas se conservou em manuscrito e foi afinal publicada em 1532. ■

Ver também: *Missa de Notre-Dame* 36-37 ▪ *Missa L'Homme armé* 42 ▪ *Canticum Canticorum* 46-51 ▪ *A Paixão segundo São Mateus* 98-105

OUÇA A VOZ E A ORAÇÃO

SPEM IN ALIUM (c. 1570), THOMAS TALLIS

EM CONTEXTO

FOCO
Música coral de larga escala

ANTES
c. 1500 O compositor francês Antoine Brumel escreve uma missa com doze partes, *Et ecce terrae motus*, a "Missa do Terremoto".

1568 O moteto *Ecce beatam lucem*, com quarenta vozes e instrumentos, de Alessandro Striggio, é apresentado em Munique.

DEPOIS
1682 Heinrich Biber compõe a missa *Salisburgensis*, em 53 partes arranjadas em seis coros de cantores, cordas, flautas doces, cornetos e sacabuxas, com dois conjuntos de trompetes e tímpanos e pelo menos dois órgãos – provavelmente a maior peça do Barroco Colossal, caracterizado por obras policorais de larga escala.

A composição do grande moteto de quarenta vozes *Spem in alium*, de Thomas Tallis, foi um ponto alto da música coral do Renascimento inglês inicial e uma resposta inspirada a um desafio continental. Em 1567, o compositor Alessandro Striggio tinha chegado à Inglaterra em missão diplomática da corte dos Médici em Florença, trazendo partes de suas recentes composições para quarenta ou mais vozes independentes. Eram manifestações musicais de influência e poder, e alguns se perguntavam o que aconteceria se um músico inglês tentasse esse tipo de composição. Eles se voltaram para Tallis, que tinha sido o principal compositor da corte sob quatro monarcas – Henrique VIII, Eduardo VI, Maria I e Elizabeth I. O mecenas católico de Tallis, Thomas Howard, quarto duque de Norfolk, encomendou a obra.

Uma longa tradição coral

Os ingleses havia muito se distinguiam na música coral. No século XV, John Dunstaple estabeleceu a *contenance angloise* (maneira inglesa), estilo polifônico distintivo e ricamente harmônico. O teórico flamengo Johannes Tinctoris descreveu Dunstaple como "fonte e origem" da inovação musical.

Uma geração antes de Tallis, Robert Fayrfax era o principal compositor e favorito de Henrique VIII. Ele foi organista e mestre do coro da Abadia de St. Albans de

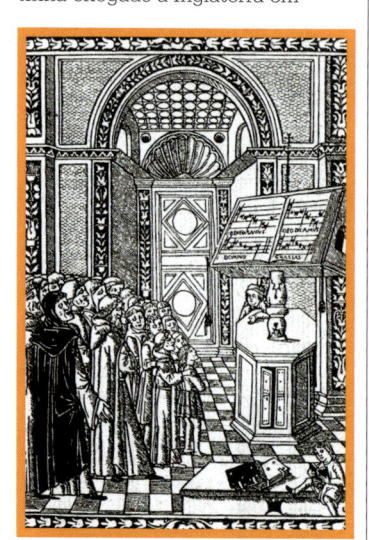

Um coro de capela canta a partir da partitura disposta num atril, na folha de rosto de *Practica musicae* (1512), do teórico de música italiano Franchini di Gaffurio.

RENASCIMENTO 1400–1600

Ver também: *Missa de Notre-Dame* 36-37 ■ Missa *L'Homme armé* 42 ■ Missa *Pange lingua* 43 ■ *Canticum Canticorum* 46-51 ■ *Great Service* 52-53 ■ *A Paixão segundo São Mateus* 98-105

1498 a 1502 e compôs a complexa missa de cinco vozes *O quam glorifica* para seu doutorado em 1504.

Mestres da música sacra

No início do século XVI, John Taverner emergiu como compositor importante de música sacra inglesa após sua indicação em 1526 a mestre do coro do recém-fundado Cardinal College (hoje Christ Church), de Thomas Wolsey, em Oxford. Lá ele compôs três missas para seis vozes, *Corona spinea*, *Gloria tibi Trinitas* e *O Michael*. O tenor da seção "In nomine Domini" do *Benedictus* de *Gloria tibi Trinitas* seria amplamente usado por outros compositores como base de arranjos vocais e instrumentais. Essa foi a origem do gênero de fantasia inglês conhecido como *In nomine*, popular até o fim do século XVII.

Taverner voltou ao Lincolnshire após a queda de Wolsey e produziu pouca música mais. John Sheppard era talvez mais hábil em ajustar sua produção aos gostos das monarquias católica e protestante.

> Ao ouvir a música [*Spem in alium*], o duque tirou a corrente de ouro do pescoço e a colocou no de Tallis, dando-a a ele.
> **Thomas Wateridge**
> *Carta* (1611)

Ele foi mestre do coro do Magdalen College, em Oxford, por três anos, e a partir de 1552, sob Eduardo VI e Maria I, cavalheiro da Capela Real. Morreu na véspera da ascensão de Elizabeth, em 1558. Muito da música sacra com texto em latim de Sheppard se conservou. Seu responsório *Media vita*, para seis vozes, é uma obra quaresmal de caráter monumental: a lenta elocução do canto *Nunc dimittis* estendendo-se ao longo da obra maximiza seu impacto.

Uma resposta extraordinária

Thomas Tallis era membro da Capela Real quando Striggio foi à Inglaterra e mostrou suas partituras de muitas partes. As obras italianas tinham estilo policoral, com vozes agrupadas em coros autônomos que se juntavam num som grandioso em pontos cruciais.

A resposta de Tallis em seu moteto *Spem in alium* foi muito diferente: ele mergulhou no som sublime da música de Taverner e Sheppard para criar algo indiscutivelmente inglês. As quarenta vozes de *Spem in alium* raramente se juntam nos mesmos grupos, cada uma seguindo seus caminhos. Uma voz pode manter um ritmo constante mas terá uma contraparte que alcança algo similar com síncopes, acrescentando brilho à voz parada. Como um murmúrio gradual de pássaros, as vozes se unem, se separam e por fim se juntam com efeito vibrante. ■

Thomas Tallis

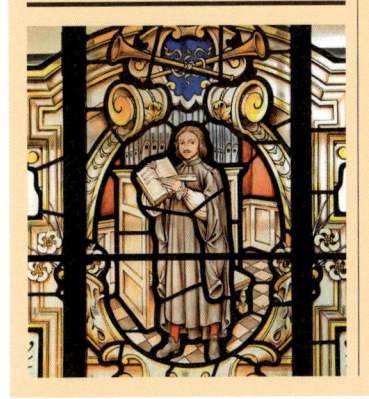

Pouco se sabe sobre os primeiros anos de Tallis, mas em 1532 ele era organista do Priorado de Dover, na costa sul da Inglaterra. Após a dissolução do priorado, três anos depois, ele trabalhou na Igreja de St. Mary-at-Hill, em Londres, na Abadia Waltham e na Catedral de Canterbury, antes de se tornar membro do coro ("cavalheiro") da Capela Real de Henrique VIII, onde depois foi organista. A rainha Elizabeth concedeu a Tallis e William Byrd uma patente para imprimir música em 1572, e em 1575 eles publicaram juntos *Cantiones sacrae*, coletânea de motetos latinos. Tallis também foi um dos primeiros a inserir palavras inglesas em salmos, cânticos e hinos. Séculos depois, seu arranjo do Salmo 2 foi usado por Vaughan Williams na *Fantasia on a Theme of Thomas Tallis* (1910). Tallis morreu tranquilamente em casa em 1585. Acredita-se que tinha cerca de oitenta anos.

Outras obras importantes

1560–1569 *The Lamentations of Jeremiah*
1567 Nove arranjos de salmos para o saltério do arcebispo Parker

O ETERNO PAI DA MÚSICA ITALIANA

CANTICUM CANTICORUM (1584), GIOVANNI DA PALESTRINA

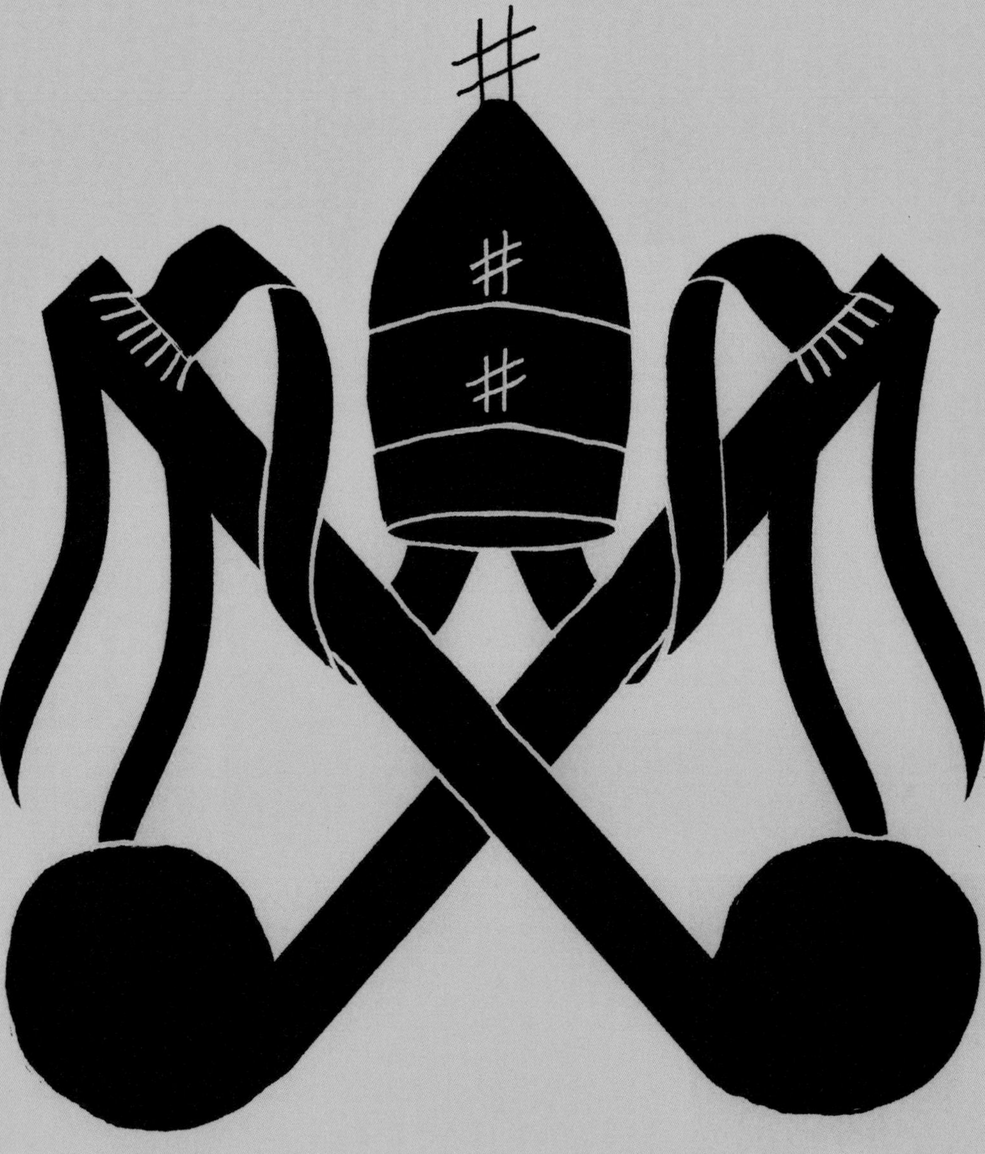

SIMPLIFICAÇÃO DA POLIFONIA

EM CONTEXTO

FOCO
Simplificação da polifonia

ANTES
c. 1540 No moteto *Inviolata, integra et casta es Maria*, o compositor italiano Costanzo Festa usa o estilo flamengo canônico com grande efeito. Festa foi muito admirado e imitado por Palestrina.

1545 O compositor franco-flamengo Nicolas Gombert publica *Musae Jovis*, peça deliberadamente arcaica, como tributo a Josquin Desprez.

DEPOIS
1610 Claudio Monteverdi retoma a polifonia e o *stile antico* (estilo antigo) com a missa *In illo tempore*.

c. 1742 J. S. Bach apresenta seu arranjo da missa *Sine nomine* (1590), de Palestrina.

O reformador Martinho Lutero influenciou a música sacra não só das novas igrejas protestantes como, devido à Contrarreforma, também dos ritos da Igreja Católica. O Concílio de Trento, reunião ecumênica de membros importantes da Igreja na cidade de Trento, no norte italiano, entre 1545 e 1563, promulgou diretrizes para a música sacra que restringiam a dissonância, limitavam a ornamentação excessiva e refinavam a polifonia litúrgica. O compositor que respondeu de modo mais primoroso a esse novo chamado de pureza foi Giovanni da Palestrina.

Novas demandas

Lutero era um cantor talentoso e amava a música, a qual, com o poder da prensa móvel de disseminar novas ideias, foi a chave para o sucesso de suas reformas. Seu primeiro hino publicado, *Ein newes Lied wir haeben an* (Estamos criando uma nova música), de 1524, era uma balada de rua sobre a morte na fogueira em Bruxelas de dois adeptos da reforma protestante. Arranjado numa melodia conhecida, distanciava-se da rica polifonia e do brilho instrumental da música da Igreja Católica. Seu encanto simples falava diretamente a muitos que se sentiam afastados devido ao amor da Igreja aos rituais ricos e ostentosos.

A música popular e acessível se tornou um veículo potente para espalhar ideias e conquistar apoio e foi também o marco dos ofícios na nova Igreja reformada. Lutero e o reformador francês protestante João Calvino estimulavam o canto de hinos com melodias que todos conheciam.

Velhas tradições

Essa ênfase na simplicidade estava em agudo contraste com a prática católica. Os menos instruídos tinham maior dificuldade em seguir as missas numa catedral ou capela ducal da época. Esse foi um problema que o clérigo, humanista e erudito Bernardino Cirillo reconheceu. Em 1549, ele escreveu: "Em nossos tempos os músicos colocaram todo o seu trabalho e esforço na composição de fugas (em que as vozes fazem entradas inesperadas), de modo que quando

---

Giovanni da Palestrina

Nascido provavelmente em Palestrina, na Itália, em 1525, Giovanni Pierluigi da Palestrina tinha fortes ligações familiares com Roma. Após a morte da mãe, quando ele tinha cerca de onze anos, tornou-se coralista na Igreja de Santa Maria Maggiore, nessa cidade.

No fim da juventude Palestrina voltou à cidade natal como organista da catedral. Quando o bispo de Palestrina, o cardeal Giovanni Maria del Monte, foi eleito papa Júlio III em 1550, o compositor voltou a Roma como diretor da Capela Júlia, e em 1554 dedicou-lhe a missa *Ecce sacerdos magnus*. Em 1555 ganhou um lugar no coro papal da Capela Sistina e seguiu ocupando vários altos postos musicais. Sua obra inclui madrigais e mais de 105 missas e cinquenta motetos.

Outras obras importantes

1562 Missa *Papae Marcelli*
1570 Missa *Brevis*
1572 Missa *Tu es Petrus*
1584 *Pulchra es* (moteto)
1590 *Stabat Mater* (moteto)

Ver também: *Missa de Notre-Dame* 36-37 ▪ Missa *L'Homme armé* 42 ▪ Missa *Pange lingua* 43 ▪ *Spem in alium* 44-45 ▪ *Great Service* 52-53 ▪ *Ein feste Burg ist unser Gott* 78-79

uma voz canta '*Sanctus*' outra diz '*Sabaoth*' e outra ainda '*Gloria tua*'. Uivando, berrando e gaguejando, parecem mais gatos em janeiro que flores em maio".

A reforma da notação no século XIV tinha dado aos compositores, pela primeira vez, a possibilidade de registrar com precisão praticamente toda ideia musical. Desde então, a Igreja Católica tinha às vezes estimulado e outras censurado sua tendência a ornamentar a música e lhe acrescentar graus cada vez maiores de complexidade e sutileza.

No fim do século XV, a missa diária era em geral cantada em cantochão. Porém, se a instituição onde ocorria o ofício tivesse recursos, o Ordinário da missa (*Kyrie*, *Gloria*, *Credo*, *Sanctus*, *Benedictus* e *Agnus Dei*) poderia ser tratado com muitas variedades de ornamentos. Nos anos 1490, vários autores notaram a presença de um tocador de corneto na missa solene na capela de Filipe IV da Borgonha. Eles não mencionam o que ele tocava: sua mera presença era suficiente para se tornar notável. Os instrumentistas de sopro, que antes improvisavam, começaram a aperfeiçoar suas habilidades de ler música e acompanhar tais coros, de modo que nos anos 1530 sua presença numa missa solene polifônica se tornou menos incomum aos fiéis.

Embora a contribuição de instrumentistas de sopro à música sacra fosse impressionante, a ressonância de um conjunto de metais, se mal manipulado, poderia prejudicar a clara emissão do texto. O compositor espanhol Francisco Guerrero estimulava seus tocadores de corneto a improvisar ornamentos floreados, mas um por vez, pois "quando ornamentam juntos fazem tais absurdos que bloqueariam os ouvidos".

> *Stabat Mater* [de Palestrina] [...] cativa a alma humana.
> **Franz Liszt**

O Concílio de Trento se reuniu 25 vezes em dezoito anos para discutir as "heresias" do protestantismo e elucidar a doutrina e liturgia católicas.

Pouca atenção ao texto

Mesmo quando a missa era cantada em polifonia não acompanhada, a clareza da expressão defendida por Cirillo nem sempre era prioritária na mente do compositor. Os músicos franco-flamengos muitas vezes pavoneavam sua habilidade em lidar com estruturas polifônicas complexas em composições de virtuosismo extraordinário. Numa missa de quatro partes, por exemplo, certas seções poderiam ser escritas no manuscrito apenas com três partes com notações, para que o »

SIMPLIFICAÇÃO DA POLIFONIA

Texturas musicais

Graus de complexidade
Os compositores renascentistas, auxiliados por métodos de notação mais precisos e estimulados por mecenas ricos, produziram obras de camadas cada vez mais numerosas.

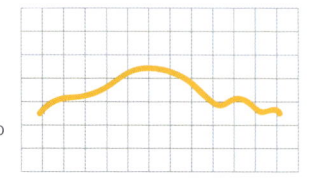

Monofonia
Entoada por um só cantor ou um coro único em uníssono. Entre os exemplos, o cantochão e a maioria das músicas de trovador.

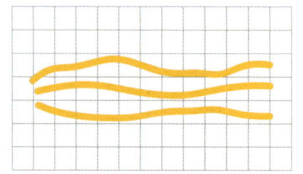

Homofonia
Melodia apoiada em harmonia cordal e baixo firme no mesmo ritmo. Muito usada no canto de hinos.

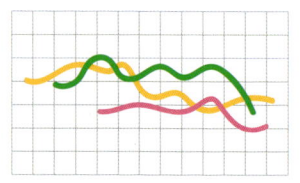

Polifonia
Várias partes independentes e de importância igual. As formas incluem o cânone, a fuga e o moteto.

---

cantor tivesse de "achar" a quarta parte seguindo a lógica das outras três – na verdade, decifrando um enigma. O compositor poderia tornar o trabalho dos cantores ainda mais difícil escrevendo vozes canônicas que se moviam em diferentes velocidades a partir do original. O *tour de force* aqui é a missa *Prolationum*, de Johannes Ockeghem, na qual cada um dos quatro movimentos do rito explora um cenário canônico diverso. O intervalo que separa as vozes do cânone se torna progressivamente maior em cada movimento consecutivo. A missa *L'Homme armé super voces musicales*, de Josquin Desprez, tem apenas uma linha melódica para um arranjo elegante e variado de três vozes da segunda repetição do *Agnus Dei*. O resultado de três vozes cantando polifonia tecida a partir de uma só melodia entoada a diferentes velocidades é extraordinário por sua audácia, mas a ênfase não está em palavras facilmente discerníveis.

Uma resposta oficial

A Igreja Católica enfrentou a crise crescente precipitada pelas reformas de Lutero com uma série de encontros para decidir sua resposta oficial. Após adiar muito, o concílio se reuniu em 1545 na cidade de Trento, no norte italiano. Na época do último encontro (1562–1563), coordenado pelo papa Pio IV, havia-se chegado a um beco sem saída, e ficou claro que reconciliar Roma e os reformistas seria impossível. Apesar disso, as reformas protestantes forçaram a Igreja Católica a introduzir mudanças na doutrina e na prática, o que incluiu purificar sua música. Em 1562, o Concílio de Trento baixou as diretrizes para os músicos. Elas diziam: "Todas as coisas devem na verdade ser ordenadas para que as missas, celebradas com canto ou coral, alcancem os ouvidos dos fiéis e gentilmente penetrem seu coração,

> 66
> O Renascimento promoveu o incremento da personalidade, ideia essencialmente oposta ao altruísmo e à objetividade da velha polifonia.
> **Zoë Kendrick**
> *Biógrafa de Palestrina*
> 99

quando tudo seja executado com clareza e velocidade certa. No caso das missas celebradas com polifonia e órgão, que nada profano se interponha, apenas hinos e orações divinas". Os compositores deviam responder a essa nova diretiva.

Enfatizar as palavras

Giovanni Pierluigi da Palestrina publicou seu primeiro livro de missas em 1554 e voltou a Santa Maria Maggiore, onde tinha sido menino de coro, como *maestro di cappella* (diretor musical) em 1561. Consta que ele antecipou a censura papal completa. Temendo a redução da música na liturgia católica apenas ao cantochão (reforma que alguns puristas pediam), ele se preparou com uma missa para quatro vozes para demonstrar que a polifonia podia servir ao texto de modo que agradaria mesmo aos críticos mais duros.

A missa *Papae Marcelli* parece datar de 1562, o ano da decisão do concílio sobre música. Consta que os cardeais gostaram especialmente dessa missa, uma aprovação que deu a Palestrina a condição de salvador da polifonia. Parece, na verdade, que a missa provavelmente foi escrita para a Semana Santa e obedecia ao desejo do papa Marcelo II de um arranjo contido, que pudesse ser entendido com clareza. A obra de Palestrina realiza muito do que se esperava da polifonia após o Concílio de Trento, com sua abordagem direcionada da dissonância, clareza de elocução e domínio refinado da escrita polifônica. No entanto, Palestrina não se esquiva de levar os novos preceitos a seus limites: sua missa *Repleatur os meum*, em cinco vozes, publicada em 1570, mostra controle total do estilo "canônico" virtuoso favorecido pelos compositores franco-flamengos, mas com controle tão claro do texto que até Cirillo aprovaria. Em seu *Canticum Canticorum*, de 1584, um aclamado ciclo de 29 motetos baseado no Cântico dos Cânticos do Velho Testamento, Palestrina foi ainda mais ousado. Embora se referisse a ele como peça sacra, adotou sem constrangimento um estilo mais apaixonado, explicando, em sua dedicatória ao papa Gregório XIII, que isso se adequava ao tema.

Palestrina foi *maestro di cappella* cinco anos na Arquibasílica de São João de Latrão, em Roma, aqui em gravura holandesa do século XVII.

Em outros lugares da Europa

Palestrina foi uma estrela brilhante numa constelação de grandes polifonistas da Contrarreforma. Na Espanha, o zelo ortodoxo de Filipe II estimulou uma escola forte de composição polifônica em suas catedrais. Tomás Luis de Victoria, compositor prolífico de obras sacras, era famoso pela dramaticidade intensa de sua música. Ele foi menino do coro e organista em Ávila, antes de ir para Roma, onde pode ter estudado com Palestrina. De volta à Espanha, passou a maior parte da vida no convento das Descalzas Reales de Madri. Os Estados germânicos se dividiram muito quanto à fé religiosa; os principados do sul continuaram adeptos de Roma. O duque Alberto V da Baviera, figura central da Contrarreforma alemã, por exemplo, empregou muitos músicos, como Orlande de Lassus, compositor flamengo famoso em criança pela beleza da voz. Sob patrocínio generoso do duque, Lassus dirigiu a Hofkapelle, combinando vozes, violinos, violas da gamba, alaúde e vários instrumentos de metais e madeiras, até um cervelato (instrumento de palheta com som suavemente grave e estrídulo recém--inventado). Um conjunto tão grande de ambição quase orquestral era muito incomum na época. Embora a Igreja Católica olhasse com desconfiança tal instrumentação, era obviamente aberta a algum grau de interpretação local. ∎

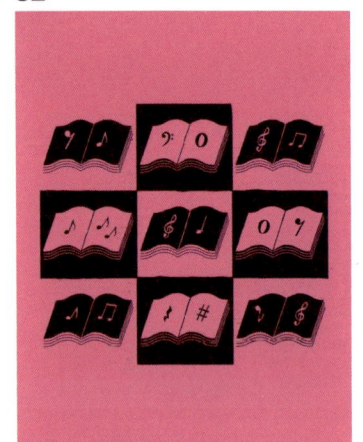

ESSA É A NATUREZA DOS HINOS – ELES NOS FAZEM QUERER REPETI-LOS
GREAT SERVICE (c.1580–1590), WILLIAM BYRD

EM CONTEXTO

FOCO
Música de igreja protestante inglesa

ANTES
1558 John Sheppard compõe *Second Service*, arranjo para cinco vozes do ofício completo (em vez do ofício curto comum, que só incluía arranjos para o *Magnificat* e o *Nunc dimittis*), precursor do *Great Service* de dez vozes de Byrd.

c. 1570 William Mundy compõe seu ofício vespertino *In medio chori*, para coro de nove partes, expandido às vezes para onze.

DEPOIS
c. 1620 Thomas Weelkes publica *Evensong for Seven Voices*, um *Great Service* de até dez partes.

c. 1630 O *Third or Great Service*, de Thomas Tomkins, para dez vozes é a obra mais grandiosa do gênero.

Embora se acredite que tenha sido na maior parte da vida católico, se não sempre, William Byrd compôs música para a Igreja Anglicana, além de motetos e missas em latim para o rito católico. Ele atravessou três eras de revisionismo religioso na Inglaterra. Sob Henrique VIII e Eduardo VI, o país foi protestante desde 1534, mas em 1553 Maria Tudor subiu ao trono com o marido, Filipe II da Espanha, e reinstalou o catolicismo. Quando ela morreu, em 1558, Elizabeth I devolveu a Inglaterra ao protestantismo, tolerando no entanto o catolicismo entre os aristocratas do país, se fossem leais e o praticassem com discrição. Ela sancionou o uso do

As sementes do protestantismo na Inglaterra foram plantadas por Martinho Lutero, arquiteto da Reforma na Alemanha, mostrado aqui tocando música com seus filhos.

RENASCIMENTO 1400–1600

Ver também: Missa *L'Homme armé* 42 ▪ Missa *Pange lingua* 43 ▪ *Canticum Canticorum* 46-51 ▪ *Ein feste Burg ist unser Gott* 78-79

> Para um homem que pensa em coisas divinas [...] as medidas mais adequadas vêm, não sei de que modo, como que por seu livre-arbítrio.
> **William Byrd**

latim nos ofícios da Capela Real e permitiu aos compositores usarem o latim e o inglês na música litúrgica.

Byrd floresceu sob a proteção de Elizabeth. Em 1565, era organista e mestre da Catedral de Lincoln, onde produziu os arranjos de *Short Service* para matinas, comunhão e vésperas, que representaram a maior parte da música para liturgia anglicana na Inglaterra. Depois, quando ele já era cavalheiro da Capela Real, Elizabeth concedeu-lhe e a Thomas Tallis, que também era católico, o monopólio de produção de música na Inglaterra.

Deus e rainha
A fé religiosa de Byrd se tornou no entanto uma preocupação em 1577, quando sua mulher, Julian, foi acusada de faltar aos ofícios do bispo de Londres, John Aylmer, defensor rigoroso do Ato da Uniformidade de 1559, que buscava unificar a Igreja Anglicana. Dali em diante, Byrd não escondeu sua fé católica, e a recepção da primeira publicação de "músicas sacras" em latim em 1575 foi morna, talvez devido ao sentimento católico de alguns dos textos.

Apesar do catolicismo, a lealdade de Byrd à rainha e ao país parece ter tido precedência sobre sua fé. Em ação de graças pela vitória da frota inglesa sobre a Armada espanhola em 1588, Elizabeth escreveu a letra de *Look, and Bow Down Thine Ear, O Lord*. Acredita-se que ela escolheu William Byrd para colocar a música. Embora o hino hoje esteja perdido, foi uma clara demonstração de seu alto apreço por ele.

Última obra anglicana
Em 1580, Byrd publicou *Great Service*, sua última obra para o rito anglicano. É uma composição monumental, com sete seções para uma celebração anglicana da missa em inglês por dois coros de cinco vozes. Não se sabe se Byrd escreveu *Great Service* com algum coro em especial em mente. Porém a mera escala da peça e as exigências técnicas da partitura iriam colocá-la só ao alcance dos maiores coros. Alguns a consideram um adeus aos colegas ou, por fim, um ato de contrição a uma monarca que escolhera relevar o catolicismo de Byrd.

Em 1605, um mensageiro com um exemplar do recém-publicado *Gradualia* (coletânea de arranjos de movimentos da missa para o ano da Igreja Católica, para três a cinco vozes), de Byrd, foi detido e encarcerado em Newgate. O compositor, porém, evitou a prisão, enfrentando apenas pressão nas cortes e pesadas multas. ▪

William Byrd

Nascido numa grande família mercante em Londres em 1540, é provável que William Byrd tenha aprendido música como um dos dez meninos de coro da igreja de St. Paul, em Londres (antecessora da Catedral de St. Paul), antes de cantar em cerimônias católicas na Capela Real, sob a rainha Maria. Depois, em 1572, no reinado de Elizabeth I, Byrd se tornou cavalheiro da Capela Real, posto que ocupou por mais de vinte anos.

Embora tenha composto muita música profana, inclusive para virginais, ele é mais famoso pela obra religiosa. Em 1575, publicou com Thomas Tallis um primeiro volume de motetos latinos, *Cantiones sacrae* (Músicas sacras). Após a morte de Tallis, Byrd continuou a série com dois volumes de suas próprias *Cantiones* em 1589 e 1591. Publicou sua última obra, *Psalmes, Songs, and Sonnets*, em 1611, doze anos antes de morrer em 1623.

Outras obras importantes

1589 *Cantiones sacrae*, livro 1
1591 *Cantiones sacrae*, livro 2
1605 *Gradualia*

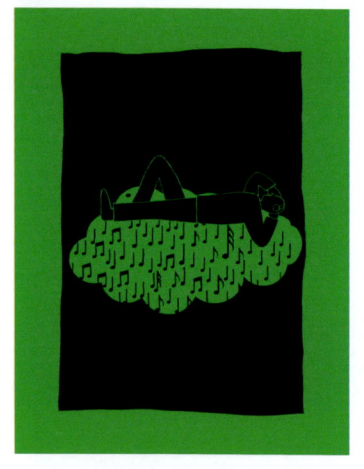

TODAS AS ÁRIAS E MADRIGAIS [...] SUSSURRAM SUAVIDADE
O CARE, THOU WILT DESPATCH ME (1600), THOMAS WEELKES

EM CONTEXTO

FOCO
Madrigais

ANTES
1571 Thomas Whythorne publica *Songes*, a primeira coletânea de madrigais ingleses.

1594 Thomas Morley publica *First Book of Madrigals to Four Voices*, a primeira coletânea a usar a descrição italiana do estilo.

DEPOIS
1612 Orlando Gibbons publica *First Set of Madrigals and Motets*, que inclui *The Silver Swan*, madrigal curto mas um dos mais conhecidos hoje.

1620–1649 A moda dos madrigais ingleses decai, dando lugar à música de alaúde, e o estilo se apagou com o início da Commonwealth da Inglaterra a partir de 1649.

Em 1544, quando a Inglaterra estava sedenta por modas continentais, o compositor e poeta Thomas Whythorne viajou pela Europa e escreveu sonetos que depois musicou em *Songes*, o primeiro livro de madrigais ingleses. Na Itália, entre os mestres do madrigal estavam Jacob Arcadelt e Philippe Verdelot, cujas obras constavam do primeiro livro de madrigais italiano, editado em Roma em 1530. Em 1588, Nicholas Yonge publicou *Musica transalpina*, uma coletânea de madrigais italianos retrabalhados com textos ingleses, aguçando o apetite por músicas locais cantadas em partes.

Ilustração de palavras
Muitas coletâneas inglesas se seguiram, com frequência com arranjos para vozes e viola da gamba, para satisfazer o crescente gosto da classe média por música após o jantar. Em 1595, Thomas Morley introduziu o *ballett*, um madrigal rústico com um coro fá-lá-lá que imitava um refrão instrumental. Thomas Weelkes, entre outros, começou a usar efeitos musicais para ilustrar o texto – conhecidos como *madrigalismo*. Em *O Care, Thou Wilt Despatch Me* (1600), Weelkes descreve a perturbação do poeta deslizando por semitons (cromatismo), em conflito com o refrão alegre fá-lá-lá. Na Itália, os madrigais de Carlo Gesualdo da Venosa usam mudanças harmônicas extremas e dissonância para evocar ação ou ideias, enquanto o *Madrigali guerrieri et amorosi* (1638) de Claudio Monteverdi levou o formato a alturas teatrais. ∎

> O madrigal [...] feito de canções e sonetos [...] muito encantador para homens de entendimento.
> **Thomas Morley**

Ver também: *Le Jeu de Robin et de Marion* 32-35 ▪ *Musique de table* 106 ▪ *Die schöne Müllerin* 150-155

RENASCIMENTO 1400–1600

O FESTIM [...] MARAVILHOU E ASSOMBROU TODOS AQUELES ESTRANHOS, QUE NUNCA OUVIRAM ALGO IGUAL
SONATA PIAN' E FORTE (1597), GIOVANNI GABRIELI

EM CONTEXTO

FOCO
Grupos de sopro renascentistas

ANTES
c. 1480 Um livro de coro preparado como presente de casamento para Isabella d'Est contém parte do repertório do grupo de sopro do duque de Ferrara, um dos melhores da época.

1582 Florentio Maschera publica a primeira coletânea de *canzoni*, peças italianas para violinos, cornetos e sacabuxas.

DEPOIS
1585–1598 O tocador de corneto veneziano Giovanni Bassano publica um livro de *passaggi*, versões virtuosísticas de motetos e canções populares.

1661 Na Inglaterra, os "Sacabuxas e Cornetos" da Royal Wind Musick tocam suítes de Matthew Locke na coroação de Carlos II.

A Basílica de São Marcos, em Veneza, é um ambiente impressionante para os compositores explorarem timbres instrumentais e o uso do espaço. O compositor flamengo Adrian Willaert foi o primeiro a aproveitar esse potencial ao se tornar seu diretor musical em 1527. Seu estilo de *chori spezzati* (coros separados) dividiu o conjunto pelas galerias, com maior teatralidade às apresentações. Aprendendo os *chori spezzati* de Willaert, Andrea Gabrieli, designado organista de São Marcos em 1566, e seu sobrinho Giovanni Gabrieli usaram os grupos venezianos de *pifferi* (instrumentistas de sopro oficiais) para reforçar o conjunto vocal e apenas para fins instrumentais.

Impacto dramático
Antes, trompetistas oficiais só eram ouvidos no toque de recolher e acompanhando danças. Quando as cidades e Estados nacionais renascentistas começaram a disputar poder, o papel de seus instrumentistas ganhou importância. A música de qualidade foi estimulada, e Veneza se destacou. A *Sonata pian' e forte* (1597) de Giovanni Gabrieli, para seis trombones, um corneto e uma viola de braço (antigo violino) foi a primeira obra para metais específicos a incluir indicações dinâmicas de som alto ou baixo para a execução, com efeitos dramáticos de claro e escuro. Na bruxuleante São Marcos, uma sonata tão intensa poderia acompanhar a consagração da hóstia. ∎

Flautas doces renascentistas acompanhavam voz. Esta figura de *Musica getutscht* (1511), tratado de teoria musical de Sebastian Virdung, ilustra a posição dos dedos no instrumento.

Ver também: *Canticum Canticorum* 46-51 ▪ *Water Music* 84-89 ▪ *As quatro estações* 92-97 ▪ *A Paixão segundo São Mateus* 98-105 ▪ *Elias* 170-173

ACORDE, MEU ALAÚDE!
LACHRIMAE (1604), JOHN DOWLAND

EM CONTEXTO

Música instrumental renascentista

ANTES
1507 *Intabulatura de lauto*, de Francesco Spinacino, é publicada em Veneza.

1545 A nomeação de "*Mark Anthony Gayiardell e George Decombe, viallines*" como músicos da corte lança o violino na Inglaterra.

DEPOIS
1611 Giovanni Girolamo Kapsberger publica *Libro primo d'intavolatura de lauto*, música para teorba – um alaúde de braço expandido para acomodar mais cordas de baixo.

c. 1630 O compositor inglês John Jenkins produz pavanas e *In nomines*, seguindo o interesse inglês pela música de conjuntos de viola da gamba, que chega até a época de Henry Purcell.

Os instrumentos musicais se desenvolveram rápido a partir do fim do século XIV, conforme os músicos se aperfeiçoavam e imitavam o estilo cortesão para atrair patrocínio. O primeiro registro de um órgão com pedais e teclado cromático de doze notas é de 1361, em Halberstadt, Alemanha. Por volta de 1440, enquanto trabalhava na corte da Baviera, o organista holandês Arnaut van Zwolle desenhou um diagrama do mais antigo cravo, com teclas que erguiam peças verticais de madeira, as martinetes, ajustadas com palhetas que dedilhavam cordas. Zwolle também descreveu o *dulce melos*, instrumento de teclado cujas cordas eram percutidas por martelos de metal, o mais antigo registro de mecanismo do estilo de um piano.

A ascensão do alaúde
Além dessas inovações, o alaúde, mais portátil, evoluiu, tornando-se o instrumento emblemático do Renascimento. Pietrobono, músico prestigiado pela família Este, de Ferrara, por volta de 1450–1470, tocava fluxos de melodia virtuosísticos (não diferentes dos solos rápidos de guitarra elétrica) com uma palheta de pena, enquanto o *tenorista* executava o acompanhamento mais grave e lento em outro alaúde. A adição de trastes de tripa, amarrados ao redor do braço do alaúde, permitia mais rapidez e precisão à mão esquerda.

Mais uma mudança estilística significativa foi o alaudista deixar a palheta. Dedilhando as cordas com a mão direita, o solista tocava todas as vozes de uma peça polifônica. No fim do século XV, o alaúde não era mais o mero companheiro dos menestréis, tendo ocupado o coração da música e

> 66
> Não culpe meu alaúde,
> pois ele deve soar
> Deste ou daquele jeito
> como eu quiser;
> Por falta de espírito o
> alaúde está destinado
> A dar as melodias
> que me agradem.
> **Thomas Wyatt**
> 99

RENASCIMENTO 1400–1600

Ver também: *Le Jeu de Robin et de Marion* 32-35 ▪ *Sonata pian' e forte*, Gabrieli 55 ▪ *O burguês fidalgo* 70-71 ▪ Sinfonia em mi bemol maior, Stamitz 116-117

Instrumentos de *consort* renascentista, como o alaúde e cordas, são mostrados em *Audição* (c. 1617–1618), colaboração entre Jan Brueghel, o Velho, e Paul Rubens.

da composição da corte. O alaúde do século XVI de início tinha seis ordens (uma só corda para a nota mais alta e cinco pares de cordas afinadas em uníssono ou oitavas), mas depois ganhou ordens extras no baixo chamadas diapasões, afinadas diatonicamente (em passos de um tom).

A conexão inglesa

Na virada do século XVII, John Dowland era um dos vários compositores para alaúdes de nove *courses*. A Inglaterra se destacava no novo estilo de execução, que também era popular entre amadores, como Elizabeth I, retratada tocando alaúde numa miniatura pintada por Nicholas Hilliard.

Dowland compôs cerca de noventa obras só para alaúde, mas também incorporou o instrumento em um *consort* (grupo musical). Sua coletânea *Lachrimae* (1604) desenvolve a pavana (dança com música imponente tratada com elaboração instrumental) de mesmo nome, criando sete variações para conjunto de cordas com solo de alaúde. Os conjuntos renascentistas incluíam *consorts* do mesmo instrumento, mas Dowland imaginou nas pavanas *Lachrimae* seis violas da gamba ou violinos, inclusive o violino baixo, antecessor do violoncelo.

Instrumentistas de teclado e compositores exibiam destreza e improvisação em danças como a pavana e a galharda de compasso ternário, em geral com variações ao repetir seções. *My Ladye Nevells Booke* (1591), do inglês William Byrd, contém dez pares pavana-galharda com variações para virginal, instrumento relacionado ao cravo. ▪

John Dowland

Alguns dizem que Dowland nasceu em 1563 em Westminster (Londres), outros que foi em Dalkey (Irlanda), e seus primeiros anos permanecem obscuros. No fim da juventude ele servia ao embaixador inglês na França, onde abraçou o catolicismo, afirmando mais tarde que essa conversão impediu sua nomeação como alaudista na corte real inglesa em 1594. Dowland viajou então três anos pela Europa, até achar um mecenas admirador em Cristiano IV da Dinamarca. A relação depois azedou e Dowland foi despedido em 1606.

Embora seu filho, o compositor e alaudista Robert Dowland, dissesse em 1610 que o pai estava ficando "grisalho mas, como o cisne, cantava chegando ao fim", em dois anos Dowland seria nomeado um dos alaudistas do rei Jaime I da Inglaterra e VI da Escócia. Entre a nomeação e sua morte, em 1625, poucas composições se conservaram.

Outras obras importantes

1597 *Firste Booke of Songes or Ayres*
1612 *A Pilgrim's Solace*

BARRO
1600–1750

CO

INTRODUÇÃO

A mais antiga ópera remanescente, *Eurídice*, de **Jacopo Peri**, é composta em honra do rei Henrique IV da França e seu casamento com Maria de Médici.

1600

O burguês fidalgo, de **Jean-Baptiste Lully**, satiriza o alpinismo social e a aristocracia esnobe da França sob Luís XIV.

1670

O prelúdio para órgão *Ein feste Burg ist unser Gott*, do compositor dinamarquês-alemão **Dieterich Buxtehude**, influencia muito o gênero coral.

c. 1690

Händel estreia num barco no rio Tâmisa a suíte de peças curtas *Water Music*, encomendada pelo rei Jorge I.

1717

1610

As *Vésperas*, de **Claudio Monteverdi**, incorporam polifonia e monodia, aproximando os estilos renascentista e barroco.

1689

A ópera *Dido and Aeneas*, de **Henry Purcell**, narra o amor mítico entre a rainha de Cartago e o príncipe de Troia.

1714

A publicação de doze *Concerti grossi*, op. 6, de **Arcangelo Corelli**, estabelece o *concerto grosso* como um estilo de composição.

O período barroco na música se iniciou de modo radical, com a apresentação em Florença da primeira ópera mundial, *Dafne*, de Jacopo Peri, em 1598. A peça ilustra a passagem da polifonia para algo mais expressivo – uma mudança drástica explorada com grande efeito nas *Vésperas*, de Monteverdi, que contrasta os estilos velho e novo.

Eventos-chave
Um dos principais traços do Barroco inicial, e que devia ser surpreendente na época, era a rejeição da polifonia em favor de uma linha melódica única, com acompanhamento simples. Essa "monodia", como foi chamada, era uma tentativa de reproduzir o estilo do teatro clássico grego. O acompanhamento tinha significado especial: nas seções recitativas da ópera inicial – exposições livremente compostas do enredo que ligava as árias –, a voz era acompanhada por um só instrumento grave, como um violoncelo, e um instrumento capaz de produzir acordes, como o cravo ou o alaúde. Esse acompanhamento, conhecido como *basso continuo*, ou simplesmente *continuo*, se tornou elemento-chave da música do Barroco inicial.

O *continuo* era importante porque fornecia a base harmônica para a melodia. A polifonia tinha caracterizado a música renascentista; já o novo estilo se definia pela harmonia. Em vez de entrelaçar melodias baseadas nos modos ou escalas gregos antigos, os compositores do Barroco inicial criavam música sobre acordes maiores ou menores. Efeitos dramáticos e contrastantes eram obtidos variando a intensidade do som e o tempo, movendo a música entre escalas e instrumentos, adicionando às vezes ornamentos como trinados.

O revolucionário estilo novo e a ideia de uma peça teatral musicada se mostraram muito populares, em especial nas aristocracias italiana e francesa, que empregavam músicos e um compositor residente para entretenimento nas cortes. Além de óperas, eles apresentavam música instrumental, e, na corte real de Versalhes, Jean-Baptiste Lully montou uma orquestra que supria música incidental e danças para a encenação das últimas comédias de autores como Molière. Essa forma de diversão ligeira se

BARROCO 1600–1750

1725
As quatro estações, de **Antonio Vivaldi**, são publicadas com notas de programa e recebem aclamação da crítica.

1733
Georg Philipp Telemann trabalha com uma diversidade de gêneros musicais em seu celebrado *Musique de table*.

c. 1742–1750
Na última década de vida, **J. S. Bach** escreve *A arte da fuga*, com catorze fugas e quatro cânones.

1717–1723
François Couperin, da famosa família Couperin, de músicos, publica quatro volumes de *ordres* de cravo em *Pièces de Clavecin*.

1727
O oratório *A Paixão segundo São Mateus*, de **J. S. Bach**, musica os capítulos 26 e 27 do Evangelho de Mateus.

1733
O sucesso de *Hippolyte et Aricie*, de **Jean-Philippe Rameau**, desafia o supremacia da ópera italiana.

---

difundiu em outros lugares e influenciou o desenvolvimento do drama musical chamado "mascarada" na Inglaterra.

Desde a Reforma, os protestantes franziam a testa para a ópera e em terras germânicas a atividade era muito restringida pela Igreja. Gradualmente, porém, um estilo barroco germânico distinto, muito diverso do italiano e do francês, se desenvolveu a partir dos corais, melodias de hinos da Igreja Luterana que uniam o tratamento harmônico do novo estilo de música vocal a alguns elementos da velha polifonia italiana.

Esse estilo híbrido se adequava mais ao temperamento norte-europeu e logo foi aceito na música protestante. Ele inspirou o desenvolvimento do prelúdio coral instrumental, arranjo às vezes floreado de uma melodia coral, em geral para órgão.

Alto e Baixo Barroco

Com o passar do tempo, muitos elementos do Barroco inicial desapareceram. Por volta de 1700, começou o período referido como Alto Barroco. O que antes era um pequeno grupo de acompanhamento para cantores de ópera ganhou vida própria como uma orquestra de instrumentos de corda, madeira e metal tocando uma nova forma de música, o *concerto grosso*, popularizado por Arcangelo Corelli e Antonio Vivaldi. O *continuo*, embora ainda fosse a espinha dorsal da orquestra, também se tornou um conjunto de câmara independente, tocando a forma de música conhecida como "sonata em trio".

A própria ópera foi arrebatada, surgindo agora como música coral fora do palco, como a cantata laica e o oratório sacro.

O Baixo Barroco foi dominado por três compositores nascidos na Alemanha em 1685. O primeiro, Georg Philipp Telemann, é muitas vezes ofuscado pelos outros dois, mas foi de longe o mais prolífico. O segundo, Georg Friedrich Händel, foi um músico não elitista que fez nome na Inglaterra com oratórios e música orquestral. O terceiro, considerado o maior dos três, foi Johann Sebastian Bach: um compositor conservador mas artesão consumado. Durante uma vida de trabalho nas cortes e para a Igreja, a música sacra e profana de Bach representou o ponto alto do período Barroco. ∎

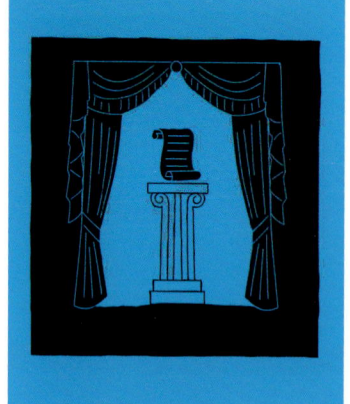

UMA DAS DIVERSÕES MAIS MAGNÍFICAS E CARAS
EURÍDICE (1600), JACOPO PERI

EM CONTEXTO

FOCO
Ópera inicial

ANTES
c. 770 a.C. O teatro antigo grego incorpora a música. Mitos gregos identificam Orfeu como o "pai das canções".

1598 Peri colabora com Jacopo Corsi em *La Dafne*, a primeira ópera, com libreto de Ottavio Rinuccini, encenada no Palazzo Corsini, em Florença.

DEPOIS
1607 A primeira ópera de Monteverdi, *L'Orfeo*, é encenada em Mântua.

1637 A primeira casa de ópera pública – o Teatro di San Cassiano, em Veneza – é aberta, com *L'Andromeda* (hoje perdida), de Francesco Manelli.

1640 Monteverdi compõe *Il ritorno d'Ulisse in patria*, sua primeira ópera escrita para um teatro público em Veneza.

Orfeu e Eurídice sobem do submundo na pintura de Edward Poynter de 1862. O mito grego se prestava especialmente à ópera porque Orfeu era músico.

As condições para o nascimento da ópera eram ideais em Florença nos anos 1590. Grandes espetáculos teatrais com música, conhecidos como *intermedi* e muitas vezes apresentados como interlúdios em peças faladas, eram encomendados para celebrações dinásticas, como casamentos e batismos. Suas seções musicais – canções (ou "árias"), danças, coros – eram também intercaladas por diálogos falados. Foi a introdução do recitativo (*recitar cantando*), a arte de falar em música, que definiu a ópera.

As sociedades intelectuais de Florença, em especial a Camerata de' Bardi, que se reunia na casa de seu mecenas, o dramaturgo e compositor Giovanni de' Bardi,

BARROCO 1600–1750 **63**

Ver também: *O burguês fidalgo* 70-71 ▪ *Dido and Aeneas* 72-77 ▪ *Orfeu e Eurídice* 118 119 ▪ *A flauta mágica* 134-137 ▪ *O barbeiro de Sevilha* 148

tinham incluído em seus debates humanistas discussões sobre a natureza do teatro grego e concluíram que era todo cantado. Peri escreveu *La Dafne* (1598) com o compositor Jacopo Corsi e o poeta Ottavio Rinuccini na tentativa de recuperar essa prática.

Elementos da ópera

Embora só restem fragmentos de *La Dafne*, a segunda obra de Peri, *Eurídice*, se conservou intacta. O libreto de *Eurídice* conta o mito grego de Orfeu, que vai ao submundo resgatar a mulher, Eurídice, que morreu mordida por uma cobra. *Eurídice* tem a combinação de canções *intermedio* padrão, alternando coros e passagens instrumentais, porém ligados por recitativos – o novo estilo de discurso cantado. No prefácio à obra, Peri explica a intenção de "imitar a fala com música", que era a base do novo gênero. Ele também lista alguns dos instrumentos tocados na produção original, como cravo, *chitarrone* (alaúde baixo), violino,

> Ela cria um mundo coerente, carregado de uma atmosfera distinta. É simples sem ser sem graça e digna sem ser pomposa.
> **Stephen Oliver**

> Cantar suas obras, compostas com o maior engenho [...] emocionava e levava corações duros às lágrimas.
> **Severo Bonini**

lira e alaúde, embora possa ter havido outros. A apresentação incluiu seções compostas pelo rival de Peri na corte, Giulio Caccini, que treinara vários dos cantores. Caccini fez até seu próprio arranjo musical do libreto e imprimiu-o antes do de Peri. A publicação dessas partituras garantiu a sobrevivência da ópera.

Nas pegadas de Peri

A nova forma representada por *Eurídice* foi repetida em Florença e imitada em outros lugares. Em Mântua, Claudio Monteverdi, mestre de música da corte ducal, produziu em 1607 *L'Orfeu*, considerada a primeira obra-prima operística. Ele compôs ainda três obras para as casas de ópera venezianas – *Il ritorno d'Ulisse in patria*, *L'incoronazione di Poppea* e outra hoje perdida –, exemplificando o novo estilo. Logo os seguidores de Monteverdi, como Francesco Cavalli e Antonio Cesti, produziam óperas dentro e fora da Itália, com recitativos e árias mantendo unida a estrutura. ▪

Jacopo Peri

Nascido numa família nobre em 1561, Jacopo Peri cresceu em Florença. Adolescente, tocou órgão e cantou em várias igrejas e mosteiros da cidade antes de iniciar uma ligação vitalícia com a corte dos Médici como cantor, acompanhador e compositor. Em 1598 produziu *La Dafne*, seguida dois anos depois por *Eurídice*, para os festejos de casamento de Maria de Médici e Henrique IV da França. Peri também compôs para a corte de Mântua, importante musicalmente.

Colaborou muitas vezes com outros compositores, como os irmãos Giovanni Battista e Marco da Gagliano. Embora poucas obras tenham sobrevivido como testemunho do talento de Peri, suas óperas fixaram o modelo que seria seguido mais tarde. Morreu em Florença em 1633. Sua lápide na igreja florentina de Santa Maria Novella descreve-o como o inventor da ópera.

Outras obras importantes

1598 *La Dafne*
1609 *Le varie musiche*

A MÚSICA DEVE EMOCIONAR TODO O SER

VÉSPERAS (1610), CLAUDIO MONTEVERDI

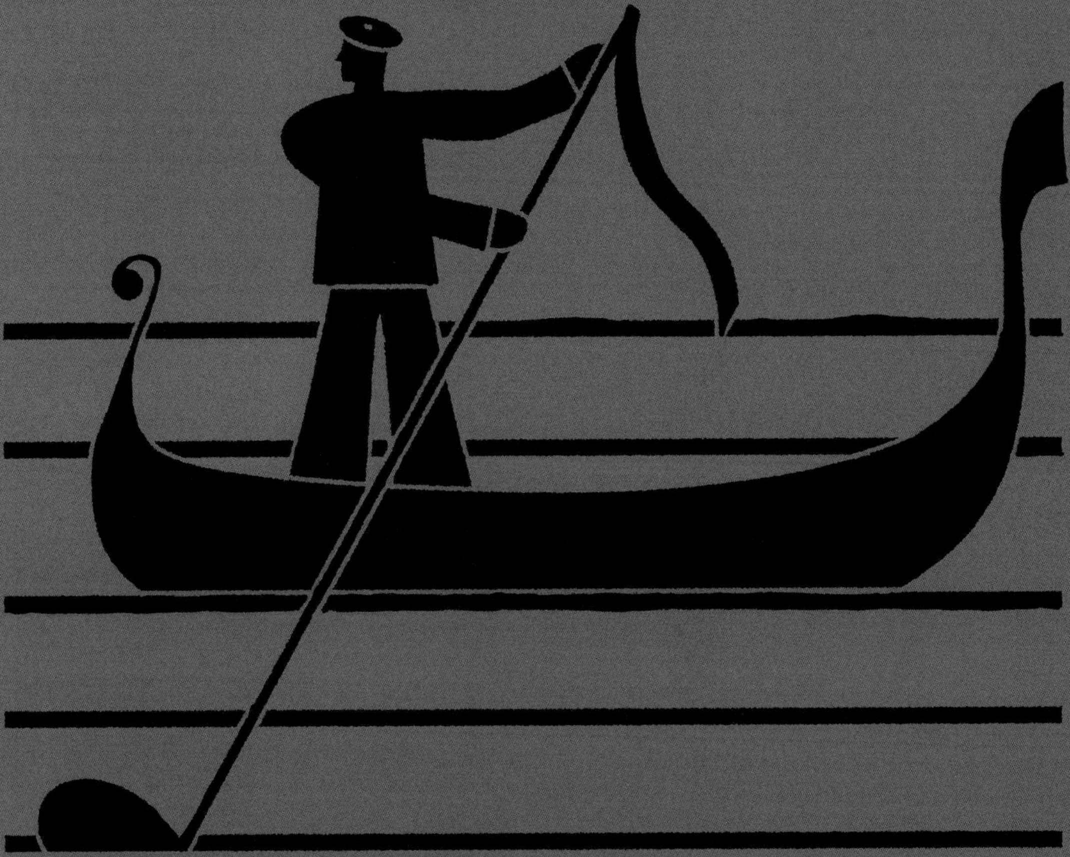

NASCIMENTO DO BARROCO

EM CONTEXTO

FOCO
Nascimento do Barroco

ANTES
1587 Andrea Gabrieli publica *Concerti*, coletânea de música sacra cerimonial para vozes e instrumentos, introduzindo o estilo dos *cori spezzati* (coros separados).

1602 Lodovico Viadana publica *Concerti ecclesiastici* para uma a quatro vozes, a primeira composição com *basso continuo* – um acompanhamento instrumental cordal.

dezembro de 1602 Giulio Caccini estreia *Eurídice* baseado no mesmo libreto da *Eurídice* de Jacopo Peri, introduzindo o *stile recitativo* (estilo declamatório entre fala e canto), inspirado na dramaturgia dos gregos antigos.

1607 Monteverdi compõe sua revolucionária primeira ópera, *L'Orfeo*, baseada na lenda grega de Orfeu.

DEPOIS
1619 Heinrich Schütz, discípulo de Giovanni Gabrieli, publica *Psalmen Davids*, coletânea de arranjos para salmos. Em 1629 ele produz três conjuntos de *Symphoniae Sacrae*, dando igual importância a vozes e instrumentos.

As *Vésperas da Santa Virgem* (1610), de Monteverdi, são uma das mais influentes coletâneas de obras sacras para vozes e instrumentos do século XVII. Nenhum coral maior foi escrito antes e nenhum tão longo ou inovador depois, até as Paixões de J. S. Bach e os oratórios de Händel, no século XVIII.

Salto coral

Escritas para as vésperas, o ofício do entardecer na Igreja Católica, e em especial em honra da Virgem Maria, as *Vésperas* de Monteverdi marcam a transição do velho estilo polifônico (com muitas vozes) chamado *prima pratica* (primeira prática) no Renascimento, em que todas as vozes são iguais, para o estilo mais livre barroco conhecido como *seconda pratica* (segunda prática), com ênfase na voz solo. Neste, as harmonias se tornaram mais ousadas, com maior uso da monodia, na qual a melodia se escorava num *continuo* – ou linha de baixo – instrumental de órgão, cravo ou alaúde. As linhas de baixo também passaram a ser mais melódicas. Ornamentos, que antes eram improvisados pelo artista, tornaram-se mais elaborados, ganhando muitas vezes notação completa do compositor.

Esses desenvolvimentos levaram às características musicais distintas do Barroco, em que a irregularidade e a extrema expressão às vezes perturbam o suave fluxo musical, chamando atenção dos ouvintes. Contrastes de melodia, textura, timbre, tempo e ritmo abundam na música barroca. Além disso, os instrumentos assumem papel de mais destaque e sua música fica mais definida, refletindo maior técnica e construção melhor e mais confiável.

A Catedral de Cremona, onde se pensa que o jovem Monteverdi estudou composição com o mestre de coro Marc'Antonio Ingegneri.

BARROCO 1600–1750

Ver também: Cantochão 22-23 ▪ *Magnus liber organi* 28-31 ▪ *Missa de Notre-Dame* 36-37 ▪ Missa *Pange lingua* 43 ▪ *Canticum Canticorum* 46-51

> "O objetivo de toda boa música é afetar a alma."
> **Claudio Monteverdi**

O novo estilo foi adotado na maioria das formas musicais. O uso maior do baixo cifrado (com numerais e símbolos indicando as harmonias a tocar no *continuo*) passou à ópera e ao oratório. Na música vocal, a melodia transmitia pensamentos, emoções, ações e reações de um personagem numa ópera ou mesmo numa música acompanhada.

A nova ênfase no personagem levou ao desenvolvimento da sonata acompanhada (como a sonata em trio, com dois violinos e um violoncelo), do recitativo solo e da ária, e do concerto – na verdade, toda forma musical com um artista em especial num grupo. Essa evolução estilística enfatizou o contraste, permitindo expressão emocional mais ampla na música vocal e mais variação rítmica na expressão e transmissão do texto. Ela estimulou a experimentação entre os compositores, que exploraram cada vez mais o virtuosismo instrumental.

Música sacra
Enquanto o velho estilo polifônico ainda era amplamente usado na música sacra europeia na primeira metade do século XVII, um novo estilo, o *concertato*, contrastando coros e instrumentistas múltiplos, desenvolveu-se em Veneza e se espraiou na Alemanha. Na Inglaterra, essa nova tendência se refletiu no verso *anthem*, em que estrofes para vozes solo se alternavam com passagens corais.

Vésperas virtuosísticas
As *Vésperas* de Monteverdi foram das primeiras peças de música sacra a explorar as ricas possibilidades da *seconda pratica*, mas o compositor não esqueceu as vantagens da *prima pratica* e arranjou os textos estritamente litúrgicos em cantochão tradicional. A sequência musical usual do ofício de vésperas consistia em oito movimentos, abrindo com um "versículo" iniciado pelas palavras *Deus in adjutorium meum intende* (Deus se apressa a nos salvar). A edição original de 1610 das *Vésperas* contém treze movimentos e inclui uma versão do Magnificat para seis vozes e órgão. Além da própria música de vésperas, o volume tem um arranjo para missa *a cappella* ("na capela", ou sem acompanhamento) – a missa *In illo tempore* –, baseado num moteto de mesmo nome do compositor renascentista Nicolas Gombert. (Missas e vésperas eram os dois ofícios da liturgia da Igreja Católica mais elaboradamente arranjados no fim do século XVI e no início do XVII na Itália.)

Entre os treze movimentos das *Vésperas*, Monteverdi dispõe cinco salmos que louvam a Virgem Maria, além de *Ave maris stella* (Salve, estrela do mar), um hino a Maria do século VIII que precede o Magnificat no arranjo oficial das orações diárias, e o próprio Magnificat. »

Claudio Monteverdi

Nascido em Cremona em 1567, Monteverdi começou adolescente a compor música, produzindo uma série de motetos de três partes e um livro de madrigais. Esses feitos lhe permitiram deixar Cremona para se tornar instrumentista de cordas na corte do duque Vincenzo Gonzaga em Mântua, onde foi influenciado pelo *maestro di cappella* (diretor musical) da corte, Giaches de Wert, e começou a escrever óperas. Em 1607, sua primeira ópera, *L'Orfeo*, foi executada em Mântua, seguida por *L'Arianna* em 1608.

Após a morte de Gonzaga, em 1612, Monteverdi foi para Roma, onde apresentou suas *Vésperas* para o papa. No ano seguinte tornou-se *maestro di cappella* em São Marcos, em Veneza. Sua última ópera, *L'incoronazione di Poppea*, foi encenada em 1642, um ano antes morrer.

Outras obras importantes

1605 *Quinto livro de madrigais*
1607 *L'Orfeo*
1640–1641 *Selva morale e spirituale*
1642 *L'incoronazione di Poppea*

NASCIMENTO DO BARROCO

Monteverdi usa cantochão (cantos em latim sem acompanhamento, em linha única, associados hoje a monges e mosteiros) como base de sete seções. O retorno constante ao cantochão estabelece um fio composicional que une os estilos muito diferentes do Renascimento e do Barroco. Ele também ajudou a assegurar que o trabalho de Monteverdi não indisporia a Igreja.

Concertos sacros

Além de cinco salmos, da *Ave maris stella* e do Magnificat, Monteverdi arranjou quatro antífonas – sentenças curtas cantadas ou recitadas antes ou depois de um salmo ou cântico. Não litúrgicas (não fazem parte dos ofícios), as duas primeiras antífonas vêm do Cântico dos Cânticos do Velho Testamento. São elas *Nigra sum, sed formosa* (Sou escura mas sou formosa) e *Pulchra es* (Você é bela), cantadas por dois sopranos cujas linhas se entrelaçam como num dueto de amor.

Na terceira antífona, *Duo Seraphim*, dois anjos clamam através do céu e na quarta, *Audi coelum* (Ouça, ó céu), o final das palavras cantado por um tenor é ecoado por outro, criando um efeito etéreo. Por exemplo, o "*gaudio*" (alegria) do primeiro cantor é ecoado como "*audio*" (ouço). Recursos como frases repetidas para criar ênfase podem ter surgido numa ópera.

Os arranjos de vésperas são completados pela *Sonata sopra Sancta Maria* (Sonata sobre [o cantochão] de Santa Maria, rogai por nós). Juntas, as quatro antífonas e a sonata foram descritas por Monteverdi como "concertos sacros". "Sonata" e "concerto" são termos que datam do século XVIII, quando tinham sentido e uso um pouco diversos dos atuais. Até cerca de 1650, "sonata" e "*canzona*", composição instrumental que emprega a repetição, eram intercambiáveis: já "concerto" significava apenas uma peça para grupo de vozes e instrumentos.

Monteverdi dedicou e apresentou suas *Vésperas* ao papa Paulo V, membro da poderosa família Borghese, talvez na esperança de obter encomendas.

As intenções de Monteverdi

Não se sabe se Monteverdi esperava ouvir as *Vésperas* cantadas como uma obra completa. Há pouca evidência de que alguma publicação de 1610 tenha sido executada inteira em sua vida e não se sabe se os movimentos das vésperas foram alguma vez apresentados juntos. Segundo alguns especialistas, as *Vésperas* são só uma coletânea de arranjos religiosos em honra da Virgem Maria publicados juntos por conveniência. A publicação pode ter sido pensada pelo autor como duas obras – vésperas e missa – completas em si mesmas, e também como um compêndio de música sacra onde se poderiam buscar movimentos para ocasiões diversas, quando cantores e instrumentistas exímios estivessem disponíveis, como nas

A família em concerto (c. 1752), do artista veneziano Pietro Longhi, que se especializou em cenas domésticas da época.

Música em Veneza

Poucas cidades na Europa têm tradição musical mais longa ou gloriosa que Veneza. Na era barroca, foi um centro artístico e poderoso eixo comercial, com grande tradição de cerimônias da Igreja e do Estado que exigiam música. A fama de seus compositores, como Andrea e Giovanni Gabrieli, Monteverdi e Vivaldi, rivaliza com a de seus pintores – Bellini, Ticiano, Veronese, Tintoretto e Tiepolo. Com a abertura da primeira casa de ópera do mundo, o Teatro di San Cassiano, em 1637, a ópera encontrou grande público na cidade.

No século XIX, Rossini teve alguns de seus maiores triunfos em Veneza, enquanto Wagner, visitante regular que depois morreria na cidade, compôs *Tristão e Isolda* ali, e Verdi estreou *Rigoletto* (1851) e *La traviata* (1853) no Teatro La Fenice, a principal casa de ópera a partir de 1792. No século XX, *A carreira do devasso* (1951), de Stravinsky, e *A volta do parafuso* (1953), de Benjamin Britten, também estrearam lá.

BARROCO 1600–1750

> "Eu preferiria ser moderadamente elogiado pelo novo estilo a ser muito louvado pelo comum."
> **Claudio Monteverdi**

cortes de Mântua, São Pedro em Roma ou São Marcos em Veneza. Era preciso um mínimo de dez vozes para executar as *Vésperas*, e as partes instrumental e vocal requeriam enorme agilidade. Para as seções mais "corais", como *Laudate pueri, Dixit Dominus* e o movimento final do Magnificat, algumas apresentações contrastam grandes coros com conjuntos menores usando a técnica dos *cori spezzati* (coros separados) para criar um efeito "estéreo". Os instrumentos só são especificados em certas seções da obra: a fanfarra de abertura, emprestada da ópera *L'Orfeo* (1607) de Monteverdi, a sonata e as seções do Magnificat.

Esta página de manuscrito mostra a notação feita à mão por Monteverdi em *L'incoronazione di Poppea* (A coroação de Popeia), de 1642, sua última obra antes de morrer, em 1643.

Vozes e instrumentos

Contemporâneos criticavam às vezes Monteverdi pela mudança de estilo da *prima pratica* tradicional para a *seconda pratica* mais operística que usou nos concertos sacros e também nos madrigais. Eles podem ter achado esse tipo de escrita muito ostentosa para música religiosa.

Um autor, Giovanni Artusi, atacou o estilo barroco, citando madrigais de Monteverdi para sustentar seus argumentos. Ele objetava aos usos da dissonância, de mudanças de escala não ortodoxas e de cadências irregulares. Porém, Monteverdi não considerava as duas técnicas radicalmente diversas: ambas eram modos de arranjar um texto expressivamente e ser fiel a ele. ∎

Do Renascimento ao Barroco

As *Vésperas* de Monteverdi se estruturam sobre o **cantochão gregoriano** tradicional.

↓

Ele acrescenta **música virtuosística** para cantores solo, criando um efeito mais enfático e expressivo.

↓

A expressão mais livre é suplementada por **floreios improvisados** e recursos dramáticos.

↓

A **ênfase maior na harmonia** leva a uma técnica composicional mais livre.

↓

O efeito último é um **som público grandioso**...

↓

... que se baseia em estruturas tradicionais para criar um novo estilo coral.

LULLY É MERECIDAMENTE DIGNO DO TÍTULO DE PRÍNCIPE DOS MÚSICOS FRANCESES

O BURGUÊS FIDALGO (1670), JEAN-BAPTISTE LULLY

EM CONTEXTO

Barroco francês

ANTES
1626 É fundada a orquestra do rei – Les Vingt-Quatre Violons du Roi –, um conjunto em que Lully mais tarde se apresenta.

1647 Estreia *Orpheus*, de Luigi Rossi, a primeira ópera encomendada pela corte francesa.

DEPOIS
1691 Henry Purcell compõe a ópera *King Arthur*, com efeitos "arrepiantes" de violino, supostamente influenciado pela ópera *Isis*, de Lully.

1693 A ópera *Médée*, de Marc-Antoine Charpentier, é devedora do estilo de Lully.

1733 *Hippolyte et Aricie*, de Jean-Philippe Rameau, é a primeira ópera francesa a se distanciar do estilo de Lully e a primeira peça musical a ser descrita como barroca.

A *comédie-ballet O burguês fidalgo* (1670), do compositor Jean-Baptiste Lully e do dramaturgo e ator Molière, representa o auge desse gênero especificamente francês. Era a culminação de uma série de *comédies-ballets* de ambos, conhecidos como *Les Deux Baptistes* ("Os dois Baptistes"; o nome real de Molière era Jean-Baptiste Poquelin). O balé era havia muito apreciado na corte de Luís XIV, e a *comédie-ballet* misturava teatro falado com música e dança.

A história das ilusões de grandeza do tolo senhor Jourdain, em *O burguês fidalgo*, é narrada por diálogos falados, escritos por Molière, intercalados a danças e interlúdios orquestrais vivazes de Lully. Os coros e as árias solo são de autoria de ambos.

Habilidade impressionante

Lully era músico, dançarino e ator hábil, e isso se evidencia em suas composições. Em vez de só acompanhar os cantores, a orquestra de Lully realça a dramaticidade de suas obras, comentando as ações dos personagens e criando um sentido de lugar e tempo. Seu *Ballet des muses* antecipou, já em 1666, o nascimento do concerto, contrapondo passagens instrumentais solo a respostas alternadas orquestrais.

Exemplos de virtuosismo e complexidade são muito evidentes em *O burguês fidalgo*, em especial nas interações ágeis entre personagens, nos ornamentos rodopiantes de violino e flauta das canções espanholas e nos floreios pomposos da abertura. Em cinco atos, Lully usa todas as ferramentas ao dispor, das formas de dança populares, como jigas e minuetos, a música para escutar bebendo e até uma marcha "turca" grandiosa com percussão vívida.

> Não creio que haja música mais doce sob o céu que a de Lully.
> **Madame de Sévigné**
> *Aristocrata francesa (1626–1696)*

BARROCO 1600–1750 71

Ver também: *Le Jeu de Robin et de Marion* 32-35 ▪ *Eurídice* 62-63 ▪ *Hippolyte et Aricie* 107 ▪ *Orfeu e Eurídice* 118-119 ▪ *A flauta mágica* 134-137 ▪ *O barbeiro de Sevilha* 148 ▪ *Der Freischütz* 149 ▪ *La traviata* 174-175 ▪ *Tosca* 194-197

Hábil violinista, Lully tocava suas próprias obras. Acredita-se que seja ele o homem com um violino nesta pintura de François Puget de 1688.

Embora não tenha inventado o "orientalismo" musical, Lully é amplamente creditado por sua difusão no século XVIII. Seu uso da *ouverture* – introdução orquestral semelhante a uma marcha, em que em geral se exibe a pompa real e se rende homenagem ao rei – tornou-se um traço musical padrão de quase todas as óperas seguintes.

Surge o maestro
A instrumentação crescente de Lully, com cordas, madeiras e percussão de cinco partes, fez com que *O burguês fidalgo* fosse uma das primeiras obras musicais a exigir um regente para coordenar o ritmo dos cantores e da orquestra.

Na verdade, há uma gravura da última ópera de Lully, *Alceste*, estreada em 1674, que mostra um homem "marcando o tempo" no chão com um bastão. Infelizmente para Lully, foi esse método vigoroso de direção musical que precipitou seu fim. Em março de 1687, ele morreu por gangrena em uma ferida causada por uma pancada no dedão do pé quando batia o tempo ao reger seu próprio *Te Deum*. ∎

Jean-Baptiste Lully

Nascido numa família de moleiros florentinos em 1632, Giovanni Battista Lulli iniciou sua ascensão na sociedade francesa ao tornar-se criado na corte, aos catorze anos. Chamou a atenção de Luís XIV, com o qual mais tarde dançou em espetáculos da realeza. Em 1661, foi encarregado da música na corte, e nessa época afrancesou seu nome. O monopólio da ópera francesa por Lully lhe permitiu produzir múltiplas obras. Sua prolífica produção antes da morte prematura em 1687 também inclui música de câmara e obras sacras.

Outras obras importantes

1663 *Miserere mei Deus*
1674 *Alceste*
1677 *Te Deum*
1686 *Armide*

ELE TINHA UM TALENTO ESPECIAL PARA EXPRESSAR A ENERGIA DAS PALAVRAS INGLESAS

DIDO AND AENEAS (c. 1683–1689), HENRY PURCELL

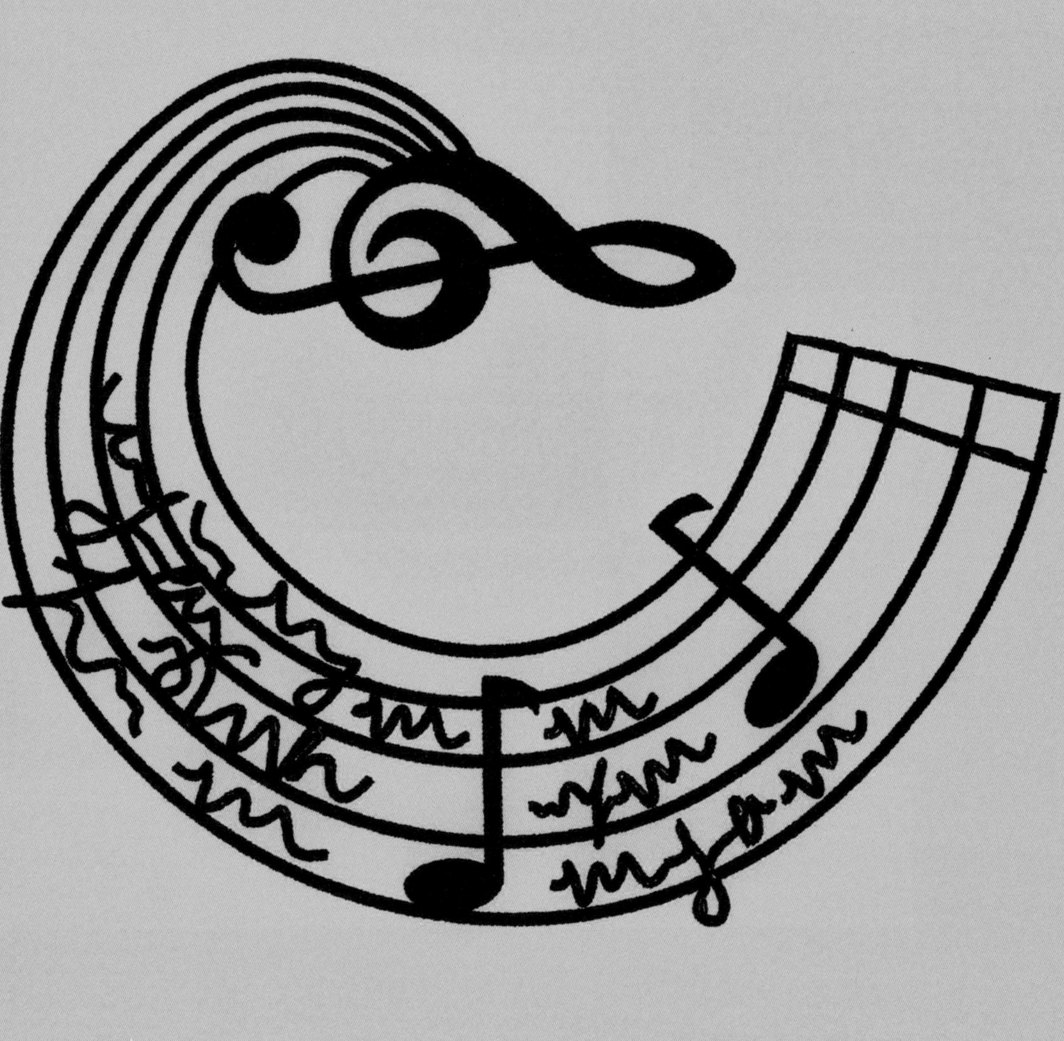

ÓPERA BARROCA NA INGLATERRA

EM CONTEXTO

FOCO
Ópera barroca na Inglaterra

ANTES
1617 A mascarada *Lovers Made Men*, de Ben Jonson, é musicada por Nicholas Lanier no estilo recitativo italiano.

1656 *The Siege of Rhodes*, de cinco compositores, é tida como a primeira ópera inglesa, mas é chamada de "música recitativa" para evitar a proibição de peças feita pelos puritanos.

c. 1683 Estreia *Venus and Adonis*, de John Blow, na corte de Carlos II.

1685 *Albion and Albanius*, com libreto de John Dryden e musicada por Louis Grabu, é a mais antiga ópera completa em inglês que se conservou totalmente.

DEPOIS
1705 *Gli amori d'Ergasto*, de Jakob Greber, é a primeira ópera italiana produzida em Londres.

1711 Händel estreia a ópera italiana *Rinaldo*, sua primeira obra para os palcos londrinos.

> *Dido and Aeneas* é uma das expressões de gênio mais originais em toda a ópera.
> **Gustav Holst**

A grandeza de *Dido and Aeneas*, de Henry Purcell (1659–1695), reside na perfeição da caracterização e profundidade musical. Embora concebida numa escala em miniatura, é a mais importante ópera inicial inglesa e uma obra-prima de toda a era musical barroca.

No fim do século XVII, quando *Dido and Aeneas* foi composta, a ópera ainda estava na infância na Inglaterra. Ela tinha evoluído em Florença nos anos 1590 a partir de uma forma de entretenimento privada organizada por grupos de artistas e músicos conhecidos como "academias" (pp. 62-63). Dali se espalhou pela Itália com encenações em várias das muitas pequenas cortes. Só em 1637, com a abertura do Teatro di San Cassiano em Veneza, a ópera foi levada a um público maior. O novo gênero tinha alcançado a Alemanha nessa época e a França nos anos 1640, logo se enraizando nos dois países.

Na Inglaterra, a ópera avançou mais devagar, em parte por preconceito contra teatro cantado, quando o falado era dominante no país. A Inglaterra não tinha uma corte real ao redor da qual a tradição operística poderia florescer, devido ao exílio do futuro rei Carlos II após a derrota dos Cavaleiros (realistas) na Guerra Civil Inglesa (1642–1651) e o estabelecimento do protetorado sob a regência do puritano Oliver Cromwell. Nesse período, os compositores ingleses não foram muito expostos a influências estrangeiras e sua música tendeu a manter forte identidade nacional. Formas como o *verse anthem*, em que vozes solo e coro cantam estrofes alternadas, eram favorecidas na liturgia anglicana. A música profana incluía *catches* – cânones licenciosos simples, em geral cantados em tavernas –, sem equivalente direto na Europa continental.

Puritanos zombam dos Cavaleiros e seus trajes exuberantes numa cena de taverna do século XVII. Cromwell fechou muitas estalagens e teatros, que chamava de bastiões da "alegria lasciva".

Uma gênese misteriosa

A restauração da monarquia em 1660 com Carlos II aproximou a Inglaterra do continente europeu e

Ver também: *Eurídice* 62-63 ▪ *Orfeu e Eurídice* 118-119 ▪ *A flauta mágica* 134-137 ▪ *O barbeiro de Sevilha* 148 ▪ *La traviata* 174-175 ▪ *Peter Grimes* 288-293

de seu repertório musical. Isso influenciaria Purcell, que desenvolveu suas habilidades compondo com maestria hinos e canções a partir dos dezesseis anos. Muitas dessas peças precoces mostram o alcance da imaginação que faria de *Dido and Aeneas*, mais tarde, uma obra tão poderosa.

Pouco se sabe sobre a criação de *Dido and Aeneas*. Os manuscritos mais antigos conhecidos são de várias décadas após a morte de Purcell e alguns materiais, como a música para o prólogo do libretista Nahum Tate, se perderam. A estreia da obra também é misteriosa. Ela foi

Dido acolhe Eneias numa cena de artista italiano (anônimo, séc. XVIII). Embora baseada no poema épico de Virgílio, a ópera de Purcell usava bruxas, em vez de deuses, para separar os amantes.

encenada na Josias Priest's Boarding School for Young Ladies em Chelsea no fim dos anos 1680, mas alguns creem que foi encomendada antes pela corte do rei Carlos II. Não há, porém, nenhuma evidência de encenação no período proposto (1683–1684). O próprio Priest era coreógrafo e mestre de dança e havia trabalhado com Purcell em produções teatrais. *Venus and Adonis*, de John Blow, o modelo para *Dido and Aeneas* e também para uma ópera com prólogo e três atos, foi recuperada por Priest e suas alunas e estreou na corte por volta de 1683.

A influência continental

Embora Purcell se inspirasse no estilo de antecessores e contemporâneos ingleses, como Matthew Locke e Blow, modelos musicais europeus são evidentes »

BARROCO 1600–1750

Henry Purcell

Nascido em 1659, quando a vida na corte estava prestes a ser restaurada com a ascensão de Carlos II, Purcell foi um músico completo. Em sua carreira relativamente breve, adquiriu as habilidades necessárias para o êxito em todos os gêneros disponíveis. Foi menino do coro na Capela Real e, adulto, recebeu vários encargos na corte, compondo música para eventos oficiais, além de obras para câmara e igreja, canções e suítes para cravo. Como organista da Abadia de Westminster a partir de 1680, trabalhou perto do West End londrino e compôs música instrumental para dezenas de peças. Colaborou ainda em várias semióperas e óperas dramáticas com substancial conteúdo musical, como *King Arthur* e *The Fairy Queen*. Morreu em 1695, quando compunha *The Indian Queen*, deixando a conclusão de sua obra a cargo do irmão.

Outras obras importantes

1691 *King Arthur*
1692 *The Fairy Queen*
1694 *Come, Ye Sons of Art*
1695 *Funeral Music for Queen Mary*

ÓPERA BARROCA NA INGLATERRA

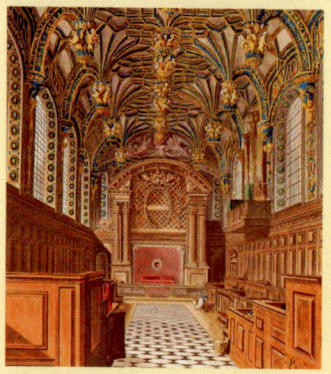

Na infância, Purcell foi coralista da Capela Real em Hampton Court, na Inglaterra, um local de treinamento para jovens músicos.

Renovação da música

A base criativa da música e do teatro ingleses se achava em mau estado quando Carlos II subiu ao trono em 1660. Os puritanos tinham fechado os teatros londrinos desde cerca de 1642 e, odiando música em locais de culto, dispersaram até os coros das catedrais. O interesse de Carlos pelas artes e o apoio que deu a elas foram parte de uma política mais ampla de estímulo ao entretenimento.

Isso influenciou a música de vários modos. Carlos criou uma orquestra real de cordas nos moldes da Vingt-Quatre Violons du Roi, de Luís XIV. Ela tocava em ofícios da igreja e eventos da corte, executando odes de aniversário de Purcell e outros. O posto de "Master of the King's Musick" foi reinstituído com a renomeação de Nicholas Lanier. Fundações como a Capela Real, que treinava músicos profissionais, também foram recuperadas. Casas teatrais foram abertas e prosperaram, produzindo o que é hoje chamado Teatro da Restauração – muitas vezes comédias obscenas –, para o qual era preciso canções e música incidental, em geral supridas pelo próprio Purcell.

em *Dido and Aeneas* e outras obras. Nos anos de exílio, Carlos II tinha adquirido gosto por música francesa e italiana. Tais preferências influenciaram músicos aspirantes ávidos por patrocínio real.

As influências francesas são evidentes já no início de *Dido and Aeneas*. O primeiro ato começa com uma típica *ouverture* francesa, introdução lenta e imponente baseada em ritmos pontilhados intensos (que dividem o compasso entre uma nota longa e uma curta). A segunda parte da *ouverture* é rápida e usa contraponto imitativo, além de um recurso estrutural em que as seções são repetidamente construídas a partir de uma ária curta, seguida de um coro e uma dança. A obra incluía várias danças, um traço comum nas óperas francesas e inglesas da época. Elas sem dúvida agradaram o mestre de dança ao encenar a ópera em sua escola.

Notável também é o impacto da ópera italiana – em especial *Didone*, outra obra sobre Dido e Eneias, de Francesco Cavalli. Ambas as óperas usam um baixo *ostinato* ou *passacaglia*, em que a linha do baixo é repetida ao longo das melodias cambiantes e das harmonias acima dela. Purcell usa isso com grande efeito dramático em duas árias de Dido, inclusive seu lamento, que vem perto do fim e fornece um clímax natural ao drama todo.

Efeitos dramáticos

Na forma preservada, *Dido and Aeneas* consiste em três atos curtos que contam a história da chegada à velha Cartago de Eneias, o herói clássico do poema épico de Virgílio, *Eneida*. Tendo escapado de Troia incendiada ao fim da guerra, ele navega com seus seguidores para o norte da África. Lá, corteja a rainha cartaginesa Dido – viúva prudente que afinal cede a suas investidas. No entanto, bruxas más conspiram contra ela e enviam um espírito maléfico disfarçado de Mercúrio para afastar Eneias e levá-lo a seu destino glorioso como fundador de Roma. Desesperada com sua partida, Dido se suicida.

Purcell emprega magistralmente motivos empolgantes e madrigalismo ágil para expressar os climas cambiantes que dão forma à ação. O texto e a música de Purcell trabalham juntos em perfeita sinergia em movimentos diversos da ópera, evocando as emoções condizentes de tristeza ou alegria, ou a má intenção das bruxas – música e poesia "andando de mãos dadas para apoio mútuo", ideal que Purcell expressou na dedicatória de sua semiópera *Dioclesian* (1690). Seu uso de melismas – uma sílaba em várias notas – é impressionante,

> ❝ Como a poesia é a harmonia das palavras, a música é a das notas; e como a poesia está acima da prosa [...] a música é a exaltação da poesia.
> **Henry Purcell** ❞

BARROCO 1600–1750

realçando o efeito de representações de coragem, tormento ou o abatimento de Dido em seu recitativo "*Whence could so much virtue spring*". Purcell também cria de propósito dissonâncias (desarmonias entre notas) nas partes de cordas do lamento de Dido, para expressar a extrema angústia da rainha em uma das manifestações musicais de tristeza mais comoventes já compostas. A última cena da morte é notável, também, numa época em que heróis e heroínas líricos raramente morriam. Em *Didone*, de Cavalli, Dido é salva e se casa com outro.

Um legado duradouro

Pouco se sabe sobre as execuções de *Dido and Aeneas* em vida de Purcell. Ela foi reencenada em Londres em 1700 e 1704, embora essas produções pareçam ter sido as últimas até o fim do século XIX. Cada vez mais apresentada desde então, é hoje regularmente encenada por escolas e amadores, e também nas grandes salas de ópera mundiais.

A ascensão de Guilherme III ao trono em 1689 diminuiu o patrocínio na corte, embora Purcell tenha escrito belas odes para a consorte do rei, a rainha Maria, até 1694. Nos anos finais, Purcell se concentrou mais em obras teatrais, em especial na forma dramática ou de semiópera. Esse gênero de entretenimento tipicamente inglês compreendia uma peça com canções, danças e coros no fim dos atos, como interlúdios. Estes tinham pouca ligação direta com a peça e eram apresentados por uma companhia separada de cantores e bailarinos. Os exemplos mais conhecidos são *King Arthur* (1691), com texto do poeta John Dryden, e *The Fairy Queen* (1692), cujo texto falado é uma adaptação de *Sonho de uma noite de verão*, de Shakespeare, pelo ator e agente Thomas Betterton.

As outras obras de Purcell iam da música de câmara e sacra a canções e odes formais. Sua *Dido*

A partitura de *Dido and Aeneas* usa linha de baixo que pode ter sido tocada por violoncelo, fagote e contrabaixo – ou viola da gamba baixo, como nesta obra do holandês Caspar Netscher (1639–1684).

Recursos composicionais no Lamento de Dido

Um baixo de cinco compassos repetido o tempo todo sugere **inevitabilidade**.

Appoggiatura (nota curta "apoiada") sugere soluços.

O motivo "Lembre-se de mim" empresta uma **impressão de anseio**.

Frases que descem e dissonância indicam **angústia**.

and Aeneas indica, porém, que, não fosse a morte prematura aos 36 anos, Purcell teria podido lançar as bases para uma tradição operística inglesa. O espaço foi por fim ocupado por Georg Friedrich Händel, nascido na Alemanha, que compôs óperas em Londres entre 1711 e 1741. ∎

> A música só está em sua minoridade, é uma criança precoce, o que dá esperança do que pode ser depois na Inglaterra, quando seus mestres tiverem mais estímulo.
> **Henry Purcell**

O SENTIDO DAS IGREJAS NÃO É O VOCIFERAR DOS CORALISTAS

PRELÚDIO CORAL, *EIN FESTE BURG IST UNSER GOTT* (1690), DIETERICH BUXTEHUDE

EM CONTEXTO

FOCO
Hinos luteranos

ANTES
1529 Martinho Lutero compõe o hino *Ein feste Burg*.

1624 Samuel Scheidt publica *Tablatura nova*, coletânea de música para teclado com oito conjuntos de variações corais.

DEPOIS
1705–1706 J. S. Bach caminha de Arnstadt a Lübeck (378 km) para encontrar e ouvir Buxtehude.

1726 J. S. Bach conclui os últimos corais de *Orgelbüchlein* (Pequeno livro do órgão), sua maior coletânea de prelúdios corais.

1830 Felix Mendelssohn baseia o *finale* da Sinfonia nº 5, "Reforma", em *Ein feste Burg*, de Lutero.

Quando, em 1517, Martinho Lutero escreveu as 95 teses que deflagrariam a Reforma, suas principais objeções tinham pouco a ver com música: diziam respeito à venda de indulgências e à questão da autoridade papal. Conforme a Reforma avançou, porém, a música de igreja foi profundamente afetada. O canto religioso tinha sido por séculos exclusividade de monges e cantores treinados e, sendo em latim, era em geral incompreensível às pessoas da congregação.

Lutero colocava ênfase especial na participação dos congregados e no uso do vernáculo, de modo que todos pudessem entender o que ouviam e cantavam. O coral – hino congregacional – era a chave para isso. O próprio Lutero compôs muitos dos primeiros corais, dos quais talvez o mais famoso seja *Ein feste Burg*, baseado no salmo 46 – "Nosso Deus é uma fortaleza imponente, uma torre de poder que nunca fraqueja".

Na época barroca, melodias corais eram a base de muitos gêneros diferentes de música na Igreja Luterana. Um deles era o prelúdio coral, uma peça curta para órgão que introduzia a melodia do coral, para que as pessoas soubessem em que tom cantar.

Traço característico
O principal pioneiro do prelúdio coral foi Dieterich Buxtehude. Ele apresentava a melodia coral numa versão ornamentada em uma só voz mais alta, tocada pela mão direita num teclado do órgão separado, enquanto a esquerda e os pedais faziam o acompanhamento, em geral em pontos de som mais suaves. Buxtehude foi um pouco influenciado pelas obras de compositores anteriores, como as variações para teclado do organista holandês Jan Pieterszoon Sweelinck (1562–1621) e seu discípulo Samuel

> [Eu queria] entender uma coisa ou outra sobre sua arte.
> **J. S. Bach**

BARROCO 1600–1750

Ver também: Cantochão 22-23 ▪ *Magnus liber organi* 28-31 ▪ *Great Service* 52-53 ▪ *Pièces de clavecin* 82-83 ▪ *A Paixão segundo São Mateus* 98-105 ▪ *A arte da fuga* 108-111 ▪ *Elias* 170-173

Alegoria da amizade, do artista holandês Johannes Voohout, mostra Buxtehude apoiado no cotovelo. Entre os outros músicos está o cravista Johann Adam Reincken.

Scheidt (1587–1654), mas, enquanto Scheidt muitas vezes apresentava o tom do coral em notas mais lentas e sem ornamentação e tecia as variações ao seu redor, Buxtehude tornava a própria melodia coral a linha mais clara e mais ornamentada, com as variações sendo mais simples.

O prelúdio de *Ein feste Burg ist unser Gott* (c. 1690), de Buxtehude, é um exemplo perfeito dessa abordagem. A mão direita apresenta uma melodia solo de som espontâneo que segue o contorno do tom coral. O próprio coral fica mais claro graças ao fato de que cada uma de suas notas é mantida por mais tempo que as notas improvisadas e decorativas que as conectam ou então porque é apresentado como a primeira (e de som mais forte) de uma coleção de quatro notas.

O acompanhamento na mão esquerda e os pedais são em geral em harmonia de duas ou três partes, às vezes usando motivos da melodia coral e entretecendo-os de modo imitativo, e outras vezes optando por uma abordagem cordal. Desse modo, o tom é apresentado uma vez do início ao fim. Esse estilo especial de arranjo influenciou J. S. Bach, que seguiu um modelo similar em seus prelúdios corais. ▪

Dieterich Buxtehude

É incerto quando e onde exatamente Dieterich Buxtehude nasceu, mas passou a primeira infância em Helsingborg (na atual Suécia), de onde a família mais tarde se mudou para Helsingør, na Dinamarca. Foi lá que Buxtehude aprendeu a tocar com o pai, organista.

Após trabalhar na antiga igreja do pai, em Helsingborg, e depois em Helsingør, em 1668 Buxtehude aceitou o prestigioso posto de organista da Igreja de Maria, em Lübeck. Segundo a tradição o novo organista devia desposar a filha do antecessor, uma obrigação que Buxtehude cumpriu semanas após assumir o cargo. Conservou a posição de organista de Lübeck até a morte, em 1707.

Outras obras importantes

1680 *Membra Jesu nostri*
1680 Prelúdio em dó maior
1694 Sonatas em trio, op. 1

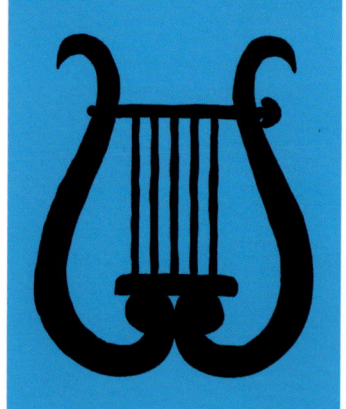

O NOVO ORFEU DE NOSSO TEMPO

CONCERTI GROSSI, OP. 6 (1714), ARCANGELO CORELLI

EM CONTEXTO

FOCO
O *concerto grosso*

ANTES
1610 Publicação de *Sonate a tre* para violino, corneto e *continuo*, de Giovanni Cima – um dos primeiros exemplos de música italiana profana de câmara.

1675 Primeira execução da *Sonata di viole* nº 25, de Alessandro Stradella, que contrasta um solista e um conjunto. Consta que Corelli ouviu-a quando estava em Roma.

DEPOIS
1721 J. S. Bach agrupa os *Concertos de Brandemburgo*, vários dos quais fazem experiências com a instrumentação tanto solo como de conjuntos.

1741 Os doze *Concerti grossi*, op. 6, de Händel, são publicados, como um tributo direto aos *Concerti grossi* de Corelli.

O termo italiano *concerto* foi usado a princípio para designar qualquer música para vozes e instrumentos, evoluindo para a distinção entre *concerti ecclesiastici* (música sacra) e *concerti di camera* (música de câmara) no início do século XVII. No fim do século XVIII tornou-se a exibição bem mais grandiosa de virtuosismo que é familiar hoje, mas suas raízes remontam à modesta configuração de um pequeno grupo de solistas e um conjunto de cordas com *continuo* (linha de baixo) desenvolvida pelo italiano Arcangelo Corelli por volta da virada para o século XVIII. A magistral op. 6 de

Os *Concerti grossi* de Corelli estrearam no Palazzo Pamphili, em Roma, um exemplo deslumbrante da arquitetura barroca italiana, que refletia a qualidade e a graça da música.

Ver também: *As quatro estações* 92-97 ▪ *Musique de table* 106 ▪ Concerto para piano nº 2 em sol menor, Saint-Saëns 179

BARROCO 1600–1750

> É maravilhoso observar como um risco de Corelli está em toda parte lá – nada vai dar sabor senão Corelli.
> **Roger North**
> *Escritor e músico*
> **(1653–1734)**

Corelli, *Concerti grossi*, publicada como um conjunto de doze concertos postumamente, sintetiza essa forma.

Cada um dos *concerti* de Corelli consiste em quatro a seis movimentos, tocados por um *trio concertino* – três solistas, incluindo dois violinos e um violoncelo *continuo* – e o *ripieno*, um conjunto de cordas maior, com acompanhamento de cravo. Confusamente, Corelli muitas vezes expandia a seção *concertino* para quatro músicos. O *basso continuo* (violoncelo e cravo) fornecia uma moldura ou base musical contínua, sobre a qual a melodia e a harmonia dos solistas e do grupo acompanhador, ou *ripieno*, eram construídas.

Expressão dinâmica

Usando essas forças instrumentais contrastantes, Corelli explorou a expressão dinâmica, dando vida a trocas entre as seções por meio de justaposições dramáticas – muitas vezes realçadas quando o *concertino* se junta ao *ripieno*. A música vai de adágios serenos (em tempo lento), trabalhados com suspensões primorosas, a *allegros* (tempo rápido), temperados com intercâmbios ágeis entre os conjuntos grande e pequeno. O uso da harmonia por Corelli nesses *concerti* condizia com um deslocamento mais geral da música barroca italiana, afastando-se da miríade de linhas da polifonia renascentista e usando sequências de acordes e cadências para criar um centro tonal estável.

A obra de Corelli atraiu imediatamente a admiração de mecenas e outros músicos. Entre os *concerti* op. 6, o nº 8 em sol menor, com o subtítulo *Fatto per la Notte di Natale*, foi encomendado por seu protetor nos anos 1690, o cardeal Pietro Ottoboni. Conhecida como Concerto de Natal, a obra desfrutou de popularidade duradoura.

Harmonia e equilíbrio

Embora Corelli tivesse escrito antes 48 sonatas em trio para a combinação de instrumentos do *concertino*, é impossível considerar os *Concerti grossi* como mera dilatação dessas obras de câmara de pequena escala. Algumas apresentações envolveram até oitenta músicos – um número enorme, em especial na época de Corelli, quando as orquestras em geral abrangiam cerca de vinte músicos.

Em 1789, mais de setenta anos após a morte de Corelli, o músico, compositor e historiador da música inglês Charles Burney escreveu sobre os *Concerti grossi*: "O efeito total [...] [é] tão majestoso, solene e sublime que impede toda crítica". Mesmo hoje, suas melodias continuam a ressoar. ∎

Arcangelo Corelli

Nascido numa família próspera na pequena cidade italiana de Fusignano, em 1653, Corelli foi aceito na orquestra da Academia Filarmônica de Bolonha aos dezessete anos. Sua maestria ao violino, combinada ao rigor de seus métodos de ensino e seus muitos discípulos, como Antonio Vivaldi e Francesco Geminiani, fizeram sua reputação crescer. Em meados dos anos 1670, mudou-se para Roma, onde entrou ao serviço da rainha Cristina da Suécia, a qual tinha casa em Roma, e depois foi diretor musical do cardeal Pamphili. Seu último mecenas foi o cardeal Pietro Ottoboni, que era também músico e libretista. Corelli morreu em 1713. Apesar de sua produção relativamente modesta, seus anos de composição mais ativa coincidiram com o crescimento da publicação musical, na virada para o século XVIII. Resultado: sua influência se espalhou na Europa ainda durante sua vida.

Outras obras importantes

1694 Doze sonatas em trio, op. 4
1700 Doze sonatas para violino, op. 5

A UNIÃO DOS ESTILOS FRANCÊS E ITALIANO DEVE LEVAR À PERFEIÇÃO MUSICAL
PIÈCES DE CLAVECIN (1713), FRANÇOIS COUPERIN

EM CONTEXTO

FOCO
Música barroca francesa para cravo

ANTES
1670 Jacques Champion de Chambonnières publica *Les Pièces de clavessin* (Peças para cravo), a primeira obra francesa importante sobre cravo.

1677 Nicholas-Antoine Lebègue escreve *Les Pièces de clavessin*, as primeiras suítes de dança publicadas na França.

DEPOIS
1725 J. S. Bach inclui *Les Bergeries* (de *Sixième Ordre*, 1717) no *Pequeno livro de Anna Magdalena* sob o título *Rondeau*.

1753 C. P. E. Bach escreve o volume 1 de *Versuch über die wahre Art das Clavier zu spielen*, tratado influenciado por *L'Art de toucher le clavecin* (A arte de tocar o cravo), de Couperin.

Antes das *ordres*, ou suítes, de François Couperin, a música de teclado francesa assumia muito a forma das danças populares barrocas, como a alemanda, a corrente e a sarabanda. Porém, em parte por suas conexões na corte francesa, Couperin também conhecia a música italiana, inclusive a sonata, peça de vários movimentos para pequeno grupo de instrumentos, sem dança ou canto envolvidos. As sonatas da época tinham em geral duas partes, e cada metade era repetida. Como visto nas mais de quinhentas sonatas de Domenico Scarlatti, elas tendiam a focalizar o virtuosismo técnico e a modulação formal das melodias, mais que mudanças de humor ou sentimento.

Floreios ornamentais
Embora usasse a estrutura da sonata em sua música, Couperin se concentrou na graça e no gesto, influenciado pela visão francesa prevalecente da música como um passatempo sofisticado, elegante e até frívolo. Muitas de suas obras têm títulos descritivos, segundo ele ideias que lhe ocorriam enquanto escrevia. O equilíbrio cuidadoso que alcançava entre a sensibilidade jovial francesa e a abordagem mais formal e estruturada italiana deu a sua obra grande apelo.

As obras para teclado foram escritas totalmente para cravo ou espineta. Neles, o tocador não tem controle do volume. Couperin adicionou ornamentos sutis à música para dosar seu fluxo e intensidade e esperava, de modo inusual na época, que os instrumentistas não fizessem acréscimos nem improvisassem. Mais ainda, publicava instruções detalhadas sobre os ornamentos, marcando as notas precisamente como deviam ser tocadas, codificando assim tais signos para

> Eu prefiro o que me toca ao que me surpreende.
> **François Couperin**
> *Pièces de clavecin* (1713)

BARROCO 1600–1750

Ver também: *Micrologus* 24-25 ▪ *Sonata em ré menor*, Scarlatti 90-91 ▪ *Musique de table* 106 ▪ Sonata para piano em fá sustenido menor, Clementi 132-133

---

futuras gerações. Seu estilo não agradava a todos – embora tenha arranjado algumas das obras de Couperin, consta que J. S. Bach achou-as rebuscadas demais.

Essa confiança nos ornamentos tende a implicar que a música de Couperin não se traduz tão bem no piano moderno, que, com seu som mais sustentado e cheio, destaca-os demais. Isso, a par de sua aversão ao virtuosismo aberto e à ousadia harmônica (como mudanças súbitas de escala ou notas discordantes), pode explicar por que sua música tem sido eclipsada pela de Scarlatti nas salas de concerto. Embora não seja o primeiro tratado sobre teclados, *L'Art de toucher le clavecin* de Couperin foi um dos mais importantes, oferecendo não um curso completo mas conselhos ao instrumentista sobre postura do corpo e temas técnicos. Ele inclui uma série de oito prelúdios para estudo e dedilhados de algumas das peças publicadas de Couperin.

Particularmente avançadas são suas sugestões de que as crianças dominem algumas peças antes de aprender a ler música e que a prática seja supervisionada. Essas ideias antecipam algumas abordagens modernas da educação musical, como o método Suzuki, no século XX. ▪

Uma menina aprende a tocar cravo em *A aula de música*, de Jean-Honoré Fragonard. François Couperin ensinou música aos filhos de Luís XIV em Versalhes.

François Couperin

Mesmo na linhagem de grandes músicos em que nasceu em 1668, François Couperin foi extraordinário. Após a morte do pai, Charles, substituiu-o como organista na Igreja de St-Gervais, em Paris, já aos onze anos, vindo a ser depois um dos instrumentistas e professores mais procurados da França. Em 1693, Couperin foi nomeado por Luís XIV organista da Capela Real. Tornou-se cravista de Luís XV em 1717 e compôs obras para a família real. Morreu em Paris em 1733.

As séries de *ordres* para teclado de Couperin são classificadas entre as contribuições mais significativas à música de cravo barroca. Os cravistas ainda hoje estudam *L'Art de toucher le clavecin* para melhorar seu desempenho.

Outras obras importantes

1713–1730 *24 Ordres* (em quatro livros)
1714–1715 *Les Concerts royaux* (Os concertos reais)
1724–1725 *Apothéoses*

OS INGLESES GOSTAM DE ALGO EM QUE POSSAM MARCAR O TEMPO

WATER MUSIC, HWV 348–350 (1717), GEORG FRIDERIC HÄNDEL

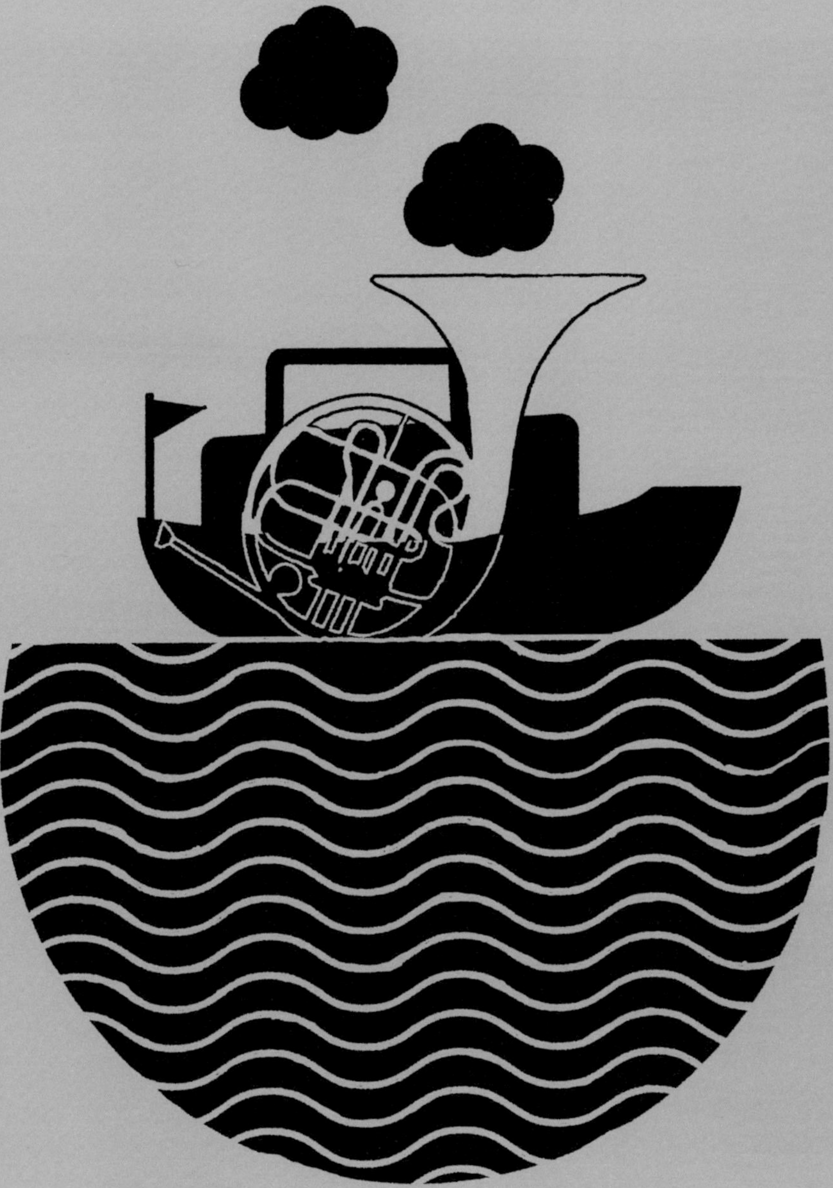

UM ESTILO INTERNACIONAL

EM CONTEXTO

FOCO
Um estilo internacional

ANTES
anos 1660 Após a restauração da monarquia na Inglaterra, Carlos II reintegra a música na corte. Ele favorece o estilo francês e promove em especial a dança, paixão que adquiriu em seu exílio na França.

anos 1670 O grupo de músicos profissionais Music Meeting abre uma sala de concertos perto de Charing Cross, em Londres.

DEPOIS
1727 Händel compõe o hino *Zadok the Priest* para a coroação de Jorge II.

século XIX Os compositores se afastam de um estilo internacional para destacar a individualidade das nações, inspirando-se nos ritmos de danças folclóricas e em temas nacionalistas.

Até o fim do século XIX, a Inglaterra era em geral referida como a terra sem música. Embora as apresentações se sucedessem em Londres, onde havia a mais antiga tradição de concertos públicos da Europa, a moda era promover compositores e instrumentistas estrangeiros em vez dos nativos. Tanto Händel quanto Johann Christian Bach (conhecido como "o Bach inglês") se mudaram para Londres para aproveitar as oportunidades da cidade, e compositores como Mozart e Haydn visitavam-na como músicos bem pagos e festejados.

Música como prazer

Quando chegou a Londres em 1711, Händel já tinha um estilo distintivo, enraizado em sua criação no norte alemão e influenciado por sua temporada italiana. Ele fora apresentado a Arcangelo Corelli e Domenico Scarlatti na Itália, onde obtivera sucesso com óperas italianas e obras religiosas. Conhecia também a obra de Jean-Baptiste Lully, que dominava a música francesa, e o inglês Henry Purcell. O cosmopolitismo apelava ao público de concertos londrino,

> Händel é o maior compositor que já viveu [...]. Eu vou descobrir a cabeça e me ajoelhar em seu túmulo.
> **Ludwig van Beethoven**

que apreciou o fato de Händel evitar alguns dos excessos floreados do contraponto do Alto Barroco favorecidos por Bach.

Händel logo foi nomeado diretor musical do duque de Chandos, que o apresentou a outros membros da aristocracia inglesa. Enquanto trabalhava para o duque, Händel aperfeiçoou um estilo novo e mais direto, que pode ser ouvido em seus hinos de Chandos e na mascarada *Acis and Galatea*. Foi também então que escreveu *Esther*, o primeiro de seus oratórios ingleses, gênero pelo qual ficaria famoso.

Georg Frideric Händel

Nascido em Halle, no nordeste alemão, em 1685, Händel recebeu as primeiras lições de música de um organista local. Ainda jovem, mudou para Hamburgo para trabalhar como compositor, e dali foi para a Itália. Desenvolveu seu talento dramático nas óperas cômicas *Rodrigo* (1707) e *Agrippina* (1709) e no arranjo de salmo *Dixit Dominus* (1707).

Voltando a Hanover em 1710, Händel se tornou *Kapellmeister* (diretor musical) do eleitor de Hanover (mais tarde Jorge I da Grã-Bretanha e Irlanda). Foi para Londres um ano depois, onde viveu o resto da vida. Mais tarde ficou famoso com seus oratórios, em especial *Messiah*, e selou sua carreira com *Music for the Royal Fireworks* em 1749. Morreu rico e foi enterrado com a elite na Abadia de Westminster, em Londres.

Outras obras importantes

1725 *Rodelinda*, HWV 19
1742 *Messiah*, HWV 56
1749 *The Music for the Royal Fireworks*, HWV 351
1751 *Jephtha*, HWV 70

Ver também: *Sonata pian' e forte*, Gabrieli 55 ▪ *Eurídice* 62-63 ▪ *As quatro estações* 92-97 ▪ *A flauta mágica* 134-137 ▪ *Elias* 170-173 ▪ *La traviata* 174-175 ▪ *O ciclo do anel* 180-187 ▪ *Tosca* 194-197

Händel apresenta *Water Music* a Jorge I numa pintura do artista belga Edouard Hamman. Segundo relatos de jornal, o rio todo estava cheio de botes e barcaças.

Em 1717, Jorge I pediu a Händel que compusesse a música para uma viagem de barco no Tâmisa. Era preciso que fosse sensacional: o rei queria fazer um grande evento público para desviar a atenção de seu filho, o príncipe de Gales, que estava formando uma facção política de oposição. Händel teve de equilibrar o desejo de inovação e a exigência de grande apelo popular. Embora o concerto no barco com cerca de cinquenta instrumentistas fosse uma novidade em si, Händel importou trompistas boêmios, cujo elegante toque soaria muito diversamente das trompas de caça familiares ao público inglês. Ao lado de fagotes e trompetes, eles ajudaram a projetar a música ao ar livre.

Em essência, *Water Music* é uma mescla de estilos europeus populares. Começa com uma abertura nos ritmos irregulares do estilo francês, incorpora danças que eram moda na Europa na época e inclui a música mais inglesa – *hornpipe* –, que se tornou a melodia que marca a obra.

Ópera em Londres

Em 1719, o duque de Chandos e seus amigos, aproveitando o crescente interesse em ópera na Inglaterra, inauguraram a Royal Academy of Music (sem relação com o conservatório de mesmo nome fundado um século depois), sob carta patente do rei. Era uma empresa comercial, formada como corporação de capital social, com o fim de encomendar e produzir novas óperas italianas na Grã-Bretanha. Händel foi um de seus três compositores além de diretor musical. Ele viajou pela Europa para contratar os melhores »

> ❝ Eu devo me desculpar se só lhes der entretenimento. Eu quero torná-los melhores.
> **Georg Frideric Händel** ❞

A música pública e a plateia de concertos

Londres foi a primeira cidade a criar concertos públicos com plateia pagante. A tendência se iniciou por volta de 1672, quanto o violinista e compositor John Banister organizou um concerto pago em sua casa. Quando Händel chegou a Londres, havia locais destinados a concertos de música de câmara. Além disso, os teatros na Drury Lane e no Haymarket ofereciam ópera italiana e, mais tarde, inglesa à alta sociedade londrina.

A partir de cerca de 1740, jardins públicos com atrações se espalharam na capital, em especial em Vauxhall. Neles os visitantes podiam passear, jantar e se divertir com música ao vivo de orquestras e bandas de sopro. Um ensaio em 1749 de *Music for the Royal Fireworks*, de Händel, em Vauxhall Gardens atraiu cerca de 12 mil pessoas, pagando dois xelins e seis pence cada e causando congestionamento de três horas na Ponte de Londres.

A banda toca num coreto iluminado nos Vauxhall Gardens em Londres, enquanto os visitantes passeiam e dançam ao ar livre.

músicos de orquestra e cantores famosos como o *castrato* italiano Senesino e a soprano Francesca Cuzzoni.

Händel entendeu a contínua ânsia por novidade do público. Quando as plateias londrinas se acostumaram a esses artistas, trouxe outra soprano, Faustina Bordoni, que criou uma base de fãs rival entre o público, reanimando o interesse por ópera umas poucas temporadas mais. Os altos valores pagos a esses luminares podem ser uma das razões para a companhia ter fechado em 1728 com dívidas de cerca de 20 mil libras (hoje 4 milhões de libras).

Mestre da encenação

Händel escreveu uma série de treze óperas para a Royal Academy of Music, que tiveram 235 execuções em sua época. Obras-primas do estilo italiano, elas incluem *Giulio Cesare in Egitto* (1724) e *Alcina* (1735). Embora usasse as convenções líricas da época – recitativos e árias – para desenvolver a narrativa, ele deu às óperas uma estrutura dramática que era incomum então. Compreendeu também a

> 66
> Händel entende efeitos melhor que qualquer um de nós – quando quer, golpeia como um raio.
> **Wolfgang Amadeus Mozart**
> 99

> 66
> Ele viu homens e mulheres onde outros só percebiam bustos históricos e míticos.
> **Paul Henry Lang**
> *Crítico musical*
> 99

importância do espetáculo, e várias de suas obras exigiam elaborada maquinaria de palco. Em *Alcina*, escrita para a nova casa de ópera em Covent Garden, as instruções de palco diziam: "com raios e trovões, a montanha rui, revelando o encantador palácio de Alcina". Tais efeitos atraíam o público tanto quanto a música.

Uma nova direção

Quando a ópera italiana saiu de moda em Londres após o extraordinário sucesso em 1728 de *The Beggar's Opera*, de John Gay, que satirizava a forma, Händel usou suas habilidades para criar e popularizar oratórios em inglês. Começando com *Deborah* (1733), essas obras emocionantes e dramáticas para cantores solo, coro e orquestra narravam histórias bíblicas com libretos em inglês, mas não eram executadas no palco. Influenciado até certo ponto por tradições líricas e até pela tragédia grega, Händel desenvolveu um estilo direto e um novo vigor que apelava às plateias inglesas. O público afluiu para ouvir obras como *Messiah* (1742), *Samson* (1743) e *Belshazzar* (1745). *Messiah* foi tão popular que se pediu aos homens

Algumas das danças em *Water Music*

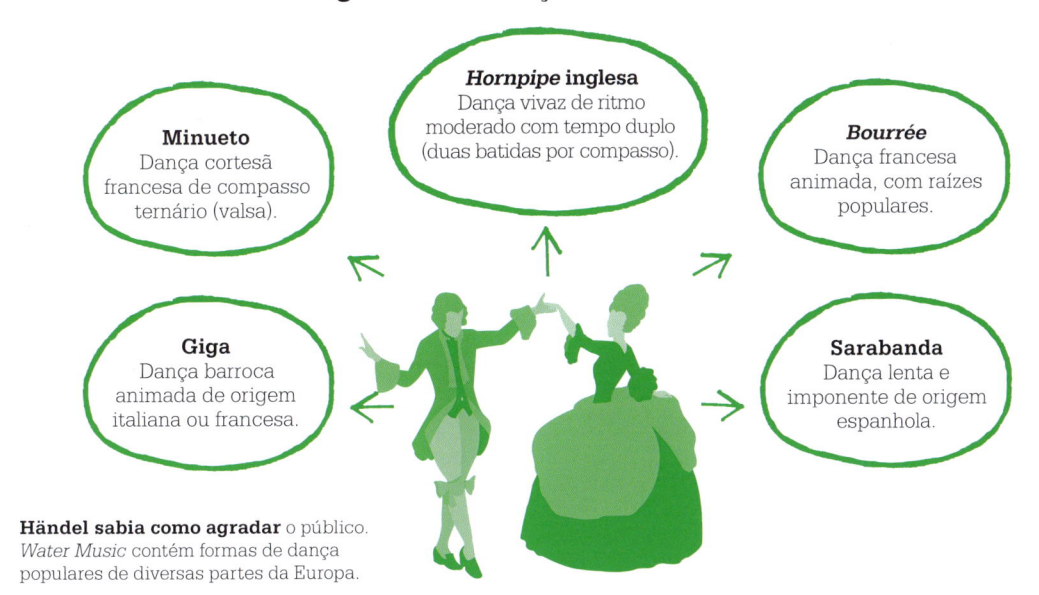

Minueto
Dança cortesã francesa de compasso ternário (valsa).

***Hornpipe* inglesa**
Dança vivaz de ritmo moderado com tempo duplo (duas batidas por compasso).

Bourrée
Dança francesa animada, com raízes populares.

Giga
Dança barroca animada de origem italiana ou francesa.

Sarabanda
Dança lenta e imponente de origem espanhola.

Händel sabia como agradar o público. *Water Music* contém formas de dança populares de diversas partes da Europa.

que não levassem espadas às apresentações para deixar espaço para mais público.

Händel muitas vezes apresentava ele mesmo essas obras, contratando teatros e artistas e com frequência auferindo bom lucro. Quando uma companhia rival competiu com firmeza, Händel escreveu vários concertos para órgão, que executou como interlúdios entre as apresentações. Isso criou uma rara oportunidade de ouvir seu grande virtuosismo no teclado em público e foi algo como um golpe de mestre de marketing.

O oratório händeliano se tornou tão popular que ele escreveu obras profanas no mesmo estilo. Händel concebeu *Semele* (1744), que se baseava na mitologia clássica, como um drama musical "à maneira de um oratório" e até apresentou-o na Quaresma, quando sua representação de adultério causou consternação. Obras como essa eram em essência óperas em inglês e são em geral encenadas como tal hoje.

Nacional embora internacional

Händel foi considerado o principal compositor numa época em que a música era julgada efêmera e as obras mal eram ouvidas nos anos após a estreia. Ele foi provavelmente o primeiro cuja obra não sofreu queda de popularidade após a morte. Na Inglaterra, ajudou a ampliar o interesse por música além dos limites da aristocracia e criou uma identidade musical nacional em um estilo internacional que durou até Edward Elgar, no fim do século XIX. Seu hino *Zadok the Priest*, composto para a coroação de Jorge II, ainda é usado na cerimônia pelos monarcas britânicos. ∎

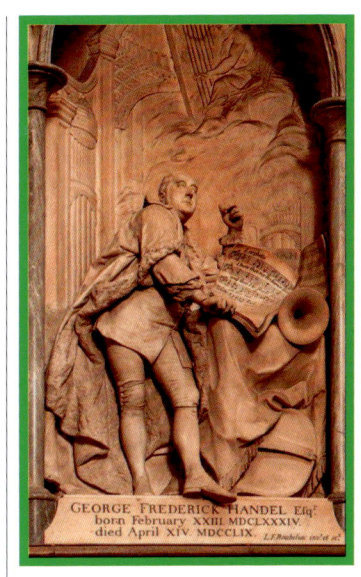

O memorial a Händel, de Louis François Roubiliac, está acima de seu túmulo na Abadia de Westminster. Três dias antes de sua morte, Händel disse que gostaria de ser enterrado lá.

NÃO ESPERE INTENÇÃO PROFUNDA, MAS UM GRACEJO ENGENHOSO COM ARTE
SONATA EM RÉ MENOR, K. 9 "PASTORAL" (1738), DOMENICO SCARLATTI

EM CONTEXTO

FOCO
Sonata barroca italiana

ANTES
1701 O compositor barroco Arcangelo Corelli publica Sonatas para violino, op. 5 – um exemplo antigo de obra instrumental solo.

1709 Antonio Vivaldi publica Doze sonatas para violino e basso continuo, op. 2, exibindo de novo as habilidades virtuosísticas de um instrumento solo.

DEPOIS
1784 Mozart publica a Sonata para piano nº 1, K. 279, seguindo os passos de Scarlatti, com seu foco em composição para teclado solo.

1795 Beethoven publica a Sonata para piano nº 1, op. 2, dando continuidade à experimentação de Scarlatti com o gênero.

O compositor e cravista virtuose italiano Domenico Scarlatti publicou a primeira edição de *Essercizi per gravicembalo* (Exercícios para cravo) em 1738. Como o título da coletânea sugere, as trinta sonatas se destinavam a ser *études* (estudos) para alunos de cravo – embora, segundo o próprio Scarlatti, a originalidade do conteúdo desminta o objetivo de aparência prática e comum.

Scarlatti foi contemporâneo de J. S. Bach e G. F. Händel e suas deslumbrantes habilidades no teclado eram lendárias. Seus dedos

Uma família posa com seu cravo nesta obra de 1739 de Cornelis Troost. A popularidade do instrumento em breve declinaria em favor do piano.

BARROCO 1600–1750

Ver também: *Pièces de clavecin* 82-83 ▪ *Musique de table* 106 ▪ Sonata para piano em fá sustenido menor, op. 25, Clementi 132-133 ▪ Sinfonia "Eroica" 138-141

> "Para tocar o cravo com arrojo [...] mostre-se mais humano que crítico e aumente assim seu prazer [...]. VIVA COM FELICIDADE."
> **Domenico Scarlatti**

dançantes foram descritos por um observador britânico impressionado como "mil demônios". Consta que ele e Händel participaram de um duelo de destreza no teclado que, segundo todos os relatos, terminou em empate. Scarlatti pôs seus talentos a serviço do mais alto nível real, como tutor de Maria Bárbara, princesa de Portugal e depois rainha da Espanha. Foram a aptidão dela para o instrumento e o emprego contínuo proporcionado a Scarlatti que propiciaram as condições para a criação dos revolucionários *Essercizi*.

O estilo de sonata de Scarlatti

O termo "sonata" deriva do verbo italiano *suonare*, soar, e em geral denota música instrumental solo, ou seja, música que soa, e não a que é cantada (*cantata*). No início do século XVIII, compositores italianos como Arcangelo Corelli, Antonio Vivaldi e Tomaso Albinoni tinham escrito muito para instrumentos solo – sendo o violino uma escolha especialmente popular –, mas suas sonatas tendiam a consistir em três a quatro movimentos de climas contrastantes. Porém as sonatas de Scarlatti para cravo solo – na época, um instrumento relativamente negligenciado – seguem tipicamente uma estrutura de movimento único com duas partes, muitas vezes girando ao redor de uma *crux* central, ou pausa, com tendência a ser de proporções menores, durando só cerca de três a quatro minutos.

A Pastoral

Apesar de influenciada pelas sarabandas e correntes (*courantes*) – ambas danças da corte – de seus contemporâneos, a música de Scarlatti dessa era é única no uso de idiomas populares tirados de seu ambiente ibérico. A sonata K. 9 em ré menor é chamada "Pastoral". Isso se deve em parte à enganadora simplicidade da melodia, mas também à tradição que evoca, com elementos de música de dança popular, como os efeitos dedilhados e de percussão do violão espanhol. A adição de estilos do campo a influências formais cortesãs continuou a definir a obra de Scarlatti: ele rompeu com as convenções da música de câmara barroca, experimentando a dissonância e a síncope nas últimas sonatas.

É esse "gracejo com arte" brincalhão que coloca Scarlatti como mestre tanto da música barroca como do estilo clássico que florescia. Scarlatti ajudou a preparar a via para os experimentos ainda mais radicais como a sonata de Mozart e Beethoven, que enfatizaram mais ainda a importância do estilo livre e de linhas de melodia expressivas sobre a estrutura mais formal da música barroca. ▪

Domenico Scarlatti

Filho de Alessandro Scarlatti, compositor prolífico de ópera, Domenico nasceu em Nápoles em 1685. Músico igualmente talentoso, seguiu a carreira do pai com encomendas muito variadas e patrocínio real. Aos dezesseis anos tornou-se compositor e organista da capela real de Nápoles e depois serviu a rainha polonesa exilada Maria Casimira, em Roma. Mais tarde foi nomeado *maestro di cappella* (diretor musical) da Basílica de São Pedro. Em 1721, Scarlatti foi para a corte portuguesa em Lisboa, onde deu aulas de música à princesa Maria Bárbara. Quando se casou com Fernando VI da Espanha, ela convidou Scarlatti para ser seu tutor musical. Ele serviu a rainha até morrer, em 1757, em Madri. Scarlatti é especialmente conhecido por suas 555 sonatas para teclado, embora tenha também produzido uma enorme quantidade de música vocal sacra e de câmara.

Outras obras importantes

1724 *Stabat Mater* para dez vozes
1757 *Salve Regina*

A PRIMAVERA CHEGOU, E COM ELA A ALEGRIA

AS QUATRO ESTAÇÕES (1725), ANTÓNIO VIVALDI

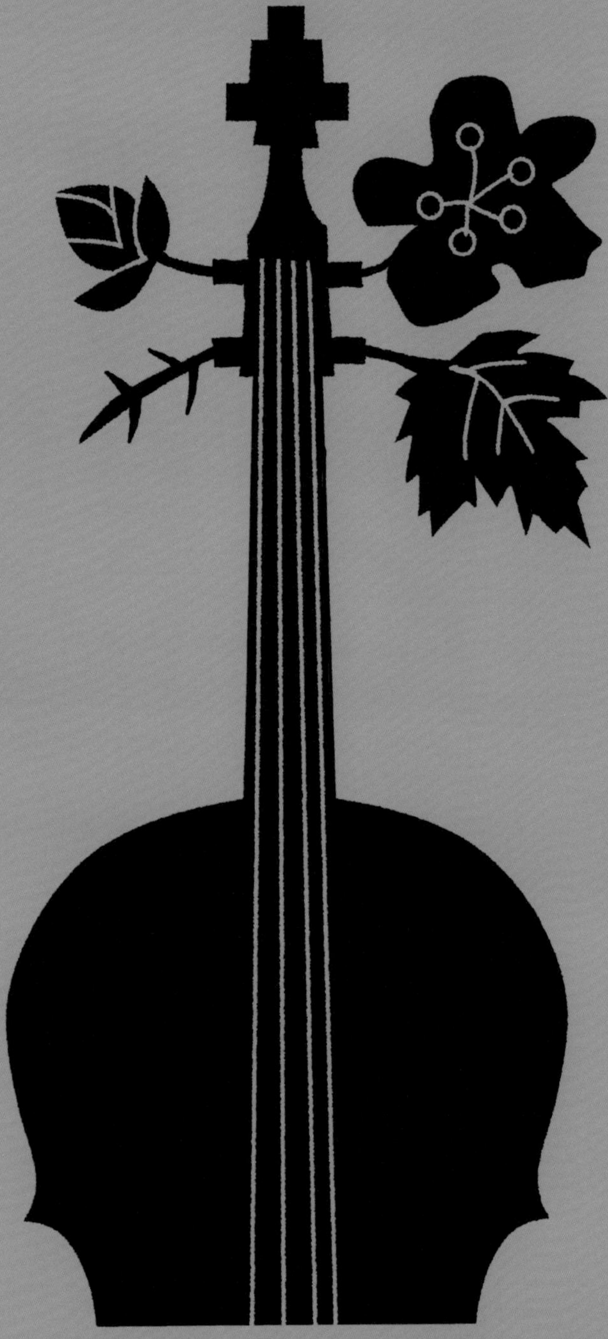

CONCERTO SOLO BARROCO ITALIANO

EM CONTEXTO

FOCO
Concerto solo barroco italiano

ANTES
1692 Giuseppe Torelli, baseado em Bolonha, publica a primeira de três coletâneas de concertos que dão novo destaque ao violinista solo.

1707 Concertos publicados pelo veneziano Tomaso Albinoni usam a estrutura de três movimentos (rápido-lento-rápido) que se tornará padrão.

1721 Os seis *Concertos de Brandemburgo*, de J. S. Bach, usam a estrutura e princípios padronizados por Vivaldi em seus concertos.

DEPOIS
1773 Mozart compõe seu primeiro concerto para violino usando a estrutura de três movimentos.

Hospitale della Pietà — Ponte della

Nos anos 1720, Vivaldi era mais conhecido na Itália como compositor de óperas, mas no norte europeu – assim como após sua morte – sua fama se deveu aos concertos, modalidade que formatou, desenvolveu e da qual se apropriou, talvez de modo mais evidente em *As quatro estações* (*Le quattro stagioni*), de 1725.

Desde a época de Vivaldi, a palavra "concerto" ganhou um sentido claro de peça para um ou mais instrumentos, solistas e orquestra: um concerto solo exibe um músico; um *concerto grosso* (concerto grande) tem dois ou mais. Antes de Vivaldi, porém, o termo era usado de modo mais vago para designar obras escritas para conjuntos combinados de vozes ou instrumentos, ou para grupos diferentes de instrumentos. Em Roma, por exemplo, Arcangelo Corelli escreveu *concerti grossi* para um conjunto de dois violinos e teclado. Esses instrumentos podiam ser reunidos a um conjunto maior de cordas, cujo papel era mais aumentar que criar contraste com o grupo menor.

O concerto se desenvolve

Foi no norte da Itália, em Veneza em especial, que o concerto começou a tomar a forma que Vivaldi usaria. Em Bolonha, o violinista e compositor Giuseppe Torelli escreveu obras para violino solo e um conjunto instrumental maior, enquanto em Veneza o rico amador Tomaso Albinoni compunha belos concertos para oboé. Escritos para um ou dois oboés e um conjunto maior, estão entre as primeiras obras solo notáveis compostas para esse instrumento.

Nas peças de Torelli e Albinoni, emergia um contraste entre as seções solo e as partes tocadas

O Ospedale della Pietà, orfanato no Grande Canal de Veneza, onde Vivaldi se tornou mestre de violino em 1703. O *ospedale* tinha uma orquestra e um coro só de mulheres.

BARROCO 1600–1750

Ver também: Concerto para flauta em lá maior, C. P. E. Bach 120-121 ▪ Concerto para piano nº 2 em sol menor, Saint-Saëns 179 ▪ *Concerto para piano para a mão esquerda*, Ravel 266-267

---

pelo conjunto maior, como se duas vozes fossem ouvidas de modo simultâneo na mesma peça. Foi sobre essa base que Vivaldi construiu o corpo de sua obra.

Um pouco mais jovem que seu colega veneziano Albinoni, Vivaldi escreveu seus primeiros concertos conhecidos por volta dos 25 anos. No total, nos cerca de quarenta anos seguintes, ele escreveu por volta de quinhentos concertos, muitos dos quais foram publicados em coletâneas, como *Il cimento dell'armonia e dell'inventione*. Outros foram vendidos em manuscrito – uma forma que Vivaldi, com seu tino comercial, achava mais lucrativa. Desses concertos, mais de duzentos eram para violino solo; o próprio Vivaldi era um violinista famoso e exuberante. Outros eram para fagote, violoncelo, flauta, oboé, bandolim ou flauta doce solo. Havia perto de cinquenta concertos duplos (compostos para dois instrumentos solo), além de outras variações, como um concerto que incluía partes solo para dezesseis instrumentos diferentes.

Ao longo de sua impressionante produção, Vivaldi ajudou a mudar o curso da história da música. No entanto, nunca foi revolucionário. Ele apenas modificava as tendências existentes, criando uma nova linguagem musical que fazia músicos e plateias vibrar. Tomou muitos elementos da ópera, outro gênero que ganhou nova vida no Barroco e com o qual Vivaldi se envolveu muito como compositor. Seguindo as pegadas de Albinoni, ele transformou a estrutura rápido-lento-rápido da abertura operística no padrão de três movimentos do concerto: um primeiro movimento rápido, preenchido com ação musical como seções alternadas solo e de conjunto, seguido por um movimento do meio lento, mais meditativo, e por um novo surto de atividade no movimento final.

O *ritornello*

Dentro dos movimentos rápidos, o principal recurso estrutural foi emprestado da ópera: o *ritornello* (pequeno retorno), um refrão ou

> ❝ Ele pode compor um concerto mais rápido que o copista consegue escrever. ❞
> **Charles de Brosses**
> *Erudito francês e político*

ideia musical tocado, repetido e modificado ao longo do movimento pela orquestra. Tipicamente, um movimento rápido começa com a apresentação completa, pela orquestra, do *ritornello*. A seguir vem uma seção solo, em que o músico só recebe acompanhamento de fundo da orquestra. Depois a orquestra completa volta, reexibindo parte do *ritornello* numa nova escala. As seções *ritornello* e solo se alternam então, em geral »

Antonio Vivaldi

Vivaldi nasceu em 1678, filho de um violinista da orquestra de São Marcos, em Veneza. Foi ordenado padre em 1703, mas logo abandonou o sacerdócio. Sua mudança para a música aconteceu quando foi nomeado mestre de violino do Ospedale della Pietà, em Veneza.

A primeira coletânea publicada de concertos de Vivaldi, *L'estro armonico* (Inspiração harmônica), impressa em 1711, lhe deu fama internacional, em especial na Alemanha, onde o jovem J. S. Bach foi seu admirador. Vivaldi compôs mais centenas de concertos, além de cinquenta óperas e várias obras vocais religiosas, sonatas e cantatas. Sua popularidade declinou no fim dos anos 1730. Morreu em Viena em 1741, quando tentava restaurar sua fortuna, e foi enterrado como indigente.

Outras obras importantes

1711 *L'estro armonico*, op. 3
1714 *La stravaganza*, op. 4
1725 *Il cimento dell'armonia e dell'inventione*, op. 8
1727 *La cetra*, op. 9

CONCERTO SOLO BARROCO ITALIANO

O concerto

O principal atrativo do concerto para compositores e músicos é o grande potencial dramático da competição e colaboração alternadas entre solista e orquestra. Muitos compositores foram inspirados a escrever concertos pelo talento de instrumentistas – como o violoncelista Antonín Kraft, para o qual Haydn escreveu o Concerto para violoncelo nº 2 em ré e Beethoven seu Concerto triplo. Mozart compôs os famosos Concertos para trompa para o trompista Joseph Leutgeb. Os concertos logo se tornaram uma vitrine para virtuoses, como o violinista Paganini e os pianistas Liszt e Chopin. Na virada para o século xx, Rachmaninoff escreveu concertos para piano – e Dvořák e Elgar os muito apreciados concertos para violoncelo. Fãs posteriores do *concerto grosso* incluem Michael Tippett, com seu *Fantasia Concertante on a Theme of Corelli*.

O violinista Nigel Kennedy executa *As quatro estações* com a English Chamber Orchestra em 1989. A gravação vendeu mais de 2 milhões de cópias.

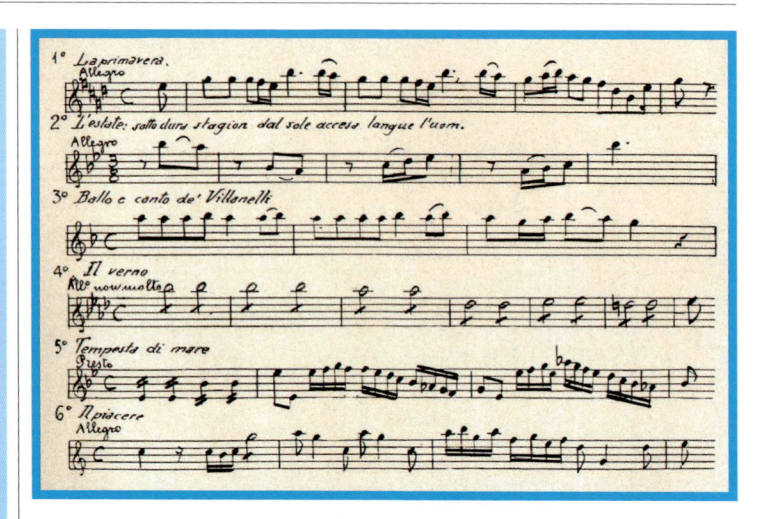

quatro a seis vezes, culminando numa reapresentação final orquestral do *ritornello*.

As seções solo, porém, também podiam ser vistas na ópera. As óperas barrocas deram nova ênfase à ária, permitindo ao cantor exibir o poder, alcance e natureza expressiva de sua voz. De modo similar, as seções solo dos concertos possibilitavam aos solistas instrumentais mostrar suas habilidades virtuosísticas. Numa era marcada pela teatralidade, Vivaldi trouxe uma dose de virtuosismo dramático ao concerto.

Quatro estações

Vivaldi deu rédea livre à sua teatralidade nas peças de *As quatro estações*, publicadas em Amsterdam em 1725. Versões anteriores circularam por vários anos em forma manuscrita, e já eram muito conhecidas e admiradas. *As quatro estações* foram os quatro primeiros de uma série de doze concertos para violino intitulados *Il cimento d'armonia e dell'inventione* (A disputa entre harmonia e invenção), todos escritos entre 1723 e 1725. Muitos

Partitura de *Primavera*, de *As quatro estações*, parte de *L'estro armonico*, coletânea de doze concertos que com sua viva exuberância mudou a forma imponente.

dos concertos de Vivaldi buscavam evocar ou descrever humores e estados mentais específicos, como os títulos explicitavam – por exemplo, *Il piacere* (o prazer), *L'inquietude* (a ansiedade), *L'amoroso* (o amante) e *Il riposo* (o descanso). *As quatro estações*, porém, a par do ciclo de três concertos *La Notte* (A noite), foi um passo além, expondo uma narrativa musical simples conhecida como "programa", forma que foi adotada por muitos compositores na era romântica. Na versão publicada, Vivaldi tornou o programa explícito incluindo quatro sonetos de autoria desconhecida, muitas vezes atribuídos ao próprio compositor. Cada um dos sonetos fala sobre uma das estações. O soneto da primavera, por exemplo, começa descrevendo como os pássaros saúdam a nova estação "com canto alegre" e como riachos soprados por brisas suaves fluem "com doce

BARROCO 1600–1750

murmúrio". Tudo isso Vivaldi descreve musicalmente no primeiro movimento do concerto *Primavera*, cujo *ritornello* de abertura é uma dança que representa a alegre celebração da volta da primavera, sucedida por três violinos solo que expressam gorjeios e outras características da estação.

Grandes elogios
Na Itália, a popularidade de Vivaldi diminuiu no fim da vida, devido ao crescente interesse por um novo estilo de ópera napolitano. Ao norte dos Alpes, porém, os concertos de Vivaldi – e *As quatro estações* em especial – fizeram dele um dos compositores mais famosos da época. Um dos mecenas de Vivaldi foi o conde boêmio Wenzel von Morzin, ao qual Vivaldi dedicou *Il cimento dell'armonia e dell'inventione*, a coletânea que inclui *As quatro estações*. "Peço-lhe que não se surpreenda", ele escreveu, "se entre esses poucos e fracos concertos Vossa Ilustre Graça encontrar *As quatro estações*, que com sua nobre generosidade Vossa Ilustre Graça há tanto tempo considera com indulgência."

Outro apoio ilustre veio do rei Luís XV da França, que em

> "Vivaldi tocou um solo esplêndido [...]. Nunca antes se ouviu execução assim, nem será nunca igualada."
> **J. F. A. von Uffenbach**
> *Viajante alemão*
> **(1687–1769)**

Pintando quadros com música

Primavera
Três violinos solo imitam pássaros chilreando e regatos murmurando. Um terceiro movimento alegre sugere uma festa primaveril com dança.

Verão
Sons tranquilos evocam o calor do verão, com insetos zumbindo, um cuco e uma cotovia. Acordes menores e subtons dramáticos evocam uma tempestade de verão.

Outono
O rápido primeiro movimento capta a agitação de uma festa da colheita, interrompida por um violino solo que representa um "bêbado cambaleante".

Inverno
Violinos céleres expressam dentes e pés batendo, e as escalas rápidas e a dissonância sugerem aragens frias e vendavais de inverno.

novembro de 1730 requisitou a apresentação do concerto *Primavera* por uma orquestra formada apenas por nobres e cortesãos musicalmente dotados. Outro apreciador de *Primavera* foi o filósofo Jean-Jacques Rousseau, que em 1775 arranjou a peça para flauta sem acompanhamento.

Influência em compositores
Mais extraordinário, porém, foi o legado dos concertos de Vivaldi a seus colegas músicos. Um admirador notável foi J. S. Bach: seu mecenas, o duque de Saxe-Weimar, voltou de uma viagem aos Países Baixos com um exemplar da primeira coletânea de concertos de Vivaldi, *L'estro armonico* (Inspiração harmônica), publicada em Amsterdam. Bach transcreveu seis dos concertos para cravo solo, e segundo seu mais antigo biógrafo, Johann Nikolaus Forkel, foi essa experiência que lhe ensinou a importância da "ordem, coerência e proporção" em música.

Segundo especialistas modernos, talvez a avaliação de Forkel seja exagerada, mas a influência de Vivaldi sobre Bach é claramente visível, por exemplo, no uso do *ritornello* por este último. Também evidente é o fato de que Vivaldi deu ao concerto de três movimentos (rápido-lento-rápido) um lugar entre as formas musicais mais importantes, inspirando incontáveis compositores futuros, de Bach, Haydn e Mozart a Beethoven em diante. Mais ainda, o concerto foi uma grande influência em outra forma emergente, que logo se tornou a suprema expressão instrumental dos compositores – a sinfonia. ∎

O OBJETIVO DE TODA MÚSICA DEVERIA SER APENAS A GLÓRIA DE DEUS

A PAIXÃO SEGUNDO SÃO MATEUS (1727), JOHANN SEBASTIAN BACH

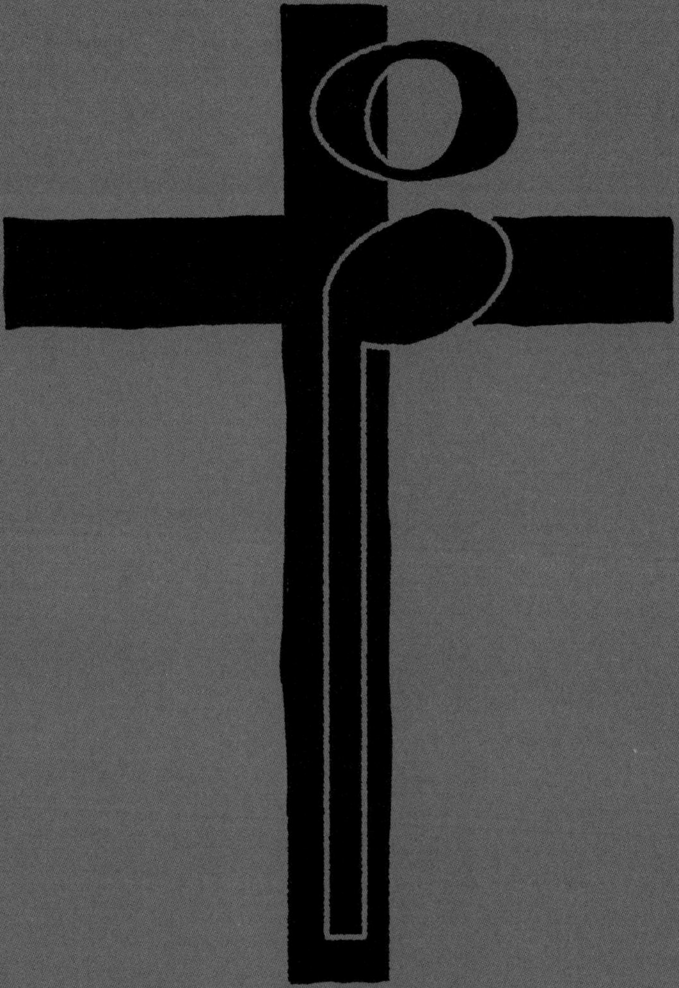

MÚSICA CORAL RELIGIOSA DO ALTO BARROCO

EM CONTEXTO

FOCO
Música coral religiosa do Alto Barroco

ANTES
1471 O compositor flamengo Jacob Obrecht escreve uma *Passio secundum Matthaeum* (Paixão segundo Mateus).

anos 1620 Em Roma, Giacomo Carissimi produz oratórios sobre temas do Velho Testamento para atender à demanda por espetáculos líricos na Quaresma.

1718 Händel compõe a primeira versão de *Esther*, sobre essa rainha do Velho Testamento. Em 1732 a peça seria enfim adaptada como primeiro oratório inglês.

DEPOIS
1829 Felix Mendelssohn rege a estreia em Berlim de *A Paixão segundo São Mateus* – momento-chave na retomada do interesse pela música de Bach.

1846 Mendelssohn estreia o oratório *Elijah*, sobre a vida do profeta Elias.

1850 Moritz Hauptmann (*Kantor* da Thomaskirche), Otto Jahn (biógrafo de Mozart) e o compositor Robert Schumann formam a Bach--Gesellschaft, para publicar a obra completa de Bach.

1963–1966 O polonês Krzysztof Penderecki compõe *A Paixão segundo São Lucas*, arranjo coral-orquestral atonal da história da Paixão.

Por volta de 1680, vivia-se o desenvolvimento final da estética barroca, conhecido como Alto Barroco. O novo sistema tonal, em que a música era construída por notas que formam escalas maiores e menores, foi estabelecido, e os compositores da época, como Johann Sebastian Bach, usaram-no para controlar o fluxo de seu trabalho modulando entre diferentes tons. Combinando linhas melódicas distintas, o contraponto cada vez mais complexo – um dos traços definidores da música barroca – criava efeitos dramáticos vívidos; acrescida de aspectos rítmicos incisivos, a música alcançou poder emocional inédito.

Em períodos anteriores, a música vocal havia predominado; agora um interesse crescente pela instrumental dava aos compositores

A Crucificação, muitas vezes pintada na arte renascentista, como aqui pelo alemão Lucas Cranach, o Velho, tornou-se também tema de compositores, conforme a música se tornou mais descritiva.

BARROCO 1600–1750

Ver também: *Ein feste Burg ist unser Gott* 78-79 ▪ *A arte da fuga* 108-111 ▪ *Elias* 170-173 ▪ *The Dream of Gerontius* 218-219

outro recurso dramático. Indo além do puro acompanhamento, a sempre destacada orquestra podia ter papel muito mais variado e expressivo, que ajudou a aumentar a popularidade da ópera barroca. Ela em geral floresceu em centros mercantis, onde indivíduos ricos e a nobreza apreciavam as encenações, oferecendo ricas oportunidades a compositores como Georg Friedrich Händel. A maioria dos cidadãos, porém, vivenciava as novidades musicais nos ofícios religiosos.

Música dramatizada na igreja

Os compositores logo notaram que as técnicas líricas e a música que dava relevância atual a mitos clássicos poderiam servir a fins litúrgicos, dando vida a textos bíblicos que muitos fiéis não podiam ler. Como a encenação de óperas era proibida nas seis semanas da Quaresma, os compositores apresentariam oratórios de temas bíblicos em seu lugar.

Muitos dos gêneros da música coral da época são os mesmos da música profana. Como os compositores da igreja deviam escrever música para mais de sessenta ofícios ao ano, não era incomum que remodelassem peças profanas, como fez Johann Sebastian Bach (1675–1750) com o *Oratório de Natal* (1734–1735).

Evolução dos gêneros corais

No Alto Barroco, a missa do norte alemão evoluiu da *prima pratica*, caracterizada pelo arranjo polifônico das partes mais relevantes do ofício (*Kyrie, Gloria, Credo, Sanctus, Agnus Dei*), com coro e acompanhamento instrumental, para algo muito mais grandioso. Isso se deveu em parte à influência das tradições italianas, que Bach encontrou após 1712 com a música de Antonio Vivaldi. A orquestra cresceu em tamanho e, em especial com acompanhamentos *obbligato* (essenciais, escritos de modo completo), alcançou um papel musical muito maior. As vozes solo também foram mais comuns.

Bach escreveu cinco missas, mas a Missa em si menor (1749) se destaca como uma das obras mais importantes do cânone musical ocidental. Escrita no fim da vida, não foi executada antes de sua morte. Algo incomum na tradição luterana, apresenta um arranjo completo do Ordinário Latino em 25 movimentos separados que duram cerca de duas horas.

Embora em declínio na época, o moteto (poema sacro musicado) ainda era um gênero coral importante, em especial na França, onde havia dois estilos distintos. Os *petits motets* eram acompanhados apenas por »

> "
> Ele não deveria se chamar 'riacho' [em alemão *Bach*], mas 'mar', devido a sua riqueza infinita, inesgotável de harmonias e combinações de tons.
> **Ludwig van Beethoven**
> "

Johann Sebastian Bach

Nascido em Eisenach, na Alemanha, em 1685, Bach foi o mais eminente de uma longa linhagem de músicos. Ele aprendeu música com o pai e depois com o irmão, e foi nomeado músico da corte de Weimar ao deixar a escola, em 1703. Sua fama de extraordinário instrumentista de teclado se espalhou e logo ele escreveria a primeira de mais de duzentas cantatas.

Em 1717, Bach se mudou para Köthen a fim de assumir o posto de *Kapellmeister* e compôs muitas obras instrumentais, como os *Concertos de Brandemburgo*. Em 1723 foi nomeado *Kantor* da Igreja de São Tomás em Leipzig, onde ficou até sua morte, em 1750, aos 65 anos. Nesse período, tornou-se um compositor famoso do Alto Barroco, com talento nunca igualado para o contraponto.

Outras obras importantes

1723–1732 Seis motetos, BWV 225-231
1733 *Magnificat*, BWV 243
1749 Missa em si menor, BWV 232

MÚSICA CORAL RELIGIOSA DO ALTO BARROCO

Oratório versus ópera

Oratório
- Usa **texto religioso** como tema.
- Encenado como **peça de concerto**, sem adereços.
- Um **narrador que canta** faz o enredo **avançar**.
- Cantores são estáticos e personagens **não interagem**.

Ópera
- Enredos se inspiram em literatura, história e **mitos empolgantes**.
- Encenada como **teatro musical**, com cenários e figurinos.
- Nas últimas óperas, **personagens** fazem o enredo **avançar**.
- Personagens se movem e **interagem**.

---

continuo; já os *grands motets*, como os de Jean-Baptist Lully, incluíam solistas e um número crescente de instrumentos. Eles eram menos comuns na Alemanha; os mais conhecidos hoje são de Heinrich Schütz e Bach. Os motetos de Bach, que influenciaram muito Wolfgang Amadeus Mozart (1756–1791), foram praticamente as únicas obras dele a ser regularmente executadas após sua morte, até a revalorização do artista no início do século XIX. Cada um tinha arranjo para coro de tamanho diverso, e não é claro como eram usados nos ofícios da igreja, embora alguns fossem escritos para funerais.

Outras formas corais do Alto Barroco incluem o hino, o Magnificat e o madrigal. O hino foi dominante na Inglaterra, como obra dramática dividida, com seções instrumentais com passagens solo, recitativos e coros completos. Purcell foi um talentoso expoente da forma, e Händel a levou ainda mais alto. Seus quatro hinos cerimoniais incluem o famoso *Zadok the Priest*, composto para a coroação do rei Jorge II em 1727.

O Magnificat, cantado nas vésperas, é o cântico (hino) da Virgem Maria do Evangelho de Lucas, musicado a partir do Renascimento. Monteverdi e Vivaldi criaram importantes arranjos barrocos, mas o *Magnificat* de Bach para cinco partes e orquestra talvez seja o mais famoso hoje.

Embora o madrigal seja mais associado a períodos anteriores, essa forma profana para vozes e acompanhamento continuou popular no Barroco. Sua sutil evocação musical de ideias ou ação influenciou outros gêneros e está presente em muitas obras corais sacras da época.

A Paixão segundo São Mateus

Para um músico como Bach, que se ocupava em especial de música sacra, a Paixão, que trata dos eventos bíblicos da Última Ceia até a Crucificação, era uma oportunidade de usar as técnicas teatrais da ópera num cenário religioso. Bach escreveu pelo menos três dessas obras (só duas se conservaram). Pela maestria em emoção, imaginação e poder de expressão, *A Paixão segundo São Mateus* é um monumento da criatividade humana. Ela foi escrita em 1727 ou 1729 para ser encenada antes ou depois do sermão da Sexta-Feira Santa. Bach também colaborou com o poeta Picander, de Leipzig, na criação de um libreto com o drama bíblico e reflexões sobre seu conteúdo. A Igreja de São Tomás, para a qual foi escrita, aumentou a dramaticidade do evento: usando as duas galerias de órgão, Bach distribuiu as forças como um coro duplo através do espaço. Embora tivesse empregado a técnica em outras obras, como motetos, seu uso ali, com a adição de duas orquestras e organistas, permitiu a mais ampla variedade de texturas dramáticas.

Além do material original, Bach inseriu vários corais luteranos. Quando Lutero começou a traduzir os ofícios para o alemão, foram necessárias novas melodias – os famosos hinos que se tornaram esteio principal do culto congregacional. Bach harmonizou centenas dessas melodias, usando-as regularmente como base de cantatas e prelúdios corais. Em *A Paixão segundo São Mateus*, as melodias corais datam de 1525 a 1656, e, assim, eram familiares ao público. A maioria era apresentada em harmonia de quatro partes, mas três são referidas como elementos de acompanhamento em outros

> " Alguém que esqueceu totalmente o cristianismo ouve-o aqui como Evangelho. **Friedrich Nietzsche** "

Cantatas e oratórios

O oratório era tradicionalmente uma peça de concerto para orquestra, coro e solistas que representava um episódio bíblico ou a vida de um santo. Ele só diferia da ópera por não ser levado ao palco e não ter interação entre personagens. A cantata muitas vezes usou forças similares, mas era encenada na igreja antes e depois do sermão e encerrava uma série de reflexões sobre os textos bíblicos do ofício. Ambos os gêneros usavam elementos líricos como recitativo, ária e coro, mas a cantata tendia a usá-los de modo mais sutil, para denotar dramaticidade.

No Alto Barroco, era difícil diferenciar cantata de oratório. O *Oratório de Natal* de Bach, por exemplo, na verdade é uma cantata. Bach, cujas cantatas estão entre as mais sublimes músicas religiosas, também compôs obras profanas do gênero, como a *Kaffeekantate* (Cantata do café), na essência uma ópera-cômica curta.

movimentos. Desse modo, Bach pôde mesclar o conhecido e o novo – essencial para uma congregação que via pela primeira vez uma obra tão intensa de grande escala.

Caracterização musical

Como numa ópera, os papéis principais de *A Paixão segundo São Mateus* são de solistas, mas, na ausência de interpretação física e de figurino, Bach muitas vezes cria caracterizações musicais distintas. O tenor Evangelista, o narrador, sempre usa *secco* recitativo com *continuo* (canto solo semelhante a fala, com acompanhamento baixo esparso) para recitar os textos do Evangelho, dando força, clareza e precisão à narrativa. As palavras de Jesus, porém, são recitativos acompanhados de cordas da primeira orquestra. Sustentando notas e enfatizando palavras-chave, elas dão à *Vox Christi* (voz de Cristo) um som espiritual – muitas vezes comparado a um halo. Tal caracterização é talvez mais nítida quando, quase operisticamente, Jesus emite suas últimas palavras sem acompanhamento de cordas, resultando num *pathos* de abandono realmente devastador. Nas mãos de Bach, porém, essa mesma ausência de cordas na ária soprano *Aus Liebe will mein Heiland sterben* (Por amor, meu Salvador quer morrer) indica um ânimo diferente, quase lamentoso.

Ao longo da obra, Bach está claramente ciente de que precisa usar a orquestra para que a congregação receba todo o »

Bach tocou órgão e deu aulas por 27 anos na Escola de São Tomás em Leipzig, como mostra esta gravura de 1882. Ele e seus alunos supriam música para as quatro principais igrejas da cidade.

impacto do texto. A atenção à orquestração, que era muito mais dominante nas obras de palco da época (com duração similar em geral à da Paixão), é visível no uso dos oboés *da caccia* (oboé grave similar ao corne inglês) para apoiar a descrição lúgubre do Gólgota em *Ach Golgotha*. Não menos vívido é o momento em *Buss und Reu* (Culpa e dor) em que o contralto descreve as lágrimas ao som de flautas tocando notas *staccato*.

Elenco grande e variado
A peça também tem partes para Judas, Pedro, dois sacerdotes, Pôncio Pilatos e a mulher, duas testemunhas e duas criadas, mas

O Coro de Meninos de São Tomás, em Leipzig, ativo desde 1212, tem mais de oitocentos anos. Com Bach como *Kantor* (1723–1750), a igreja e a cidade se tornaram o centro da música protestante.

não são todas assumidas por solistas diferentes. Em muitas apresentações os solistas menores são membros dos coros. Com um elenco tão diverso e texto tão discursivo, Bach também pôde romper com a tradição do oratório de evitar interação entre solistas; ele incluiu duetos e cenas de multidões com passagens que simulam falas simultâneas e interrupções. Assim, em *Weissage uns, Christie* (Cristo profetizado) os dois coros se alternam no estilo *cori spezzati*, criado em São Marcos, em Veneza, enquanto em *Herr, wir haben gedacht* (Senhor, nós pensamos) eles cantam juntos para representar os fariseus sedentos de poder.

A verdadeira glória dos coros é o contraponto, em especial quando, após cantar em dissonância excruciante clamando pela liberdade de

> "
> Ele quer que os cantores façam com a garganta tudo o que consegue tocar no teclado.
> **Johann Scheibe**
> *Crítico e compositor (1708–1776)*
> "

Barrabás, embarcam numa série de estruturas musicais complexas, reconhecidamente difíceis. Um momento anterior, muito comovente, acompanha a captura de Jesus no jardim. Após uma introdução orquestral suspirante, o soprano e o contralto lastimam o destino de Jesus em tons resignados. Em contraste, o coro pede sua soltura, criando uma tensão extraordinária entre os dois ânimos. Enquanto o canto resignado continua, o coro, que pode representar os discípulos ou a congregação, se agita e a orquestra conduz a música à conclusão emocionante. O fim dessa seção em escala maior pode parecer surpreendente, sustentando as palavras "sangue assassino". Supõe-se, porém, que a música poderia estar lembrando ao ouvinte que, embora a história seja de sofrimento, sem a prisão de Jesus não é possível a Crucificação – e portanto a Salvação.

Em outras partes, muitos dos textos mais contemplativos, como o coral *Ich bin's ich sollte büssen* (Sou eu quem deverá sofrer) ou a ária baixo *Mache dich, mein Herze, rein* (Limpa-te, meu coração), estimulam os ouvintes a sentir a emoção e identificar-se com o drama. O exemplo mais notável talvez seja a ária *Erbarme dich, mein Gott* (Tende piedade, meu Deus). A simplicidade do ritmo cadenciado, acompanhado pelo violino lamentoso, sustenta e enfatiza a intensidade do horror e da culpa de Pedro ao trair Jesus, quando repete as dezessete palavras do texto com angústia crescente.

A Paixão segundo São Mateus teve apenas umas poucas encenações em vida de Bach. O novo estilo clássico tinha começado a revolucionar a composição e apreciação musical, e o compositor foi considerado ultrapassado ao escrever música contrapontística desse tipo.

O legado de Bach

No fim da vida de Bach, sua música foi considerada "preciosa", em sentido pejorativo; as obras de seu filho Carl Philipp Emanuel Bach eram mais conhecidas. Poucas peças de Bach foram impressas, embora as obras para teclado fossem às vezes estudadas; Ludwig van Beethoven (1770–1827) muitas vezes executava fugas e prelúdios de *O cravo bem temperado* de Bach. Porém obras maiores como *A Paixão segundo São Mateus* só existiam em exemplares copiados à mão num pequeno círculo de admiradores, alguns dos quais seus antigos alunos.

Foi por meio desse grupo que Mendelssohn veio a estudar as obras de Bach no início do século XIX, encenando *A Paixão segundo São Mateus* em 1829. Essa apresentação, um marco do renascimento da música de Bach, não foi completa nem autêntica, mas ajudou a divulgar sua obra. Não demorou muito a surgirem sociedades para publicar e executar sua obra. Hoje, *A Paixão segundo São Mateus* é muitas vezes apresentada no palco; com suas similaridades com a ópera, tem poderoso efeito sobre as plateias. ∎

Bach e três de seus filhos posam para um retrato (1730) de Balthasar Denner. Bach teve vinte filhos e do início do século XVI até o fim do XVIII sua família produziu mais de setenta músicos.

> "A mais bela peça de música já escrita para violino."
> **Yehudi Menhuin**
> Descrevendo *Erbarme dich, mein Gott*

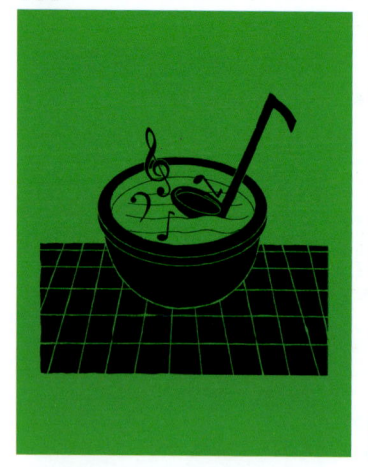

TELEMANN ESTÁ ACIMA DE TODO ELOGIO
MUSIQUE DE TABLE (1733), GEORG PHILIPP TELEMANN

EM CONTEXTO

FOCO
Tafelmusik

ANTES
1650 O quadro *Das Friedensmahl* (A refeição da paz), de Joachim von Sandrart, representa músicos tocando *Tafelmusik* num banquete de uma conferência diplomática.

anos 1680 Coletâneas impressas de *Tafelmusik*, na maior parte de compositores alemães da época, se tornam mais comuns.

DEPOIS
anos 1770 O gênero *Tafelmusik* é aos poucos substituído por outros tipos de música "ligeira", como o divertimento e a serenata.

1820 Uma gravura de Johann Wunder mostra a execução de *Tafelmusik* num banquete municipal em Krähwinkel – nome de lugar fictício que denota o provincianismo de vilarejos antiquados.

A demanda por *Tafelmusik* (música de mesa) – música de fundo para banquetes – cresceu de modo contínuo de meados do século XVI em diante. *Musique de table*, uma coletânea desse tipo de música de Georg Philipp Telemann, prolífico compositor alemão que assimilou e dominou diferentes estilos, reúne uma gama de gêneros de câmara que se prestavam à *Tafelmusik*. Telemann anunciava a coletânea como um artigo de prestígio que poderia ser comprado por assinatura.

A coletânea de Telemann se divide em três "produções", cada uma com uma suíte de dança orquestral, um concerto, um quarteto, uma sonata em trio, uma sonata solo, terminando com uma "conclusão" orquestral. Além das suítes de dança, ele fazia muito uso do padrão de quatro movimentos lento-rápido-lento-rápido da tradicional *sonata da chiesa* (gênero de música instrumental de câmara ou orquestral tocada às vezes em ofícios religiosos). Cada "produção" contém música suficiente para diversão de uma noite, meticulosamente criada e sempre memoravelmente melodiosa – evocando até às vezes canções folclóricas populares.

Händel, um dos 206 assinantes da coletânea, parece ter se inspirado em algumas das ideias musicais. Temas de seu oratório *The Arrival of the Queen of Sheba* mostram semelhança com material do concerto da segunda "produção" de *Musique de table*. ∎

> Ele [Telemann] podia compor uma peça sacra com oito partes tão rápido quanto outro escreveria uma carta.
> **Georg Frideric Händel**

Ver também: *Lachrimae* 56-57 ▪ *Concerti grossi*, Corelli 80-81 ▪ *Water Music* 84-89 ▪ *As quatro estações* 92-97 ▪ Concerto para flauta em lá maior, C. P. E. Bach 120-121

BARROCO 1600–1750 107

TINHA TODO O CORAÇÃO E A ALMA EM SEU CRAVO
HIPPOLYTE ET ARICIE (1733), JEAN-PHILIPPE RAMEAU

EM CONTEXTO

FOCO
O *style galante*

ANTES
1607 *L'Orfeo*, de Monteverdi – a mais antiga ópera ainda em repertório corrente –, estreia em Mântua.

1673 A tradição operística francesa nasce com a estreia de *Cadmus et Hermione*, de Jean-Baptiste Lully, a primeira das *tragédies en music* (tragédias em música) de Lully.

DEPOIS
1752 A apresentação da ópera-bufa *La serva padrona* (A criada patroa), de Giovanni Battista Pergolesi, deflagra a Querelle des Bouffons, disputa entre defensores da ópera-séria e da ópera-cômica.

1774 Após reformar a ópera italiana, Christoph Willibald Gluck compõe *Iphigénie en Aulide* para o palco de Paris.

A música galante nasceu da oposição à complexidade da música barroca. Enquanto esta se caracterizava muitas vezes pela seriedade e grandeza, o *style galante* era elegante, leve e direto.

Um dos mais enaltecidos defensores desse estilo foi o compositor francês Jean-Philippe Rameau, cuja primeira ópera, *Hippolyte et Aricie*, estreou em Paris em 1733. Rameau usou em sua ópera a forma convencional de cinco atos de uma *tragédie en musique* estabelecida por Jean-Baptiste Lully. Em tudo mais, porém, ele rompeu com o modelo de Lully, usando dissonâncias ousadas, estruturas de frase mais longas e a abordagem ornamentada da escrita melódica que caracterizaria o *style galante*.

Guerra de palavras
Hippolyte et Aricie atraiu duras críticas de assim chamados lullistas, que temiam que a música italianada de Rameau ameaçasse a posição icônica das óperas de Lully na cultura francesa. O debate entre lullistas e rameauistas ferviu por vários anos, nos quais Rameau lançou mais quatro óperas. Com o tempo, porém, sua música foi mais aceita, e em 1752, na época da Querelle des Bouffons, uma disputa de dois anos sobre os méritos relativos das óperas francesa e italiana, a música de Rameau era considerada tipicamente francesa. ■

A mezzo-soprano americana Jennifer Holloway interpreta Diane num ensaio de *Hippolyte et Aricie*, no Théatre du Capitole, em Toulouse, em 2009.

Ver também: *O burguês fidalgo* 70-71 ■ *Orfeu e Eurídice* 118-119 ■ *A flauta mágica* 134-137 ■ *O barbeiro de Sevilha* 148 ■ *La traviata* 174-175

BACH É COMO UM ASTRÔNOMO QUE [...] DESCOBRE AS ESTRELAS MAIS MARAVILHOSAS
A ARTE DA FUGA (1751), JOHANN SEBASTIAN BACH

EM CONTEXTO

FOCO
O contraponto barroco

ANTES
c. 1606–1621 Sweelinck compõe *Fantasia chromatica*, uma das primeiras obras a demonstrar o desenvolvimento contrapontístico de um só tema.

1725 Fux publica *Gradus ad Parnassum* (Degraus para o Parnaso), que contém exercícios para escrever fugas. Mozart estudou essa obra.

DEPOIS
1837 Mendelssohn publica *Seis prelúdios e fugas*, op. 35, demonstrando a fuga como gênero romântico viável.

1910 Busoni publica *Fantasia contrappuntistica*, um tributo à *Arte da fuga* que inclui uma conclusão pós-moderna de sua última fuga.

Em contraste com composições posteriores, que muitas vezes dependiam de uma só linha melódica sobre uma série de harmonias, a música barroca com frequência combinava muitas linhas melódicas ou vozes independentes entrelaçadas. A técnica, conhecida como contraponto, permitia criar obras de complexidade e dramaticidade intensas, refletindo a riqueza de outras formas artísticas da época. Por outro lado, exigia grande habilidade para compor longos trechos de música com variedade e interesse suficientes. A ascensão do estilo clássico, com sua opção

BARROCO 1600–1750

Ver também: Missa *L'Homme armé* 42 ▪ *Ein feste Burg ist unser Gott* 78-79 ▪ *A Paixão segundo São Mateus* 98-105 ▪ *Elias* 170-173 ▪ *Réquiem*, Fauré 210-211 ▪ *The Dream of Gerontius* 218-219

A segunda fuga de *O cravo bem temperado* é em dó menor. Ambos os conjuntos de 24 prelúdios e fugas são arranjados em doze escalas maiores e menores entre dó e o si acima dele.

pela simplicidade e por harmonias de mudança mais lenta, desobrigou os músicos de dominarem técnicas tão complexas. Bach, porém, o consagrado praticante do contraponto barroco, considerava a habilidade tão vital que tentou no fim da vida organizar e apresentar seus conhecimentos em publicações como *A arte da fuga*, um ciclo com cerca de vinte obras.

Princípios do contraponto

Muito antes, Bach publicara obras didáticas para ensinar contraponto a instrumentistas de teclado. Elas incluíam duas coletâneas de especial interesse – as *15 invenções em duas partes* e as *15 sinfonias em três partes*. Em cada uma das peças, uma melodia de abertura simples é apresentada sem acompanhamento e então transferida para outras partes (ou "vozes", como são conhecidas, mesmo em música instrumental), enquanto a primeira parte continua com uma melodia complementar.

Para o instrumentista, a dificuldade dessas obras não está só em tocar bem as partes de fluxo muitas vezes rápido, mas também em equilibrar a importância relativa das vozes, para que o ouvinte aprecie a interação e tenha uma experiência musical satisfatória. Embora sigam regras estritas barrocas que regem a dissonância, quando permitida (por exemplo, em notas de passagem de compassos fracos), essas obras têm estrutura relativamente livre.

Construção de uma fuga

Bach foi mais famoso pelas fugas, que seguem os mesmos princípios »

Prelúdios, fugas e afinação bem temperada

Cada um dos conjuntos de *O cravo bem temperado* contém 24 prelúdios e fugas em todas as escalas maiores e menores. Além de servir como modelos para que os instrumentistas de teclado ganhassem proficiência, eles celebravam a gama de escalas dos métodos de afinação da época. A afinação, ou "temperamento", sempre foi tema capcioso. Uma nota uma oitava distante de outra soa similar porque a frequência do som pode ser reduzida à relação simples de dois para um. Relações de frequência entre outras notas são mais complexas, então a afinação para uma escala de dó maior que mantivesse todos os intervalos puros faria as outras escalas soarem desafinadas em graus levemente diversos. O sistema mesotônico, usado a partir de c. 1570 e baseado num intervalo de terça puro, só funcionava bem para dez a quinze de 24 teclas. O sistema bem temperado era um ajuste de afinação com intervalos equidistantes o bastante para permitir execuções com todos os tons. O sistema moderno de temperamento igual divide a oitava em intervalos iguais, na maior parte impuros.

Ao afinar um piano, como este Schimmel de concerto alemão, o afinador usa um diapasão ou um equipamento eletrônico para ajustar as cordas ao tom necessário.

O CONTRAPONTO BARROCO

Estrutura: a fuga

	EXPOSIÇÃO			EPISÓDIO	SEÇÃO CENTRAL					EPISÓDIO	SEÇÃO FINAL		CODA
Soprano			T	PL	PL	R	PL	T	CT	PL	CT	PL	PL
Contralto	R	CT		PL	T	CT	PL	PL	PL	PL	T	PL	PL
Baixo	T	CT	PL	PL	PL	PL	PL	PL	R	PL	PL	T	PT

Numa fuga – palavra latina para "voo" – três ou mais vozes entram uma depois da outra, imitando e modificando o tema inicial. A estrutura ilustrada aqui tem muitas outras variantes possíveis.

Legenda
T = *Tema* – O tema principal da fuga.
R = *Resposta* – O tema repetido uma quinta (cinco notas) acima.
CT = *Contratema* – Um tema secundário contrastante.
PL = *Parte livre* – Material baseado no primeiro tema.
PT = *Pedal tônico* – Nota baixo final sustentada.

mas os dispõem em estruturas bem mais rigorosas, propiciando experiências de audição muito ricas. Na organização básica da fuga, uma melodia conhecida como "tema" é apresentada pela primeira voz na tônica (o tom fundamental da escala). A voz seguinte responde então com a mesma melodia mas começando na dominante (a quinta nota da escala usada). Quando replica, a voz original toca um "contratema" que pode ser muito contrastante. A terceira voz entra então com o "tema" de novo, começando na mesma nota em oitava diferente, enquanto a segunda voz executa o contratema e a primeira voz em geral toca material livre derivado do tema. Isso continua do mesmo modo até que todas as vozes entrem, em rápida transição da simplicidade à complexidade por meio de material musical limitado.

A fuga progride então com mais "episódios" de ânimo diverso, derivados de novo, muitas vezes, do material de abertura. A seção do meio, por sua vez, apresenta o tema em diferentes tons e formatos, até que a obra volte à escala de abertura. Outras variantes realçam esse trajeto, como o *stretto*, em que temas e respostas entram antes de os anteriores acabarem.

Ferramentas de ensino

Com as 48 fugas de *O cravo bem temperado*, Bach deu aos instrumentistas de teclado e compositores um compêndio de técnicas de estudo. Elas foram concebidas como ferramentas de ensino e, embora sejam muitas vezes executadas em salas de concerto, não são tão poderosas quanto suas fugas para órgão ou as de sua música sacra. Porém tiveram considerável influência em compositores posteriores, que as apelidaram de Velho Testamento da música (as sonatas de Beethoven eram o Novo Testamento) e as homenagearam: Chostakóvitch, por exemplo, compôs *24 prelúdios e fugas*. Mesmo hoje, os pianistas estudam *O cravo bem temperado* como parte de sua formação.

O fascínio de Bach pelo contraponto não se limita às fugas. A energia interna de seus movimentos de suíte de dança se baseia na compreensão dessa técnica; mesmo em música para violino ou violoncelo solo ele muitas vezes indica o que outras vozes tocariam se houvesse mais instrumentos inserindo notas e frases em registros diferentes.

Bach também era atraído por cânones, em que uma voz segue o contorno melódico exato da outra mas um pouco depois (como acontece em rondas infantis). Seu uso dessa técnica é evidente em especial nas *Variações Goldberg*,

> " Trabalho incessante, análise, reflexão, muita escrita, correções infinitas, esse é o meu segredo.
> **Johann Sebastian Bach** "

um conjunto de trinta variações para teclado publicado em 1741, segundo ele, "para conhecedores reanimarem o espírito".

A partir de uma linha de base repetida, Bach compôs cada terceira variação como um cânone, mas com uma dimensão extra. O primeiro cânone começa com ambas as vozes na mesma nota. No cânone seguinte, porém, a segunda voz toca a mesma melodia da primeira, mas uma nota mais alta; aqui é preciso habilidade incrível para criar material melódico que funcione e soe agradável ao ouvinte. O cânone seguinte apresenta a segunda voz duas notas mais alto e isso continua até que, no último cânone, as vozes estão distantes nove notas. Aparentemente não contente com essa abundância de cânones, Bach esboçou mais catorze em seu exemplar de *Variações Goldberg*, construídos sobre as primeiras oito notas da linha de baixo.

Em *A oferenda musical*, sua última obra principal para teclado, escrita para o recém-inventado piano, Bach criou uma coleção de catorze cânones e fugas baseados num tema alegadamente composto pelo rei da Prússia, Frederico II. Em vez de escrever a música completa, Bach apresentou alguns trechos que seriam chamados de "fugas-enigma", apenas com a melodia principal, às vezes como acróstico, e declarando em latim brevemente o tipo de cânone e o número de vozes. O executante tem de adivinhar como tocar a peça. Bach incluiu até um "cânone caranguejo" em que o tema é tocado para trás e para a frente ao mesmo tempo. Curiosamente, a fuga de seis partes dessa obra, conhecida como *Ricercar a 6*, é escrita em seis pautas – uma por voz – em vez de num arranjo para duas mãos. Bach apresentou *A arte da fuga* do mesmo modo,

> É a coisa mais difícil que já tentei. Você tem de deixar fluir; como fazer isso? [...] Nunca houve nada mais belo em toda a música.
> **Glenn Gould**
> Pianista (1932–1982)

talvez para indicar que era música pura, sem vínculo com um instrumento em especial.

Legado inacabado

A arte da fuga é o auge do interesse de Bach pelo contraponto e foi escrita como catorze fugas e quatro cânones que usam de alguma forma o mesmo tema principal para gerar música de extraordinária sutileza e variedade. A última fuga, ou *contrapunctus*, como a chamou, apresenta uma série de três diferentes temas, cada um trabalhado em quatro vozes antes de seguir para o seguinte. O último apresenta um dos momentos mais comoventes da história da música. Bach introduz um tema de quatro notas que soletra seu nome (em notação alemã B = si bemol e H = si, então BACH = si bemol lá dó si), mas antes de terminar de desenvolvê-lo o manuscrito se interrompe. ∎

Glenn Gould, brilhante pianista canadense do século XX, visto aqui gravando música de teclado de Bach, foi notável pela habilidade em articular com clareza a textura dos prelúdios e fugas.

CLASSI
1750–1820

CISMO

INTRODUÇÃO

Carl Philipp Emanuel Bach, compositor da corte de Frederico da Prússia, compõe o Concerto para flauta em lá maior.

↑
1753

O compositor italiano **Domenico Scarlatti** publica trinta *Essercizi* (Exercícios) como parte de mais de quinhentas sonatas escritas para teclado.

↑
1758

A ópera *Doktor und Apotheker*, uma *Singspiel* (brincadeira cantada) de **Carl Ditters von Dittersdorf**, estreia em Viena.

↑
1786

1755
↓
A Sinfonia em mi bemol maior, de **Johann Stamitz**, transforma a forma sinfonia com suas mudanças súbitas de dinâmica e um novo quarto movimento.

1762
↓
Em Viena, *Orfeu e Eurídice*, de **Christoph Wilibald Gluck**, derruba as convenções da ópera italiana, criando um entretenimento mais teatral e integrado.

1787
↓
Antonio Salieri estreia *Tarare*, uma *tragédie en musique*, a partir de um libreto francês, em Paris.

O século XVIII foi a era do Iluminismo na Europa, um período em que a velha ordem política dava lugar a uma sociedade nova, mais inclusiva. As cortes aristocráticas continuaram a patrocinar as artes, mas a ascensão da classe média urbana criou um novo público de concerto e ópera, com gostos diferentes. A música também refletiu os valores iluministas do racionalismo e do humanismo, apoiados nos ideais estéticos da Grécia antiga, rejeitando o contraponto extravagante do Barroco em favor de um estilo mais livre, que enfatizava a elegância e a proporção.

O Classicismo em música começou por volta de 1750. Durou não muito mais que cinquenta anos, mas foi tão influente que o termo "música clássica" é amplamente usado para designar tradições musicais bem estabelecidas em geral. Entre os primeiros a adotar o novo estilo estavam dois filhos de J. S. Bach: Carl Philipp Emmanuel, músico da corte que criou uma ponte entre os estilos musicais barroco e clássico, e seu irmão, Johann Christian, que fez nome em Londres executando concertos públicos e popularizando o recém-inventado piano. Alguns dos mais empolgantes desenvolvimentos, porém, ocorreram em Mannheim, na Alemanha, onde a orquestra da corte permitiu a compositores como Johann Stamitz explorar novas formas musicais, como a sinfonia e o concerto.

A ópera passava por transformação similar. Christoph Willibald Gluck, insatisfeito com o artificialismo da ópera barroca, iniciou uma série de óperas "modificadas", simplificando a música e buscando uma teatralidade mais realista.

O cenário vienense

Conforme o estilo clássico se estabelecia, compositores e instrumentistas começaram a gravitar para Viena, que se tornou o centro cultural além de geográfico da Europa, com uma população próspera ansiosa por ouvir música nova. Três compositores se destacaram: Joseph Haydn, Wolfgang Amadeus Mozart e Ludwig van Beethoven.

Embora seja figura central na formação do cenário musical vienense, Haydn não fazia parte dele de início. Ele assumiu o cargo convencional de *Kapellmeister* (diretor musical) da propriedade rural

CLASSICISMO 1750–1820

1788 — Criador do quarteto de cordas, **Joseph Haydn** compõe Opus 54, três quartetos para cordas cuja originalidade transforma a música de câmara.

1790 — **Muzio Clementi** publica a Sonata para piano em fá sustenido menor, op. 25, nº 5, introduzindo inovações na forma sonata.

1793 — Em Londres, o virtuose do piano e compositor tcheco **Jan Ladislav Dussek** publica um influente tratado sobre pianística.

1788 — **Wolfgang Amadeus Mozart** compõe a Sinfonia nº 40 em sol menor, o ponto alto da sinfonia no período clássico.

1791 — A *Singspiel* alcança o auge com o grande sucesso da estreia de *A flauta mágica*, de **Mozart**, em Viena.

1803 — **Beethoven** lança a Sinfonia "Eroica", com aclamação geral, pavimentando o caminho para a música do Romantismo.

---

da família Esterházy na Hungria, produzindo música para concertos bissemanais. Distanciado de um ambiente musical maior, Haydn desenvolveu seu próprio estilo. Tinha uma equipe de músicos talentosos (que se referiam a ele como Papai Haydn) e conseguiu aperfeiçoar as próprias habilidades e as formas musicais, como a sinfonia, o quarteto de cordas, a sonata e o concerto solo. Apesar do isolamento da propriedade Esterházy, sua música se difundiu em Viena e além ao ser publicada.

Enquanto Haydn iniciava a carreira como músico da corte, um jovem prodígio musical de Salzburgo era exibido nas cortes e salas de concerto por seu ambicioso pai. Gênio precoce, Wolfgang Amadeus Mozart aprendeu os elementos do novo estilo clássico enquanto percorria a Europa. Percebendo que não se ajustava à vida de músico de corte, ele decidiu ganhar a vida como compositor independente – um dos primeiros a fazer isso – em Viena. Numa das viagens de Haydn de Esterházy à capital, os dois ficaram amigos. Mozart se inspirou a desenvolver sinfonias e quartetos para cordas na mesma linha de Haydn, mas também construiu uma vida – e uma reputação – como compositor e pianista. Mais tarde se tornou conhecido como o mais importante compositor de ópera da época.

Entra Beethoven
Enquanto Haydn e Mozart estavam no auge do sucesso nos anos 1770, outro pai ambicioso tinha aspirações para seu talentoso filho. Embora Ludwig van Beethoven não tenha ficado famoso como criança-prodígio, obteve aos treze anos o cargo de músico da corte em Bonn e depois se tornou compositor independente, instrumentista e professor em Viena. Ele se fixou ali em 1792, tarde demais para conhecer seu herói, Mozart, que morrera um ano antes, mas tomou lições de composição de Haydn.

As primeiras obras de Beethoven, sinfonias, sonatas para piano e música de câmara, seguiam o estilo estabelecido por Haydn e Mozart, mas mostravam sinais de um temperamento mais apaixonado que diferia do Classicismo anterior. Em 1803, a Terceira Sinfonia de Beethoven, "Eroica", ampliou a forma da sinfonia, desenvolvendo uma linguagem musical expressiva e anunciando o início de um novo período na história da música. ∎

SEU *FORTE* É COMO UM TROVÃO, O *CRESCENDO* É COMO UMA CATARATA
SINFONIA EM MI BEMOL MAIOR, OP. 11, Nº 3, (1754–1755), JOHANN STAMITZ

EM CONTEXTO

FOCO
Expansão do alcance da orquestra

ANTES
anos 1720 Compositores de óperas napolitanas, como Leonardo Vinci, escrevem *sinfonie* (sinfonias) em três movimentos como prelúdios para suas obras dramáticas.

1732 O compositor italiano Giovanni Battista Sammartini começa a escrever uma série de sinfonias de três movimentos.

DEPOIS
1766 Em Paris, Mozart faz amizade com o compositor e regente Christian Cannabich, de Mannheim, aluno e seguidor de Stamitz.

1772 Nas sinfonias do período *Sturm und Drang* (Tempestade e Ímpeto), Haydn explora ainda mais o estilo emocional de música orquestral introduzido pelos compositores de Mannheim.

Em 1741, o compositor Johann Stamitz se mudou da Boêmia natal (hoje República Tcheca) para Mannheim, capital do Eleitorado do Palatinado, um território alemão. Lá ele se tornou violinista da corte e em 1745 foi nomeado *spalla* da orquestra. Stamitz elevou os padrões da música orquestral, contratando músicos talentosos, alguns dos quais também eram compositores, e ampliando a orquestra com a adição de instrumentos de sopro, como oboés e trompas. Ele regia esse grupo diversificado não a

A cidade adotiva musical de Stamitz, Mannheim – aqui numa gravura de 1788 que mostra o castelo do eleitor, a igreja da corte (Hofkirche) e o arsenal –, tornou-se um centro de inovação musical.

partir do teclado como era a norma, mas de sua estante diante da seção de violinos, usando o arco para marcar o início da peça e indicar o ritmo e o tempo. Sob Stamitz, a orquestra de Mannheim ganhou nome pela suprema qualidade e precisão da execução e pela nova paisagem sonora que criou. Muitas das obras tocadas pela orquestra de

CLASSICISMO 1750–1820

Ver também: Sinfonia nº 40 em sol menor, Mozart 128-131 ▪ *Sinfonia fantástica* 162-163 ▪ *Sinfonia nº 1*, Schumann 166-169 ▪ *Sinfonia Fausto* 176-177

> "Os instrumentos de sopro não poderiam ser usados melhor: eles elevam e conduzem, reforçam e dão vida à tempestade dos violinos."
>
> **C. F. D. Schubart**
> *Poeta, organista e compositor*

Mannheim de Stamitz eram sinfonias, uma forma que se originara na Itália como prelúdio, ou abertura, de óperas, mas agora integrava o repertório barroco de concerto. Essas obras em geral consistiam em três movimentos: um lento entre dois rápidos.

A sinfonia reinventada

Na Sinfonia em mi bemol e outras obras, Stamitz se apossou da forma sinfonia e a transformou, criando muitos traços que distinguem esse estilo musical. Ele acrescentou um movimento extra: um minueto com uma seção contrastante chamada "trio" porque se destinava de início a ser tocada por três músicos. Adotou também a forma sonata, usada no movimento de abertura da Sinfonia em mi bemol, em que o primeiro tema, tocado na tônica (mi bemol) pela orquestra inteira, é realçado por um segundo tema, executado pelos oboés na dominante (si bemol). Vem então uma seção de desenvolvimento e o primeiro movimento termina recapitulando o segundo tema, agora na tônica. Essa forma sonata (em geral com a retomada do primeiro tema) se tornou um modelo da escrita sinfônica do período clássico, em especial em primeiros movimentos.

Fogos de artifício musicais

Um traço ainda mais notável das sinfonias de Stamitz, inclusive daquela em mi bemol – e da escola de Mannheim em geral –, é o uso de contrastes dinâmicos e fortes. Numa passagem de música suave surge às vezes um *fortissimo* súbito ou um *crescendo* dramático, em que o som da orquestra aumenta cada vez mais, com efeito vibrante. Outro maneirismo preferido era o "foguete de Mannheim", uma melodia ou frase que subia rápido, junto com um *crescendo*. Combinadas à variada paleta de instrumentos de cordas e sopro da orquestra de Mannheim, sinfonias como as de Stamitz inflamavam o público e indicavam o rumo de uma música mais dramática e emocional.

A Sinfonia em mi bemol foi uma das últimas obras orquestrais de Stamitz, mas seu legado sobreviveu com os dois filhos compositores, Carl e Anton. Eles e outros, como Christian Cannabich (1731–1798), regente da orquestra de Mannheim após a morte de Stamitz, desenvolveram seu estilo e logo compositores de corte de toda a Europa escreviam novas sinfonias para diversão de seus patronos. Os compositores de Mannheim impressionaram o jovem Mozart, que admirou sua orquestra e adotou algumas das técnicas compositivas de Stamitz em sua própria música. ∎

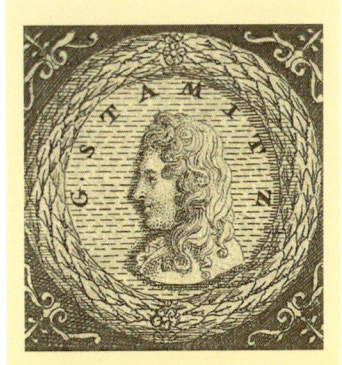

Johann Stamitz

Nascido em Německý Brod (hoje Havlíčkův Brod), na Boêmia, em 1717, Stamitz aprendeu música com o pai, organista e mestre do coro, e depois frequentou uma escola jesuítica em Jihlava e a universidade em Praga. É provável que tenha atuado como violinista antes de chegar a Mannheim no início dos anos 1740, logo subindo ao posto de diretor de música orquestral da corte em 1750. Stamitz passou a maior parte da vida ativa em Mannheim. Viveu de 1754 a 1755 em Paris, onde já era famoso como compositor, e executou uma série de concertos de sucesso. Stamitz escreveu música sacra e muitas obras de câmara, porém é mais lembrado pelas peças orquestrais, que incluem concertos para violino e muitas sinfonias, das quais 58 sobreviveram. Voltou de Paris a Mannheim em 1755 e lá morreu em 1757.

Outras obras importantes

c. 1745 *Três sinfonias de Mannheim* (em sol maior, lá maior e si bemol maior)
c. 1750 Missa em ré maior
1754 Concerto para flauta em dó maior

O ATO MAIS COMOVENTE DE TODA A ÓPERA
ORFEU E EURÍDICE (1762), CHRISTOPH WILLIBALD GLUCK

EM CONTEXTO

FOCO
Opera seria clássica

ANTES
1690 Compositores como Alessandro Scarlatti criam um novo estilo de ópera derivado das obras vocais barrocas – a Escola Napolitana –, popularizando logo o gênero.

1748 A fama de Gluck é realçada quando sua ópera *La Semiramis riconosciuta* (Semíramis revelada) é encenada em Viena no aniversário da imperatriz Maria Teresa de Habsburgo.

1752 Gluck e o libretista Pietro Metastasio produzem a ópera *La clemenza di Tito* (A clemência de Tito), com grande sucesso.

DEPOIS
1781 A ópera *Idomeneo*, de Mozart, é encenada pela primeira vez. Ela mostra a influência de Gluck, em especial nos recitativos acompanhados.

A ópera *Orfeu e Eurídice*, de Christoph Willibald Gluck, estreou em Viena em 1762. Ela se baseia na famosa história da mitologia clássica sobre a jornada de Orfeu ao submundo para resgatar sua mulher, Eurídice. Ao contrário do mito original, mas de acordo com o gosto da época, a ópera de Gluck tem final feliz.

Embora a história da ópera fosse familiar, o estilo de Gluck era bastante novo. Ele transformou a ópera para integrar mais a música e o enredo, desbastando elementos que distraíam e atrasavam a ação e tornando a obra mais envolvente e real. Ele também humanizou os personagens e as árias, fazendo-os expressar emoções mais diretamente.

Opera seria
Em meados do século XVIII, o tipo de ópera mais em moda era a *opera seria*. Ela apresenta recitativo – passagens cantadas no ritmo da fala com muitas sílabas na mesma nota, em geral acompanhadas apenas por instrumentos em *continuo* (tipicamente só cravo e violoncelo) tocando uma linha de baixo adicional improvisada – e árias, acompanhadas por toda a orquestra. As árias têm estrutura distinta, chamada *da capo* (do início), com três seções, sendo a terceira uma repetição da primeira, com ornamentação para exibir a habilidade do cantor. No meio, a segunda seção introduz uma nova melodia ou desenvolve a inicial. Enquanto isso, elementos como cenários variados e ricos e balés elaborados muitas vezes dão mais vida ao evento.

Gluck acreditava que espetáculos luxuosos e árias longas e pomposas tendiam a atrapalhar o drama e que a

> Não há regra musical que eu não tenha sacrificado de bom grado em favor do efeito dramático.
> **Christoph W. Gluck**

CLASSICISMO 1750–1820

Ver também: *Eurídice* 62-63 ▪ *A Paixão segundo São Mateus* 98-105 ▪ *A flauta mágica* 134-137 ▪ *Der Freischütz* 149

---

diferença de textura musical entre árias e recitativos interrompia o fluxo. Ele e seu libretista, Ranieri de' Calzabigi, queriam reformar a ópera colocando o drama no centro do palco, varrendo os absurdos do enredo e fazendo a música servir à ação. Musicalmente, isso significava livrar-se das repetições das árias *da capo* e desenvolver um estilo mais claro e simples. Um bom exemplo é a ária de Orfeu no ato III, *Che farò senza Euridice* (O que farei sem Eurídice), em forma de rondó, em que o tema de abertura volta no fim, mas sem a repetição *da capo* direta. Gluck também integrava árias e recitativos, usando toda a orquestra para acompanhar ambos. Isso melhorou o fluxo e deu à música mais expressão e emoção. Na ária do ato I em que Orfeu canta sua tristeza, o compositor insere recitativos comoventes antes de cada verso, integrando mais os elementos.

Resultados e efeitos

Essas mudanças tornaram a ópera mais centrada no personagem e na ação – em outras palavras, se não totalmente realista, mais real e tocante. Os enredos tenderam a ser mais coerentes e os personagens e situações – mesmo quando mitológicos – mais verossímeis. Ao mesmo tempo, havia menos oportunidades para os cantores fazerem demonstrações virtuosísticas que pudessem interromper a ação. Outros compositores, em especial Mozart, desenvolveram mais essas ideias, produzindo obras-primas líricas. ▪

A ópera *Il Parnasso confuso*, de Gluck, estreada em 1765 no casamento do imperador José II. A pintura de Johann Franz Greipel mostra o arquiduque Leopoldo ao cravo.

Christoph Willibald Gluck

Filho de um guarda-florestal, Gluck nasceu em Erasbach, na Baviera, em 1714. Em grande parte autodidata, viajou muito e aprendeu órgão e violoncelo em Praga. Estudou com o compositor Giuseppe Sammartini em Milão, antes de ir para Londres nos anos 1740, onde compôs óperas para o King's Theatre. Lá, conheceu Händel, que fez a famosa declaração de que seu cozinheiro (o cantor baixo Gustavus Waltz) conhecia mais contraponto que Gluck. Por fim Gluck se fixou em Viena, onde trabalhou com o libretista Ranieri de' Calzabigi. Eles queriam "reformar" a ópera integrando música e ação e fizeram óperas inspiradas na mitologia, como *Orfeu e Eurídice* (1762) e *Alceste* (1767). A fama de Gluck aumentou com obras posteriores, como as versões francesas de *Orfeu* e outras óperas. Aposentou-se após sofrer um derrame em 1779 e morreu em 1787.

Outras obras importantes

1767 *Alceste*
1777 *Armide*
1779 *Iphigénie en Tauride*

DEVEMOS TOCAR COM A ALMA, NÃO COMO PÁSSAROS TREINADOS
CONCERTO PARA FLAUTA EM LÁ MAIOR, WQ 168 (1753), CARL PHILIPP EMANUEL BACH

EM CONTEXTO

FOCO
Uma nova liberdade de expressão

ANTES
1750 C. P. E. Bach escreve um arranjo para o Magnificat num estilo como o de J. S. Bach – talvez na tentativa de assegurar o antigo emprego de seu pai como *Kantor* da Thomasschule, em Leipzig.

DEPOIS
1772 Joseph Haydn escreve a Sinfonia nº 44, "Trauer" (Manhã), obra-prima do retrato da emoção.

1777 Johann Christian Bach, irmão mais novo de Emanuel, publica os Concertos para teclado, op. 13, quase o oposto musical da obra emocional e dramática de Emanuel.

1779 C. P. E. Bach publica as séries de rondós e outras obras para teclado solo que marcam o auge de seu estilo musical "emocional".

Em 1738, o jovem C. P. E., ou Emanuel, Bach foi nomeado cravista da corte na casa do príncipe real Frederico da Prússia. Dois anos depois o príncipe subiu ao trono e, com o aumento do seu poder, tornou-se conhecido como Frederico, o Grande.

Emanuel, como era chamado, viajou com a corte para Berlim, onde viveu como músico da corte por 28 anos. Melhor instrumentista de teclado de sua geração, ele atraiu ampla admiração mas nunca se sentiu realmente valorizado. Os músicos de corte da época tinham status de criados e deviam escrever e tocar música de acordo com o gosto dos patrões.

O rei dá o tom
Frederico era um flautista consumado. Encarregado de acompanhar o rei em concertos na corte, Emanuel era subalterno do muito mais bem pago flautista da corte, Johann Joachim Quantz. Também se esperava que compusesse música para Frederico tocar – como o Concerto para flauta em lá maior. Para ganhar tempo, Emanuel transcrevia para flauta

Carl Philipp Emanuel Bach

Segundo filho de Johann Sebastian Bach a sobreviver, Emanuel nasceu em Weimar, na Alemanha, em 1714. O pai alimentou seu talento para o cravo.

Emanuel estudou direito antes se dedicar totalmente à música. A serviço de Frederico, o Grande, a partir de 1740, compôs obras para os músicos da corte e escreveu um tratado sobre a execução de instrumentos de teclado. É, porém, mais conhecido pelas sinfonias e concertos de estilo muito pessoal e emocional que escreveu mais tarde. Morreu em Hamburgo em 1788, aos 74 anos.

Outras obras importantes

1749 Magnificat em ré, Wq 215
1775–1776 Sinfonias, Wq 183
1783–1787 Sonatas para teclado, Fantasias e Rondós, Wq 58, 59, 61

CLASSICISMO 1750–1820　121

Ver também: *Great Service* 52-53 ▪ *Water Music* 84-89 ▪ *Musique de table* 106 ▪ *Hippolyte et Aricie* 107 ▪ *A arte da fuga* 108-111 ▪ Quarteto de cordas nº 14 em dó sustenido menor, Beethoven 156-161

Mecenato no século XVIII

Grande príncipe Ferdinando de Médici (1663–1713)		Família Esterházy da Hungria (a partir de 1761)		Imperador José II de Habsburgo (1741–1790)		Diplomata barão Gottfried van Swieten (1733–1803)	
Convida Domenico Scarlatti a sua corte em Florença em 1702.	Encomenda a ópera *Rodrigo*, de Händel (1707).	Emprega Haydn por toda a vida desde 1761.	Encomenda os Trios para piano, op. 1, de Beethoven (1795).	Ajuda Salieri a se tornar diretor da ópera italiana em 1774.	Patrocina *Die Entführung aus dem Serail*, de Mozart (1788).	Encomenda seis sinfonias para orquestra de cordas a C. P. E. Bach (1773).	Emprega Mozart em vários projetos musicais (1782–1790).

Um pequeno círculo de mecenas nobres sustentava compositores no século XVIII. Quando a música se tornou mais popular, os músicos ganharam maior independência, mas o patrocínio ainda desempenhava papel crucial.

---

obras que compusera para outro instrumento – o Concerto em lá maior, por exemplo, nascera como concerto para cravo.

Embora Emanuel Bach tenha estudado composição com o pai, Johann Sebastian, seus estilos eram muito diversos. A música do pai se baseava no contraponto; já o filho se interessava por transmitir emoção.

> ❝ Instrumentistas de teclado cujo principal recurso é a mera técnica [...] sobrecarregam nossa audição sem satisfazê-la e atordoam a mente sem comovê-la. ❞
> **C. P. E. Bach**

Nisso ele seguia o movimento *Empfindsamkeit* (Sentimentalismo), uma reação ao racionalismo da filosofia iluminista. Buscando criar música expressiva, Emanuel desenvolveu um estilo distinto que incluía mudanças súbitas e dramáticas de harmonia, dinâmica e ritmo, os quais davam a suas obras (em especial nos movimentos rápidos) uma qualidade espontânea, além de escrever movimentos lentos melódicos e tocantes. Há alguns contrastes fortes rítmicos e dinâmicos nos movimentos externos do Concerto para flauta em lá maior, e Emanuel sem dúvida teria realçado a dramaticidade se não tivesse de considerar o que Frederico gostaria de tocar.

Busca de independência

O rei não gostava das peças mais dramáticas e imprevisíveis de Emanuel; preferia obras mais simples. Em 1768, Emanuel foi embora, tornando-se diretor musical das cinco igrejas principais de Hamburgo. Ainda escrevia por encomenda, mas tinha tempo para compor o que queria, tanto para ele mesmo executar como para patrões dispostos a dar liberdade a esse estilo emocional. Compositores pósteros, como Mozart e Beethoven, trabalharam cada vez mais desse modo independente, em posição menos semelhante à de um criado e compondo música mais pessoal. ∎

> ❝ Um músico [...] deve sentir todas as emoções que espera despertar em sua audiência. ❞
> **C. P. E. Bach**

FUI FORÇADO A ME TORNAR ORIGINAL

QUARTETO DE CORDAS EM DÓ MAIOR, OP. 54, Nº 2, HOBOKEN III:57 (1788–1790), JOSEPH HAYDN

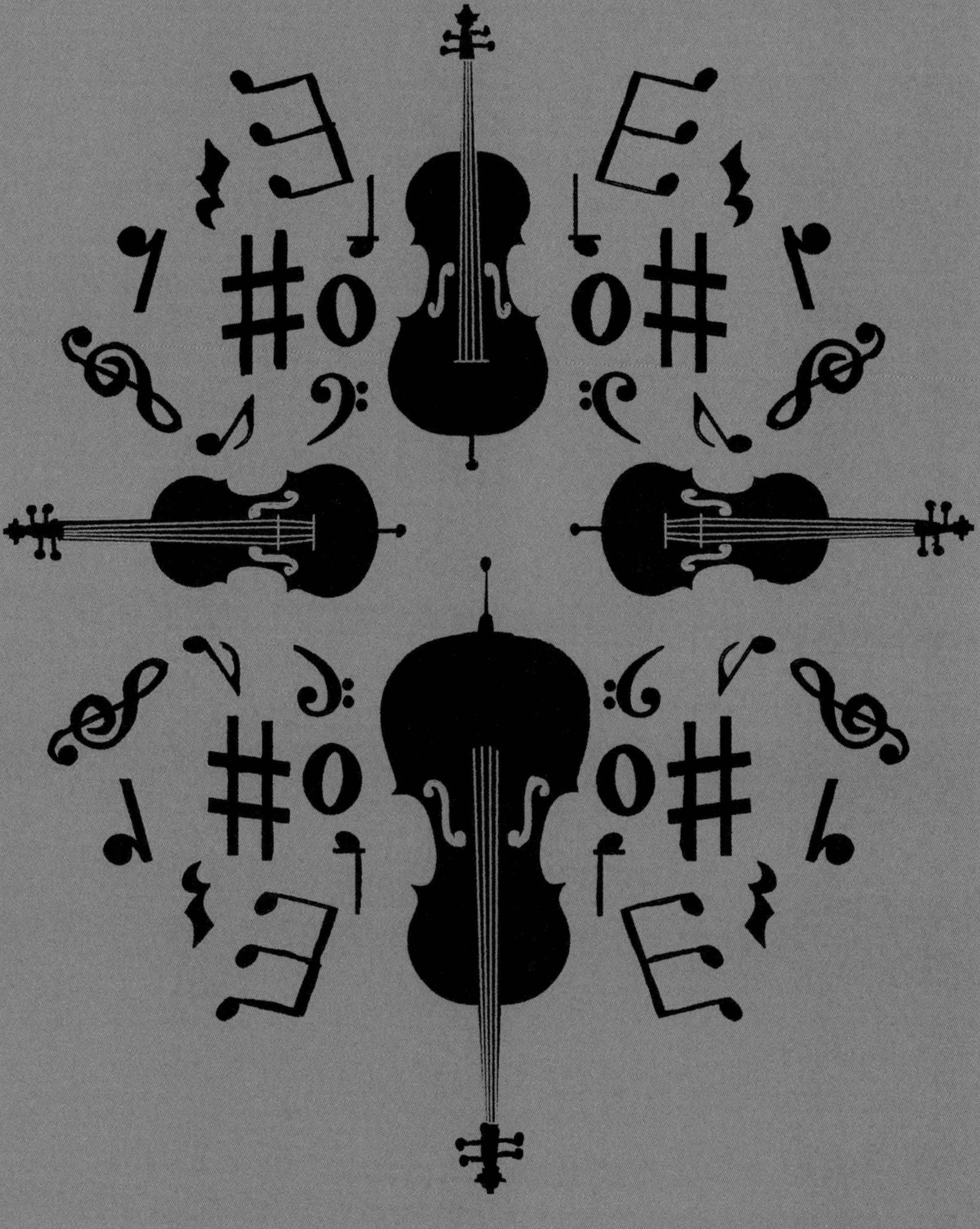

DESENVOLVIMENTO DO QUARTETO DE CORDAS

EM CONTEXTO

FOCO
Desenvolvimento do quarteto de cordas

ANTES
1198 O moteto *Viderunt omnes*, de Pérotin, estabelece a prática de compor para quatro vozes – a base do quarteto de cordas.

séculos XVI e XVII
As primeiras peças para quarteto de cordas incluem a *Sinfonia* em quatro vozes de Gregorio Allegri e as *Sonate a quattro*, de Alessandro Scarlatti, mas a forma-padrão da música de câmara era a sonata em trio, em geral para dois violinos e *basso continuo*.

DEPOIS
anos 1890 Inspirado em Haydn, Johann Peter Salomon, promotor de concertos em Londres, leva os quartetos de cordas para as salas de concertos públicas.

Joseph Haydn criou o quarteto de cordas. Não se sabe por que escolheu a combinação de dois violinos, viola e violoncelo, mas talvez seja porque seus timbres individuais refletem de perto as vozes de um coro. Os instrumentos – e os instrumentistas – estavam disponíveis na corte húngara da família Esterházy, onde Haydn era compositor residente. O grupo padrão de música de câmara antes de Haydn era a sonata em trio, em que a um instrumento de teclado se juntavam dois instrumentos de sons agudos e melódicos (violino ou flauta) e um instrumento de *continuo*, como um violoncelo, duplicando a linha de baixo do teclado. O uso inspirado de quatro instrumentos de cordas por Haydn modernizou uma tradição que Henry Purcell tinha desenvolvido um século antes com as fantasias de cordas para até seis vozes, executadas por violas da gamba.

Som realçado

Haydn se beneficiou de grandes avanços na manufatura de instrumentos, representados na Itália por Antonio Stradivari, a família Amati, Francesco Rugeri e a família Guarneri. Violinos, violas e violoncelos mais sensíveis eram estimulantes para compositores e instrumentistas. Haydn também se interessava pelas melhorias na fabricação de arcos. Os arcos antigos tinham de ficar perto da corda, produzindo sons de maneira contínua; repicando o novo arco sobre a corda podia ser emitido um som rápido, quase percussivo, como Haydn mostra no final do Quarteto em dó maior, op. 33 (1781).

As propriedades de difusão do som desses novos instrumentos e técnicas acabaram estimulando a composição de música de câmara, a ser executada em grandes salas de concertos e não só em salões privados.

Obras originais e emotivas

A expressividade emocional vincula a obra madura de Haydn ao movimento artístico alemão *Sturm und Drang* (Tempestade e Ímpeto). Para Haydn, o quarteto de cordas era o veículo perfeito para contrastes emocionais extremos destinados a chocar a audiência. Seus primeiros quartetos notáveis incluem a op. 9, que ele declararia ser o real ponto de partida de suas composições de

---

Joseph Haydn

Abarcando os períodos barroco e clássico, Haydn foi uma figura central para o estilo clássico. Nascido na Baixa Áustria em 1732 num meio modesto, foi uma criança musicalmente dotada e frequentou a escola de coro da catedral de Viena a partir dos oito anos. Suas primeiras músicas, entre elas alguns quartetos de cordas, foram publicadas em Paris em 1764. A contratação de Haydn de 1761 a 1790 no Esterházy Palace, na Hungria, consolidou sua fama como compositor. Viajou depois a muitas capitais da música, em especial Londres, onde suas composições tinham grande demanda. Após as *Sinfonias de Londres* (93–104) Haydn só compôs seis missas e dois oratórios. Na última aparição pública, regeu *As sete últimas palavras* em dezembro de 1803. Morreu em paz em sua casa em Viena em 1809.

Outras obras importantes

1768 Sinfonia nº 49
1795 Trio para piano nº 24 em ré maior
1797–1798 *A Criação*
1798 *Missa de Nelson*

CLASSICISMO 1750–1820

Ver também: *Concerti grossi*, Corelli 80-81 ▪ Concerto para flauta em lá maior, C. P. E. Bach 120-121 ▪ Sonata para piano em fá sustenido menor, Clementi 132-133 ▪ *Die schöne Müllerin* 150-155 ▪ Quarteto de cordas nº 14 em dó sustenido menor, Beethoven 156-161

quartetos, e a op. 20, em que a liberação gradual das quatro partes em vozes solo na moldura do quarteto marcou um novo desenvolvimento do gênero. A op. 20, nº 2, tem interesse especial, pois inverte a forma mais usual do quarteto, em que o primeiro violino domina, colocando o violoncelo como voz principal, o segundo violino e a viola abaixo dele, e o primeiro violino de início silencioso. O terceiro movimento em minueto da op. 20, nº 4, também é inovador. O pulso padrão de minuetos é três, mas aqui as acentuações o fazem soar como se estivesse no ritmo de dois. Do mesmo modo, em três dos finais (op. 20, nºˢ 2, 5 e 6) Haydn usa uma forma bem estabelecida, a fuga, para desenvolver novas ideias, como a interrupção de longos trechos de *sotto voce* (muito suave) tocando surtos súbitos de *forte* (alto).

Aclamação europeia

Acredita-se que Haydn e Mozart se conheceram no início dos anos 1780, tornando-se amigos íntimos. Com Haydn ao segundo violino e Mozart

> ❝ Quando invocamos o nome Haydn, nos referimos a um de nossos maiores homens [...]. Ele domina todos os artifícios harmônicos. ❞
> **Ernst Ludwig Gerber**
> *Organista e compositor*
> (1746–1819)

à viola, o austríaco Carl Ditters von Dittersdorf ao primeiro violino e o tcheco Johann Baptist Vanhal ao violoncelo, os quatro compositores muitas vezes tocaram quartetos e testaram suas composições. Isso levou Mozart a dedicar seus seis primeiros quartetos de cordas maduros a Haydn. A demanda pela música de Haydn se espalhou na Europa, com quartetos tocados em salas de concertos e salões particulares, e ele ajustou seu estilo de acordo. Dando ainda mais brilho às primeiras partes de violino, com notas mais altas e mostras de virtuosismo, acabou fortalecendo também as três vozes mais baixas, e os instrumentistas tiveram de aprender a projetar o som.

Uma obra memorável e ousada

A op. 54, nº 2, em dó maior de Haydn, composta em 1788, é um de seus muitos quartetos

No Palácio Esterházy, aqui em imagem do século XVIII, Haydn tinha um trabalho seguro mas exigente – além de compor, cuidava de músicos, manuscritos e eventos.

excepcionalmente inventivos. Ele usou quase todas as tonalidades possíveis (mudanças de altura e modos maiores e menores), assim como formas clássicas (sonata, fuga, variações, minueto, *scherzo* e rondó). Há quartetos mais virtuosísticos e projetados com mais brilho, bem como composições mais antigas, como o movimento lento da op. 20, nº 1, que talvez transmitam melhor o som de perfeita intimidade de um quarteto, mas os contrastes extremos entre os movimentos da op. 54, nº 2, assim como a decisão corajosa e inspirada de terminar com um movimento lento, tornam essa peça musical singularmente memorável. O quarteto op. 54, nº 2, foi um dos »

DESENVOLVIMENTO DO QUARTETO DE CORDAS

Segundo violino
Em geral toca em harmonia com o primeiro violino, mas às vezes com a viola.

Viola
Toca notas da gama média melodiosa, correspondente à voz do contralto.

Primeiro violino
Em geral lidera e toca as notas mais altas e as partes mais difíceis.

Violoncelo
Toca a linha do baixo, a base para instrumentos melódicos mais agudos.

Anatomia de um quarteto de cordas

que Johann Tost, violinista muito admirado por Haydn e negociante astuto, levou a Paris para promover e vender. Seu brilhante solo do primeiro violino apelava a uma audiência musical que preferia o *quatuor concertant*, gênero de quarteto de cordas em moda na capital francesa de cerca de 1775 até a Revolução Francesa, em 1789. Ele também devia se adequar ao talento de Tost para tocar em registros muito agudos.

Uma abertura exuberante
O tom em dó maior que Haydn usou no quarteto tradicionalmente indica música alegre e otimista. A peça começa com compassos de abertura luminosos e uma melodia rápida e viva improvisada em clima de celebração. Os instrumentos se alternam na liderança na seção de desenvolvimento e a recapitulação é marcada pelo arpejo exuberante do violoncelo e interjeições do primeiro violino. Quando o movimento deveria conduzir à conclusão, Haydn – como outros grandes compositores (Mozart, Beethoven e Schubert) – ignora convenções compositivas e termina com um enorme clímax. Com ambos os violinos o mais alto possível, a viola e o violoncelo se juntam antes que o movimento termine quase num reflexo, mas só em seus dois compassos finais.

Contrastes surpreendentes
O adágio a seguir (lento) em dó menor tem clima bastante introspectivo. Uma melodia cigana triste é colocada nos tons mais baixos dos quatro instrumentos. O milagre desse movimento é a criação imperceptível do que parece ser um quinteto, quando os três mais baixos tocam com paradas duplas ocasionais, liberando o primeiro violino para apresentar um lamento que soa como se fosse improvisado. A liberdade da notação de Haydn dá a cada violinista a oportunidade de apresentar uma interpretação individual e desinibida dessa passagem, que Brahms emulou no movimento lento de seu Quinteto para clarinete op. 115.

O final triste – num acorde comedido – é deliberadamente incompleto. Em vez da interrupção normal (e mesmo da afinação de instrumentos comum entre movimentos), a peça segue direto para um minueto, que começa de modo hesitante e depois aos poucos imita o otimismo do primeiro movimento. Em seções

CLASSICISMO 1750–1820

> ❝ Pode-se aventar com segurança que não há quarteto mais original de Haydn [op. 54, nº 2], nem nenhum que contenha inovações mais proféticas. ❞
> **Hans Keller**

trio contrastantes, tudo muda quando um lá bemol dissonante é reiteradamente acentuado numa batida fraca, soando como gritos de angústia. A repetição convencional do minueto tem papel crítico em restaurar o clima otimista.

A maior surpresa acontece no *finale*. Em vez do movimento rápido convencional, Haydn apresenta um adágio com uma melodia calma e tranquilizadora. Mesmo aqui, porém, o violoncelo atua de modo incomum, subindo até o tom do primeiro violino. Após um rápido interlúdio, o quarteto termina pacificamente.

O legado de Haydn

Não se sabe como o quarteto foi recebido e na verdade as muito menos inventivas obras de um colega austríaco, Ignace Joseph Pleyel, eram mais populares em Paris na época. Porém, menos de vinte anos depois, quando Beethoven produziu os quartetos da op. 18, em 1800, houve uma retomada dos quartetos de Haydn. O estilo dos 83 quartetos de Haydn tinha revolucionado a música de câmara. Schumann os estudou antes de se dedicar a seus três quartetos op. 41 e todos os futuros compositores de quartetos se inspirariam em Haydn. ∎

Haydn ia muito a Viena, no cortejo do príncipe Esterházy. Nesta pintura do século XIX, ele é mostrado (de azul-claro) regendo um quarteto a partir de sua posição favorita de segundo violino.

Grupos de câmara

No século XVIII, com a expansão da educação e o aumento da classe média, a apreciação da música se espalhou além da corte e da igreja. O número de músicos amadores com dinheiro e tempo de lazer cresceu, e amigos se juntavam em uma "câmara" ou cômodo para fazer música em casa. Isso criou um mercado de composições musicais próprias para ambiente íntimo, em especial de cordas, que se harmonizavam, eram mais em conta e se tornaram mais disponíveis com as melhorias na manufatura de instrumentos.

Embora os quartetos de cordas fossem a forma mais popular de grupo de câmara nos períodos clássico e romântico, havia composições também para quintetos, com uma viola ou violoncelo adicional, ou um contrabaixo, e às vezes obras com outro "quinto" instrumento, como o clarinete, criando um som mais rico. Obras para quintetos de madeiras (flauta, oboé, clarinete, fagote e trompa) também apareceram.

Como muitos lares de classe média compraram um piano no fim do século XVIII, os compositores produziram música de câmara para piano – trio de piano (piano, violino e violoncelo), quarteto (trio de piano e viola) e quinteto (quarteto de cordas com piano). O dueto de piano para dois executantes em um instrumento também se popularizou para execuções domésticas e concertos, e vários compositores escreveram obras para quatro mãos, como Mozart e Schubert.

SEU ENORME GÊNIO ELEVOU MOZART ACIMA DE TODOS OS MESTRES

SINFONIA Nº 40 EM SOL MENOR, K. 550 (1788), WOLFGANG AMADEUS MOZART

EM CONTEXTO

FOCO
Inovação na sinfonia clássica

ANTES
1759–1795 Joseph Haydn compõe mais de cem sinfonias no formato de quatro movimentos.

1764 Aos oito anos, Wolfgang Amadeus Mozart compõe a Quinta sinfonia em mi bemol maior, K. 16.

DEPOIS
1803 Ludwig van Beethoven conclui a tempestuosa e política sinfonia "Eroica".

1824 Beethoven termina seu projeto sinfônico com a Nona sinfonia, que inclui um movimento final com solistas vocais e coro.

No início dos anos 1780, Mozart havia escrito mais de trinta sinfonias. Essas obras foram influenciadas por fatores musicais e extramusicais, como o trabalho na corte do arcebispo de sua cidade natal, Salzburgo, as viagens aos centros musicais da Itália, a busca de emprego em Munique e Paris e as visitas a Mannheim, capital da sinfonia no século XVIII.

Zênite clássico

Após fixar-se em Viena em 1781, Mozart escreveu relativamente poucas sinfonias, dedicando-se a concertos para piano, música de câmara e obras para o teatro. No verão de 1788, porém, compôs suas três sinfonias finais, nºs 39 a 41; a

CLASSICISMO 1750–1820

Ver também: Sinfonia em mi bemol maior, Stamitz 116-117 ▪ *A flauta mágica* 134-137 ▪ Sinfonia "Eroica" 138-141 ▪ *Der Freischütz* 149 ▪ *O ciclo do anel* 180-187

Sinfonia nº 40 em sol menor, K. 550, talvez tenha sido composta para uma série de concertos para um cassino central em Viena. Essas obras representam o auge do gênero sinfônico do período clássico – embora já prenunciem a música do século XIX, com sua ênfase numa ampla gama de harmonias, a par de programas de concerto que atribuíam narrativas e temas distintos às peças musicais.

Forças expressivas

Na juventude Mozart fora influenciado pelo movimento *Sturm und Drang* (Tempestade e Ímpeto), que enfatizava a emoção e a individualidade criativa. Esse estilo, liderado pela literatura da época, também é evidente em obras do pioneiro e prolífico "pai da sinfonia", Joseph Haydn. Em música, o *Sturm und Drang* se expressava por tonalidades menores, ritmos sincopados, saltos melódicos e outros floreios que caracterizam todos a "Pequena" sinfonia em sol menor (nº 25, K. 183/173dB), concluída em 1773.

Essa música de humor instável com frequência seguia de mãos dadas com a execução virtuosística típica de Mannheim, na Alemanha, que Mozart visitou em 1763, aos sete anos, e em 1777–1778, aos 21. Os instrumentistas de Mannheim eram famosos pelas mudanças dinâmicas e *crescendos* vibrantes. Mas não era só o estilo da sinfonia de Mannheim que era novo. Sua estrutura, com quatro e não três movimentos, diferia da de suas equivalentes. Os compositores da corte também deram mais peso aos *finales*, antes dançantes (e algo frívolos), revolucionando ainda mais o gênero. »

Mozart com frequência compunha música em segmentos antes de lhes dar vida em manuscritos terminados, como este da Sinfonia nº 40 em sol menor.

Wolfgang Amadeus Mozart

Nascido em Salzburgo, então parte do Sacro Império Romano, em 1756, Mozart seguiu os passos do pai, Leopold, músico e compositor da corte do arcebispo. No entanto, o brilho de Mozart como violinista, pianista e compositor fez com que Salzburgo muitas vezes parecesse sufocante e até provinciana, e ele buscou emprego em outro lugar. Em 1781, fixou-se na cidade de Viena, sede do poder e pompa dos Habsburgo. Trabalhando como compositor independente, aperfeiçoou gêneros como a sinfonia, o concerto e o quarteto de cordas e escreveu diversas óperas de muito sucesso. Morreu de causas misteriosas no fim de 1791, aos 35 anos, deixando cerca de seiscentas obras musicais e um legado extraordinário para a geração seguinte.

Outras obras importantes

1773 Sinfonia nº 25 em sol menor
1779 *Krönungsmesse*
1786 *O casamento de Fígaro*
1790 *Cosi fan tutte*
1791 *Réquiem* (incompleto)

INOVAÇÃO NA SINFONIA CLÁSSICA

A Sinfonia nº 40

Embora várias obras anteriores de Mozart exibissem esses traços musicais dramáticos, sob influência de Mannheim – por exemplo, justapondo as seções de cordas e de madeiras com poderoso efeito – sua "Grande" sinfonia, nº 40, em sol menor se caracteriza por uma paleta instrumental mais integrada. Esse estilo é típico de Viena, que com Mannheim era a cidade mais fortemente associada à sinfonia como gênero no século XVIII. Ainda que em aparência mais brandos, o drama melódico e a cor harmônica também são abundantes aqui.

Iniciando com uma figura suspirante nas cordas, a Sinfonia nº 40 em sol menor mostra inúmeras passagens ousadas e tempestuosas, além de uma escrita virtuosística para toda a orquestra. Na verdade, a obra inteira transmite a sensação de drama trágico não expresso e muitas vezes ecoa a música de Mozart para palco. Tudo isso, assim como as audaciosas escolhas tonais ao longo dos quatro movimentos, se destinava a impressionar os cosmopolitas vienenses. Muitas vezes era preciso proezas de engenho através das escalas, em especial no começo da seção de desenvolvimento do enérgico *finale*. Ali, Mozart usa onze das doze notas da escala cromática (só excluindo o sol, a tônica – ou nota central – da sinfonia), criando um som complexo e às vezes dissonante. Não é de admirar que Arnold Schoenberg, conhecido por usar todas as doze notas de uma escala, tenha sido atraído por essa obra em especial.

A tônica, sol maior, também é elemento importante da obra. Era, para Mozart, o canal musical pelo qual muitas vezes expressava dor ou tragédia, não só em obras completas como em árias como *Ach, ich fühl's* (Ah, eu sinto), de Pamina, em *A flauta mágica*. Além das reviravoltas harmônicas da Sinfonia nº 40, sua imprevisibilidade emocional brota da duração variada de suas frases musicais, como no começo do primeiro movimento, que inicia como que a meio fluxo. Complexa também, e às vezes bem confrontante, é a textura orquestral. Ainda que nunca irrompa uma fuga completa – como no movimento final da Sinfonia em dó maior (nº 41), "Júpiter", que se seguiu –, o contraponto (linhas melódicas alternadas tocadas acima ou abaixo da melodia principal)

Mozart escreveu uma segunda versão da Sinfonia nº 40 que incluía clarinetes, havia pouco inventados. Eles foram criados por Jacob Denner, artesão do século XVIII.

Um núcleo musical

Como capital do império dos Habsburgo, Viena foi o centro da música europeia por dois séculos. Ali viveram muitos dos grandes compositores clássicos, como Mozart, Haydn e Beethoven. Eles convergiam para a cidade em busca de patrocínio e público e foram os primeiros de uma lista de compositores como Schubert (nascido em Viena), a família Strauss, Brahms, Bruckner, Mahler, Schoenberg e Webern. Conforme o interesse do público por música se ampliava, novos teatros e salas de concertos foram erguidos. A imperatriz Maria Teresa construiu o Burgtheater perto do palácio real em 1741 e, em 1833, o compositor e regente Franz Lachner fundou o Künstlerverein, antecessor da Orquestra Filarmônica de Viena, que rivaliza com a Filarmônica de Berlim pelo título de principal orquestra do mundo.

O Burgheather, na Michaelerplatz, Viena, foi gerido pela corte de Habsburgo. Grande parte das óperas de Mozart foi encenada nele.

é o tempo todo aparente. Mesmo o minueto e o trio do terceiro movimento da sinfonia, em geral um exercício de repetição agradável, se mostram muito inflamados, mais como uma briga que como uma dança cortesã.

Juntos, os quatro movimentos da sinfonia nos levam muito além do equilíbrio e da estabilidade das obras anteriores de Mozart – e de seus contemporâneos. Eles olham para diante, para a música mais turbulenta do Romantismo.

O legado de Mozart

Não se sabe se a Sinfonia nº 40 estreou na época de Mozart, e muitos afirmam que não foi escrita para Viena, mas para a posteridade. Porém a existência de uma segunda versão da partitura com trechos para dois clarinetes, talvez escrita para amigos dele, os tocadores de clarinete e *basset horn* Anton e Johann Stadler, indica que Mozart deve ter ouvido ao menos uma execução antes de morrer em 1791.

Após a morte de Mozart, suas três sinfonias finais, um tríptico magnífico centrado em sol maior,

> A música de Mozart é tão pura e bela que eu a vejo como reflexo de operações internas do universo.
> **Albert Einstein**

foi repetidas vezes apontado como o auge da sinfonia clássica. Essas obras – com o grande corpo de sinfonias de Haydn – sem dúvida foram um marco para o jovem Ludwig van Beethoven. Nascido em Bonn, Beethoven chegou a Viena no ano seguinte à morte de Mozart e se tornou aluno de Haydn, de início emulando a música do mestre e de seu ídolo Mozart. Por fim, Beethoven romperia com esse modelo com obras radicalmente diversas, como a "Eroica" em 1804 e a Nona sinfonia em 1824.

Desenvolvimentos românticos

A música de Franz Schubert, contemporâneo de Beethoven, diversa em tonalidade (e expressão), também se inspirou nas obras finais de Mozart. Os que seguiram esses mestres vienenses, como Hector Berlioz e Franz Liszt, continuaram a adaptar a sinfonia clássica a seus próprios fins românticos, introduzindo novos efeitos e elementos dramáticos, como notas de programa para ajudar a plateia a interpretar a música, como na *Sinfonia fantástica* de Berlioz e nos poemas sinfônicos de Liszt.

Coletivamente, eles deram à sinfonia uma teatralidade ainda maior e criaram a base para as óperas "sinfônicas" de Wagner, com sua ênfase em temas recorrentes e a mudança do papel da orquestra – Wagner foi o primeiro a tirar a orquestra da visão da plateia, focando a atenção no palco. As raízes dessas inovações ousadas estão nas obras sinfônicas que Mozart escreveu no fim de sua curta vida. ∎

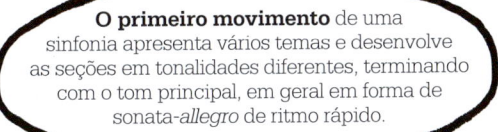

O primeiro movimento de uma sinfonia apresenta vários temas e desenvolve as seções em tonalidades diferentes, terminando com o tom principal, em geral em forma de sonata-*allegro* de ritmo rápido.

O segundo movimento apresenta melodias líricas. Tem em geral forma ternária, com três seções, a terceira repetindo a primeira.

Dois minuetos dinâmicos separados por uma seção trio contrastante em forma ternária constituem **o terceiro movimento**.

O quarto movimento é mais ou menos rápido e em geral em forma de rondó, no qual a primeira seção é repetida e há uma seção nova diferente entre cada repetição.

O OBJETIVO DO PIANO É SUBSTITUIR TODA UMA ORQUESTRA POR UM ARTISTA
SONATA PARA PIANO EM FÁ SUSTENIDO MENOR, OP. 25, Nº 5 (1790), MUZIO CLEMENTI

EM CONTEXTO

FOCO
A sonata instrumental

ANTES
1758 Domenico Scarlatti publica os trinta *Essercizi per gravicembalo*, que são parte de suas mais de quinhentas sonatas para teclado.

1771 Joseph Haydn nomeia uma peça para piano especificamente "sonata" em vez de *divertimento*.

DEPOIS
1818 Beethoven conclui a *Hammerklavier sonata*, op. 106, que leva a sonata a novos patamares de complexidade e virtuosismo.

1853 Franz Liszt escreve a Sonata para piano em si menor e redefine o gênero para a era romântica.

O desenvolvimento da sonata instrumental refletiu uma mudança na função da música no período clássico. Não mais um acompanhamento à dança ou oração, ela passou a ter foco em si mesma e os compositores buscaram novos modos de envolver a audiência. Com a popularização do recém-inventado piano, um recurso era aproveitar a dramaticidade da justaposição de passagens ruidosas e suaves, inviável com o cravo. Isso se tornou lugar-comum. Os compositores também começaram a estruturar a música em sequências de larga escala chamadas sonata, que permitiam à audiência experimentar um trajeto musical mais variado. O compositor anglo-italiano Muzio Clementi foi um inovador importante dessa forma em desenvolvimento, e sua Sonata em fá sustenido menor é um exemplo básico da forma.

Piano de mesa da Clementi & Co., de Londres, onde a fábrica de pianos de Clementi floresceu no início do século XVIII.

CLASSICISMO 1750–1820

Ver também: Sonata em ré menor, Scarlatti 90-91 ▪ Quarteto de cordas em dó maior, op. 54, nº 2, Haydn 122-127 ▪ Sinfonia "Eroica" 138-141 ▪ *Prelúdios* 164-165

Em geral, as sonatas tinham três ou quatro movimentos, o primeiro dos quais era estruturado conforme o que hoje se chama forma-sonata. Era usualmente o mais longo e dramático dos movimentos e aquele em que se esperava que o compositor demonstrasse sua perícia no discurso musical para emocionar e conquistar a audiência. Costumava ser rápido e potente, mas o primeiro movimento da Sonata em fá sustenido menor de Clementi é incomum, pois tinha um clima mais lento e meditativo de *pathos* considerável, distinguindo-se de outras obras da época.

O segundo movimento da sonata era em geral mais lento, dando ao compositor a chance de demonstrar sua mais refinada sensibilidade, e com frequência tinha seções semelhantes a canções. Na Sonata em fá sustenido menor, Clementi dá um passo além: às vezes o soprano tem só uma linha, semelhante a uma ária cantada, acompanhada pelos leves acordes repetidos encontrados na escrita de cordas operística. Usando tal técnica, Clementi talvez buscasse roubar um pouco do sucesso da ópera – então o palanque mais público para a música.

Minueto/trio e *finale*

Nas sonatas de quatro movimentos, era tradicional incluir um minueto e um trio como um retorno às suítes de dança barrocas – um tipo de trégua entre movimentos mais fortes, embora Beethoven logo trocasse esse respiro por um *scherzo* ("brincadeira", em italiano) vigoroso cujo ânimo poderia ir da ironia ao terror. O *finale* era em geral mais leve em substância mas muito mais brilhante em termos de demonstração técnica, propiciando uma finalização satisfatória para a audiência e com frequência grande aclamação para os instrumentistas. Nesta sonata, Clementi exibia sua técnica de tocar duas passagens separadas por uma terça com a mesma mão – habilidade na qual era famoso. Isso ia além da destreza dos amadores (e da maioria dos profissionais), qualificando sua obra como peça merecedora da sala de concertos. ∎

A forma-sonata

Exposição
Dois temas são apresentados em dois tons diferentes, o primeiro deles na tônica.

↓

Desenvolvimento
Os temas são **manipulados**, fragmentados, estendidos e **transformados**.

↓

Recapitulação
Os dois temas são tocados de novo, agora ambos na **tônica**.

↓

Coda
Conclui o movimento.

↓

A forma-sonata tem um argumento musical que cria tensão e resolução.

Muzio Clementi

Nascido em Roma em 1752, Muzio Clementi chamou a atenção do mecenas inglês Peter Beckford aos catorze anos. Levando Clementi para sua propriedade em Dorset, na Inglaterra, Beckford pagou sua educação musical nos sete anos seguintes. Em sua estreia, Clementi talvez fosse o instrumentista de teclado mais capacitado do mundo e foi o primeiro verdadeiro virtuose de piano. Em 1780, Clementi iniciou uma viagem de dois anos pela Europa, em que conheceu Mozart em Viena. (Clementi ficou impressionado com "o espírito e a graça" de Mozart, que por sua vez o chamou de "charlatão"). De volta a Londres, Clementi se tornou compositor e professor famoso. Também teve sucesso como editor de música e fabricante de pianos, e ajudou a fundar a Royal Philharmonic Society. Morreu em 1832 e está enterrado na Abadia de Westminster.

Outras obras importantes

Antes de 1781 Sonata para piano em si bemol maior, op. 24, nº 2
1800 Doze valsas para piano, triângulo e pandeiro
1826 *Gradus ad Parnassum*

PELO PODER DA MÚSICA, ANDAMOS ALEGRES ATRAVÉS DA NOITE ESCURA DA MORTE

A FLAUTA MÁGICA (1791), WOLFGANG AMADEUS MOZART

EM CONTEXTO

FOCO
Ópera na Alemanha

ANTES
1770 Estreia a ópera-cômica *Die Jagd* (A caça) de Johann Adam Hiller, um dos *Singspiele* mais populares do século XVIII.

1789 *Oberon, König der Elfen* (Oberon, rei dos elfos), do tcheco Paul Wranitzky, inaugura a tendência da *Zauberoper* (ópera mágica).

DEPOIS
1805 A única ópera de Beethoven, *Fidelio*, um *Singspiel*, é encenada pela primeira vez em Viena.

1816 *Undine*, uma *Zauberoper* de E. T. A. Hoffmann sobre o espírito da água, estreia em Berlim.

1821 *Der Freischütz* (O franco-atirador), de Carl Maria von Weber, um *Singspiel* romântico de tema sobrenatural, estreia em Berlim.

A *flauta mágica*, ópera em dois atos de Mozart estreada em Viena em setembro de 1791, marcou o auge do desenvolvimento do *Singspiel* (brincadeira cantada), gênero de ópera unicamente alemão que combinava música e palavras faladas. Baseada em libreto de Emanuel Schikaneder, amigo de Mozart, a ópera se passa no antigo Egito e conta a história de um príncipe, Tamino, que se perde no reino da misteriosa Rainha da Noite, onde é atacado por uma serpente. Resgatado pelas três damas de honra da rainha, ele se apaixona

CLASSICISMO 1750–1820

Ver também: *Orfeu e Eurídice* 118-119 ▪ Concerto para flauta em lá maior, C. P. E. Bach 120-121 ▪ Sinfonia nº 40 em sol menor, Mozart 128-131 ▪ *O barbeiro de Sevilha* 148 ▪ *Der Freischütz* 149 ▪ *Tosca* 194-197

A flauta mágica, de Mozart, continua tremendamente popular. A ópera atraiu mais de 400 mil espectadores ao Bregenz Festival, na Áustria, somando os anos de 2013 e 2014.

pelo retrato que lhe mostram da filha da rainha, Pamina, raptada por Sarastro, sumo sacerdote dos deuses Ísis e Osíris. Tamino jura resgatar Pamina. Com seu companheiro cômico, Papageno (caçador de pássaros da rainha), e com Pamina, ele sofre várias provações, armado apenas de uma flauta e um carrilhão mágicos. A luz triunfa no fim sobre a escuridão, trazendo o final feliz.

Apelo popular

Mozart escreveu vinte óperas de três gêneros: *opera seria*, ópera-bufa (ambas totalmente cantadas) e *Singspiel*. A forma mais grandiosa, a *opera seria* – estilo que inclui suas peças *Idomeneo* (1781) e *La clemenza de Tito* (1791) – muitas vezes tirava o enredo da mitologia e história de Grécia e Roma antigas. A ópera-bufa era cômica – sua obra *O casamento de Fígaro* (1786) é um exemplo notável do gênero.

O *Singspiel* tem raízes na Viena do início do século XVIII, onde o imponente Theater am Kärntnertor se especializou em dramas musicais populares. Diversamente das óperas italianas encenadas para a corte e a nobreza, esses espetáculos se destinavam a vienenses de todas as camadas sociais. De Viena, os *Singspiele* se espalharam para a Alemanha, onde em meados do século ganharam popularidade devido à influência da *opéra comique* francesa e da *ballad opera* inglesa. Ambos os gêneros mesclavam diálogos falados, muitas vezes satíricos, a canções. A *Ópera do mendigo* (1728), de John Gay, foi a *ballad opera* mais famosa, mas foi o irlandês Charles Coffey, contemporâneo de Gay, que teve o maior impacto na Alemanha do »

> ❝ Acabei de voltar da ópera; estava cheia como sempre [...], pode-se ver que a aprovação do público continua a crescer.
> **Wolfgang Amadeus Mozart** ❞

ÓPERA NA ALEMANHA

Juramento de um novo membro da maçonaria numa gravura colorida de c. 1750. Mozart foi iniciado de modo similar na loja da "Beneficence" em Viena em 1784.

Mozart e a maçonaria

Em 14 de dezembro de 1784, Mozart foi admitido em uma das oito lojas maçônicas de Viena. A cidade tinha na época mais de setecentos maçons, os "irmãos" – então, como agora, só homens podiam ser maçons –, saídos da mais alta nobreza, do oficialato e até do clero, mas também de grupos das classes médias: médicos, comerciantes, livreiros e músicos, como o libretista de *A flauta mágica*, Emanuel Schikaneder. Para homens como Mozart, a maçonaria tinha muitos atrativos – oferecia uma abordagem livre-pensadora e esclarecida da religião, esposava a virtude da justiça, que para muitos maçons significava oposição ativa a abusos do poder do Estado e do clero, e era um lugar em que homens de diversas posições podiam se misturar com relativa igualdade. Mozart se manteve maçom devotado o resto da vida e compôs várias peças para eventos maçônicos, em especial *Música para um funeral maçônico em dó menor* (1785), em memória de dois "irmãos" recém-falecidos.

---

século XVIII. Sua *ballad opera The Devil to Pay*, enorme êxito na Grã-Bretanha, tornou-se um sucesso na tradução em Berlim, nos anos 1740. Duas adaptações de outras óperas de Coffey inspiraram Johann Adam Hiller, tido como pai do *Singspiel*, a iniciar sua carreira nos anos 1760 em Leipzig.

Gênero nacional

Nas mãos de compositores como Hiller, Georg Anton Benda, Karl Ditters von Dittersdorf e Ignaz Umlauf, os *Singspiele* não eram mais simples dramas falados com números musicais que acrescentavam atmosfera e personalidade. Em obras como *Die Jagd* (A caça, 1770), de Hiller, e *Walder* (1776) e *Romeo und Julie* (1776), de Benda, as partes cantadas se tornaram o núcleo dramático da peça. O reconhecimento oficial dessas obras como exemplos de um gênero popular e distintamente alemão, a ser estimulado em face da ópera italiana predominante, ocorreu quando o imperador José II de Habsburgo, amante e patrocinador das artes, fundou a companhia National-Singspiel, de curta duração, no Burgtheater de Viena em 1778. Um de seus maiores sucessos foi *O rapto do serralho* (1782), de Mozart.

Na primavera de 1791, Emanuel Schikaneder encomendou a Mozart outro *Singspiel* – dessa vez para o Theatre auf der Wieden em Viena, de que Schikaneder era diretor. *Oberon, o rei dos elfos*, com música do amigo de Mozart Paul Wranitzky, era um sucesso recente da companhia de Schikaneder e um

Personagens de *A flauta mágica* expressos através da música

Rainha da Noite
Soprano, cuja habilidade vocal culmina numa ária em *staccato* que representa instabilidade, cobiça e falsidade.

Papageno (caçador de pássaros) Barítono, canta melodias populares otimistas e animadas com uso destacado de flautas de Pã, indicativas de natureza confiante.

Tamino e Pamina
Tenor e soprano, respectivamente, cujas árias românticas e profundamente sentidas representam princípios esclarecidos de luz e alegria.

Sarastro (sumo sacerdote)
Baixo, cuja atuação lenta e digna, com elocução quase falada em partes e ampliada por floreios orquestrais grandiosos, indica justiça e sabedoria.

exemplo de uma nova classe de *Singspiel*, às vezes chamada *Zauberoper* (ópera mágica), que misturava comédia a elementos sobrenaturais e espetáculo impressionante. Desejoso de repetir o sucesso da obra de Wranitzky, Schikaneder escreveu ele mesmo o libreto para a nova ópera, mas é provável que Mozart também tenha colaborado. Os dois tomaram um conto de fadas de August Jacob Liebeskind, *Lulu, oder die Zauberflöte* (Lulu, ou A flauta mágica) como ponto de partida, mas o transformaram até quase ficar irreconhecível. Entre outras coisas, acrescentaram elementos da maçonaria (Wranitzky, Schikaneder e Mozart eram maçons), como nas provas de iniciação pelas quais o protagonista passa.

A flauta mágica
Mozart morreu em 1791, dois meses após a estreia de *A flauta mágica*. Não foi só sua última grande obra concluída, mas a mais sublime. Em todas as suas óperas, Mozart mostrou um dom insuperável para criar a música certa para cada personagem, situação ou emoção. Em *A flauta mágica*, isso vai da

> Salieri ouvia e assistia com total atenção [...], não houve um número que não lhe despertasse um '*bravo*' ou '*bello*'.
> **Wolfgang Amadeus Mozart**

profunda solenidade das canções do sacerdote Sarastro e das duas poderosas árias da Rainha da Noite à tocante comédia do dueto em que Papageno e a companheira Papagena imaginam um futuro feliz juntos. O domínio perfeito da expressão musical permitiu a Mozart tratar de modo convincente as ambivalências e reversões muitas vezes desconcertantes da ópera, como quando a Rainha da Noite de repente muda de mãe lamentosa a aliada cheia de rancor do pior inimigo da filha, Monostatos.

A estreia de *A flauta mágica*, em 30 de setembro de 1791, começou mal mas terminou bem. A plateia permaneceu muda no primeiro ato. Talvez, apesar do recente sucesso de *Oberon, o rei dos elfos*, estivesse confusa diante das características estranhamente mágicas da *Zauberoper*. No segundo ato, porém, o público acordou e no final chamou Mozart ao palco para aplaudi-lo. A ópera se manteve popular desde então.

Camarote de ópera em Londres, em pintura de artista desconhecido de 1796. A ópera entrou na moda no início do século XVIII, com novas obras encomendadas a cada temporada.

A influência de *A flauta mágica* no desenvolvimento do *Singspiel* e da ópera romântica alemã foi fundamental. Ela conduziu o *Singspiel* até o século XIX, quando o gênero se desenvolveu em duas direções. Um ramo levou à ópera *Fidelio* (1805), de Beethoven e – de modo mais formador – a outras "óperas mágicas", como *Undine* (1816), de E. T. A. Hoffmann, e *Der Freischütz* (1821) e *Oberon* (1826), de Carl Maria von Weber. Estas foram precursoras da ópera romântica alemã madura, mais bem exemplificada nas obras de Richard Wagner. O outro ramo do *Singspiel* ficou fiel a suas origens mais leves, levando às operetas vienenses de Johann Strauss, o jovem (*Die Fledermaus*) e Franz Lehár (*A viúva alegre*). ∎

VIVO SOMENTE EM MINHAS NOTAS

SINFONIA Nº 3 EM MI BEMOL MAIOR, "EROICA", OP. 55 (1804), LUDWIG VAN BEETHOVEN

EM CONTEXTO

FOCO
Rompendo com o modelo da sonata clássica

ANTES
1759 Joseph Haydn escreve a Primeira sinfonia – em três movimentos.

1793 O teórico alemão Heinrich Christoph Koch é o primeiro a descrever como funciona a forma-sonata.

1800 Beethoven conclui a Primeira sinfonia.

DEPOIS
1810 O crítico E. T. A. Hoffmann descreve Beethoven como "compositor puramente romântico" em texto sobre a Sinfonia nº 5.

1824 A Sinfonia nº 9 de Beethoven surpreende ao acrescentar vozes a um gênero antes apenas instrumental.

A "Eroica" de Beethoven rompeu com os limites e as expectativas do público na estreia em 1805, representando a reelaboração radical do que se entendia por "sinfonia". A expansão ousada da forma-sonata, o reequilíbrio da estrutura musical e até a ordenação dos movimentos foram recebidos com perplexidade e afronta.

As sementes da sinfonia foram plantadas, surpreendentemente, por uma dança. Em março de 1801, um novo balé, *Die Geschöpfe des Prometheus* (As criaturas de Prometeu), estreou no Burgtheater de Viena. Beethoven criou a música, que terminava com um tema jovial em mi bemol maior. A

CLASSICISMO 1750–1820

Ver também: Sinfonia em mi bemol maior, Stamitz 116-117 ▪ Sinfonia nº 40 em sol menor, Mozart 128-131 ▪ *Sinfonia fantástica* 162-163 ▪ Sinfonia nº 1, Schumann 166-169 ▪ Sinfonia nº 9, Dvořák 212-215

> ❝ Pago mais um *Kreuzer* se ao menos isso parar!
> **Membro da audiência**
> *Estreia pública da "Eroica" (1805)* ❞

melodia tinha apelo óbvio para ele, que na mesma época a incluiu numa coletânea de doze *contredanses* (danças rurais) orquestrais e quinze variações e fuga para piano solo, que mais tarde seriam a base do *finale* da "Eroica".

Uma sinfonia ganha forma
Beethoven começou a planejar a Terceira sinfonia no outono de 1802, tinha uma partitura completa dela para piano em outubro de 1803 e uma versão orquestrada no início do verão de 1804. A obra estreou na casa do príncipe Francisco José von Lobkowitz, um dos protetores e financiadores de Beethoven, e depois para o público no Theater an der Wien, em Viena.

O compositor pretendia dedicar a obra a Napoleão Bonaparte, mas quando o general se declarou imperador da França, Beethoven riscou seu nome do manuscrito. Remover a dedicatória tinha sentido político: quando os planos de invasão de Napoleão ficaram claros, seria suicídio profissional celebrá-lo numa sinfonia. A obra foi por fim impressa com dedicatória ao príncipe Francisco José (que pagou com generosidade a Beethoven) e o subtítulo "composta para celebrar a memória de um grande homem". O candidato mais provável ao "grande homem" e fonte do título "Eroica" é Luís Ferdinando, príncipe da Prússia, morto em batalha contra a França em 1806 e a quem Beethoven tinha dedicado o Terceiro concerto para piano, op. 37, em 1803.

Rasgando o livro de regras
A Sinfonia nº 3 começa com um movimento que se expandiu muito além de tudo o que os vienenses já tinham ouvido. Não eram para Beethoven as proporções cuidadosamente equilibradas da forma-sonata clássica, em que uma exposição e recapitulação se combinavam ao redor de uma seção de desenvolvimento curta, com uma breve *coda* ("cauda", em italiano) para concluir o movimento. Em vez disso, ele escreveu um desenvolvimento enorme, entre »

Os feitos heroicos de Napoleão Bonaparte, representados em *Napoleão cruzando os Alpes*, de Jacques-Louis David (1748–1825), inspiraram Beethoven a compor a sinfonia "Eroica".

Ludwig van Beethoven
Filho de um músico obscuro da corte, Beethoven nasceu em Bonn em 1770. Foi para Viena em 1792 e estudou brevemente com Haydn e Antonio Salieri. Pianista de talento prodigioso, fez nome primeiro como virtuose e ganhou inúmeros admiradores nobres ricos, que o ajudaram a se estabelecer como compositor. Em todos os gêneros musicais que explorou, Beethoven foi um inovador radical, surpreendendo sempre o público. Após a morte de Haydn em 1809, foi o principal compositor de sua geração e figura central da nova era romântica. Numa cruel virada do destino, começou a perder a audição perto dos trinta anos, e em 1818 estava praticamente surdo. Apesar disso, após essa época e até a morte em Viena em 1827 escreveu algumas de suas obras mais inventivas e radicais.

Outras obras importantes

1808 Sinfonias nº 5 e nº 6, op. 67 e op. 68
1818 Sonata para piano em si bemol, *Hammerklavier*, op. 106
1824 Sinfonia nº 9 em ré menor, op. 125

140 ROMPENDO COM O MODELO DA SONATA CLÁSSICA

O Palácio Lobkowitz, em Viena, em gravura colorida de Vincenz Reim (1796–1858), foi o local da primeira execução da Sinfonia nº 3 de Beethoven, em agosto de 1804.

uma exposição e uma recapitulação longas, terminando com uma *coda* de mais de cem compassos.

Além de serem incomuns o equilíbrio e a duração extrema do primeiro movimento, Beethoven introduziu um tema totalmente novo após o fim da exposição (onde todos os temas já eram por tradição apresentados). Esse novo tema era na escala de mi maior, muito distante da escala da tônica da peça.

A forma do tema de abertura da "Eroica" também é atípica. Inclui um dó sustenido, nota desgarrada que não pertence à escala de mi bemol maior e afasta assim a música de sua tônica e a desestabiliza. Em resultado, Beethoven teve de reescrever o tema na recapitulação para criar uma resolução satisfatória. Isso desafiava as regras da forma-sonata, em que a recapitulação deve conter as ideias musicais da obra na mesma forma em que apareceram na exposição.

Além da manipulação temática, a música do primeiro movimento é cheia de síncopes que perturbam o senso de ritmo da audiência. A par disso, fortes dissonâncias – feias aos ouvidos do início do século XIX – se destacam, onde segundas maiores e menores (notas dois semitons e um semitom distantes, respectivamente) se atritam umas com as outras.

Surpresas constantes
Após a enorme estrutura do primeiro movimento, com suas surpreendentes reviravoltas tonais, Beethoven escreveu um movimento lento, moldado como uma *marcia funebre* (marcha fúnebre). É uma peça intensamente dramática, com um tema de abertura em tom menor que por fim dá lugar a um dó maior mais fulgurante e esperançoso, antes de o tema de abertura voltar como um *fugato* – peça breve semelhante a uma fuga, em que o tema é imitado ao mesmo tempo por instrumentos diferentes como se um perseguisse o outro. Conseguir texturas musicais tão ricas e intricadas tecidas tão extensamente em mais de um movimento era revolucionário.

O terceiro movimento é mais leve – um *scherzo* ("brincadeira", em italiano) vívido. Como a maioria dos movimentos de sinfonia *scherzo*, inclui um trio, na seção média baseada em três instrumentos. Beethoven inovou aqui ao usar trompas francesas numa sinfonia com maior destaque que nunca antes. Esses instrumentos não tinham válvulas no início do século XIX e, assim, só podiam tocar arpejos num tom, o que os faz soar marciais, como um chamado de batalha.

O tema principal do *scherzo* começa num tom inesperado. A música já mudou de tom, de mi bemol para si bemol, antes de o oboé por fim começar o tema. De novo, Beethoven confundia de propósito a audiência.

O fim e além
O *finale* da "Eroica" é um conjunto de variações sobre um tema.

> Essa obra estranha e formidável, a peça mais extensa e ricamente artística de todas as criadas pelo espírito original e extraordinário de Beethoven.
> **Início de crítica**
> **Allgemeine musikalische Zeitung**
> **(18 de fevereiro de 1807)**

CLASSICISMO 1750–1820

A grandiosidade expressiva na "Eroica" de Beethoven

A "Eroica" é revolucionária

- Abre com **dois acordes** poderosos.
- Primeiro movimento mais desenvolvido que em qualquer sinfonia até então, e **mais longo** que muitas **sinfonias completas**.
- Um segundo movimento que abre com uma **marcha fúnebre sombria** em dó menor.
- Uso de temas **triádicos** (com três notas).
- Um *scherzo* **enérgico** no terceiro movimento.
- Enorme gama de **tons**.
- Uso **destacado** de **metais** para produzir um fim "heroico".
- Surpresas e **tensões harmônicas**.

Embora não fosse a primeira sinfonia a usar uma forma de tema e variação como movimento de conclusão, Beethoven rompeu com a tradição ao não começar com o próprio tema, mas com uma linha de baixo. A partir dela, Beethoven cria a textura orquestral até por fim chegar à melodia tema. Ele inverteu a forma escrevendo variações antes até de ter chegado ao tema. Além disso, em vez de as variações se basearem numa só melodia, a orquestra toda é envolvida na troca e desenvolvimento de linhas entretecidas, terminando com um *fugato* elaborado que leva a música com firmeza e por fim à tônica.

Beethoven criou uma jornada de quatro movimentos através de tons, temas e ideias interligados com engenho e sutileza. Ele se aventurou ainda mais em sinfonias posteriores, e ao chegar à Nona, em 1824, as quatro unidades separadas, ligadas apenas por um título comum, tinham se tornado uma narrativa musical brilhantemente entretecida através da velha estrutura da sonata.

Os primeiros ouvintes da "Eroica" a consideraram uma obra difícil de entender – estava simplesmente longe demais de sua ideia do que uma sinfonia *devia* ser, em termos de duração e de estrutura. Mas logo ela foi aceita como obra de gênio profundo e exerceu enorme influência nas gerações futuras de sinfonistas, de Schumann e Brahms a Bruckner e Mahler. ∎

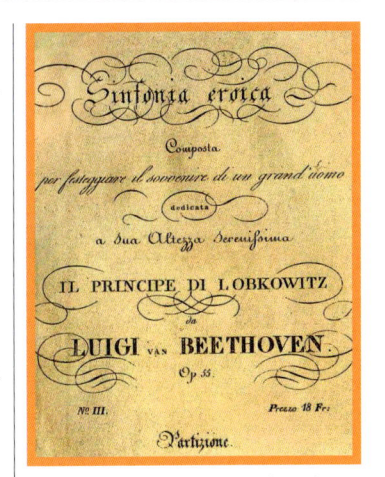

A Sinfonia nº 3 já era conhecida como "Eroica" ao ser publicada, como mostra o frontispício da primeira edição.

ROMAN
1810–1920

TISMO

INTRODUÇÃO

Niccolò Paganini compõe o primeiro dos 24 caprichos para violino solo – entre as mais difíceis peças para violino de todos os tempos.

1805

O ciclo de canções *Die schöne Müllerin*, de **Franz Schubert**, marca o auge da forma *Lied* (canção) alemã.

1824

Em Paris, **Hector Berlioz** estreia a *Sinfonia fantástica*, uma das obras mais influentes do gênero programático.

1830

Pensando em transmitir a nostalgia pela primavera, **Robert Schumann** escreve a Sinfonia nº 1 em quatro dias de janeiro.

1841

1821

Baseada numa lenda popular germânica, a ópera *Der Freischütz*, de **Carl Maria von Weber**, explora a identidade nacional alemã.

1826

Síntese do estilo final de **Beethoven**, o Quarteto de cordas nº 14, op. 131 abandona a forma e o desenvolvimento tradicionais do quarteto.

1839

O ciclo de 24 prelúdios, de **Frédéric Chopin**, que cobrem todos os tons maiores e menores, desafia a estrutura temática convencional.

1846

A orquestração colorida de *Elias*, de **Felix Mendelssohn**, renova o oratório, um gênero barroco.

O movimento romântico surgiu em grande parte como reação ao racionalismo e à urbanização da sociedade europeia após a Revolução Industrial. Desde o fim do século XVIII, escritores, artistas e compositores se afastaram da elegância formal do período clássico em favor da expressão pessoal e do fascínio pela natureza. Em música isso se manifestou na expansão gradual da paleta harmônica e instrumental, apelando às emoções em vez de ao intelecto da audiência.

O novo estilo

Beethoven satisfazia o estereótipo do músico romântico, assim como o violinista Niccolò Paganini e alguns outros instrumentistas-compositores virtuoses. Cabelos longos descuidados e roupas informais substituíram perucas e trajes sérios do período clássico, e o estilo de vida dos compositores românticos era muitas vezes tão exuberante quanto suas músicas.

Beethoven desenvolveu um estilo de música mais pessoal a partir de 1803. No que é visto como seu "período médio", criou sonatas para piano, quartetos de cordas e outras formas de música de câmara, e acima de tudo sinfonias, revolucionários. Em seu "período final" – um surto de criatividade –, quando a profunda surdez o isolou do mundo, produziu obras de intensidade extraordinária, como suas últimas sonatas para piano, quartetos de cordas e a Nona sinfonia, com seu *finale* coral inovador. Nem todos os compositores aderiram à onda romântica. As obras instrumentais de Franz Schubert, por exemplo, são de estilo mais clássico. Apesar disso, ele se inspirou em temas da poesia romântica alemã em suas canções, ou *Lieder*, pelas quais é mais conhecido. Esse aspecto do Romantismo, em especial o amor à natureza, influenciou mais tarde a obra de Robert Schumann, cujas sinfonias e peças para piano eram com frequência programáticas (pintando um quadro ou contando uma história em música), gênero iniciado pela Sexta sinfonia, a "Pastoral", de Beethoven, que descreve uma série de cenas rurais.

Hector Berlioz apreciou as possibilidades de uma orquestra maior e uma linguagem harmônica expandida. Suas óperas, obras orquestrais e corais, todas de ampla escala, com orquestras grandes, eram expressivas e bem pessoais.

ROMANTISMO 1810–1920

1853 — A estreia de *La traviata*, de **Giuseppe Verdi**, em Veneza choca o público ao colocar uma mulher mundana como tema.

1867 — **Johann Strauss** II escreve *Danúbio azul*, valsa com rica sonoridade sinfônica que incendeia a Europa.

1876 — A Primeira sinfonia de **Johannes Brahms** estreia em Karlsruhe, na Alemanha, lembrando o estilo clássico de Beethoven.

1900 — O enredo brutal da ópera *Tosca*, de **Giacomo Puccini**, tipifica o *verismo* (realismo), forma de ópera popular na Itália e na França.

1857 — A *Sinfonia Fausto*, de **Franz Liszt**, inspirada na peça homônima de Johann Wolfgang Goethe, estreia em Weimar, na Alemanha.

1876 — A quarta parte do *Ciclo do anel*, de **Richard Wagner**, estreia em Bayreuth, marcando o fim de sua "obra de arte total", composta em 26 anos.

1896 — Inspirado pelo livro de Nietzsche, **Richard Strauss** compõe *Assim falou Zaratustra*, poema sinfônico que rejeita as convenções românticas.

1908 — **Gustav Mahler** escreve *Das Lied von der Erde*, reflexão sobre a inevitabilidade da morte.

Ele continuou o deslocamento do abstrato ao programático em suas sinfonias, tendência assumida depois por muitos compositores, em especial Franz Liszt, que desenvolveu a forma conhecida como poema sinfônico ou poema tonal.

Liszt também foi famoso na juventude pelo virtuosismo ao executar as próprias peças para piano e conquistou muitos seguidores devotados. Os recitais de piano solo eram um entretenimento popular na época, em especial os de figuras românticas como Liszt ou Frédéric Chopin, cujo estilo de composição mais delicado e lírico apelava em especial às audiências francesas.

Exceções à regra

Apesar da popularidade da música romântica, alguns compositores sentiam falta da elegância do Classicismo. Na refinada Viena, por exemplo, Johann Strauss I e II, pai e filho, evocavam essa nostalgia em suas valsas, enquanto outros compositores se ressentiam da falta de disciplina da música romântica. À frente de todos estava Johannes Brahms, que moderou a expressão com formas clássicas mais estritas. Outro foi Felix Mendelssohn, cujos oratórios lembravam o Barroco, retomando as tradições corais alemã e inglesa abandonadas por Händel e Bach.

Ópera romântica

A ópera, com sua combinação de literatura e música, era ideal para retratar temas e ideias românticos. Carl Maria von Weber estabeleceu o modelo de ópera romântica escolhendo o folclore alemão em vez da mitologia clássica como tema e visando uma forma mais convincente de representação dramática. Outros seguiram sua iniciativa: Bizet na França; os gigantes da ópera italiana, Verdi e Puccini, que buscaram um novo tipo de realismo na ópera, e Richard Wagner na Alemanha, cujas óperas tinham a maior das escalas e esticavam a linguagem musical. Com suas harmonias inovadoras, Wagner desafiou a ideia de tonalidade, que tinha sido a base da forma musical desde o fim do Renascimento. Wagner inspirou o que é hoje conhecido como o estilo final romântico, exemplificado por compositores como Anton Bruckner, Gustav Mahler e Richard Strauss. Era o prenúncio da música moderna, em que as velhas regras de harmonia não se aplicavam mais. ∎

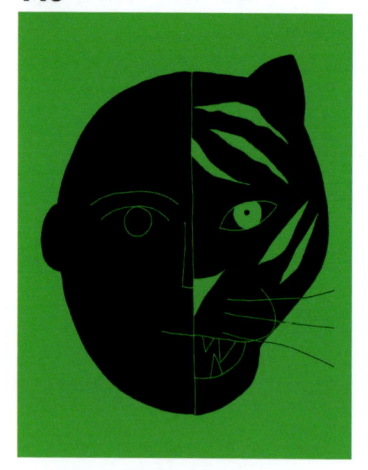

O VIOLINISTA É AQUELE FENÔMENO PECULIARMENTE HUMANO [...] MEIO TIGRE, MEIO POETA

24 CAPRICHOS PARA VIOLINO SOLO, OP. 1 (1824), NICCOLÒ PAGANINI

EM CONTEXTO

FOCO
Surgimento do virtuose

ANTES
1733 Pietro Locatelli publica *L'arte del violino*, que inspira os *Caprichos* de Paganini.

1740 O violinista Giuseppe Tartini, conhecido pela execução rápida e empolgante, expressa sobretudo em sua sonata para violino *O trilo do diabo*, faz uma turnê de concertos na Itália.

DEPOIS
1834 Hector Berlioz conclui *Harold en Italie*, sinfonia que apresenta uma parte para viola solo composta para Paganini.

1838 Franz Liszt publica uma forma inicial dos *Études d'exécution transcendante d'après Paganini* (Estudos transcendentais de execução baseados em Paganini), de técnica difícil, transcrevendo para piano solo seis dos caprichos para violino de Paganini.

A carreira internacional do violinista-compositor Niccolò Paganini como instrumentista só durou seis anos, de 1828 a 1834, mas sua influência na música foi imensa. Com a intenção de divertir, ele introduziu novas técnicas de execução e elevou as expectativas do público, realizando façanhas inéditas. Ele tinha muitos violinos, entre os quais uma meia dúzia do que talvez seja o maior de todos os fabricantes, Antonio Stradivarius.

Uma doença crônica – crê-se que a síndrome de Marfan – dava a Paganini aparência esquelética. Isso

> " Domingo de Páscoa; à tarde ouvi Paganini. Que êxtase! Em suas mãos os exercícios mais estéreis se incendeiam.
> **Robert Schumann**

levou a rumores de que ele fizera um trato com o diabo em troca de seus dons. Seus maiores triunfos foram em Paris, fascinada por espetáculos grandiosos, nova tecnologia e genialidade em todos os campos.

Inovações técnicas

Paganini estudou e se aperfeiçoou na Itália. Acredita-se que começou a compor os *24 caprichos* no início dos anos 1800, embora não os tenha publicado até 1820. Nessas obras admiráveis e muitas outras ele desafiou cada aspecto da técnica de violino e lançou ideias destinadas a exibir as habilidades do instrumentista. As peças eram pontuadas por passagens de quebrar o pescoço, cordas duplas ou até triplas (tanger com o arco duas ou três cordas ao mesmo tempo), além de novos truques como o *pizzicato* de mão esquerda (usar os dedos dessa mão para pinçar as cordas) e o *ricochet* (várias notas em *staccato* num só golpe do arco).

Inspirado por Paganini

Aos dezenove anos, em 1831, o compositor húngaro Franz Liszt ouviu Paganini em Paris. Isso o inspirou a buscar o mesmo virtuosismo no

Ver também: *As quatro estações* 92-97 ▪ *Sinfonia Fausto* 176-177

piano e cultivar uma *persona* igualmente dramática. Sua carreira coincidiu com avanços técnicos na fabricação do piano que o tornaram confiável, versátil e com som alto o bastante para encher as grandes salas de concertos que atendiam à crescente classe média. Liszt foi o mais talentoso de uma nova classe de compositores-pianistas que competiam por destaque – às vezes em duelos de execução pianística. Sua condição de celebridade ajudou a estabelecer o recital de piano na forma atual, beneficiando assim

O primeiro êxito de Paganini, de Annibale Gatti, c. 1890, talvez mostre uma apresentação na corte de Lucca, onde Paganini construiu sua reputação no início do século XIX.

outros compositores. O talento de Paganini e Liszt forçou os limites das técnicas existentes para violino e piano. O concerto se tornou palco para que solistas se destacassem, e o tema e a forma das variações – em que uma melodia simples e com frequência bem conhecida é retrabalhada de modo cada vez mais impressionante – se popularizaram entre público e compositores. O tema do *Capricho nº 24* de Paganini inspirou obras de Liszt, Johannes Brahms e Sergei Rachmaninoff.

Virtuoses posteriores foram o compositor-violinista belga Henri Vieuxtemps e os compositores-pianistas Louis Moreau Gottschalk nos Estados Unidos, Leopold Godowsky na Polônia e Rachmaninoff na Rússia. ▪

Niccolò Paganini

Nascido na cidade portuária italiana de Gênova em outubro de 1782, Paganini aprendeu violino e violão com o pai, músico amador excepcional. O jovem Paganini completou os estudos com um regime estrito de treino, afirmando mais tarde que se tornou virtuose após ouvir uma apresentação do violinista francês nascido na Polônia August Duranowski.

Em 1809, Paganini deixou um cargo na corte de Lucca para tentar a carreira solo. Viajou pela Itália, compondo e executando obras que exibiam suas habilidades. Problemas de saúde, entre eles sífilis, o limitaram até 1828, mas depois foi à Áustria, Boêmia, Alemanha e, em 1831, Paris, onde seus dez concertos na *Opéra* causaram sensação. Em 1834, a saúde precária o obrigou a fazer um retiro parcial na Itália, onde morreu em 1840.

Outras obras importantes

1813 *Le streghe* (As bruxas)
1816 Concerto para violino nº 1
1819 Sonata "a Preghiera"
1826 Concerto para violino nº 2 em si menor

DÊ-ME A LISTA DA LAVANDERIA E EU A MUSICAREI
O BARBEIRO DE SEVILHA (1816), GIOACHINO ROSSINI

EM CONTEXTO

FOCO
Ópera-bufa italiana

ANTES
1782 Uma versão lírica anterior de *O barbeiro de Sevilha*, do compositor italiano Giovanni Paisiello, é encenada pela primeira vez em São Petersburgo.

1786 *O casamento de Fígaro*, de Mozart, estreia em Viena.

DEPOIS
1843 A ópera-cômica *Don Pasquale*, de Gaetano Donizetti, é exibida pela primeira vez no Théâtre Italien, em Paris.

1850 *Crispino e la comare* (O sapateiro e a fada), dos irmãos Luigi e Federico Ricci, é um dos últimos exemplos de verdadeira ópera-bufa.

Sobrevivendo à desastrosa estreia em Roma em 1816, *O barbeiro de Sevilha*, de Gioachino Rossini, logo ganhou aclamação universal. Rossini já escrevera dezesseis óperas, mas essa era sua primeira ópera-bufa (ou ópera-cômica, oposta à *opera seria*). Ela relata as tentativas do conde Almaviva de conquistar a bela Rosina, tutelada pelo muito mais velho dom Bartolo, que pretende se casar com ela.

> Querido Deus, eis aqui terminada esta pobre missinha. Será música sacra [...] ou música do diabo? Nasci para a ópera-bufa, como bem sabe.
> **Gioachino Rossini**

O barbeiro Fígaro, um faz-tudo de Sevilha, é central no enredo. Entre as canções da ópera estão *Largo al factotum della città* (Abram alas ao faz-tudo da cidade), de Fígaro, e *Una voce poco fa* (Uma voz há pouco).

Realismo operístico

Os cenários de submundo e a linguagem das ruas da ópera-bufa trouxeram um realismo fresco ao drama musical e sua popularidade se espalhou pela Europa. *O casamento de Fígaro* e *Così fan tutte*, de Mozart, são outros exemplos do gênero.

Beethoven admirava *O barbeiro de Sevilha*, assim como Verdi e Wagner. Porém, salvo uma farsa de um ato, Rossini não escreveu outras comédias. Nos anos 1820, tornou-se diretor do Théâtre Italien, em Paris, onde escreveu mais cinco óperas, culminando com *Guillaume Tell* (Guilherme Tell) em 1829. Depois, sua produção declinou. Uma das poucas peças de larga escala em suas três últimas décadas de vida foi *Petite messe solennelle* (Pequena missa solene) em 1863. ∎

Ver também: *O burguês fidalgo* 70-71 ▪ *A flauta mágica* 134-137 ▪ *La traviata* 174-175 ▪ *Tosca* 194-197

A MÚSICA NA VERDADE É O PRÓPRIO AMOR
DER FREISCHÜTZ (1821), CARL MARIA VON WEBER

EM CONTEXTO

FOCO
Ópera romântica alemã

ANTES
1791 *A flauta mágica* de Mozart, exemplo supremo da tradição do *Singspiel*, é encenada em Viena.

1816 Estreia em Berlim a ópera romântica *Undine*, de E. T. A. Hoffmann, sobre uma ninfa das águas que se casa com um humano.

DEPOIS
1833 A ópera *Hans Heiling*, de Heinrich Marschner, como seu sucesso anterior *Der Vampyr*, contrasta o mundo real e o sobrenatural.

1834 Richard Wagner conclui a ópera *Die Feen* (As fadas), muito influenciada por *Der Freischütz*, de Weber.

As balas mágicas usadas na disputa de tiro em *Der Freischütz* são disparadas no fantasmagórico vale do Lobo, aqui numa água-tinta de cena da ópera.

Um exemplo vienense de *Singspiel* (brincadeira em canção), que liga canções a diálogo falado, *Der Freischütz* (O franco-atirador), de Carl Maria von Weber, conta a história de Max, jovem caçador da Boêmia convencido pelo malvado Caspar a participar de um concurso de tiro para conquistar a mão de Agathe. Para garantir a vitória Caspar lhe dá balas mágicas forjadas no vale do Lobo.

Estreada em Berlim em 1821, *Der Freischütz* levou seu compositor ao estrelato. O sucesso se deveu em parte ao fato de se basear firmemente na cultura alemã, usando personagens, cenários, folclore e música popular bem conhecidos. Weber imaginava uma nova grande tradição operística alemã.

A combinação de orgulho nacional, conteúdo emocional e representação do sobrenatural impressionou o jovem Richard Wagner, que viu *Der Freischütz* aos nove anos. Ao mesmo tempo, a orquestração inovadora de Weber, em especial o uso evocativo das madeiras e trompas, influenciou Berlioz, Mahler e Debussy.

Weber escreveu mais duas óperas. Estava em Londres para reger a estreia de sua última obra, *Oberon*, em 1826, quando morreu de tuberculose, aos 39 anos. ■

Ver também: *A flauta mágica* 134-137 ▪ *O barbeiro de Sevilha* 148 ▪ *La traviata* 174-175 ▪ *O ciclo do anel* 180-187 ▪ *Tosca* 194-197

NINGUÉM SENTE A DOR DO OUTRO. NINGUÉM ENTENDE A ALEGRIA DO OUTRO

DIE SCHÖNE MÜLLERIN (1824), **FRANZ SCHUBERT**

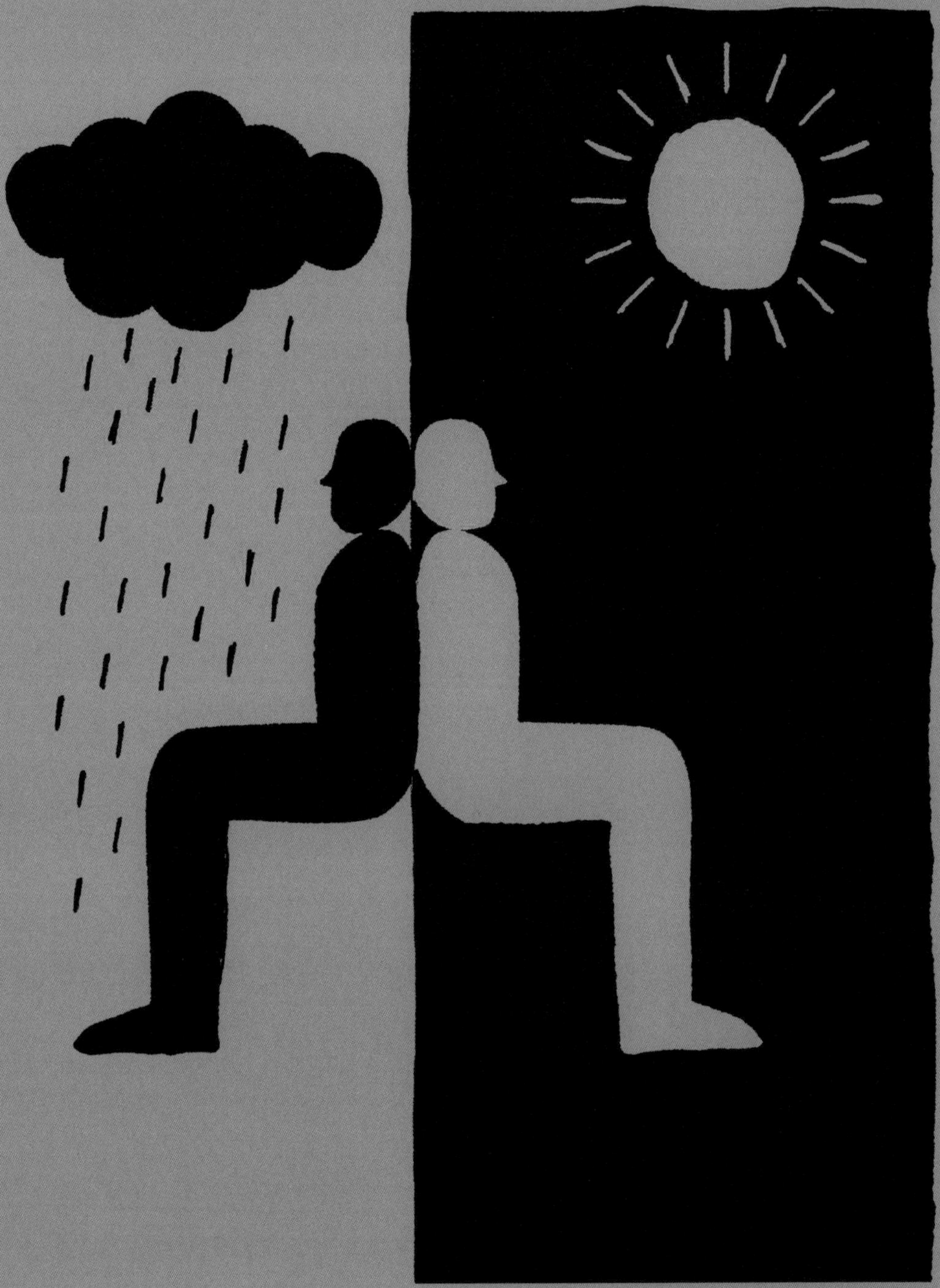

LIEDER E CICLOS DE CANÇÕES

EM CONTEXTO

FOCO
Lieder e ciclos de canções

ANTES
1816 Beethoven compõe *An die ferne Geliebte* (À amada distante), considerado o primeiro ciclo de canções.

1821 Wilhelm Müller publica os poemas de *Die schöne Müllerin* (entre eles seis não musicados por Schubert) como parte de uma antologia.

DEPOIS
1840 Robert Schumann compõe vários grandes ciclos de canções, entre eles *Frauenliebe und Leben* e *Dichterliebe*.

1856 O barítono Julius Stockhausen faz a primeira apresentação pública completa de *Die schöne Müllerin* em Viena.

O compositor Franz Schubert é muitas vezes ligado à canção artística (ou *Lied*, plural *Lieder*) alemã. Ele não inventou o gênero. Vários grandes compositores fizeram canções antes dele, como Beethoven, Mozart e Haydn, além de figuras menos conhecidas. Não é sequer verdade que Schubert criou o primeiro "ciclo de canções", expressão usada depois para um conjunto de canções com uma narrativa ou tema abrangente. *An die fern Geliebte*, de Beethoven, composta em 1816, foi a primeira obra importante a se ajustar a tal descrição.

Schubert, porém, transformou o gênero. Antes dele, os *Lieder* eram em geral ingênuos ou francamente líricos. A forma tendia a ser estrófica – a mesma melodia se repetia nas estrofes do poema –, a música se envolvia com o texto apenas captando o clima geral e o acompanhamento ao teclado era com frequência previsível, funcional e sem expressão. Haydn e Beethoven foram apresentados à forma quando encarregados de criar arranjos para músicas folclóricas, ao passo que as canções de Mozart, que reservou seus trabalhos mais sofisticados com palavras à ópera, são de pequena escala e alcance modesto. Compor canções era algo acessório, não parte central das atividades de qualquer desses compositores.

Piano e canção

Schubert cresceu num mundo de sensibilidade poética aumentada, de ênfase na experiência subjetiva. O potencial técnico e a disponibilidade do piano, uma invenção um pouco recente, tinham crescido. As apresentações domésticas estavam em alta, em especial em Viena, cuja classe média, refreada de muitos modos pelo controle de uma sociedade estrita, buscava saídas

As canções artísticas, ou *Lieder*, de Schubert eram em geral tocadas em casas de amigos. Os concertos públicos de larga escala eram basicamente reservados a grandes obras orquestrais.

Ver também: *Sinfonia fantástica* 162-163 ▪ Sinfonia nº 1, Schumann 166-169 ▪ *Sinfonia Fausto* 176-177 ▪ *Assim falou Zaratustra* 192-193

> Minhas composições brotam de minhas tristezas. As que dão ao mundo o maior deleite nasceram de meus mais profundos pesares.
> **Franz Schubert**

pessoais para os impulsos artísticos. Essa forma amadora de fazer música, longe das cortes e sociedades de concertos formais, alcançava novos níveis de sofisticação.

Em sua vida breve, Schubert compôs cerca de seiscentas canções. As primeiras publicadas, *Erlkönig* e *Gretchen am Spinnrade* (Margarida e a roca), escritas aos dezessete anos, ainda são as mais populares. Arranjadas sobre textos de Johann Wolfgang von Goethe, traziam um novo tipo de canção: ambas eram "não estróficas" (sem estrofes estritamente repetidas) e apresentavam poderosos dramas em miniatura que progrediam de modo inexorável para um clímax.

Erlkönig inclui uma voz de narrador além das do pai, seu filho e do Erlking do título – criatura malevolente semelhante a um duende que vive na floresta escura da imaginação romântica. Margarida, por sua vez, é a heroína trágica da obra-prima de Goethe, *Fausto*. Em 1816, Schubert compôs *Der Wanderer*, uma de muitas canções que focaliza outra figura fundamental do Romantismo

alemão, cujo dilema é sintetizado no verso final da canção: "Lá, onde você não está, está a felicidade!".

Schubert também compôs canções que aderiam à simplicidade popular e ao longo de sua vida curta mas intensamente criativa alternou entre formas complexas e mais diretas. Sua produção para voz é notável pela variedade e riqueza da inspiração melódica, mas o papel do acompanhamento de piano também se desenvolveu muito nas mãos de Schubert. De simples apoio direto passou à inclusão de reflexões sofisticadas e reações ao conteúdo do poema acompanhado.

Ciclos de canções

A variedade da arte de Schubert é evidente em seu primeiro ciclo de canções, *Die schöne Müllerin* (A bela moleira), publicado em 1824. Para as vinte canções do ciclo, Schubert escolheu poemas de uma coletânea de Wilhelm Müller, poeta contemporâneo cujos versos ele também usaria em *Winterreise* (Jornada de inverno), seu segundo ciclo de canções, três anos depois. *Die schöne Müllerin* segue vagamente a história da paixão de um jovem empregado de moinho pela bela filha do patrão, de sua obsessão inicial e do ciúme até resignar-se – como os ouvintes são levados a supor – ao suicídio.

A narrativa flui em grande parte por sugestões, com os poemas oferecendo instantâneos, em geral na voz do próprio empregado do moinho. Juntas as canções condensam muitos dos temas fundamentais da poesia romântica, em especial a solidão do forasteiro e a busca, em face da rejeição, de consolo na natureza. Essas ideias seriam »

Franz Schubert

Nascido num distrito pobre de Viena em 1797, Schubert era filho de um conhecido professor escolar e de música que lhe ensinou piano e violino. Compôs desde cedo e logo foi favorecido por importantes figuras de Viena, como Antonio Salieri. Apesar disso, não alcançou o sucesso com composições "públicas" de larga escala. Schubert conseguiu uma vida respeitável com obras destinadas ao mercado amador, como composições e canções para piano. Embora algumas de suas peças de câmara tenham sido executadas em público, muitas de suas melhores obras – sonatas para piano e sinfonias, entre elas – só foram redescobertas anos após sua morte em 1828, aos 31 anos. Isso levou a uma reavaliação que consolidou sua reputação como mestre da composição de música instrumental além de canções.

Outras obras importantes

1822 Sinfonia em si menor ("Inacabada"), D759
1822 Missa nº 2 em sol maior, D167
1828 Quinteto de cordas em dó, D956

Lied e ciclos de canções

Escritos para voz e piano para execução em lares e salas de concertos, às vezes como um ciclo de três ou mais canções ligadas por uma história ou tema.

Apresentam três formas principais

Estrófica: todas as estrofes são cantadas com a mesma música, como em *Der Fischer* e *Heidenröslein*, de Schubert.

Estrófica modificada: a música muda em algumas estrofes, como em *Der Lindenbaum*, de *Winterreise*, de Schubert.

Não estrófica: cada estrofe tem música diferente que se ajusta às palavras. *Erlkönig*, de Schubert, é não estrófica.

exploradas com força ainda maior em *Winterreise*, em que os poemas acompanham o caminho do viajante abandonado e solitário por uma sombria paisagem invernal. As canções da *Schwanengesang* (Canto do cisne), publicadas juntas após a morte de Schubert mas nunca concebidas como um ciclo, levam o gênero além e, com seu poder expressionista, podem ser chocantes.

Só para o público
As canções de *Die schöne Müllerin*, como tantas de Schubert difundidas em sua vida, foram concebidas basicamente para apresentações privadas, como as que ele fazia aos amigos, as Schubertíadas, não sendo de início publicadas juntas como um ciclo. A primeira execução pública do ciclo como um todo só ocorreu em 1856.

Com a aproximação do século XX o *Lied* foi se tornando uma forma cada vez mais pública, embora muitos compositores ainda o usassem em algumas de suas obras mais pessoais.

Veículo romântico
A influência de Schubert, em termos de evolução futura do *Lied*, é difícil de superestimar. Uma atividade que tinha sido periférica para compositores anteriores tornou-se algo central para vários dos que vieram depois dele. A mistura única de música e poesia desse gênero se provou especialmente atrativa para os românticos. Ciclos de canções subsequentes muitas vezes representaram tentativas de construir sobre o legado de Schubert.

Schubert musicou vários poemas de Goethe, entre eles a obra trágica de 1778 *An den Mond* (À lua). Este manuscrito de Schubert data de 1815.

Canção romântica francesa

A história da canção artística na França foi muito influenciada pelo ambiente cultural de Paris, onde a canção – *mélodie* ou *chanson* –, destinada em geral à execução em salões privados, existia à sombra da ópera. A canção francesa enfrentava um problema a mais: os ritmos e ênfases irregulares da língua tornavam difícil musicar palavras com naturalidade.

Apesar disso, o gênero se tornou mais ambicioso e sofisticado na França por volta do fim do século XIX, a partir de obras de compositores como Hector Berlioz – suas *Les Nuits d'eté* (Noites de verão, 1841), arranjos para seis poemas de Théophile Gauthier, estão entre as primeiras canções para voz e orquestra no repertório, embora tenham sido compostas de início para acompanhamento de piano. Apesar de influenciado pelo compositor alemão Richard Wagner, um ramo apenas francês de canções artísticas se desenvolveu depois pelas mãos de Gabriel Fauré, Claude Debussy e Francis Poulenc.

Robert Schumann foi muito influenciado por Schubert. Seus próprios ciclos de canções, muitos dos quais compostos num surto de inspiração em 1840, quando se casou com a pianista e compositora Clara Wieck, tendem a ser de menor escala, oferecendo uma série de impressões poéticas ou, no caso de *Frauenliebe und Leben* (Amor e vida de uma mulher), o amplo retrato de uma relação. Schumann escreveu muitos prelúdios curtos para piano a fim de criar o cenário de suas canções, além de poslúdios para recapitular o clima. Embora Johannes Brahms tenha escrito dois ciclos de canções, tanto ele quanto o austríaco Hugo Wolf se concentraram em agrupá-las em conjuntos adequados à publicação, o que não implica que deviam ser necessariamente tocadas juntas. Wolf, em especial, foi notável por compor quase que apenas *Lieder*. Em suas obras, conseguiu incorporar a complexidade harmônica wagneriana e a intuição psicológica em escala mais íntima.

Legado de canções

A influência de Schubert em âmbito maior também foi enorme, e o desejo de levar a canção a um plano artístico mais alto coincidiu, na segunda metade do século XIX, com tentativas de afirmar e definir a nacionalidade, no mundo falante do alemão e fora dele. As canções de compositores como Antonín Dvořák e Modest Mússorgski muitas vezes têm coloração nacionalista.

Na virada para o século XX, Gustav Mahler firmou o gênero na esfera pública, em especial porque foi um dos primeiros compositores, como Richard Strauss, a orquestrar as próprias canções. Várias das canções de Mahler abriram caminho para suas primeiras sinfonias, tanto completas como retrabalhadas como movimentos instrumentais. Strauss, por sua vez, compôs canções ao longo de toda a vida e escreveu sua obra-prima de despedida, *As quatro últimas canções*, para voz soprano e orquestra, em 1948.

A arte da canção também floresceu na França, Grã-Bretanha e Estados Unidos, em especial no século XX, com compositores como Ralph Vaughan Williams, Gerald Finzi, Charles Ives e Benjamin Britten, que, como ótimo pianista, se especializou em executar os ciclos de canções de Schubert. ■

> " Não há canção de Schubert a partir da qual não se possa aprender algo.
> **Johannes Brahms**

Hugo Wolf escreveu centenas de canções artísticas, em geral com temas românticos e pessoais, como mostra este cartão-postal com uma canção de seu *Caderno de canções espanholas*, de 1891.

A MÚSICA É COMO UM SONHO. UM QUE NÃO CONSIGO OUVIR

QUARTETO DE CORDAS Nº 14 EM DÓ SUSTENIDO MENOR, OP. 131 (1826), LUDWIG VAN BEETHOVEN

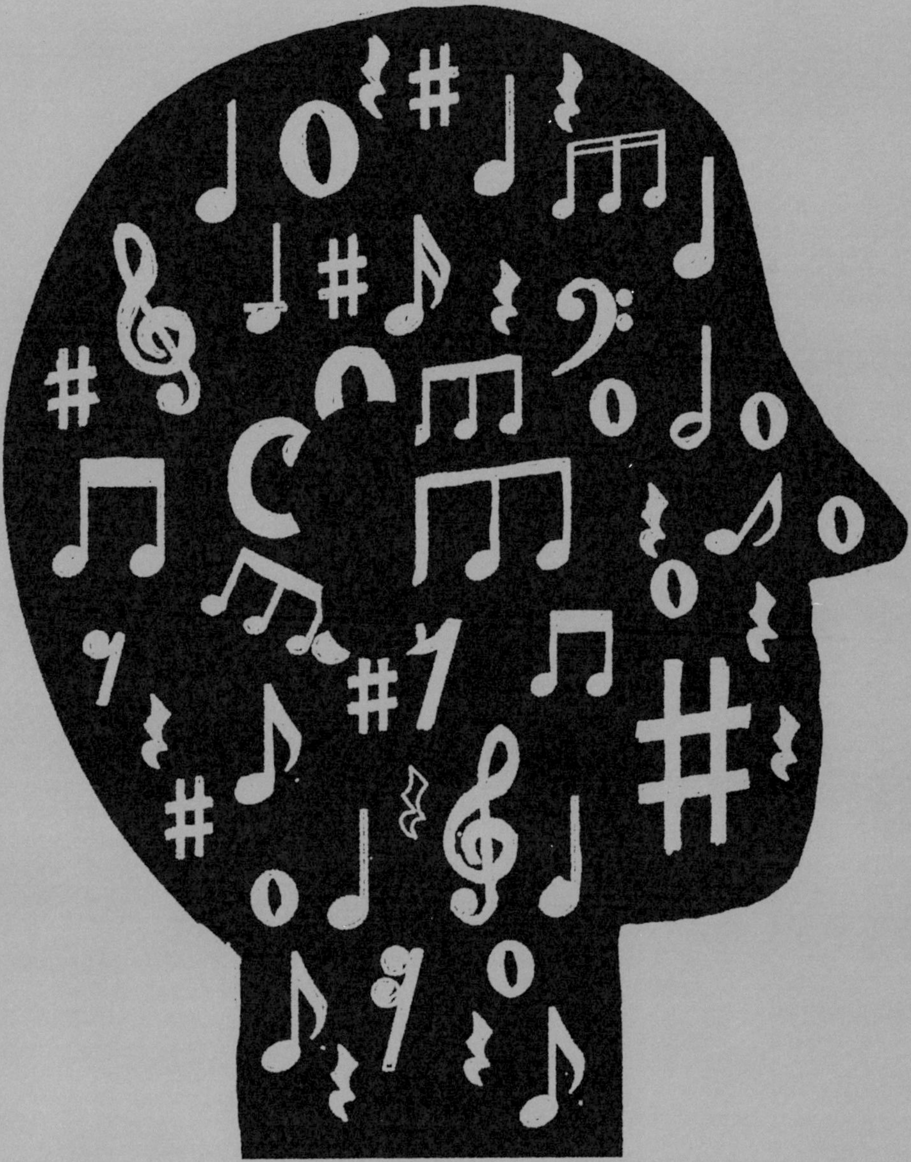

EM CONTEXTO

FOCO
Protorromantismo

ANTES
1781 Haydn, o inventor do quarteto de cordas, publica os quartetos op. 33.

1782–1785 Mozart escreve seis quartetos, que dedica ao compositor Joseph Haydn.

1824 Franz Schubert escreve o Quarteto de cordas nº 14, conhecido como "A Morte e a Donzela".

DEPOIS
1827–1829 Felix Mendelssohn compõe os quartetos de cordas op. 12 e op. 13. O quarteto op. 13, em especial, faz eco às op. 95 e op. 132 de Beethoven.

1828 O último desejo de Schubert no leito de morte é ouvir o quarteto op. 131 de Beethoven.

1873 Johannes Brahms publica o Quarteto de cordas nº 1 em dó menor e o Quarteto de cordas nº 2 em lá menor, constituindo a op. 51. Eles foram sua vigésima tentativa de escrever quartetos.

1934 Michael Tippett compõe o primeiro de seus cinco quartetos, todos inspirados por obras específicas de Beethoven.

A música de Beethoven se divide em três períodos estilísticos: o inicial (até 1802), o médio (1803–1813) e o final (1817–1827). Ele nasceu em 1770, e aos 27 anos tinha escrito grande variedade de obras. Em boa parte desse período, porém, evitou o território dominado por Haydn e Mozart – o quarteto de cordas. Só no fim dos anos 1790, quando não era mais comparado a Mozart, compôs seus seis primeiros quartetos, a op. 18. A obra mostra tal energia e maestria técnica que, se ele tivesse morrido então, ainda seria colocado entre os maiores compositores mundiais. A sombra de Mozart se mescla ao espírito de Haydn ao longo dos cinco primeiros quartetos, mas no sexto Beethoven plantou as sementes de sua obra futura.

> ❝
> Nenhum compositor antes de Beethoven desprezou as capacidades tanto dos instrumentistas quanto do público com tal crueza.
> **Charles Rosen**
> ❞

A crescente surdez a partir dos trinta anos levou Beethoven a encomendar a Johann Nepomuk Maelzel, inventor do metrônomo, aparelhos de audição, entre eles esta "corneta acústica".

O período médio de Beethoven inclui a "Fase Heroica" de 1803–1808, em que escreveu a Sinfonia "Eroica" para e sobre Napoleão Bonaparte. Foi uma época de energia e compromisso real de Beethoven com suas crenças humanistas e políticas. Muitos dizem que esse período se iniciou na esteira do "Testamento Heiligenstadt" de 1802 – uma carta que escreveu aos dois irmãos descrevendo o desespero com a grande perda de audição. Só a música, Beethoven escreveu, impedia que se suicidasse. O concerto para violino de Beethoven (op. 61) é um exemplo notável do produtivo período médio, em que ele começou a se afastar das convenções clássicas – desenvolvendo um estilo individual mais ousado e produzindo muitas de suas composições mais famosas. O início da música romântica pode ser identificado nos movimentos lentos dos quartetos médios de Beethoven. Esses cinco quartetos expandiram os limites da forma, primeiro ampliando sua duração, na op. 59 e na op. 74, e depois comprimindo-a no conciso *Quartetto serioso*, op. 95. Nos cinco, os quatro instrumentistas se tornam solistas, cada um com passagens virtuosísticas dignas de um concerto,

Ver também: Quarteto de cordas em dó maior, op. 54, Haydn 122-127 ▪ Sinfonia "Eroica" 138-141 ▪ Sinfonia nº 1, Brahms 188-189 ▪ *Pierrot lunaire* 240-245 ▪ Sinfonia nº 5 em ré menor, Chostakóvitch 274-279

enquanto a op. 74, o quarteto "Harpa", tem movimentos tanto no modo heroico quanto no clássico.

O período final

Entre 1813 e 1816, Beethoven viveu grandes problemas emocionais, de dificuldades financeiras à batalha pela custódia do sobrinho. Sua produção declinou, e as obras que criou mostram-no lutando para desenvolver ainda mais seu estilo. Apesar disso, ele emergiu desses anos de aperfeiçoamento com uma habilidade incomparável de imaginar melodias, formas e harmonias que seriam úteis no período final. A indiferença de Beethoven com as convenções sociais da época e sua crença apaixonada nas próprias ideias criaram um conjunto único de circunstâncias que levariam à composição de seus cinco quartetos finais. Ele estava decidido a expandir os limites da composição; tendo ampliado com sucesso a duração e desenvolvido a estrutura das formas convencionais em concertos, sinfonias, sonatas e obras de câmara, estava pronto para experimentar mais. A op. 131 (1826) é o mais heterodoxo dos cinco quartetos finais de Beethoven, todos escritos em 1825–1826. Seus sete movimentos, que vão de catorze minutos a menos de um, totalizando cerca de quarenta minutos e tocados sem intervalo, têm sequência não convencional e à época parecia improvável que fossem reconhecidos como uma grande obra. Quartetos convencionais seguem a fórmula de quatro movimentos: iniciam com um *allegro* na forma-sonata, na tônica; ficam mais lentos no segundo movimento; usam um minueto e trio como terceiro movimento e terminam em forma rondó. Na op. 131, porém, o primeiro movimento – uma sombria e alongada fuga (peça em que a melodia é estritamente imitada pelas outras vozes) – é seguido por uma dança muito curta no segundo movimento. O terceiro movimento (só onze compassos) conclui com um solo floreado que lembra um período musical anterior, enquanto o quarto traz um tema poderoso e variações. O quinto movimento apresenta um longo *scherzo* (uma dança rápida). Um sexto movimento em adágio (lento) curto (28 compassos) leva a »

Variações sobre um tema no quarto movimento

Violino 1 / Violino 1
Violino 2 / Violino 2

Violinos
O tema é tocado primeiro num diálogo entre o primeiro e o segundo violinos. Na primeira variação, o tema é tocado pelo mais grave dos três instrumentos.

Violoncelo
Na segunda variação, o tempo é mais rápido e a melodia alterna entre as frases agudas do primeiro violino e as graves do violoncelo.

As variações seguintes partilham o tema em desenvolvimento entre os diversos instrumentos, com tempos musicais variados.

Música como autoexpressão

O mundo cultural e literário da Alemanha e dos pequenos Estados ao redor na época em que Beethoven nasceu foi muito influenciado pelo movimento *Sturm und Drang* (Tempestade e Ímpeto). Liderado pelo poeta e filósofo Johann Gottfried von Herder, ele foi ampliado por escritores e artistas como Johann Wolfgang von Goethe e Friedrich Schiller. O movimento enfatizava as identidades, língua e artes nacionais, valorizava muito a liberdade pessoal e a resistência heroica a opressores e defendia uma síntese das ideias iluministas, clássicas e românticas.

Como a literatura e a arte, o mundo musical começou a refletir esses ideais, dando-lhes expressão em sinfonias e música vocal, e o próprio Beethoven musicou mais tarde o poema de Schiller "An die Freude" (Ode à alegria) em sua Nona sinfonia.

Diferenças entre o quarteto clássico e a op. 131 de Beethoven

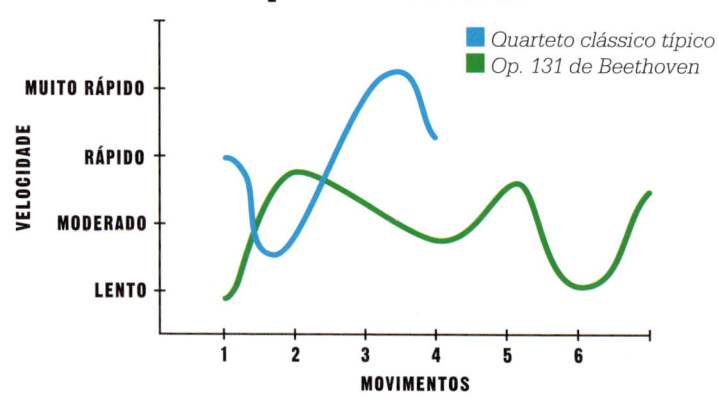

- Quarteto clássico típico
- Op. 131 de Beethoven

(eixo vertical: VELOCIDADE — LENTO, MODERADO, RÁPIDO, MUITO RÁPIDO; eixo horizontal: MOVIMENTOS 1–6)

Os quartetos clássicos em geral tinham quatro movimentos. Após Beethoven, alguns quartetos românticos tinham mais (ou menos) movimentos e abandonaram o padrão usual de desenvolvimento.

um sétimo movimento intenso e enérgico, do tipo que em geral é colocado primeiro em obras mais convencionais. Construir uma estrutura com bases tão pouco convencionais foi um desafio que Beethoven se propôs. Alguns consideram a op. 131 a maior composição de Beethoven; ela consolidou seu grande legado e garantiu louvores a seus quartetos finais.

> [Os quartetos de Beethoven] se destacam [...] na fronteira extrema de tudo o que até ali fora alcançado pela imaginação e arte humanas.
> **Robert Schumann**

Variações naturais

Um bom exemplo do engenho estrutural de Beethoven pode ser visto no manuseio do tema e variações no quarto movimento (que se baseia em técnicas desenvolvidas em suas variações Diabelli, op. 120). Um problema tradicional dos compositores com essa forma era como criar uma impressão de continuidade natural em vez da repetição banal de um tema. A abordagem de Beethoven é permitir a evolução constante da música, desde o próprio início do tema. Ele começa no topo da textura, com um diálogo entre o primeiro e o segundo violinos que é duplicado então em décimas, antes de descer rumo ao meio da textura. Quando a primeira variação começa com o tema nas três cordas mais baixas, parece uma continuação natural desse desenvolvimento, mas no fim dessa variação o tema sofreu várias transformações de ritmo e textura. A segunda variação começa como uma dança suave em que frases de colcheias melódicas passam de um instrumento a outro, acompanhadas por acordes separados, mas, conforme a variação avança, as colcheias circulares avultam, encaminhando para um clímax com todos os quatro instrumentos tocando em oitavas – um mundo sonoro totalmente diverso da abertura da variação. As variações continuam, pontuadas por uma dupla de floreios do primeiro violino semelhante a uma *cadenza*, lembrando o "arcaico" terceiro movimento. O desenvolvimento temático também ocorre em escala grande. Como em muitas obras de Beethoven (mais notavelmente a Quinta sinfonia, de 1807–1808), o quarteto começa com um motivo curto de quatro notas, que também ocupou Beethoven em seu quarteto op. 132, embora os tons estejam aqui numa ordem um pouco diversa, com efeito perturbador. Esse motivo forma a primeira metade do tema da fuga de abertura, que, por sua vez, fornece muitas das ideias de motivos das quais os outros movimentos se desenvolvem.

Final estimulante

O tom de mi maior do quinto movimento é um irmão otimista da triste tônica em dó sustenido menor e, seguindo a convenção, um *scherzo* despreocupado se alterna com um trio contrastante. De modo incomum, porém, Beethoven não só estende a forma A-B-A convencional com mais uma repetição do trio e *scherzo* (como faz em várias outras obras), como termina com uma repetição reduzida de cada tema. Essa repetição lhe permite explorar vários climas e técnicas, em especial numa passagem tocada *sul ponticello* (com o arco perto da ponte do instrumento), criando um som vítreo, delicado. Um poderoso *crescendo* leva então a dois conjuntos dos três acordes, cada um seguido de um silêncio dramático, anunciando o sexto movimento. Nesse curto adagio, conduzido pela viola, o motivo de quatro notas do primeiro movimento se transforma pela negação do uso de sua quarta e mais expressiva nota. Um movimento ascendente otimista é sempre repelido por uma resposta triste, descendente. No sétimo movimento, as ideias anteriores chegam a uma conclusão musical satisfatória. Conforme a música avança, fragmentos do primeiro movimento começam a emergir, até que o motivo de quatro notas reaparece. Após muitos sons sombrios e ameaçadores, surge um

Uma estátua de Beethoven foi erguida em 1880 na Beethovenplatz em Viena, na Áustria. As figuras sentadas abaixo do compositor são representações alegóricas de suas sinfonias.

dos temas mais românticos de Beethoven, livre em seus saltos expressivos compassados e abrangentes. Depois que o tema atinge o auge, aparece um "fantasma", lembrando a melodia ouvida no início da obra. Em seguida, a música começa a refletir o esgotamento físico dos instrumentistas após quase quarenta minutos de execução contínua. A música se dissipa conforme o ritmo fica mais lento, embora o final suave esperado não aconteça. Num último gesto desafiador, a energia dos instrumentistas é reanimada, impelindo ao final em três acordes afirmativos.

Influência duradoura
Os últimos quartetos de Beethoven – que começam e terminam com estruturas de quatro movimentos (op. 127 e op. 135) mas experimentam cinco, seis e sete movimentos (op. 130 a 132) – foram sua dádiva final ao mundo antes de morrer em 1827. Com eles, Beethoven transformou o quarteto de cordas – influenciando Schumann, Mendelssohn, Brahms, Bartók, Schoenberg, Chostakóvitch e Tippett – e se tornou mentor vital e inspiração de todos os que vieram depois. ∎

> " Tocar uma nota errada não é grave. Tocar sem paixão é indesculpável.
> **Ludwig van Beethoven**

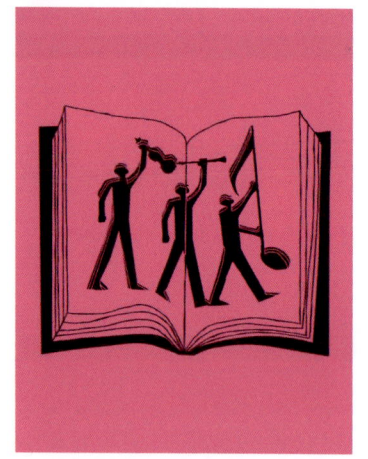

A INSTRUMENTAÇÃO É O QUE CONDUZ A MARCHA
SINFONIA FANTÁSTICA (1830), HECTOR BERLIOZ

EM CONTEXTO

FOCO
A sinfonia programática

ANTES
1808 Beethoven estreia a Sexta sinfonia, a "Pastoral", que o compositor insiste ser "mais expressão de sentimento que representação de um texto".

1824 A Nona sinfonia de Beethoven termina com um arranjo coral de um texto tirado da "Ode à alegria", do poeta alemão Friedrich Schiller.

DEPOIS
1848–1849 Liszt compõe *Ce qu'on Entend sur la Montagne*, o primeiro poema sinfônico, baseado num poema de Victor Hugo.

1857 Primeira apresentação da *Sinfonia Fausto*, de Liszt, dedicada a Berlioz.

A o longo de sua carreira, o compositor francês Hector Berlioz explorou o formato da sinfonia programática – uma obra que evoca estados de ânimo influenciados por temas externos à música, como a literatura ou a arte. Foi a *Sinfonia fantástica*, porém, composta cedo em sua carreira, que se provou sua obra de maior sucesso e mais duradoura no gênero.

A inspiração de Berlioz
Em 1827, estudante de música de 23 anos, Berlioz foi ver *Romeu e Julieta*, de Shakespeare, em Paris. A atriz irlandesa Harriet Smithson fazia Julieta. Foi um encontro decisivo, pois Berlioz se apaixonou por Harriet e gastaria muito de sua energia nos anos seguintes perseguindo-a.

Durante o curso dessa obsessão, sentiu-se compelido a escrever uma obra que descrevesse sua grande paixão e as alegrias e tristezas decorrentes. Ele desejava que o lançamento deslanchasse sua carreira com um golpe ousado e ao mesmo tempo deslumbrasse Harriet. Na estreia da peça, *Sinfonia fantástica*, em 5 de dezembro de 1830 no Conservatório de Paris, foi fornecida uma sinopse impressa do "enredo".

Amor e morte
O título denota uma sinfonia da imaginação; já o subtítulo – *Episódio na vida de um artista* – indica um elemento autobiográfico na obra, embora seu programa descritivo (que Berlioz forneceu ao público) se concentrasse mais na fantasia que na realidade. No primeiro movimento, um jovem músico descobre o amor na forma de uma bela mulher desconhecida. A imagem dela (representada numa

> Ninguém que ouça essa sinfonia aqui em Paris, tocada pela orquestra de Berlioz, pode deixar de crer que está ouvindo uma maravilha sem precedente.
> **Richard Wagner**

ROMANTISMO 1810–1920 163

Ver também: *As quatro estações* 92-97 ▪ *Sinfonia Fausto* 176-177 ▪ *O ciclo do anel* 180-187 ▪ *Assim falou Zaratustra* 192-193 ▪ *Das Lied von der Erde* 198-201

---

melodia recorrente que Berlioz chamou de *idée fixe*) se impõe à visão do jovem aonde quer que ele vá, como num baile ou até no campo, onde o som de trovão parece simbolizar seu estado de espírito sombrio.

Decidido a envenenar-se com ópio, ele descobre que a dose apenas lhe induz pesadelos. No primeiro deles, se imagina condenado à morte por ter matado sua amada: no fim da *Marcha para o cadafalso* ele é executado. No segundo pesadelo, sonha estar num sabá de bruxas e vê sua amada se juntar ao terrível espetáculo.

Influência duradoura

Outros compositores imitaram a combinação de música e narrativa de Berlioz, em especial Franz Liszt na *Sinfonia Fausto* e nos doze poemas sinfônicos (peças de um movimento e gênero programático), entre eles *Mazeppa* e *Hamlet*. Embora alguns importantes compositores, como Bruckner e Brahms, evitassem a forma, outros, como Tchaikóvski, César Franck, Elgar e Richard Strauss, exploraram à exaustão e de modo inventivo suas possibilidades. ▪

Hector Berlioz rege uma orquestra ensurdecedora num cartum publicado no jornal francês *L'Illustration* em 1845. Atrás dele, membros do público tapam os ouvidos.

Hector Berlioz

Filho de um médico, Berlioz nasceu em La Côte-St-André, no sudeste francês, em 1803. Começou a estudar música aos doze anos e, aos dezessete, se mudou para Paris para estudar no Conservatório.

Em 1833, em sua quinta tentativa, ganhou o Prix de Rome (uma bolsa prestigiosa). Já produzira então a *Sinfonia fantástica* para impressionar a atriz Harriet Smithson, com quem depois se casou. Em Paris, teve sucesso limitado como compositor, e por isso trabalhou também como jornalista. A partir de 1842 viajou ao exterior, encontrando público mais receptivo na Rússia, Inglaterra e Alemanha. Ele desejava o sucesso na casa de ópera, mas sua ópera *Benvenuto Cellini* (1838) fracassou e a obra-prima *Les Troyens* (1858) só teve uma encenação parcial em sua vida. Sofrendo de doença de Crohn e depressão, morreu em 1869.

Outras obras importantes

1837 *Grande Messe des Morts* (Réquiem)
1839 *Roméo et Juliette*
1856–1858 *Les Troyens*

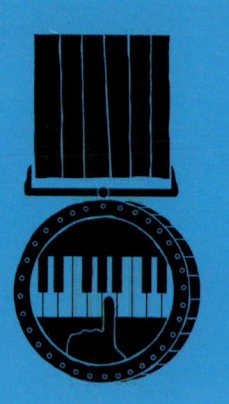

A SIMPLICIDADE É A CONQUISTA DEFINITIVA
PRELÚDIOS (1839), FRÉDÉRIC CHOPIN

EM CONTEXTO

FOCO
Música para piano solo

ANTES
1812 John Field, compositor irlandês que vivia em São Petersburgo, publica a primeira peça romântica para piano chamada "noturno".

1833 Em Paris, os Noturnos de Chopin, op. 9, são seus primeiros noturnos publicados.

1834–1835 Robert Schumann compõe *Carnaval*, coletânea com 21 movimentos para piano, um deles chamado *Chopin*.

DEPOIS
1892–1893 Brahms publica quatro coletâneas de pequenas peças para piano, entre elas *intermezzi*, fantasias e caprichos.

1910–1913 Debussy, que descrevia Chopin como "o maior dentre nós todos", compõe os dois livros de *Prelúdios*.

Chopin foi um dos maiores compositores do Romantismo inicial, mas em certos aspectos era atípico da era que veio a representar. À diferença dos colegas Robert Schumann e Franz Liszt, ele se interessava pouco por usar a música para expressar narrativas inspiradas na arte e na literatura românticas ou por criar obras grandiosas com orquestras enormes à maneira de Hector Berlioz. Em vez disso, Chopin aperfeiçoou sua arte em espaços circunscritos, tendendo à brevidade e à evocação de estados de espírito. Todas as suas composições incluem piano e a vasta maioria é só para piano, mas dentro dessa área definida com precisão o alcance de seu pensamento musical é imenso.

Suas obras têm intensidade de melodia, harmonia e expressão sem paralelo. Compondo num

Chopin toca para o príncipe Radziwiłł em uma viagem a Berlim em 1829. No mesmo ano, compõe a *Polonaise brillante* para o príncipe (violoncelista) e sua filha (pianista) praticarem.

ROMANTISMO 1810–1920

Ver também: *Pièces de clavecin* 82-83 ▪ *Die schöne Müllerin* 150-155 ▪ *Prélude à l'après-midi d'un faune* 228-231 ▪ *Concerto para piano para a mão esquerda*, Ravel 266-267

Prelúdio, noturno e estudo

Prelúdio	Curto movimento introdutório que em geral precede uma peça maior.
Noturno	Composição expressiva e tranquila inspirada na noite, sem forma determinada.
Estudo	Peça destinada à prática, para aperfeiçoar habilidades musicais.

estilo que parecia representar a alma do próprio instrumento, Chopin teve profundo efeito na técnica pianística e ajudou a colocar o instrumento na vanguarda da música do século XIX. Preferindo a miniatura à larga escala, compôs três sonatas para piano de quatro movimentos e muitas peças curtas "de caráter", em especial prelúdios, noturnos, estudos e danças, como mazurcas, *polonaises* e valsas.

Ânimo e estilo

Entre 1835 e 1839, Chopin compôs um conjunto de 24 prelúdios – um em cada tom maior e menor – tendo os Prelúdios de J. S. Bach do *Cravo bem temperado* (1722) como modelo. Para Chopin o prelúdio era em essência uma forma abstrata, embora os títulos dados por editores a algumas de suas peças indiquem influências específicas. O prelúdio "Gota d'Água", por exemplo, recebeu seu apelido do (inverídico) relato da romancista francesa George Sand de chuva incessante em Valldemossa, na ilha de Maiorca, onde ela e Chopin, então seu amante, passaram o inverno de 1838–1839.

Dança polonesa

O interesse de Chopin por dança rendia em parte homenagem a sua origem polonesa. A *polonaise* (polonesa, em francês) foi usada por muitos compositores na Europa e Chopin compôs mais de doze, a primeira já aos sete anos. Como a *polonaise*, a mazurca era uma forma de dança tradicional à qual Chopin voltou não menos de cinquenta vezes.

Chopin usou a forma de dança da valsa em especial para música de salão ligeira. A chamada "Valsa do minuto" e a Valsa em mi bemol, op. 18 (*Grande Valse brillante*) são peças rápidas. Em contraste com as valsas vistosas, os vinte noturnos de Chopin são na maioria íntimos e de espírito introvertido, lentos e sonhadores, como os títulos indicam. Os noturnos estão entre as obras solo mais populares já escritas para piano. O termo "noturno" e seu estilo foram uma invenção do célebre pianista e compositor irlandês John Field, cuja obra Chopin admirava.

Como Field, Chopin foi um pianista virtuose e seu interesse na expansão da técnica do piano é demonstrado nos 27 *études* (estudos), que começou a escrever na juventude. Nessas peças, conseguiu unir avanços técnicos a grande qualidade expressiva e musical. Elas continuam a ser um desafio e uma alegria para pianistas desde então. ∎

Frédéric Chopin

Nascido perto de Varsóvia em 1810, Chopin estudou piano na capital polonesa e tocava em *soirées* musicais em suas maiores casas. Visitou Paris aos vinte anos e fixou-se ali, vivendo de dar aulas, publicar música e apresentar-se em salões. Não gostava de concertos e tocou em poucos, mas sua influência foi enorme, baseada em obras que perfilhavam a música folclórica de sua terra natal, além de outras formas mais conceituais que elevaram a técnica do piano a novos níveis. Compondo de início num estilo que favorecia o virtuosismo na tradição de músicos como Johann Nepomuk Hummel, Friedrich Kalkbrenner e Carl Maria von Weber, absorveu mais tarde em suas texturas de piano a influência de Bach. Sua relação pessoal mais duradoura, com a romancista George Sand, terminou em 1847. Morreu de tuberculose dois anos depois em Paris.

Outras obras importantes

1830 Concerto para piano nº 1
1835 *Ballade* nº 1 em sol menor
1844 Sonata nº 3 em si menor
1846 *Barcarolle* em fá sustenido

MINHAS SINFONIAS TERIAM CHEGADO AO OPUS 100 SE EU AS TIVESSE ESCRITO

SINFONIA Nº 1, A SINFONIA "PRIMAVERA" (1841), ROBERT SCHUMANN

EM CONTEXTO

FOCO
A sinfonia romântica

ANTES
1824 Primeira execução da Sinfonia nº 9 de Beethoven em Viena.

1838 Schumann "descobre" a "Grande" Sinfonia em dó maior de Schubert, em Viena.

DEPOIS
1876 Estreia da Sinfonia nº 1 de Brahms, chamada por Hans von Bulow de "Décima de Beethoven".

1889 A Sinfonia nº 1 de Mahler estreia em Budapeste. Ela marca o início de um ciclo que redefine a forma da sinfonia.

No final da era clássica, a Nona sinfonia de Beethoven, com sua mensagem revolucionária, a inclusão de coro e solistas e muitos traços musicais narrativos, ofereceu uma visão nova e ousada do que podia ser uma sinfonia. Muitos outros compositores românticos, como Chopin e Wagner, sentiam porém que Beethoven elevara tanto essa forma que não poderiam desenvolvê-la mais e se voltaram para outros gêneros. Isso levou à escassez de escrita sinfônica até a segunda metade do século XIX.

Apesar disso, as sinfonias produzidas pelos compositores românticos de maior sucesso estão entre as maiores músicas escritas no século XIX. Elas incluem a *Sinfonia fantástica*, de Hector

ROMANTISMO 1810–1920

Ver também: Sinfonia "Eroica" 138-141 ▪ *Die schöne Müllerin* 150-155 ▪ *Sinfonia fantástica* 162-163 ▪ *Sinfonia Fausto* 176-177

> "
> Não se pode chegar a nada certo em arte sem entusiasmo.
> **Robert Schumann**
> "

Berlioz, a *Sinfonia Fausto*, de Franz Liszt, e a Sinfonia nº 1 de Robert Schumann, conhecida como Sinfonia "Primavera".

A influência de Schubert

Quando Beethoven escreveu a última sinfonia, Schubert trabalhava em suas obras maduras do gênero. Em 1822, começou sua Nona sinfonia, hoje conhecida como "Grande sinfonia em dó maior", mas não chegou a apresentá-la. Após sua morte, o amigo Schumann a descobriu numa visita a Viena. Ele levou uma cópia do manuscrito para Leipzig, onde Felix Mendelssohn regeu sua estreia em 1839.

Enquanto as obras de Beethoven se centravam num argumento musical intenso e no ímpeto interior, Schubert abordava a forma como uma estrutura mais suave e discursiva, lembrando os romances românticos da época. A Nona sinfonia de Schubert usa tons inesperados e não tradicionais, gerando uma gama maior de estados de ânimo. Longa para então, a peça, com cerca de 55 minutos, amplia muitos dos traços tradicionais da sinfonia, como a introdução ao primeiro movimento (quase uma sonata completa em si mesma) e os numerosos elementos temáticos do último.

Assumindo a batuta

Foi ao ouvir a Nona sinfonia de Schubert que Robert Schumann se inspirou a começar a trabalhar em sua própria primeira sinfonia, em 1841. Até então, ele tinha sido mais conhecido como compositor de peças para piano. Evitando em geral obras de grande escala, ele tinha se concentrado em coletâneas ou ciclos de peças menores, consolidando a fama de miniaturista. Assim, escrever uma sinfonia era um novo desafio para ele. De modo notável, esboçou a obra toda em apenas quatro dias. Cinco semanas depois, a peça totalmente orquestrada estreou em Leipzig, sob regência de Mendelssohn, com boa recepção. »

A mulher de Schumann, Clara, era filha de seu primeiro professor de piano, Friedrich Wieck. Clara e seu pai eram famosos pela habilidade ao teclado.

Robert Schumann

Nascido na cidade saxã de Zwickau (hoje na Alemanha) em 1810, Schumann começou a compor ainda menino. Não menos interessado em literatura, escreveu vários romances juvenis antes de ir a Leipzig estudar direito. Deixou a escola para ser pianista de concertos, mas feriu a mão e não pôde alcançar seu objetivo. Então se concentrou na composição e crítica musical, tornando-se editor do *Novo Jornal de Música*, através do qual apresentou ao mundo a música de Chopin e Brahms. Suas originais obras para piano, com frequência inspiradas na literatura, logo se popularizaram. Após casar-se com Clara Wieck, famosa pianista, começou a se dedicar a outros gêneros musicais. Em seus últimos anos foi afligido por uma doença mental e morreu num hospício em 1856.

Outras obras importantes

1838 *Kreisleriana*, op. 16
1840 *Dichterliebe*, op. 48
1845 Concerto para piano em lá menor, op. 54
1850 Sinfonia nº 3, op. 97

A SINFONIA ROMÂNTICA

Uma nova era, uma nova estética

Classicismo

- Inspirado no **Iluminismo** e na **Idade da Razão**.
- Ênfase na **elegância** e na **estrutura**.
- Era da **sinfonia**, da **sonata instrumental** e do **quarteto de cordas**.
- A música é em grande parte privilégio da **corte** e dos **ricos**.

Romantismo

- Inspirado na **natureza**, na **poesia** e nos **mitos**.
- Ênfase na **expressão emocional**.
- Surgem novos estilos de **melodia**, **harmonia** e **ritmo**.
- Audiências se expandem, incluindo as **classes médias**.

Uma sinfonia romântica

O título de Sinfonia "Primavera" foi tirado de um poema de Adolf Böttger finalizado com os versos "Oh, vire e vire e mude seu curso/ No vale, a primavera viceja", que inspiraram a abertura da sinfonia. O poema trata de um apaixonado melancólico cuja dor aumenta com a chegada da primavera, mas Schumann afirmava que o anseio pela primavera em geral inspirara a obra. Numa carta ao regente William Taubert em 1843, escreveu: "Eu gostaria que o primeiro toque de trompete soasse como se vindo de cima e chamando a despertar. [...] Seria possível sentir o mundo se tornando verde; talvez [...] uma borboleta flutuando". Na primeira partitura da sinfonia, Schumann deu título a todos os movimentos: "Início da primavera", "Tarde", "Alegres companheiros de brincadeiras" e "Plena primavera".

Porém removeu-os ao publicar a sinfonia.

A fanfarra de abertura de metais, com seu intenso tom de esperança, evidencia que esta é uma sinfonia do período romântico. Cheia de contrastes e surpresas, tem climas rapidamente cambiantes que deixam os ouvintes suspensos. Evitando os

> "Enviar luz à escuridão do coração dos homens – tal é o dever do artista.
> **Robert Schumann**"

argumentos musicais de Beethoven e a abordagem discursiva de Schubert, Schumann achou um modo de dirigir a energia da música através de justaposição e repetição, transmitindo ao mesmo tempo emoções sutis. Ele também se esquiva de usar as estruturas de tom tradicionais, de modo que o segundo tema melódico está em tom menor, acrescentando uma nota de melancolia.

O segundo movimento da sinfonia várias vezes parece como se tivesse sido escrito de início para piano – uma crítica feita com frequência às obras orquestrais de Schumann –, mas isso lhe dá uma qualidade original quase improvisatória que marcou o afastamento das estruturas clássicas. Enquanto isso, ao escolher compor o terceiro movimento como um *scherzo* e trio

ROMANTISMO 1810–1920

> "Eu me sinto tão em meu elemento com uma orquestra completa; mesmo se meus inimigos mortais estivessem [...] diante de mim, eu poderia liderá-los, controlá-los, cercá-los ou rechaçá-los."
> **Robert Schumann**

Schumann foi influenciado por Beethoven, que criou essa estrutura a partir do velho minueto e trio, mas aqui, também, a composição de Schumann contém mais inovações: há dois trios em vez do trio único usual, e eles têm tempo musical diferente. O último movimento da Sinfonia "Primavera" tem estrutura tradicional, mas é cheio de um humor que parece antecipar Tchaikóvski em seus momentos mais leves. Perto do fim, Schumann tem mais uma surpresa de reserva – um tema de sua peça para piano *Kreisleriana* surge de repente em forma um pouco alterada. Embora não se saiba por que fez isso, tal autocitação não era incomum em Schumann.

Nova abordagem
Compositor quase totalmente autodidata, Schumann trouxe originalidade e frescor à sinfonia

A cidade alemã de Leipzig tornou-se o lar de Schumann em 1828. Ele compôs muitas obras na casa que dividiu com a mulher, Clara Wieck. Situada na Inselstrasse 18, hoje é um museu.

que lhe valeram considerável aplauso. Com títulos programáticos e referências literárias, e também com os próprios sons que criou, Schumann ajudou a definir o *ethos* romântico inicial.

A sinfonia do Romantismo inicial atentou mais à orquestração que a sinfonia clássica; ela usou uma paleta maior de timbres orquestrais e combinou as forças instrumentais de novas maneiras. Instrumentos que antes eram menos populares – como harpa, tuba e trombone, além de vários de percussão – também se tornaram padrão.

Os compositores da época mal se consideravam diferentes dos clássicos anteriores, e estavam em essência tentando trazer à vida o novo espírito "romântico" de política revolucionária, usando meios bem tradicionais. Porém, conforme o movimento mais amplo romântico ganhou ímpeto, alguns compositores inovadores – como Berlioz e Liszt – testaram, nem sempre com sucesso, novas abordagens de harmonia, ritmo e estrutura. Foi esse espírito de experimentação que preparou o caminho do Romantismo final. ∎

A forma dá lugar à expressão

A música composta pela geração romântica buscava refletir a importância do indivíduo. Tomando a deixa em parte de Beethoven – cuja Nona sinfonia rompera com o modelo –, os compositores procuravam criar música livre de estruturas bem estabelecidas como o minueto e trio e o rondó, e desenvolver outros padrões, como a forma-sonata e a fuga. Suas inovações deram à música dos compositores românticos um imediatismo que lhe permitiu ser mais facilmente entendida pelo público de classe média, em geral com pouca formação musical mas desejoso de usufruir dela como entretenimento. No mesmo espírito, as obras românticas muitas vezes recebiam títulos que ajudavam os ouvintes a captar o clima e a história da música. Alguns músicos, como Berlioz e Liszt, até forneciam um programa escrito para explicar à audiência a narrativa pretendida da música.

A ÚLTIMA NOTA FOI AFOGADA NUMA TORRENTE DE APLAUSOS
ELIAS (1846), FELIX MENDELSSOHN

EM CONTEXTO

FOCO
Música coral sacra do século XIX

ANTES
1741 Händel compõe o oratório *Messiah*.

1829 Felix Mendelssohn rege *A Paixão segundo São Mateus* de Bach pela primeira vez desde a morte do compositor em 1750.

DEPOIS
1857 O Festival Händel no Palácio de Cristal em Londres inclui a execução de *Messiah* com um coro de 2 mil pessoas e orquestra de quinhentas, criando a voga de corais muito grandes na Inglaterra.

1900 Edward Elgar compõe *The Dream of Gerontius* – arranjo de um poema de 1866 do cardeal Newman – para o Festival de Música de Birmingham.

A música coral começou a perder popularidade no século XIX. O período clássico anunciara uma nova filosofia que considerava que a música mais pura era autônoma e não se referia a nada além dela. A música instrumental – em especial a sinfonia – se tornara o gênero mais importante. Embora os músicos de igreja mantivessem a tradição coral viva em certa medida, eram cada vez mais amadores. Coros laicos começaram a florescer, mas, como não se tratava de artistas profissionais, esse tipo de música perdia prestígio, comparado a outros. Na ausência de mercado para música

Ver também: Magnus liber organi 28-31 ▪ Canticum Canticorum 46-51 ▪ Vésperas, Monteverdi 64-69 ▪ A Paixão segundo São Mateus 98-105

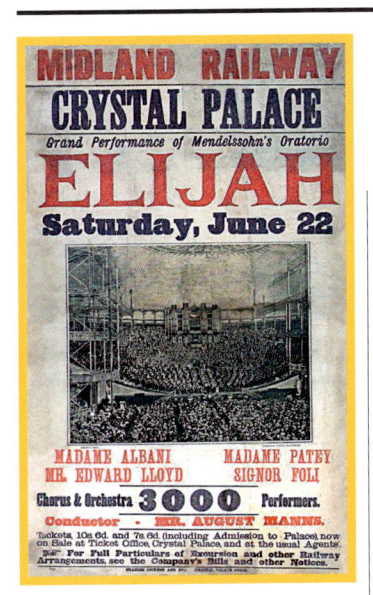

Oratórios, como *Elias*, eram regularmente apresentados com enormes coros e solistas que atraíam multidões no Palácio de Cristal, em Londres e outros lugares da Inglaterra, na era vitoriana.

coral sacra, havia também pouco incentivo a que os compositores escrevessem novas obras desse tipo. Em resultado, a música coral apresentada tendia a se valer de obras do passado.

A sede por oratórios

Na Inglaterra, apresentações regulares de oratórios de Händel no fim do século XVIII marcaram o início de uma tendência que continuou no século seguinte. Entre as primeiras obras retomadas após a morte do compositor, muitas foram atualizadas para execuções mais grandiosas. Em eventos musicais como o Festival dos Três Coros (instituído pelas catedrais de Hereford, Worcester e Gloucester), os coros podiam ter mais de mil cantores – algo muito distante das intenções originais do compositor.

A Singakademie de Berlim foi uma das primeiras sociedades corais, com amadores pagando uma soma regular para contratar um regente profissional e custear despesas de concerto. Ela começou como uma iniciativa educacional para senhoras ricas, incluiu homens em 1791 e daí em diante promoveu concertos constantes. Foi ali que o jovem Felix Mendelssohn, cujo pai pertencia ao coro, conheceu as obras de J. S. Bach e se inspirou a reger *A Paixão segundo São Mateus*, que ajudou a causar a retomada de Bach na Alemanha. Outras sociedades corais se espalharam pela Europa e América, e a publicação de música coral se tornou uma atividade lucrativa, já que alguns coros precisavam de mais de trezentas cópias de uma partitura para uma só apresentação.

Foi quase certamente ao assistir a apresentações de oratórios de Händel em Londres nos anos 1790 que Haydn se inspirou a criar uma obra similar em estilo clássico. *A Criação*, baseada no Gênesis, foi publicada em 1800, curiosamente em edição bilíngue, em alemão e inglês – provavelmente porque Haydn estava de olho no mercado britânico, em que tinha muito sucesso. *A Criação* teve êxito imediato, sendo executada em todo o Ocidente em vida de Haydn. Mesmo tendo outras músicas excluídas do repertório-padrão, esse oratório permanecia uma das obras preferidas em festivais e sociedades corais.

Foi nesse clima cultural que Mendelssohn compôs o oratório »

Felix Mendelssohn

Nascido numa família rica judia alemã em 1809, Mendelssohn foi uma criança-prodígio. Não só se distinguia ao piano e violino, regendo e compondo, como pintando, esgrimindo e cavalgando. Aos vinte anos, regeu uma apresentação de *A Paixão segundo São Mateus* – a primeira desde a morte de Bach.

Sua visita à Inglaterra em 1829 foi bem recebida e lhe causou grande impressão, resultando em mais nove longas viagens e convites ao Palácio de Buckingham. Além de compor e se apresentar, Mendelssohn regeu a Orquestra Gewandhaus de Leipzig e fundou o Conservatório de Leipzig. Após ficar doente, talvez devido a muito trabalho e à morte da querida irmã, sofreu uma série de derrames e morreu em 1847, aos 38 anos.

Outras obras importantes

1826 Abertura "Sonho de uma noite de verão", op. 21
1833 Sinfonia nº 4 em lá maior ("Italiana"), op. 90
1844 Concerto para violino em mi menor, op. 64

São Paulo em 1836. Sua apresentação subsequente (em tradução inglesa) em Liverpool, na Inglaterra, e depois nos Estados Unidos lhe valeu a reputação de compositor simpático à possibilidade de amadores tocarem suas obras.

Mendelssohn regeu *São Paulo* no Festival Trienal de Música de Birmingham em 1837 e seus organizadores lhe pediram um novo oratório em 1846, um ano antes de sua morte. O compositor de início recusou o convite mas foi convencido a escrever *Elias* quando lhe prometeram tantos músicos quantos quisesse. A apresentação teve uma orquestra de 125 instrumentistas e um coro de 271 cantores. Os cantores até tentaram contratar a famosa cantora de ópera sueca Jenny Lind, para a qual Mendelssohn tinha feito a parte soprano. Porém, como seria sua estreia britânica, ela recusou, preferindo uma ópera para exibir suas habilidades vocais.

Por fim, ela cantou o papel soprano de *Elias* em Londres em 1848, após a morte de Mendelssohn, num concerto beneficente para custear a Bolsa Mendelssohn, que existe até hoje.

A própria *Elias* tem uma curiosa qualidade híbrida. Embora claramente influenciada pelo Barroco e inspirada em oratórios de Bach e Händel, ainda reflete o período romântico inicial em sua orquestração colorida e lirismo sutil. Há divisões estruturais nos hinos corais, como as das Paixões de Bach. Além disso, de modo diverso a outras obras do período, pode-se ouvir uma variedade de estilos e texturas muito ampla, lembrando Händel. Porém Mendelssohn também usa formas inovadoras, como a inclusão do coro em certos recitativos, com efeito dramático, e tenta dar unidade à obra ligando os movimentos e usando motivos recorrentes, ambos recursos de sua própria era. São de especial interesse as fugas na abertura e no *finale*, que demonstraram claramente à geração romântica que essa forma barroca podia ser retomada com grande efeito.

Elias teve sucesso imediato, em especial na versão em inglês, e se tornou um requisito dos concertos corais ao longo do século XIX. Mais tarde, porém, com frequência foi considerado convencional demais e produto de valores do auge vitoriano.

Obras sacras grandiosas

Embora muitos compositores não se interessassem por música coral, Hector Berlioz criou duas das obras mais grandiosas desse tipo. Com agrupamentos extraordinariamente grandes, seu *Réquiem* de 1837 e o *Te Deum*, apresentado em 1855, são exemplos vívidos dos excessos do Alto Romantismo; o *Réquiem*

> "Nunca antes houve algo como esta temporada [...]. Concluí mais músicas em dois meses que em todo o resto do ano."
> **Felix Mendelssohn**

O profeta chama os israelitas no recitativo do baixo "Aproximai-vos todos" do oratório *Elias*. Esta página, manuscrita por Mendelssohn, é da partitura original de 1846 da obra.

ROMANTISMO 1810–1920

A maldição de Elias

Quatro acordes fortes introduzem o drama e a profecia.

Sopros de madeira e metal **sombrios** são usados. As cordas mais brilhantes ficam em silêncio.

Trítonos descendentes, indicando **perigo**, são cobertos pelo **estampido** de um trombone.

Um **rufar de tambor final** transmite uma sensação de ruína.

Elias, de **Mendelssohn**, começa com o profeta amaldiçoando o rei Acabe e os israelitas. Sua punição pelo governo corrupto e adoração de falsos ídolos será uma seca terrível.

---

exige quatro conjuntos de metais nos bastidores e a partitura do *Te Deum* especifica doze harpas. Com isso, as apresentações eram – e ainda são – raras e difíceis, e essas obras pouco influenciaram o gênero. Rossini e outros compuseram várias cantatas, mas elas tendiam a ser ofuscadas pelas óperas, mais populares, e poucas vezes eram ouvidas. Foi Verdi que conseguiu aproximar as obras líricas leigas e as corais sacras. Seu *Réquiem* foi composto em estilo operístico, com enorme dramaticidade, em especial no *Dies irae*, e havia partes para vozes femininas numa era em que a Igreja Católica só usava homens nos coros. A primeira apresentação do *Réquiem* ocorreu na Igreja de São Marcos de Milão, mas a segunda foi no La Scala. Desde então, as opiniões se dividem se é uma obra religiosa ou expressão muito mais teatral que sacramental.

Um réquiem "humano"

O *Réquiem alemão* de Brahms foi talvez a obra coral mais singular da época. Foi sua primeira composição importante e lhe valeu aclamação internacional. Ele evitou o texto de missa do réquiem tradicional, criando o seu próprio a partir da Bíblia luterana. A obra se concentra no conforto aos vivos, sem referência ao Dia do Juízo ou a Jesus. Brahms o considerava um "réquiem humano", que não se ligava a nenhum ponto de vista teológico, e é talvez por isso que ainda seja tão executado. Escrito em sete grandes seções, o material musical é firmemente organizado ao redor das notas de abertura cantadas em *Selig sind* ("São abençoados"). Isso cria um todo muito unificado, em que Brahms parece ter evitado usar modelos prévios. Obra de sutil majestade, o *Réquiem alemão* se destaca agudamente da maioria da música coral do século XIX. ∎

Música na Grã-Bretanha vitoriana

Em meio à inovação industrial e à construção do império, as artes – em especial a música – foram bastante marginalizadas no início da era vitoriana. Embora houvesse uma cultura de concertos florescente, era dominada por artistas de fora. Com a expansão rápida de uma classe média rica, porém, havia muitos amadores – em especial moças – que precisavam de música socialmente aceitável para tocar. Nesse ambiente, *Canções sem palavras*, de Mendelssohn, compositor "respeitável" de origem rica, e até festejado pela rainha, se tornou onipresente. Enquanto isso, as bandas de metais no norte inglês e os *music halls* nas cidades eram válvulas de escape musicais para as classes trabalhadoras. Ainda no século XIX, a busca de identidade cultural inspirou os músicos clássicos britânicos, levando também à criação de conservatórios. Figuras tão diversas como Sullivan e Elgar surgiram desse assim chamado novo "Renascimento Musical Inglês".

O príncipe Alberto toca órgão para Mendelssohn, observado pela rainha Victoria. O compositor fez várias visitas ao Palácio de Buckingham em 1842.

AMO A ÓPERA ITALIANA – É TÃO DESPREOCUPADA...
LA TRAVIATA (1853), GIUSEPPE VERDI

EM CONTEXTO

FOCO
A ópera italiana

ANTES
1829 Rossini choca o meio musical ao abandonar a ópera após sua última obra para o palco, *Guilherme Tell*, estrear em Paris.

1848 O compositor Gaetano Donizetti morre, treze anos após seu compatriota Vincenzo Bellini, deixando Verdi como principal nome da ópera italiana.

DEPOIS
1887 Milão recebe a estreia de *Otelo*, de Verdi, sua primeira ópera desde *Aida*, em 1871.

1890 A obra-prima *Cavalleria rusticana*, do compositor italiano Pietro Mascagni, estreia em Roma, introduzindo o naturalista e melodramático estilo "verismo" da ópera.

N as primeiras décadas do século XIX era usual as óperas tratarem de tragédias dos grandes e nobres. Giuseppe Verdi desafiou isso, produzindo também óperas sobre pessoas comuns.

Verdi logo obteve notável sucesso com *Nabucco* (1842), baseada na história bíblica de Nabucodonosor II. Seu coro *Va pensiero*, em que os escravos hebreus lamentam a perda da terra natal, se tornaria depois um hino pela independência italiana. Porém

O tenor italiano Francesco Meli interpreta o apaixonado de Violetta, Alfredo, na canção do *brindisi* em uma produção de *La traviata* de 2016. Seu amor por Violetta envergonha a família dele.

foi só bem mais tarde na carreira que ele satisfez suas ambições democráticas com três obras-primas compostas em rápida sucessão – *Rigoletto* (1851), *Il trovatore* (1853) e *La traviata* (1853). *Rigoletto* trata do personagem epônimo – um corcunda que, tentando proteger a filha, provoca

ROMANTISMO 1810–1920 175

Ver também: *A flauta mágica* 134-137 ▪ *O barbeiro de Sevilha* 148 ▪ *Der Freischütz* 149 ▪ *Tosca* 194-197 ▪ *The Wreckers* 232-239 ▪ *Peter Grimes* 288-293

sem querer sua ruína, *Il trovatore* narra a história melodramática da bela Leonora, que se vê entre dois homens e a vingança de uma cigana, e em *La traviata* (A mulher decaída) a cortesã Violetta sacrifica seu amor e, por fim, a si mesma, em prol da sociedade patriarcal que busca controlá-la. Essas três óperas confirmaram a ruptura de Verdi com o que ele descreveu como seus anos de galé, criando obras sob medida para a "indústria da ópera".

Vergando as regras
Verdi conseguiu manipular e subverter as convenções operísticas para alcançar uma síntese de tradição e inovação. Com *La traviata*, ele tomou o tema de um romance conhecido, *A dama das camélias*, de Alexandre Dumas, e de modo inovador colocou a história em sua época. Por fim, o retrato de uma mulher decaída na sociedade moderna foi considerado picante demais e rejeitado pela censura italiana, e na estreia o enredo da ópera foi deslocado para o século XVIII. Mesmo assim, *La traviata* foi singular ao confrontar de modo ousado o tratamento hipócrita dado pela sociedade à mulher.

Embora alguns dos números mais famosos de *La traviata* – em especial a canção do *brindisi* (brinde) no Ato Um – tenham cenas de multidão, *La traviata* se destaca por seus momentos de intimidade. Verdi nos leva ao mundo de sua heroína, e o foco revolucionário numa protagonista preparou o caminho para outras, como a heroína cigana de *Carmen* (1875), de Georges Bizet – personagem da ópera francesa mas também do mundo literário (de uma história de Prosper Mérimée) e do mesmo modo exposta à hipocrisia dos costumes sexuais do século XIX.

Obras-primas finais
Em suas muitas obras seguintes, Verdi derrubou diversas convenções da *grand opéra*, como nas obras-primas *Don Carlos*, composta para a Opéra de Paris em 1867. *Aida*, escrita para a abertura da nova casa de óperas do Cairo em 1871, marcou no entanto uma pausa para Verdi, descontente com a importação de ópera francesa e alemã na Itália. Ele começou a focalizar outros aspectos da vida e compôs pouco, depois da *Missa da Requiem* de 1874, escrita em memória do poeta nacionalista Alessandro Manzoni, até suas duas peças finais, ambas baseadas em obras de seu amado Shakespeare: *Otelo* (1887) e *Falstaff* (1893). ∎

> Copiar a verdade pode ser uma coisa boa, mas inventá-la é melhor, muito melhor.
> **Giuseppe Verdi**

Giuseppe Verdi

Verdi nasceu em Busseto, no norte italiano, em 1813. O pai, estalajadeiro de modesta condição, estimulou sua educação inicial, e um negociante rico da cidade, Antonio Barezzi, pagou seus estudos em Milão.

Em 1836, Verdi se casou com a filha de Barezzi, mas ela e os dois filhos deles morreram quatro anos depois. Apesar da tragédia, a carreira de Verdi começou a deslanchar. Seu grande avanço veio com *Nabucco*, em 1842. Na década seguinte, produziu treze óperas. Nos anos 1850, tornou-se o compositor de óperas de maior sucesso da época e dali em diante sua música foi encampada pelo movimento nacionalista Risorgimento. Em 1859, casou-se com a soprano Giuseppina Strepponi, com quem ficou até a morte dela, em 1897. Verdi morreu quatro anos depois, em 1901.

Outras obras importantes
1842 *Nabucco*
1867 *Don Carlos*
1874 *Missa da Requiem*
1887 *Otelo*

AQUELE QUE SEGURA O DIABO, QUE O SEGURE BEM
SINFONIA FAUSTO (1854–1857), FRANZ LISZT

EM CONTEXTO

FOCO
A lenda de Fausto e o Romantismo alemão

ANTES
1830 Na estreia da *Sinfonia fantástica*, de Berlioz, com o jovem Liszt na audiência, em Paris, tem início a orquestra sinfônica romântica, muito mais colorida que as que havia antes.

1846 Berlioz rege as primeiras execuções de *A danação de Fausto*, baseada na parte I do *Fausto*, de Goethe.

DEPOIS
1861 Liszt arranja uma versão para piano de sua *Mephisto-Walz 1*, escrita de início para orquestra.

1906 Mahler compõe a Oitava sinfonia; seu movimento principal é um arranjo colossal da cena final da parte II do *Fausto*, de Goethe, *Chorus mysticus*.

Mefistófeles e Fausto no cartaz criado por Richard Roland Holst para a produção da peça de Goethe pelo Teatro Nacional Holandês em 1918.

Os mitos centrais da arte europeia remontam em geral a fontes de milhares de anos atrás. De modo incomum, a lenda de Fausto é um fenômeno mais recente, baseado numa pessoa real. O Johann Faustus original foi um mágico ilusionista do fim do século XV que alegava estar aliado ao diabo. Sua carreira dúbia viajando pela Turíngia, no sul alemão, lhe valeu até um doutorado na Universidade de Heidelberg. A história de Fausto já tinha se incorporado ao folclore quando o decano do Romantismo literário alemão, Johann Wolfgang von Goethe, começou a explorar o personagem nos anos 1770.

Apelo poderoso

O Romantismo tinha muitas raízes nas revoltas políticas e sociais da época. Com a industrialização ascendeu uma classe média menos comprometida com a Igreja e a aristocracia, e nesse clima mais liberal a peça versificada *Fausto*, de Goethe, ganhou um apelo potente. *Fausto* trata da insatisfação de uma mente racional e laica. O herói de Goethe é um filósofo agnóstico brilhante cuja desilusão intelectual leva a

ROMANTISMO 1810–1920

Ver também: Sinfonia em mi bemol maior, Stamitz 116-117 ▪ Sinfonia nº 40 em sol menor, Mozart 128-131 ▪ Sinfonia "Eroica" 138-141 ▪ *Sinfonia fantástica* 162-163 ▪ Sinfonia nº 1, Schumann 166-169 ▪ Sinfonia nº 1, Brahms 188-189

---

ser enganado pela oferta do demônio Mefistófeles de um mundo de satisfação sensorial e sexual.

Na primeira parte do poema (publicado em 1808), Fausto é apresentado à confiante jovem Margarida, a quem seduz, engravida e abandona, levando-a à loucura e à morte. A segunda parte (concluída em 1831) encontra o arrependido Fausto usando seus poderes para o bem da humanidade; quando sua morte se aproxima, a alma de Margarida interced por ele e anjos o carregam para um mundo mais alto. A lenda foi tirada da grandiosa ópera *Fausto*, de Charles Gounod, do oratório *Cenas do Fausto de Goethe*, de Robert Schumann, e da *Abertura Fausto*, de Wagner. A versão musical mais significativa, porém, é a do virtuoso húngaro Franz Liszt.

O Fausto de Liszt

O jovem Liszt foi apresentado ao *Fausto Parte I* (na tradução francesa de Gérard de Nerval) pelo amigo Berlioz. Fascinado, ele esboçou algumas ideias para uma ópera, depois uma sinfonia, mas abandonou a ideia até se fixar na cidade que Goethe adotou como sua, Weimar. Em dois meses de 1854, compôs e orquestrou os três primeiros movimentos da *Sinfonia Fausto*. Dedicando a obra a Berlioz, acrescentou o *finale*, com solista

O frontispício de uma partitura da *Sinfonia Fausto*, de Liszt, publicada em Leipzig, na Alemanha, lista os principais personagens da sinfonia e o tipo de arranjo orquestral.

tenor e coro masculino, para a estreia três anos depois.

Em vez de seguir a complexa narrativa de Goethe, cada um dos três primeiros movimentos da sinfonia apresenta um retrato de um dos personagens principais. O primeiro, longo, mostra as múltiplas camadas da natureza inquieta de Fausto numa linguagem musical complexa e cromática (baseada em todos os doze semitons de uma oitava). O movimento de Margarida, com doce encanto, é o oposto do de Fausto, e Mefistófeles tem um *scherzo* diabólico, em que cada tema é uma distorção de outro já usado para retratar Fausto. O *finale* é um arranjo coral radiante do *Chorus mysticus* que conclui o poema, enquanto o tema de Margarida leva a alma de Fausto, muito como na versão de Goethe, a um mundo musical transfigurado. ∎

Franz Liszt

Nascido em Raiding, no leste da Áustria, em 1811, Liszt logo mostrou talento como pianista. Estudou em Viena, onde tocou para o impressionado Beethoven, e na juventude em Paris consolidou a posição de pianista supremo de sua época. Aos 24 anos, fugiu para a Suíça com a condessa Marie d'Agoult; depois, na Itália, tiveram três filhos mas se distanciaram conforme Liszt seguia uma agenda incessante de concertos pela Europa. Em 1848 mudou-se com a princesa ucraniana Carolyne Sayn-Wittgenstein para Weimar, onde compôs obras importantes da era romântica. Mais tarde, tomou ordens menores católicas em Roma. Em 1886, morreu de pneumonia em Bayreuth, na Alemanha.

Outras obras importantes

1842 *Années de pèlerinage* (Anos de peregrinação)
1853 Sonata para piano em si menor
1856 *Sinfonia Dante* (coro e orquestra)
1868 *Christus* (oratório coral)

E OS DANÇARINOS RODAVAM ALEGRES NOS LABIRINTOS VERTIGINOSOS DA VALSA
DANÚBIO AZUL (1867), JOHANN STRAUSS II

EM CONTEXTO

FOCO
Música de valsa do século XIX

ANTES
1819 *Convite à dança*, de Carl Maria von Weber, é a primeira valsa escrita para apresentação em concerto em vez de baile.

1823 Schubert escreve *Valses sentimentales*, coletânea com 34 valsas para piano solo.

1834 A *Grande Valse brillante*, de Chopin, é a primeira de suas valsas para piano solo a ser publicada.

DEPOIS
1877 O *Lago dos cisnes*, de Tchaikóvski, é um dos muitos balés e óperas do fim do século XIX a incluir valsas.

1911 Maurice Ravel publica uma suíte de valsas, *Valses nobles et sentimentales*.

1919–1920 Ravel compõe *La valse*, sobre a ascensão e queda da valsa como gênero musical.

Uma das valsas mais instantaneamente reconhecíveis já escritas, *An der schönen, blauen Donau* (Pelo Danúbio azul e belo) estreou em Viena em fevereiro de 1867 como peça coral, regida por seu compositor, o austríaco Johann Strauss II. Com cinco temas de valsa interligados, ela se destinava a levantar o moral dos austríacos após a derrota para a Prússia na Guerra das Sete Semanas. Foi, porém, a versão puramente orquestral, executada em Paris ainda naquele ano, que decolou. A suave beleza das melodias de Strauss tornou a peça amada em todo o mundo.

As valsas têm raízes nas danças rurais da Boêmia, da Áustria e do sul alemão. A partir de meados do século XVIII, versões mais refinadas, com uma batida tripla distinta, popularizaram-se nos salões de bailes europeus. Os pares se seguravam de frente enquanto giravam, em contraste com os pomposos minuetos e outras danças cortesãs de estilo francês que a valsa começava a substituir. No início do século XIX, ela se espalhara em toda a Europa, com Viena como sua capital. Promovida primeiro por Johann Strauss I e depois por seu filho, tornou-se a dança distintiva do século. ∎

Estátua do "Rei da Valsa" tocando violino no Stadtpark, em Viena. Em criança, Strauss praticava violino escondido, pois o pai, músico, queria que ele fosse banqueiro.

Ver também: *O burguês fidalgo* 70-71 ▪ *Water Music* 84-89 ▪ *Sinfonia fantástica* 162-163 ▪ *O quebra-nozes* 190-191

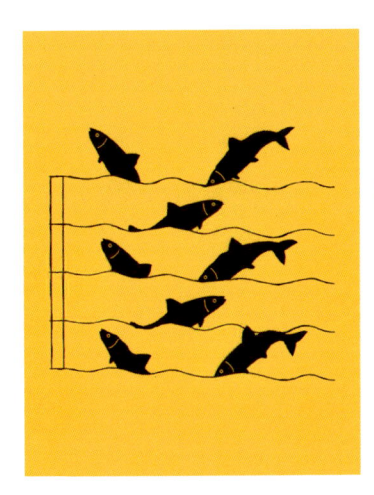

VIVO NA MÚSICA COMO UM PEIXE NA ÁGUA
CONCERTO PARA PIANO Nº 2 EM SOL MENOR (1868), CAMILLE SAINT-SAËNS

EM CONTEXTO

FOCO
Concertos solo do século XIX

ANTES
1830 O Concerto para piano nº 1 em mi menor, de Chopin, estreia em Varsóvia, na Polônia.

1836 Clara Schumann escreve o Concerto para piano em lá menor, nove anos antes do Concerto para piano em lá menor de seu marido, Robert Schumann.

1849 Liszt conclui a versão final do Concerto para piano nº 1 em mi bemol maior.

DEPOIS
1868 Grieg compõe um dos concertos para piano mais populares já escritos, o Concerto para piano em lá menor.

1881 Johannes Brahms conclui o Concerto para piano nº 2 em si bemol maior.

O Concerto para piano nº 2 do francês Camille Saint-Saëns estreou em Paris em maio de 1868. Foram dezessete dias de trabalho intenso para terminá-lo a tempo para o concerto, que o músico russo Anton Rubinstein, amigo do compositor, regeu. Saint-Saëns tocou a parte solo.

Explorando a forma
Os concertos solo evoluíram ao longo do século XIX. Demonstrações deslumbrantes de instrumentistas-compositores virtuoses, em especial o violinista Paganini e os pianistas Chopin e Liszt, dominaram os anos após 1810, com a orquestra como pouco mais que um pano de fundo. Figuras posteriores, como Robert Schumann, buscaram um equilíbrio melhor. A maioria dos grandes compositores da época, como Mendelssohn, Brahms, Grieg e Dvořák, compôs concertos e experimentou muito a forma. Em seu Concerto para piano nº 2, Saint-Saëns ignorou a convenção ao não abrir com a orquestra mas com um prelúdio de piano solo no estilo de Bach, e substituiu a sequência de movimentos rápido-lento-rápido usual por uma progressão lento-rápido-mais rápido, dando origem ao gracejo de que "começa com Bach e termina com Offenbach". A falta de tempo de ensaio resultou numa estreia decepcionante, mas o concerto conquistou admiradores e é item básico do repertório de concertos. Saint-Saëns escreveu outros três concertos para piano, três para violino e dois para violoncelo. ∎

> Quem não sente total prazer com uma série simples de acordes bem construídos, belos apenas em seu arranjo, não gosta de verdade de música.
> **Camille Saint-Saëns**

Ver também: *Pièces de clavecin* 82-83 ▪ Sonata em ré menor, K. 9, "Pastoral", Scarlatti 90-91 ▪ Sonata para piano em fá sustenido menor, Clementi 132-133

A ÓPERA DEVE FAZER AS PESSOAS CHORAR, SENTIR HORROR, MORRER

O CICLO DO ANEL (1848–1874), RICHARD WAGNER

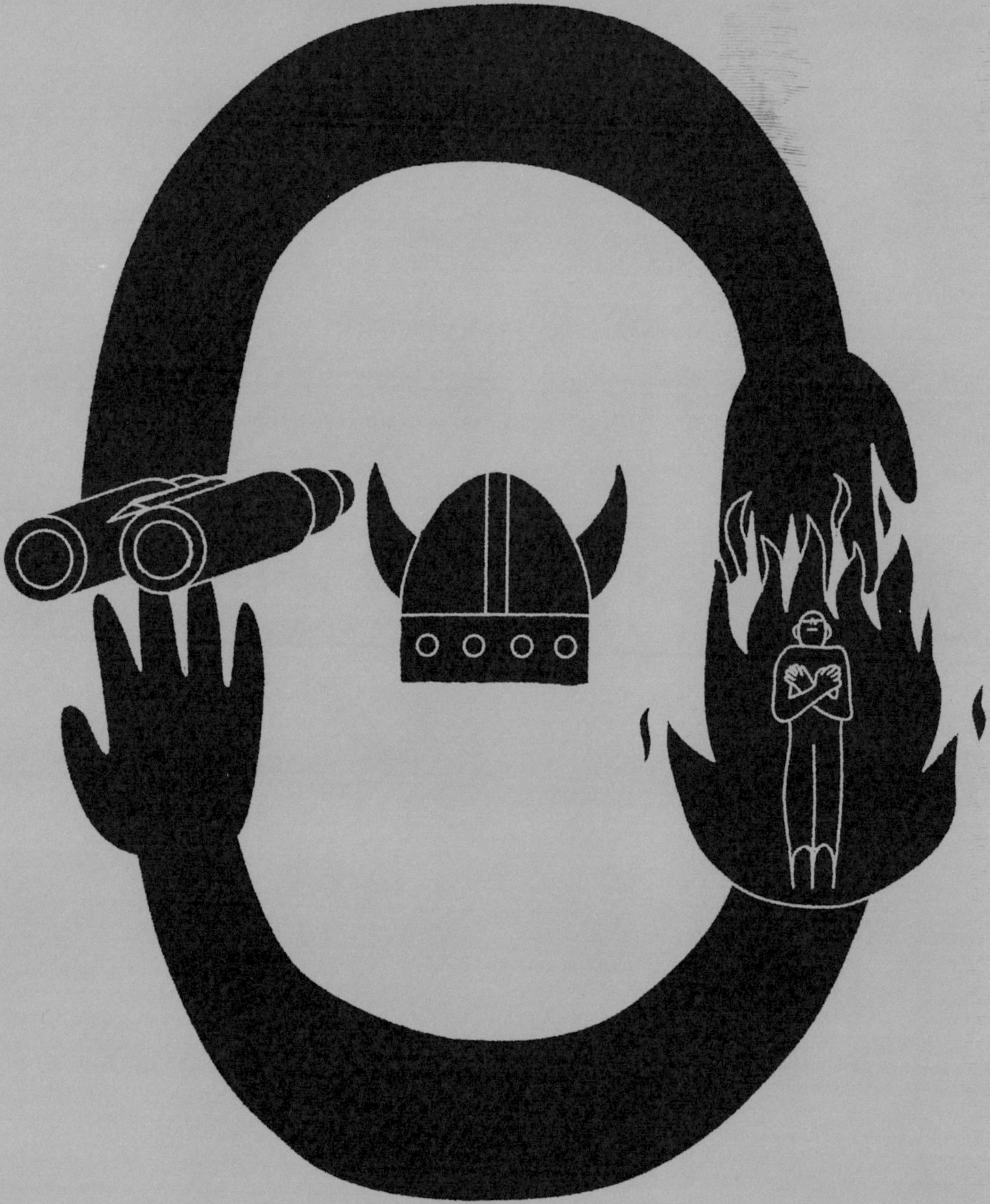

182 OBRA DE ARTE TOTAL

EM CONTEXTO

FOCO
Obra de arte total

ANTES
1821 *Der Freischütz*, de Weber, considerada a primeira ópera romântica alemã, estreia em Berlim.

1824 Beethoven conclui a Nona sinfonia. O uso que fez de um poema no *finale* da sinfonia – uma forma por tradição sem palavras – influenciou muito Wagner.

1849 Após ser forçado a exilar-se, Wagner começa a escrever uma série de ensaios sobre um plano para reformar a ópera. A primeira etapa se torna depois *O anel*.

1862 Wagner rege a Nona sinfonia de Beethoven em Bayreuth para celebrar a colocação da pedra fundamental da Festspielhaus.

DEPOIS
1883 A viúva de Wagner, Cosima, assume a direção do Festival de Bayreuth, que controla com rigor até sua morte, em 1930.

1933 Hitler sobe ao poder na Alemanha e, como ardente wagneriano, envolve-se intimamente na organização do festival.

1976 A encenação de *O anel* no centenário de Bayreuth, mais tarde amplamente televisionada, apresenta a obra como uma crítica à industrialização do século XIX.

A valquíria Brunilda encontra os amantes Siegmund e Sieglinde para alertar o jovem de sua morte iminente. Esta cena de *A valquíria*, de Wagner, foi pintada por Gaston Bussière (1893).

Duas coisas mudaram radicalmente na época de Wagner: a ópera alemã e a própria Alemanha. A terra em que ele crescera era pouco mais que um conjunto vagamente ligado de principados e reinos, e a ópera alemã antes de Wagner travava uma batalha perdida contra as importações da França e Itália – fora poucas notáveis exceções. *Fidelio*, de Beethoven, e *Don Giovanni*, de Mozart (encenadas em alemão) e as óperas românticas de Carl Maria von Weber representavam a única resistência contra o gosto dominante por óperas estrangeiras, com frequência mal encenadas em um dos vários teatros de corte que salpicavam a Alemanha.

Quando Wagner morreu, em 1883, a Alemanha era uma nação-Estado. A ópera alemã – ou mais corretamente a ópera wagneriana – tinha conquistado a França, Itália e além. Outros compositores acorriam para emular sua ousadia harmônica e estilo ricamente sinfônico, ansiando até por uma fração da devoção quase religiosa inspirada por seus vastos dramas musicais.

O caminho da revolução

Mais que qualquer compositor antes dele, a própria vida e arte de Wagner se entrelaçaram aos eventos – políticos, históricos e filosóficos – do mundo ao redor. Desde cedo ele desejou descobrir como combinar teatro e música e como um novo tipo de ópera poderia ajudar a revitalizar a forma de arte na Alemanha, além de inspirar e unir a própria nação. Diversamente de outros compositores de ópera, ele escrevia os próprios libretos (as palavras arranjadas em música) e fez isso já

ROMANTISMO 1810–1920

Ver também: *A flauta mágica* 134-137 ▪ *O barbeiro de Sevilha* 148 ▪ *Der Freischütz* 149 ▪ *La traviata* 174-175 ▪ *Tosca* 194-197 ▪ *The Wreckers* 232-239 ▪ *Peter Grimes* 288-293

em suas óperas iniciais. Sua primeira ópera, *Die Feen* (As fadas, 1834), mergulhava no Romantismo, enquanto a segunda, *Das Liebesverbot* (A proibição do amor, 1836), vagamente baseada em *Medida por medida*, de Shakespeare, era mais próxima de uma ópera-cômica italiana.

Um longo período malsucedido em Paris no fim dos anos 1830 expôs o jovem compositor ao *bel canto* de Vincenzo Bellini (que ele admirava muito) e à *grand opéra*, gênero local cujos extravagantes traços cênicos alargariam seus horizontes teatrais. Giacomo Meyerbeer, compositor nascido na Alemanha, estava entre os expoentes mais florescentes desse tipo de espetáculo operístico. A obra seguinte de Wagner, *Rienzi* (1840), muito influenciada por Meyerbeer, foi seu primeiro sucesso, levando à sua nomeação como *Kapellmeister* (diretor musical) do Teatro da Corte de Dresden.

As óperas seguintes de Wagner nos anos 1840, *Der fliegende Holländer* (O holandês voador), *Tannhäuser* e *Lohengrin*, são as mais antigas da lista de peças executadas no festival que ele criou em Bayreuth. Nelas Wagner rompe cada vez mais com as estruturas tradicionais da ópera – borrando as divisões entre as árias individuais, duetos e coros e focando no desenvolvimento psicológico de personagens de complexidade inédita. As óperas tratavam de temas que o ocupariam pelo resto da carreira: redenção, a natureza do desejo e, em *Tannhäuser*, como a religião pode e deveria moderar esse desejo.

Teoria e prática

O envolvimento de Wagner nos tumultos em Dresden em 1849 – parte de uma série de revoltas republicanas que varreram a Alemanha e outras partes da Europa – levou à emissão de um mandado de prisão, forçando-o a se exilar na Suíça. Nos primeiros cinco anos de exílio ele não compôs nada, concentrando-se em estabelecer as bases de sua reforma operística numa série de longos ensaios. Foi

> ❝ De um impulso tornei-me revolucionário e me convenci de que todo ser decentemente ativo deveria se ocupar apenas de política.
> **Richard Wagner** ❞

nesse período que Wagner teve a ideia da *Gesamtkunstwerk* (obra de arte total), que combinaria todos os elementos da apresentação no palco. Suas novas obras amalgamariam o gênio de Beethoven e Shakespeare e se baseariam no teatro da Grécia antiga, que, segundo entendia, não só juntava todas as artes como o fazia de um modo essencial para unir um povo. Wagner buscava criar uma experiência artística com »

Richard Wagner

Wagner nasceu em Leipzig em 1813 e foi atraído pelo teatro muito cedo, desenvolvendo também a obsessão pela música – em especial por Beethoven. O início de sua vida foi cheio de instabilidade, exacerbada pela atitude irresponsável em relação ao dinheiro. Suas óperas começaram a fazer sucesso nos anos 1840, em seguida ele obteve um cargo de *Kapellmeister* em Dresden, mas tudo foi posto em risco por seu ativismo político. Forçado a exilar-se na Suíça nos anos 1850, decidiu fazer uma reforma total na ópera, primeiro em ensaios teóricos, depois na prática, mais ambiciosamente em *O anel*. Nos anos 1860, sua sorte melhorou com a ajuda financeira do rei Ludwig II da Baviera, que lhe deu nova liberdade artística. Wagner morreu em Veneza em 1883, um ano após a estreia de *Parsifal* em Bayreuth.

Outras obras importantes

1841 *O holandês voador*
1848 *Lohengrin*
1859 *Tristão e Isolda*
1867 *Die Meistersinger von Nürnberg*
1882 *Parsifal*

aspectos religiosos, sociais e éticos. Tal obra de arte ganharia ainda mais ressonância entre o público, ele dizia, ao se basear em temas com raízes profundas em seus mitos inconscientes. Em seus novos "dramas musicais", como suas obras seriam conhecidas, ele poderia aproveitar o poder da música para explorar os mecanismos interiores de seus personagens. Diversamente das formas de ópera dominantes, em que considerações musicais e, nos piores casos, a vaidade dos cantores eram a preocupação central, aqui seria o drama que definiria a forma da música.

Compondo o mundo

A obra que mais se aproximou desse objetivo foi um ciclo de óperas, *Der Ring des Nibelungen* (O anel do nibelungo), baseado numa mescla de mitologia nórdica e germânica. Wagner não a concebeu de início como tetralogia (ciclo de quatro obras), mas, incapaz de cobrir o tema em uma ópera única, a princípio chamada *Siegfrieds Tod* (A morte de Siegfried), expandiu-o para o passado, colocando mais e mais histórias prévias em cada obra adicional.

Esse processo também exigia o desenvolvimento do *Leitmotiv* – técnica latente em suas obras dos anos 1840, mas elevada a extraordinária sofisticação em *O anel*. O método lhe permitiu combinar atos contínuos de grande envergadura. Com isso, a orquestra poderia começar a oferecer "comentários" à ação, à maneira do coro do teatro antigo grego.

Wagner afinal concluiu o texto do ciclo em 1852 e pouco depois começou a compor a música, sem nenhuma perspectiva realista de que as obras algum dia fossem encenadas. *Das Rheingold*, que Wagner chamou de "tarde preliminar" ao drama principal, veio primeiro, e foi nela que Wagner chegou mais perto de realizar o ideal teórico de seus ensaios. Os gigantes, anões e deuses nórdicos da ópera se

> "Não devo escrever ópera nunca mais. Como não tenho vontade de inventar um nome arbitrário para minhas obras, vou chamá-las de dramas.
> **Richard Wagner**"

comunicam de modo direto, como numa conversa (usando *Stabreim* – versos aliterados concisos), e a orquestra supre o comentário.

Para o "primeiro dia" do ciclo, *Die Walküre* (A valquíria, 1856), Wagner criou música de sensualidade e veemência ainda maiores, em parte porque surgiam aí seres humanos na história – os gêmeos há muito perdidos Siegmund e Sieglinde, que se apaixonam no primeiro ato.

Cronologia da produção de *O anel*

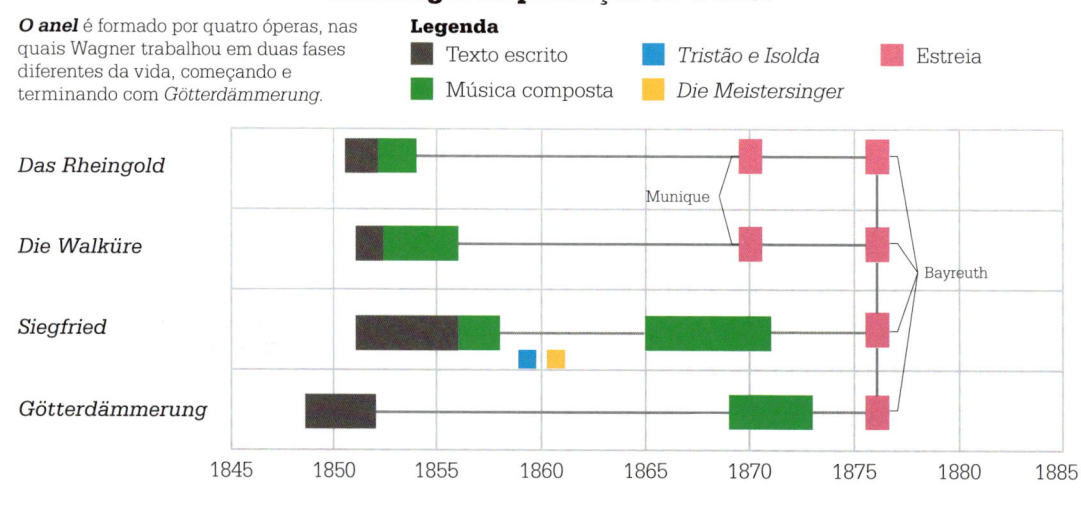

O anel é formado por quatro óperas, nas quais Wagner trabalhou em duas fases diferentes da vida, começando e terminando com *Götterdämmerung*.

Legenda
- Texto escrito
- Música composta
- *Tristão e Isolda*
- *Die Meistersinger*
- Estreia

ROMANTISMO 1810–1920

Tristão e seu acorde

Inspirado na descoberta da filosofia de Arthur Schopenhauer e na obsessão romântica por Mathilde von Wesendonck – mulher de seu patrono suíço –, Wagner começou a compor *Tristão e Isolda* em 1857, concluindo-a em menos de dois anos. A obra, que explora o romance adúltero e a consequente morte dos amantes lendários, deve ter criado as bases para a ruptura de tonalidade. Wagner cria um mundo desorientador e intoxicante a partir da tensão harmônica que – refletindo a obsessão do drama com a impossibilidade do amor perfeito – não se resolve até o fim. Emblemático da obra é o chamado "acorde Tristão" – o primeiro do Prelúdio –, cujas notas fá, si, ré sustenido e sol sustenido, aparentemente sem relação, formam a base da instabilidade harmônica da obra. O acorde Tristão, tal como usado por Wagner, foi tremendamente influente sobre compositores que buscaram forçar – e romper – os limites da harmonia.

Tristão e Isolda (1859) estreou em Munique em 1865, com Ludwig Schnorr von Carolsfeld e sua mulher Malwina Garrigues como os amantes condenados.

O estilo de Wagner não era popular entre todos, como se vê neste cartum americano (1877), que criticava o denso barulho de *Götterdämmerung*, a última ópera do *Ciclo do anel*.

(O estímulo ao incesto foi um dos muitos pecados de que acusaram o compositor em sua carreira.) Em 1856, porém, Wagner também tinha descoberto o filósofo Arthur Schopenhauer, que teria poderosa influência em suas obras.

Schopenhauer não só apresenta uma filosofia de pessimismo incompatível com o zelo revolucionário que inspirou *O anel* como via a música como a mais expressiva de todas as artes – virando de ponta-cabeça as convicções de Wagner sobre a prioridade do drama.

Rompendo o ciclo

Em termos práticos, a descoberta de Schopenhauer provocou uma » pausa na criação de *O anel*; Wagner parou de compor *Siegfried* (o "segundo dia" do ciclo) após concluir um esboço de partitura do segundo ato em 1857 e não voltou a ele por sete anos.

Nesse ínterim, terminou duas obras muito diversas, ambas muito inspiradas na filosofia de Schopenhauer – em especial na ideia de que só se pode alcançar uma realização relativa pela renúncia. A primeira dessas novas obras foi *Tristão e Isolda* (concluída em 1859, embora só executada completa em 1865), peça abertamente filosófica e sensorial em que Wagner levou a harmonia tradicional a seus limites. A segunda obra, *Die Meistersinger von Nürnberg* (Os mestres cantores de Nuremberg, 1867), era uma comédia de dimensões inéditas – só o ato final tem mais de duas horas – que tratava de temas profundos, como o lugar da arte na sociedade, sua relação com a identidade nacional e o equilíbrio a atingir entre a tradição baseada em regras e a inovação.

Quando Wagner afinal voltou à composição de *O anel*, aplicou de imediato as lições musicais e filosóficas aprendidas nos projetos desse meio-tempo, dando riqueza harmônica ainda maior ao terceiro ato de *Siegfried* e à quarta ópera, *Götterdämmerung* (Crepúsculo dos deuses), em que o anel é por fim devolvido às donzelas do Reno e o Valhala, lar dos deuses, é destruído. Wagner concluiu a parte final em novembro de 1874, 25 anos após iniciar o projeto.

Teatro do festival

Ao término de *O anel*, Wagner achou que nenhum teatro existente poderia exibi-lo e começou a levantar fundos para um novo Festspielhaus (teatro do festival). O teatro que Wagner construiu na cidade franconia de Bayreuth para montar *O anel* em 1876 é em muitos sentidos tão revolucionário quanto as obras que seriam encenadas ali. Tem um vasto auditório, com longas fileiras de assentos dispostas para lembrar um antigo anfiteatro. A orquestra e o regente não são visíveis para o público, pois seu poço fica abaixo do palco. De forma inédita para a época, as

A English National Opera apresenta *A cavalgada das valquírias* no Festival de Glastonbury, em 2004. A famosa peça figura no começo do Ato Três de *Die Walküre*.

> ❝
> Fiz planos de escala tão grande que seria impossível produzir esta ópera [...] em qualquer teatro menor.
> **Richard Wagner**
> ❞

Leitmotiv

A técnica do *Leitmotiv* (motivo condutor) se relaciona à *idée fixe* de Berlioz, uma ideia ou tema fixo numa obra, que ele usou na *Sinfonia fantástica*. Ela também tem a ver com outras formas anteriores de "motivo reminiscente", conjunto de notas recorrente que denota um personagem ou suas lembranças. Os motivos foram muito usados, e com sofisticação inédita, em *O anel* de Wagner, em que todo o tecido musical – em especial na orquestra – foi criado a partir de fragmentos melódicos associados a diferentes personagens, ideias ou estados de alma. Desde as primeiras apresentações de *O anel*, foram feitas tentativas de "decodificar" esses *Leitmotive* e interpretar a escrita orquestral como um comentário ao drama. A técnica continuaria a ser amplamente adotada, até por compositores de cinema do século XX.

luzes do auditório eram apagadas durante a apresentação e entradas e saídas eram proibidas.

Peregrinação operística

Desde o primeiro festival, em 1876, a elite afluiu a Bayreuth, e com a ópera final de Wagner, *Parsifal* (1882), a atração indiscutível do festival só aumentou. Nem tudo era perfeito, porém, e as exigências cênicas sem precedentes de *O anel* só foram em parte satisfeitas na primeira produção. Um dos críticos mais veementes de Wagner, Eduard Hanslick, disse que a ponte de arco-íris que leva ao Valhala no fim de *Das Rheingold* parecia "uma salsicha de sete cores"; a mulher de Wagner, Cosima, reclamou que os trajes, pesquisados com minúcia, faziam todos parecerem chefes nativos americanos. O dragão que Wagner encomendou em Manchester, no Reino Unido, para *Siegfried*, nunca chegou inteiro – consta que a parte do pescoço terminou em Beirute em vez de Bayreuth.

Um novo começo

Não é possível superestimar o legado de *O anel*, o projeto de Bayreuth e o próprio Wagner. O wagnerismo entrou em voga em Paris no fim do século XIX, com artistas se inspirando na mescla inebriante de religião e sexo em *Parsifal*. Enquanto isso, em Viena, grassava a disputa entre os que apoiavam Brahms e suas sinfonias mais convencionais e os que estavam totalmente enfeitiçados por Wagner.

O *Leitmotiv* se tornou técnica-padrão para uma geração de jovens compositores, muitos dos quais tentaram, após a morte de Wagner, criar fac-símiles a sério de suas obras operísticas. A Itália, sede tradicional da ópera, teve uma crise de identidade musical, dividida entre abraçar as inovações de Wagner e preservar suas próprias tradições reverenciadas. Graças a Wagner, a ópera – que antes ele criticara por ser suscetível demais à frivolidade – era agora uma forma de arte que tratava de grandes questões filosóficas e que requeria um tipo revolucionário de música para isso. ∎

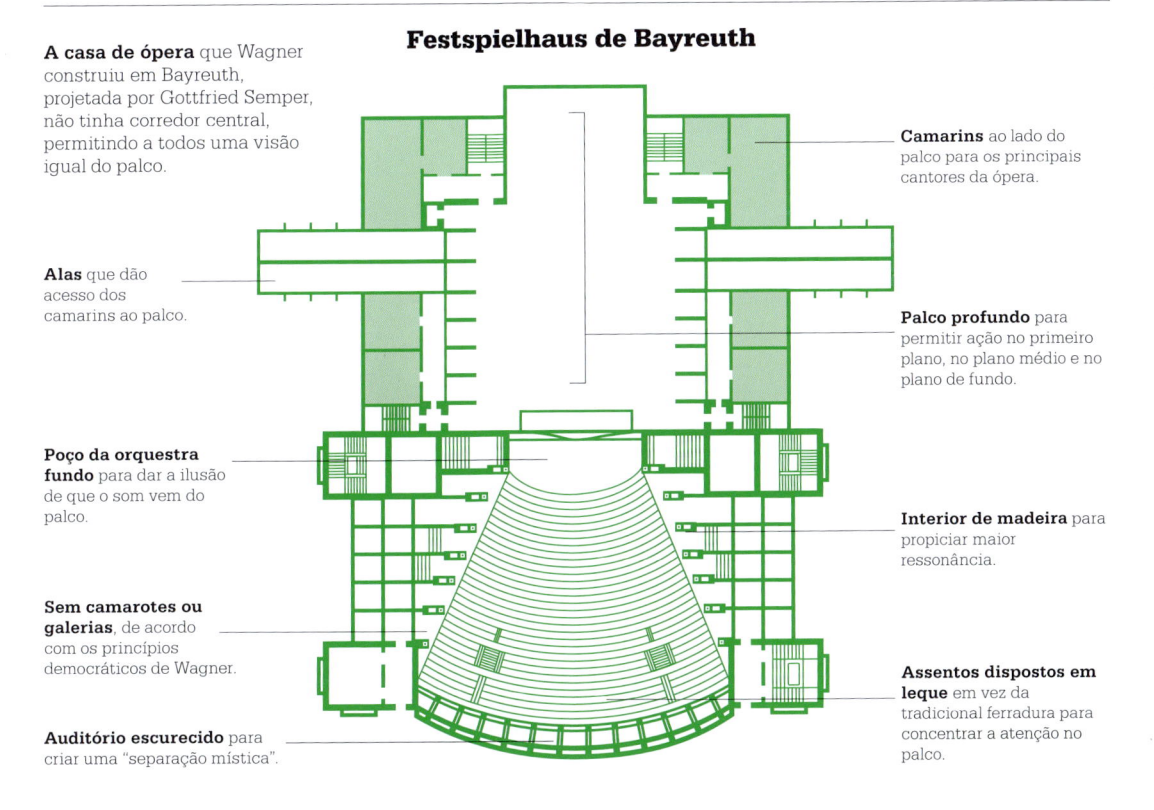

Festspielhaus de Bayreuth

A casa de ópera que Wagner construiu em Bayreuth, projetada por Gottfried Semper, não tinha corredor central, permitindo a todos uma visão igual do palco.

Alas que dão acesso dos camarins ao palco.

Poço da orquestra fundo para dar a ilusão de que o som vem do palco.

Sem camarotes ou galerias, de acordo com os princípios democráticos de Wagner.

Auditório escurecido para criar uma "separação mística".

Camarins ao lado do palco para os principais cantores da ópera.

Palco profundo para permitir ação no primeiro plano, no plano médio e no plano de fundo.

Interior de madeira para propiciar maior ressonância.

Assentos dispostos em leque em vez da tradicional ferradura para concentrar a atenção no palco.

ELE [...] VEM COMO SE ENVIADO DIRETO POR DEUS
SINFONIA Nº 1 (1876), JOHANNES BRAHMS

EM CONTEXTO

FOCO
Ascensão e queda da sinfonia

ANTES
1824 Beethoven conclui a Nona Sinfonia.

1853 Robert Schumann saúda Brahms como a esperança da música alemã em um influente ensaio, *Neue Bahnen* (Novos rumos).

1858 Brahms termina o *Primeiro concerto para piano*, que em certo ponto foi concebido como sinfonia, e a *Primeira serenata*.

DEPOIS
1877 Numa crítica, o regente Hans von Bülow aclama a Primeira sinfonia de Brahms como a "Décima de Beethoven".

1889 Mahler rege a estreia de sua Sinfonia nº 1 em Budapeste, a primeira das nove que compôs.

Nas primeiras décadas do século XIX, Beethoven levou a sinfonia a novas alturas, tornando-a o gênero mais importante da tradição austro-alemã. Após sua morte, vários compositores se apresentaram para assumir o bastão de Beethoven. Entre eles estava o alemão Johannes Brahms, que deplorava a música programática – a qual busca seguir ou descrever uma narrativa – e criticava abertamente a Nova Escola Alemã representada por Richard Wagner e Franz Liszt.

Brahms acreditava na criação de música "pura", abstrata, não associada a um enredo.

Em 1853, aos vinte anos, Brahms conheceu Robert Schumann e sua mulher, a pianista Clara. Schumann, que havia composto quatro sinfonias, aclamou Brahms como a grande

Brahms toma café em sua *villa* com a mulher de Johann Strauss II, Adele Strauss, no verão de 1894. Brahms ia com frequência à *villa* deles em Bad Ischl, na Áustria.

ROMANTISMO 1810–1920

Ver também: Sinfonia nº 40, Mozart 128-131 ▪ Sinfonia "Eroica" 138-141 ▪ *Sinfonia fantástica* 162-163 ▪ Sinfonia nº 1, Schumann 166-169 ▪ *Sinfonia Fausto* 176-177 ▪ Sinfonia nº 9, Dvořák 212-215

Johannes Brahms

Filho de um músico em dificuldades, Brahms nasceu em Hamburgo, no norte alemão, em 1833. Recebeu as primeiras lições de música do pai e na juventude ajudou a sustentar a família tocando piano em tavernas de Hamburgo, antes de trabalhar como regente de coral.

Em 1863, estabeleceu-se em Viena, iniciando um período de muito êxito, em que compôs *Um réquiem alemão*, a Primeira sinfonia e as *Danças húngaras*. Após a morte de Robert Schumann, em 1856, Brahms se tornou muito próximo de sua viúva, Clara, amizade que duraria toda a vida.

Mais tarde, concentrou-se em música instrumental, mas em 1896, um ano antes de morrer, escreveu *Vier ernste Gesänge* (Quatro canções sérias), refletindo sobre a efemeridade da vida.

Outras obras importantes

1853 Sonata para piano nº 3 em fá menor, op. 5
1868 *Um réquiem alemão*
1869 *Danças húngaras* (para dueto de pianos)

---

esperança da música alemã, descrevendo-o como um "homem predestinado" e colocando sobre ele o peso da expectativa pública.

Primeira sinfonia

Brahms começou a esboçar sua Primeira sinfonia logo após a expressão de apoio de Schumann, mas só a concluiu em meados dos anos 1870 – mais de vinte anos depois. Nesse intervalo, tentou compor outras sinfonias, mas nenhuma deu certo. Enquanto isso, criou muitas obras orquestrais e de câmara, entre elas sonatas para violino, violoncelo e piano. Ele destruía as obras de que não gostava, mas partes de suas tentativas de composição sinfônica foram adaptadas em outras peças, como a abertura do Primeiro concerto para piano.

Muito autocrítico, Brahms só publicou em 1873 os primeiros quartetos de cordas – outro gênero beethoveniano por excelência –, os quais, com duas outras importantes obras enraizadas em diferentes tradições, podem ter preparado o terreno para a grande realização sinfônica. Em *Um réquiem alemão* (1868), ele musicou textos luteranos num modo que lembrava a antiga música coral alemã, enquanto suas assim chamadas *Variações Haydn* (1873) exploraram uma gama de recursos compositivos velhos e novos num contexto orquestral.

A síntese de tradição e inovação distinguiu a Primeira sinfonia, cujos temas fundiam música folclórica e coral, além de alusões a Bach e à Nona sinfonia de Beethoven.

A Primeira sinfonia de Brahms, como a Nona de Beethoven, vai da escuridão para a luz, com uma abertura tempestuosa de contrabaixo e tímpanos que diminui para o sonhador Andante antes de introduzir insistentes cordas em *pizzicato*. O terceiro movimento, Allegretto, capta uma atmosfera jovial, mas ao mesmo tempo exibe a grande atenção de Brahms à simetria.

Outras obras

Após o sucesso da Primeira sinfonia, Brahms compôs mais três e decidiu concluir a Quarta sinfonia (1885) com uma animada *passacaglia* – forma barroca que desenvolve seu material sobre uma linha de baixo constantemente repetida. As sinfonias de Brahms podem parecer conservadoras, comparadas às dos que o sucederam – como Gustav Mahler, cuja Primeira sinfonia anunciou uma nova direção ao surgir em 1889 –, mas o desenvolvimento de formas e processos anteriores por Brahms influenciaria toda uma geração de modernistas. ■

> [Brahms é] alguém destinado a dar representação ideal à mais alta expressão dos tempos.
> **Robert Schumann**

AS NOTAS DANÇAM LÁ EM CIMA DO PALCO
O QUEBRA-NOZES (1892)
PIOTR ILITCH TCHAIKÓVSKI

O século XIX trouxe uma revolução ao mundo do balé. Antes a música de balé era em grande parte criada a partir de canções conhecidas de ópera ligadas por melodias escritas por um músico de teatro. Poucas partituras originais para balé foram compostas antes de 1820. Balés românticos leves começaram então a aparecer, dominados na Europa por bailarinos como Marie Taglioni, cujo pai, Filippo, coreografou *La Sylphide* para que ela exibisse suas habilidades. Os temas de encantamentos e a protagonista etérea da obra eram um veículo para o "movimento flutuante" e o trabalho de *pointe* (dançar na ponta dos pés), com vestidos cada vez mais curtos para permitir observar os pés e as pernas das bailarinas. A partitura desses balés iniciais estava mais a serviço da dança e em geral era escrita por "especialistas", compositores preparados para produzir música leve e rítmica que não ofuscasse a coreografia.

O balé vai para leste

Por volta de 1850, o centro do balé começou a mudar de Paris para a Rússia, onde o patrocínio dos tzares propiciava produções luxuosas. Tchaikóvski recebeu a encomenda de seu primeiro balé, *O lago dos cisnes*, em 1875. Abordando a tarefa com ambição sinfônica, ele criou melodias associadas a personagens da história. Os críticos, porém, não estavam prontos para uma partitura de balé que merecesse uma sala de concertos e, apesar da recepção calorosa do público, desdenharam da obra. Embora o coreógrafo de *O lago dos cisnes*, Julius Reisinger, tenha dado a Tchaikóvski muita liberdade, o coreógrafo Marius Petipa foi muito mais específico quanto ao que desejava ao colaborar com o

---

EM CONTEXTO

FOCO
Música de balé

ANTES
1832 Estreia em Paris *La Sylphide*, o primeiro balé romântico, coreografado por Filippo Taglioni sobre música composta por Schneitzhoeffer.

1870 O balé *Coppélia*, de Léo Delibes, sobre uma boneca que dança e ganha vida, é encenado no Opéra de Paris.

1876 O balé *Sylvia*, de Delibes, estreia em Paris. Tchaikóvski exalta a partitura de *Sylvia* acima do *Ciclo do anel* de Wagner.

DEPOIS
1911 O balé *Petruchka*, de Stravinsky, estreia em Paris.

1920 O Opéra de Paris apresenta a estreia de *Pulcinella*, de Stravinsky, com coreografia de Leonid Massine. O libreto se inspira num conto folclórico.

> O cerne do repertório clássico é *A Bela Adormecida*, de Tchaikóvski-Petipa, e nenhum balé é mais difícil de acertar.
> **Robert Gottlieb**
> *Escritor e crítico de dança americano*

ROMANTISMO 1810–1920

Ver também: *O burguês fidalgo* 70-71 ▪ *A flauta mágica* 134-137 ▪ *A sagração da primavera* 246-251 ▪ *Romeu e Julieta* 272 ▪ *Appalachian Spring* 286-287

compositor em *A Bela Adormecida* (1890). A obra foi bem recebida pela crítica e os dois juntaram forças de novo em *O quebra-nozes*, dois anos depois, mas problemas de saúde obrigaram Petipa a delegar muito do trabalho a seu assistente Lev Ivanov.

Final de conto de fadas

A composição de *O quebra-nozes* teve início difícil. Tchaikóvski se sentiu limitado pelo libreto pouco criativo que Petipa tinha criado a partir da adaptação de Alexandre Dumas do conto sombrio do autor alemão E. T. A. Hoffman. O compositor achou por fim inspiração após a morte da irmã, companheira de brinquedos da infância. Ele verteu suas lembranças na música, em especial na personagem principal, a menina Clara, ansiosa por brincar com o presente favorito na véspera de Natal, uma figura de quebra-nozes que magicamente ganha vida. Depois que ela o ajuda a derrotar o malvado Rei dos Ratos, o Quebra-Nozes se torna um príncipe, que a leva à Terra dos Doces, controlada pela Fada do Açúcar.

O encanto da partitura de Tchaikóvski se deve muito ao uso criativo da orquestra, desde os sopros de madeira sinuosos da *Dança árabe* e o contraste do trinado das flautas e *piccolos* com os fagotes graves na *Dança chinesa* até a novidade da celesta, instrumento de teclado recém-inventado, com lâminas de metal como um *glockenspiel*, para apresentar a Fada do Açúcar. Embora a música dê a Petipa e seus bailarinos o controle que queriam, a sonoridade única de Tchaikóvski eleva a peça muito acima da velha música dos "especialistas". ■

Colombina e Arlequim evocam o mundo de fantasia de *O quebra-nozes* em trajes desenhados pela rainha Margrethe II da Dinamarca para uma produção em Copenhague em 2016.

Piotr Ilitch Tchaikóvski

Nascido em Votkinsk, na Rússia, em 1840, Tchaikóvski estudou piano desde cedo. Inscreveu-se no recém-aberto Conservatório de São Petersburgo em 1861 e compôs a Primeira sinfonia em 1866. A abertura *Romeu e Julieta* (1869) foi seu primeiro sucesso internacional.

Apesar de reconhecer a própria homossexualidade, Tchaikóvski contraiu em 1877 um casamento fadado ao fracasso. Um ano antes, a rica viúva e amante das artes Nadejda von Meck se tornara sua mecenas, permitindo-lhe dedicar-se à composição. Von Meck declarou falência em 1890, causando a ruptura com Tchaikóvski. O fatalismo que muitas vezes tingia sua música se evidencia nas últimas obras, como a Sexta sinfonia ("Patética"; 1893), que estreou nove dias antes de sua morte.

Outras obras importantes

1876 *Lago dos cisnes*
1878 *Eugene Onegin*
1889 *A Bela Adormecida*
1893 Sinfonia nº 6 ("Patética")

UMA SINFONIA TEM DE SER COMO O MUNDO, TEM DE CONTER TUDO
ASSIM FALOU ZARATUSTRA (1896)
RICHARD STRAUSS

EM CONTEXTO

FOCO
Do Romantismo ao Modernismo

ANTES
1849 Franz Liszt conclui seu primeiro poema tonal, *Ce qu'on Entend sur la Montagne* (O que ouvimos na montanha), a partir do poema de Victor Hugo.

1865 O pai de Richard Strauss, Franz, toca trompa na estreia de *Tristão e Isolda* de Wagner, em Munique.

DEPOIS
1903 Gustav Mahler rege a primeira execução completa de sua Terceira Sinfonia, com cem minutos, que concluiu em 1896.

1917 Estreia *Uma tragédia florentina*, de Alexander von Zemlinsky, ópera baseada, como *Salomé*, de Strauss, em obra de Oscar Wilde.

O período após a morte de Richard Wagner, em 1883, foi de incerteza para a música alemã. Alguns compositores buscaram imitar Wagner em suas próprias óperas; outros evitavam a ópera e aplicavam as inovações de Wagner à música composta para sala de concertos. Anton Bruckner, por exemplo, levou o esplendor, as dimensões e a ousadia harmônica wagnerianas à forma sinfônica tradicional. Gustav Mahler expandiu ainda mais a forma, com uma orquestra de tamanho inédito em sinfonias que incorporavam elementos programáticos e partes vocais.

Novas formas
Richard Strauss, o grande contemporâneo de Mahler, seguiu rumo diferente com o poema tonal – forma musical que busca captar a história ou atmosfera de uma obra não musical, como um poema ou pintura. O gênero foi desbravado por Franz Liszt e formou a base para a fama ativista precoce de Strauss.

A grande ruptura de Strauss se deu com o audaciosamente erótico *Don Juan* (1888), e na década seguinte ele criou uma série de obras que uniam seu virtuosismo como orquestrador à inovação formal – dispensando, por exemplo, a exigência de terminar uma peça no tom em que começou. Controvertidas na época, as obras de Strauss não

Os textos do profeta Zaratustra (ou Zoroastro) sobre (o deus) Ahura Mazda são a base do zoroastrismo. Este retrato dele está no templo do fogo em Yazd, no Irã.

ROMANTISMO 1810–1920

Ver também: *As quatro estações* 92-97 ▪ *Sinfonia fantástica* 162-163 ▪ *Sinfonia Fausto* 176-177 ▪ *O ciclo do anel* 180-187 ▪ *Das Lied von der Erde* 198-201

> Eu só acreditaria num Deus que saiba dançar.
> **Friedrich Nietzsche**
> *Assim falou Zaratustra* (1883–1891)

foram escritas para edificar, nem eram moralizantes como pedia a estética musical do século XIX. Isso o alinhou com outros compositores "modernistas" cujo traço definidor era a ênfase em inovação e avanços – redefinindo a composição e desafiando convenções formais.

Papel do artista

Also sprach Zarathustra (Assim falou Zaratustra, 1896) talvez seja o poema tonal mais ousado de Strauss. A obra de 35 minutos tirou o título do livro de Friedrich Nietzsche, em que o filósofo usou o personagem do antigo profeta persa para apresentar sua filosofia. Nas palavras do próprio Strauss, ele decidiu "transmitir em música uma ideia da evolução da raça humana desde a origem, por várias fases de desenvolvimento [...] até a ideia de Nietzsche do *Übermensch*" por meio de seu poema tonal. Essa ideia do *Übermensch* (super-homem), uma figura sem o fardo da religião e da moralidade convencional, repercutia bem a própria visão de Strauss do papel do artista independente no alvorecer do século XX. Ela também ajudou a preparar o caminho para seu tipo de modernismo amoral, sintetizado na escandalosa e revolucionária ópera *Salomé* (1905) – baseada numa peça de Oscar Wilde que incluía incesto, necrofilia e blasfêmia.

Era de incerteza

Assim falou Zaratustra, de Strauss, retrata um conflito entre natureza, representada pelo motivo de abertura simples do trompete dó-sol-dó, e humanidade, cujas paixões complexas e lutas intelectuais são transmitidas por escrita de harmonia mais audaz. O poema tonal tem nove seções, nomeadas segundo o livro de Nietzsche, com música que inclui uma fuga derrisória e uma valsa alegre. O homem e a natureza não se reconciliam na conclusão arrojada da obra, que vacila de modo incerto entre os tons de dó maior e si maior. ∎

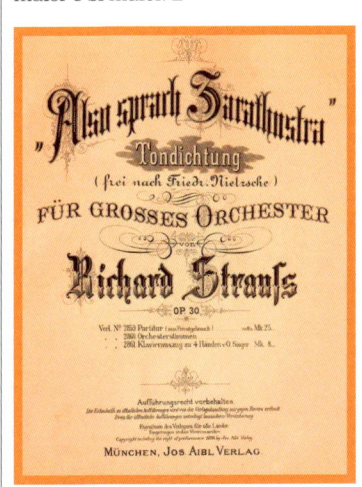

Assim falou Zaratustra foi concluído em 1896. Este frontispício, impresso nesse ano, em Munique por Joseph Aibl, introduzia a partitura de orquestra original.

Richard Georg Strauss

Filho de um famoso trompista, Richard Strauss nasceu em Munique em 1864. Após o êxito inicial de seus poemas tonais e canções (muitas compostas para sua mulher), ele afinal obteve o ansiado sucesso operístico com *Salomé* (1905), seguida de *Electra* (1909). A última marcou o início de uma colaboração de vinte anos com o escritor e libretista Hugo von Hofmannsthal – uma das maiores parcerias da história da ópera.

O prestígio de Strauss diminuiu nos anos 1920 e em especial nos 1930, quando suas relações com o Partido Nazista mancharam sua reputação. Na década de 1940, porém, o idoso Strauss, inconsolável ante a catástrofe nacional, criou uma série de obras tardias, como *Quatro últimas músicas*, compostas meses antes de morrer em Garmisch-Partenkirchen, na Alemanha, em 1949.

Outras obras importantes

1888 *Don Juan*
1905 *Salomé*
1911 *Der Rosenkavalier*
1949 *Quatro últimas músicas*

A ARTE EMOCIONAL É UM TIPO DE DOENÇA
TOSCA (1900), GIACOMO PUCCINI

EM CONTEXTO

FOCO
Verismo

ANTES
1890 Vencedora de um concurso de ópera de um ato, *Cavalleria rusticana*, de Pietro Mascagni, lança o movimento musical "verismo" (realismo) em Roma.

1892 Baseada na *Cavalleria*, a ópera *Pagliacci*, de Ruggero Leoncavallo, é um sucesso em Milão, consolidando o estilo do verismo.

DEPOIS
1904 Puccini sofre um revés quando *Madame Butterfly* é vaiada na estreia em Milão, mas ela é bem recebida três meses depois em Brescia.

1926 Dois anos após a morte de Puccini, sua *Turandot*, concluída por seu colega mais jovem Franco Alfano, estreia no La Scala, em Milão.

Com a estreia de *Cavalleria rusticana* em 1890, um novo tipo de ópera nasceu. Em vez de se basear em temas lendários ou históricos romantizados, ela buscava o realismo (ou verismo, em italiano), abordando eventos corriqueiros, às vezes sórdidos, vividos por pessoas comuns em cenários muitas vezes contemporâneos. Na época, Puccini, que antes dividira casa com o compositor de *Cavalleria*, Pietro Mascagni, tinha seis anos de carreira operística, iniciada em 1884 com *Le villi*, uma *leggenda drammatica* (lenda dramática) pitoresca baseada na mesma história de espíritos mortos do balé romântico *Giselle*

ROMANTISMO 1810–1920

Ver também: *Orfeu e Eurídice* 118-119 ▪ *O barbeiro de Sevilha* 148 ▪ *Der Freischütz* 149 ▪ *La traviata* 174 ▪ *The Wreckers* 232-239 ▪ *Peter Grimes* 288-293

(1841). Após cinco anos seguiu-se *Edgar* (1889), ópera ambientada no mundo dos cavaleiros medievais do século XIV. Embora não fosse seguidor estrito do verismo, Puccini, assim que o novo estilo se estabeleceu, tomou seus elementos apaixonados, dolorosos e cruéis e vestiu-os com música arrojada que alcançou um empolgante clímax na ópera trágica *Tosca*.

Abraçando o realismo

A primeira reação de Puccini ao verismo foi a ópera *Manon Lescaut* (1893), baseada num romance francês do século XVIII do abade Prévost, que já tinha rendido várias óperas, em especial *Manon* (1884), do operista Jules Massenet. Este era um dos muitos compositores franceses cujas óperas conquistaram espaço nos teatros italianos, a exemplo de *Fausto* (1859), de Charles Gounod, e *Carmen* (1875), a obra-prima final de Georges Bizet, que chocou os críticos da época com seu realismo mundano e a heroína amoral.

Embora não fosse na verdade uma obra "realista", *Manon Lescaut* continha duas cenas em especial que se ajustavam totalmente ao novo estilo. O espetáculo pungente do embarque das prostitutas condenadas ao exílio no Ato III e a longa cena da morte da heroína num deserto americano no Ato IV forneciam ambos um foco para alguns dos trechos mais emocionais da partitura, criados num estilo que sintetizou a essência do verismo musical.

A ópera seguinte de Puccini, *La Bohème* (1896), ambientada entre artistas pobres e suas namoradas em Paris por volta de 1830, estava mais perto do real tema do verismo, concretizando o intenso sentimento, a caracterização e a linguagem musical dessa corrente estética. Puccini manipulou isso »

Carmen conversa com o traficante Le Dancaïre em cena de *Carmen*, de Georges Bizet. A ópera, com seus temas de paixão, ciúme e violência, influenciou o verismo.

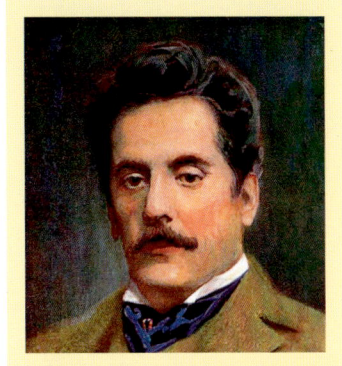

Giacomo Puccini

Nascido numa família de músicos de igreja em Lucca em 1858, Puccini dizia que tinha se decidido pela carreira operística ao ver *Aida*, de Verdi, em Pisa em 1876. Após estudar no Conservatório de Milão, inscreveu sua ópera-balé de um ato, *Le Villi*, em um concurso. Embora ela tenha sido rejeitada como indecifrável, foi encenada pelo editor Giulio Ricordi.

A revelação de Puccini aconteceu em 1893, com *Manon Lescaut*, que o colocou na vanguarda dos compositores italianos. Dali em diante, criou três grandes sucessos – *La Bohème*, *Tosca* e *Madame Butterfly*. Sua produtividade diminuiu nos anos finais, mas as óperas *La fanciulla del West* (1910), *La rondine* (1917), *Il trittico* (1918) e *Turandot* (produzida postumamente) mostraram refinamento crescente. Morreu de infarto em Bruxelas em 1924, após uma operação de câncer na garganta.

Outras obras importantes

1896 *La Bohème*
1904 *Madame Butterfly*
1918 *Il trittico*

Notícias da vitória de Napoleão em Marengo, pintada aqui pelo artista francês Louis-François Lejeune (1775–1848), chegaram a Roma no Ato II de *Tosca*, três dias após a batalha.

com um grau de flexibilidade maior e muito mais variedade técnica e sutileza que a maioria dos contemporâneos. Havia também nas partituras de Puccini um interesse persistente por novos desenvolvimentos musicais além das fronteiras da Itália (ou até da ópera), que acrescentava maior cor expressiva e riqueza a sua música. Ele usava harmonias, ritmos e efeitos orquestrais exibidos nas obras de colegas compositores como Debussy, Strauss, Stravinsky e até Schoenberg, mas também teve iniciativas musicais modernistas próprias, muitas das quais se destacaram em *Tosca*.

Uso da música para ameaçar

Puccini estreou *Tosca*, sua quinta ópera, em Roma em 1900, numa época de grande incerteza e instabilidade na política italiana. Embora ambientada num período cem anos anterior a sua estreia, a ópera tratava de temas e personagens que não só pareciam contemporâneos de seu público como se tornariam ainda mais agudamente relevantes no século XX. A figura de Scarpia, o chefe de polícia sádico, em especial, presente musicalmente na ópera desde os compassos de abertura até o ato final (apesar de já estar morto então), parece prenunciar inúmeros indivíduos que, no século seguinte, serviram regimes cruéis, como a Itália fascista.

Scarpia é apresentado no motivo conciso de dois acordes nas madeiras, metais e cordas mais graves, seguidos de um terceiro acorde não relacionado e conflitante das cordas e madeiras mais agudas e um brilho pálido dos címbalos. Cada nota nessa sequência de acordes é enfatizada e marcada *"fff"* (extremamente alto). Muito antes de o vermos, eis Scarpia em todo o seu poder e brutalidade.

Musicalmente, esse motivo minúsculo (embora sonoramente enorme) também descarta nossas expectativas de progressão harmônica padrão, pousando não só num tom (mi maior) sem relação com o primeiro acorde (si bemol) mas numa quinta diminuta (um

Na estreia de *Tosca*, o papel principal coube à soprano nascida na Romênia Hariclea Darclée, de 39 anos, vista aqui no Ato II segurando a faca que usará para matar Scarpia.

ROMANTISMO 1810–1920

semitom menos que uma quinta) abaixo dele, resultando num trítono (intervalo de três tons). Os teóricos da música medieval consideravam esse intervalo muito incontrolável e proibiam seu uso, chamando-o de *diabolus in musica* (o diabo na música). Puccini, que vinha de uma longa linhagem de eminentes músicos de igreja, estava por certo familiarizado com essa designação.

Rompendo claramente com as ortodoxias harmônicas, Puccini não só usa o motivo para caracterizar seu "diabo" laico na ópera como emprega o tema ao longo de toda a ópera como símbolo da influência de Scarpia em eventos em que não está presente ou quando nem vive mais. Com isso, ele põe a instabilidade harmônica no centro da ação musical.

Drama real

Logo a seguir do tema de Scarpia, a cortina sobe sobre a Igreja de Sant'Andrea della Valle e vemos a figura de Cesare Angelotti, prisioneiro político em fuga. Começando com outro tom não relacionado (sol menor), o movimento harmônico aqui é muito mais rápido. A sequência de acordes, que de início é alta e violenta e se move fora da batida de modo consistente, aos poucos diminui, deslizando para baixo, e acaba com uma sensação de exaustão, em outro trítono. Essa imagem de voo desordenado e colapso serve como segundo prenúncio do que está por vir na obra.

A ação da ópera se baseia na peça *La Tosca* (1887), do francês Victorien Sardou, que foi criticada na época pelo vertiginoso ritmo de ação e reação inexoráveis. Os libretistas de Puccini perderam a esperança de fazer um libreto viável, mas ele usou a ousada instabilidade harmônica não só para controlar como para unificar e até ampliar a confusa série de eventos cambiantes da peça como parte de sua estratégia global musical.

No início da trama, a vida dos três personagens centrais de *Tosca* parece segura, mas numa sequência de causa e efeito imprevisível e incontrolável, ao descer a cortina todos eles estão mortos, após menos de 24 horas. Apesar disso, Puccini consegue dar a esses personagens momentos de reflexão lírica, não só como oportunidades para árias ou duetos, mas também como expressão das esperanças, desejos e lembranças que os motivaram e conduzem a ação. A impressão final do drama é de indivíduos atropelados por eventos sobre os quais têm pouco controle – e com certeza muito menos do que creem ter. Seu poder emocional e musical ajudou a redefinir a tradição inglesa de música coral. ■

Verismo

O verismo de Puccini cria um **naturalismo musical** que reflete a vida real.

↓

Ele enfatiza a **realidade psicológica**, com árias carregadas emocionalmente.

↓

Ele usa música atmosférica para dar vida ao personagem e indicar **conflito interior**.

↓

Sons familiares como sinos de igreja mimetizam a realidade do dia a dia.

↓

O efeito último é tornar a música e o drama mais pessoais, próximos e efetivos.

A ópera e o surgimento de uma nova realidade

O verismo devia sua base filosófica a um movimento literário iniciado na França pelos romancistas Émile Zola (1840–1902) e Honoré de Balzac (1799–1850) e representado na Itália pelo siciliano Giovanni Verga, cujo conto e peça *Cavalleria rusticana* inspirou a ópera homônima de Mascagni. A premissa do verismo repousa no exame da vida das "pessoas comuns" – em geral trabalhadores urbanos ou rurais – em um cenário local do dia a dia, associado com frequência ao foco nos males sociais da pobreza, do crime e da violência.

Na ópera, os extremos emocionais do novo estilo foram alcançados com escrita vocal exigente, que descartou os restos de exibição e as sutilezas do *bel canto* com uma abordagem dura e direta. A continuidade musical aumentou com a dissolução das velhas divisões entre recitativo (canto semelhante à fala), árias e outras peças fixas.

SE UM COMPOSITOR PUDESSE DIZER O QUE QUER EM PALAVRAS, NÃO SE INCOMODARIA EM DIZER EM MÚSICA

DAS LIED VON DER ERDE (1908–1909), GUSTAV MAHLER

EM CONTEXTO

FOCO
Mundos exóticos em música

ANTES
1863 Ambientada no Ceilão, a ópera *Os pescadores de pérolas*, de Georges Bizet, compositor em ascensão, é um sucesso na estreia em Paris.

1882 Mesclando elementos de espiritualidade budista com ideias e imagens cristãs, *Parsifal*, a ópera final de Wagner, é apresentada pela primeira vez no Teatro do Festival de Bayreuth.

DEPOIS
1926 Maurice Ravel compõe *Chansons madécasses* (Canções de Madagascar), baseadas em três poemas em prosa de 1787 de Évariste de Parny.

1957 Benjamin Britten rege a estreia de *The Prince of the Pagodas* em Londres. A partitura é influenciada pela música de gamelão indonésia, que Britten ouviu em Bali em 1956.

Q uando Gustav Mahler começou a trabalhar nos seis arranjos para poemas chineses que formam *Das Lied von der Erde* (A canção da Terra), estava explorando território novo para ele. Porém temas exóticos orientais já eram familiares à arte e cultura europeias, refletindo o anseio da imaginação popular por mundos mais coloridos e intrigantes.

Esse desejo ficou mais agudo nos séculos XV e XVI, quando longas viagens pelo mar levaram a regiões desconhecidas dos europeus. O ímpeto decisivo para o culto do

ROMANTISMO 1810–1920

Ver também: *Prélude à l'après-midi d'un faune* 228-231 ▪ *A sagração da primavera* 246-251 ▪ *November Steps* 314-315 ▪ *L'Amour de loin* 325

Mahler escreveu *Das Lied von der Erde* no Hotel Bellevue, na cidade italiana de Cortina. Os picos das Dolomitas forneceram o pano de fundo dramático para sua composição.

exotismo veio no século XIX, quando as grandes potências se empenharam na disputa da construção de impérios. A industrialização levou ao rápido crescimento das cidades europeias, com populações vivendo e trabalhando em condições opressivas que geraram a necessidade de escape psicológico.

Vendendo o exótico
O mundo literário agarrou as possibilidades de venda dos temas exóticos, como nos contos dos mares do Sul de Robert Louis Stevenson (1850–1894) ou no retrato romantizado dos nativos americanos em *O canto de Hiawatha* de Henry Wadsworth Longfellow (1807–1882). O exotismo também floresceu na pintura. O artista francês Paul Gauguin (1848–1903) foi para as ilhas da Polinésia Francesa em 1891, para explorar novos rumos da expressão artística, ciente de que a voga europeia pelo exótico lhe garantiria vendas de suas obras em Paris.

A música clássica europeia também foi atraída pelos sons imaginados de mundos sedutores do Sul e do Leste. Óperas eram ambientadas em fascinantes cenários estrangeiros, como *Aida* (1871), de Giuseppe Verdi, história ficcional no antigo Egito. Na música orquestral, o russo Nikolai Rímski-Kórsakov baseou sua suíte sinfônica *Sheherazade* (1888) em histórias da coletânea de contos folclóricos do Oriente Médio que se tornou conhecida como *Mil e uma noites*. O francês Claude Debussy achou o piano especialmente adequado para evocar imagens de mundos remotos, usando melodias javanesas em *Pagodes*, de suas *Estampes* (Gravuras), em 1903.

A vida por novos olhos
Antes de compor *Das Lied von der Erde*, Mahler não parecia influenciado pelo crescente amor europeu ao exotismo. Sua escolha de textos para músicas e sinfonias derivava na maior parte de uma área da cultura austro-alemã em »

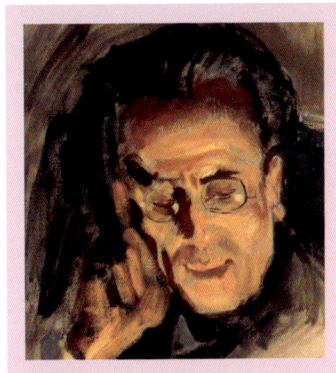

Gustav Mahler

Segundo de catorze filhos de um casal judeu, Mahler nasceu em 1860 e passou a infância na cidade de língua tcheca Iglau (hoje Jihlava). Fez seu primeiro recital de piano aos dez anos e aos quinze entrou no Conservatório de Viena. Sua cantata *Das klagende Lied* (1880) mostrou uma precoce e impressionante autoconsciência, explorando um mundo espectral de contos folclóricos em estilo orquestral vívido. A carreira destacada de regente o levou a ser nomeado diretor artístico da Ópera da Corte de Viena em 1897. Mahler compôs a maior parte de sua obra – em especial sinfonias e arranjos de canções – nos verões entre os lagos austríacos. Após sair da Ópera da Corte de Viena em 1907, trabalhou como regente em Nova York. Morreu logo depois de voltar à Europa, em 1911.

Outras obras importantes

1888–1894 Sinfonia nº 2 ("Ressurreição")
1892–1901 *Des Knaben Wunderhorn* (A trompa mágica do menino)
1908–1909 Sinfonia nº 9

Temas e imagens românticos em *Das Lied von der* Erde

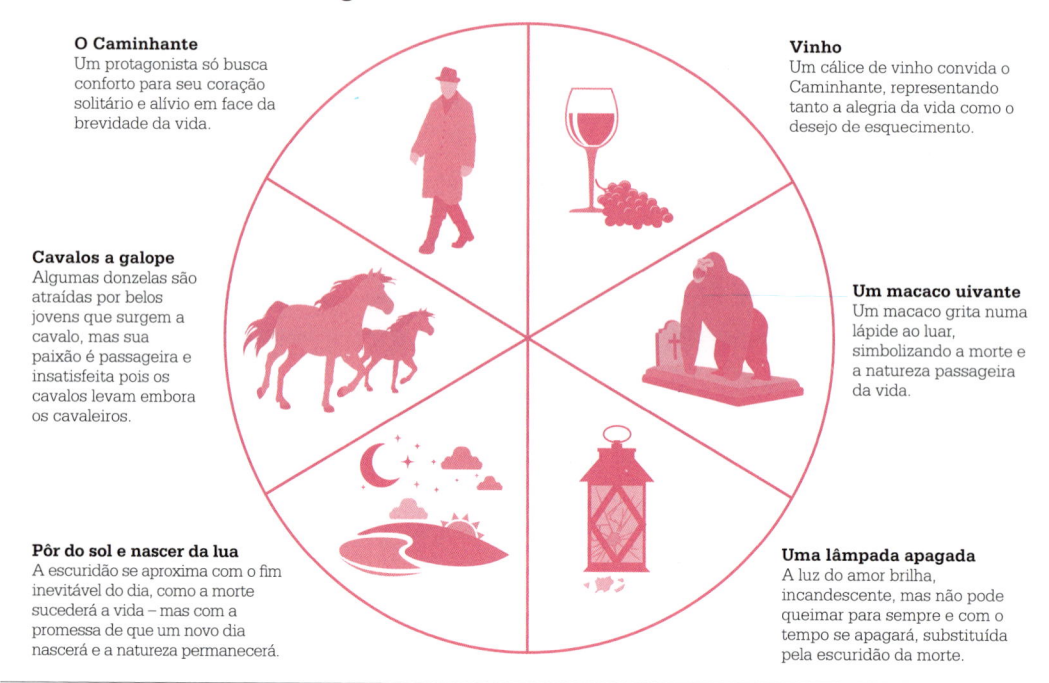

O Caminhante
Um protagonista só busca conforto para seu coração solitário e alívio em face da brevidade da vida.

Vinho
Um cálice de vinho convida o Caminhante, representando tanto a alegria da vida como o desejo de esquecimento.

Cavalos a galope
Algumas donzelas são atraídas por belos jovens que surgem a cavalo, mas sua paixão é passageira e insatisfeita pois os cavalos levam embora os cavaleiros.

Um macaco uivante
Um macaco grita numa lápide ao luar, simbolizando a morte e a natureza passageira da vida.

Pôr do sol e nascer da lua
A escuridão se aproxima com o fim inevitável do dia, como a morte sucederá a vida – mas com a promessa de que um novo dia nascerá e a natureza permanecerá.

Uma lâmpada apagada
A luz do amor brilha, incandescente, mas não pode queimar para sempre e com o tempo se apagará, substituída pela escuridão da morte.

---

especial: a poesia folclórica, em geral anônima, reunida por Achim von Arnem e Clemens Brentano na coletânea *Des Knaben Wunderhorn* (A trompa mágica do menino), publicada em 1805 e 1808. Para *Lieder eines fahrenden Gesellen* (Canções de um viajante; 1885–1886), Mahler escrevera seus próprios textos em estilo folclórico similar, com uma ampla gama de estados emocionais ressaltados contra o mundo da natureza ao redor, vividamente percebido.

O Leste encontra o Oeste

Mahler não ignorou, porém, a cultura oriental. O ciclo de canções *Kindertotenlieder* (Canções das crianças mortas), composto em 1901–1904, baseou-se em poemas de Friedrich Rückert (1788–1866), professor alemão de línguas orientais. Os textos de Rückert foram influenciados pelo conceito oriental de serena aceitação de vida e morte, em vez da ânsia pela dramatização pessoal turbulenta mostrada no Romantismo ocidental.

Quando Mahler leu *Die chinesische Flöte* (A flauta chinesa) – coletânea de poemas chineses adaptados pelo poeta Hans Bethge – no outono de 1907, já estava familiarizado com esse mundo artístico. Mahler também se achava em estado turbulento, alterando sua visão da vida e da morte. Após a devastadora morte de sua filha de quatro anos no verão de 1907, uma doença cardíaca exigiu que Mahler reduzisse as atividades. Numa carta ao maestro Bruno Walter, seu antigo assistente na Ópera da Corte de Viena, Mahler escreveu: "Sempre soube que iria morrer [...] mas de repente perdi a serenidade e clareza que tinha conquistado. Tenho de começar vida nova, como um total principiante". A adaptação de Bethge dos textos chineses não era muito fiel. Ele não sabia chinês e usou uma tradução alemã de uma tradução francesa do original. Na verdade, os poemas de Bethge eram paráfrases belamente escritas que evocavam um mundo emocional alternadamente angustiante, pungente, idílico, resignado, embriagado ou silenciosamente radiante, tudo refletido em requintadas cenas tiradas da natureza. Essa abordagem se ligava mais ao mundo da poesia lírica alemã familiar a Mahler que aos originais chineses do século IX, com sua dicção ultraconcentrada. Ainda assim, Mahler aludiu a influências

ROMANTISMO 1810–1920

> **"** Isso é tolerável? Será que levará as pessoas a acabar consigo mesmas? **"**
> **Gustav Mahler**

exóticas usando a escala "pentatônica" oriental de cinco notas (distinta da de sete notas ocidental), dando um elemento de cor local que o público europeu reconheceria com facilidade.

Grandes ambições

Em *Das Lied von der Erde*, Mahler conseguiu pela primeira vez combinar seus dois principais interesses musicais – canção e sinfonia – numa só obra de grande escala. Na Segunda, Terceira e Quarta sinfonias houve considerável sobreposição dos dois gêneros; em *Das Lied von der Erde* a fusão é tão completa que não se pode separá-los. Tenor e *mezzosoprano* se alternam nos seis arranjos de canções e Mahler utiliza uma grande orquestra com sensibilidade excepcional à atmosfera e à cor, muitas vezes com a sutileza de um grupo de câmara de instrumentos solo. À abertura *Das Trinklied vom Jammer der Erde* (Canção de beber à tristeza da Terra), música de fatalismo selvagem e desesperado, segue-se um retrato desolado de um lago coberto de bruma em *Der Einsame im Herbst* (O solitário no outono). Entra então um grupo de três curtos arranjos de colorido destacado pela escala pentatônica, lembrando a felicidade inocente da juventude e as brincadeiras da primavera. O arranjo final, *Der Abschied* (O adeus), é mais longo que as cinco outras canções juntas. Dois poemas diferentes são separados aqui por um interlúdio orquestral e levam por fim à conclusão com palavras acrescentadas pelo próprio Mahler: "Em toda parte a querida Terra floresce na primavera e fica verde de novo! Em toda parte e para sempre, horizontes distantes brilham azuis: para sempre... para sempre...".

A música parece menos acabar que se dissolver nessa visão, em que a consciência da mortalidade humana é transcendida pela percepção de que a vida e o mundo natural serão eternamente renovados. A obra como um todo se

> **"** As batalhas de Mahler são as de um fracote sensitivo, um adolescente queixoso que apreciava a própria miséria, querendo que o mundo todo visse como sofria. **"**
> **Harold Schonberg**
> *Crítico americano*

relaciona mais aos profundos interesses pessoais e criativos de Mahler que a uma moda de "exotismo pelo exotismo", mas sem ela e a inspiração que encontrou na cultura oriental *Das Lied von der Erde* poderia não ter existido. ∎

As diversas influências de Mahler são satirizadas nesta caricatura em que ele rege sua Sinfonia nº 1 em ré maior, da edição de novembro de 1900 do *Illustriertes Wiener Extrablatt*.

NACION
1830–1920

ALISMO

INTRODUÇÃO

Bedřich Smetana inaugura a ópera tcheca com *A noiva vendida*, incorporando temas locais e texto em tcheco.

1863

O compositor russo **Modest Mússorgski** escreve *Quadros de uma exposição*, inspirado na morte do artista Viktor Hartmann.

1874

O *Réquiem* de **Gabriel Fauré** introduz um estilo novo, mais sutil, para a forma, inspirando outros compositores franceses.

1887–1890

1869

Mili Balákirev funda Os Cinco, grupo de compositores russos que buscavam criar música com uma identidade nacional.

1870

O compositor brasileiro **Carlos Gomes** narra em *O guarani* a história de amor entre o índio Peri e a jovem portuguesa Ceci.

1875

Na Noruega, **Edvard Grieg** conclui a música para *Peer Gynt*, de Henrik Ibsen. Baseada num conto folclórico, a obra se torna um épico nacional.

1890

Um dos "Cinco" da Rússia, **Aleksandr Borodin**, adapta o poema em prosa épico *Balada da campanha de Ígor*, do século XII, para desenvolver a ópera *Príncipe Ígor*.

Conforme o século XIX avançava, um crescente sentimento nacionalista se desenvolveu, com povos buscando identidade individual como nações distintas dos velhos impérios. A cultura dominante na Europa era alemã, e isso se fazia notar em especial na música escrita para salas de concertos e casas de ópera. Tradições folclóricas floresciam em quase toda parte e culturas locais e regionais de muitos povos diferentes se afirmavam. Isso inspirou compositores que queriam estabelecer uma identidade musical que se ajustasse aos ideais nacionalistas de seu povo. A ópera era um ponto de partida óbvio, pois podia se basear na história e nas lendas nacionais, mas as mesmas ideias também se expressavam em obras orquestrais programáticas. O nacionalismo em música não se limitava a temas. Os compositores incorporaram danças e canções folclóricas a suas obras ou criaram suas próprias melodias usando elementos de uma tradição específica da música folclórica, como escalas e ritmos.

A Rússia lidera

Os primeiros sinais de nacionalismo em música vieram da Rússia, que começou a afirmar sua independência da cultura europeia no início do Romantismo. As óperas de Mikhail Glinka se baseavam em histórias russas, com melodias folclóricas apresentadas em estilo romântico, o que inspirou mais de um século de música original russa. Seguindo logo a tendência, Mili Balákirev juntou um grupo de compositores russos que se tornaram conhecidos como Os Cinco ou Punhado Poderoso (Aleksandr Borodin, César Cui, Modest Músorgski e Nikolai Rímski-Kórsakov), cuja obra influenciou depois Piotr Ilitch Tchaikóvski, Aleksandr Glazunov e, no século XX, Sergei Rachmaninoff. A onda do nacionalismo ganhou força em meados do século XIX, em especial com o desmoronamento do Império Austro-Húngaro. Os países se orgulhavam de sua própria cultura folclórica e em especial de sua música. Chopin coloriu muito de sua música para piano com inflexões de melodias folclóricas de sua Polônia natal e escreveu várias *polonaises*, enquanto Liszt incorporou estilos de dança húngaros a sua obra. Mais abertamente nacionalista foi Bedřich Smetana, que se tornou defensor do nacionalismo tcheco, com óperas em sua língua nativa sobre temas do

NACIONALISMO 1830–1920

1898 — A ópera de sete cenas *Sadko*, de **Nikolai Rímski-Kórsakov**, evoca um poema épico russo sobre um negociante de Novgórod.

1900 — *Finlândia*, de **Jean Sibelius**, é composta como forma de protesto contra as ações do império russo na Finlândia.

1908 — A *Iberia suite*, de **Isaac Albéniz**, evoca as paisagens do sul espanhol e do bairro judaico de Madri.

1893 — Estreia a Sinfonia nº 9, de **Antonín Dvořák**, inspirada na música dos nativos americanos e em canções afro-americanas.

1900 — Na Inglaterra, *The Dream of Gerontius*, de **Elgar**, aplica com grande sucesso os recursos dramáticos da ópera romântica tardia a uma obra coral.

1919 — O balé *El sombrero de tres picos*, do compositor espanhol **Manuel de Falla**, estreia em Londres, com cenários de Pablo Picasso.

---

país. Compositores tchecos pósteros foram Antonín Dvořák e Leoš Janáček. O nacionalismo na música se espalhou ao norte também pela Escandinávia, com música inspirada no folclore de Edvard Grieg, Carl Nielsen e Jean Sibelius, e ao sul pela Espanha, onde compositores como Isaac Albeniz e Manuel de Falla aproveitaram uma fonte rica em especial de música folclórica.

Sons americanos

Como Antonín Dvořák descobriu ao visitar os EUA no fim do século, o país também tinha desenvolvido sua própria voz musical, uma mescla de estilos e tradições que refletia a diversidade de seu povo. Era também uma cultura jovem, que buscava seu rumo após séculos de liderança europeia. Embora os nativos americanos tivessem uma cultura folclórica muito antiga, os colonos mais recentes não tinham ainda desenvolvido a sua. Com isso, compositores como Louis Moreau Gottschalk tomaram emprestadas canções e danças dos escravos dos estados do sul e do caldeirão de sons de lugares como New Orleans. Essas formas evoluíram por fim no *ragtime* e no *jazz*. Os *spirituals* dos escravizados africanos influenciaram compositores de música popular, como Stephen Foster. No cenário musical brasileiro, apoiado pelo imperador d. Pedro II, o compositor Carlos Gomes muda-se para a Itália, onde compõe a ópera *O guarani*, história de amor entre um nativo brasileiro e uma jovem portuguesa, e pela obra recebe elogios de Giuseppe Verdi.

Na Europa

Alguns países não se sentiam tão compelidos a exercitar os músculos nacionalistas. A Itália e a Alemanha viviam o processo de unificação, mas suas culturas – em especial musicais – precisavam de pouco reforço. O mesmo valia em menor extensão na França, mas compositores como Gabriel Fauré e Camille Saint-Saëns buscaram se distanciar do Romantismo alemão e escrever música mais leve e transparente.

Na Inglaterra, onde os compositores em geral aceitaram o domínio alemão na música, Edward Elgar abraçou a riqueza do som e das harmonias orquestrais da música alemã, mas buscou um projeto nacionalista, com evocações da paisagem e temas ingleses. Compositores ingleses pósteros, como Ralph Vaughan Williams, usaram esse estilo para dar voz a melodias folclóricas. ∎

MINHA PÁTRIA SIGNIFICA MAIS PARA MIM QUE QUALQUER OUTRA COISA
A NOIVA VENDIDA (1866), BEDŘICH SMETANA

EM CONTEXTO

FOCO
Ópera tcheca do século XIX

ANTES
1826 Estreia *Drátenik* (O funileiro), de František Škroup, considerada por muitos a primeira ópera tcheca.

1842–1845 O poeta e historiador tcheco Karel Erben publica uma coletânea pioneira de canções folclóricas boêmias.

1865 A ópera *Templari na Morave* (Templários na Morávia), de Karel Sebor, é encenada com aclamação local no Teatro Provisório de Praga.

DEPOIS
1901 *Rusalka*, a ópera de maior sucesso de Antonín Dvořák, estreia no Teatro Nacional de Praga.

1904 A ópera *Jenůfa*, de Leoš Janáček, é apresentada pela primeira vez, na cidade tcheca de Brno.

A segunda e mais amada ópera do compositor tcheco Bedřich Smetana, *A noiva vendida* (*Prodaná nevesta*) trata de dois jovens apaixonados – Marenka e Jenik – num vilarejo boêmio. Eles querem se casar, mas os pais dela, convencidos pelo negociante de casamentos local, querem casá-la com Vasek, o filho simplório de um dono de terras rico.

> ❝ *A noiva vendida* é só um brinquedo e compô-la foi apenas uma diversão de criança! [...] Na época em que a escrevi, achei que nem Offenbach poderia competir com ela! ❞
> **Bedřich Smetana**

Jenik e Marenka são unidos no fim, e Jenik se revela o filho há muito perdido do rico pai de Vasek. A ópera é uma mescla de influências francesas e italianas, com inspiração em tradições e cenários folclóricos tchecos, em especial danças como a polca e o *furiant*.

Uma nova identidade tcheca

Nos anos 1860 e 1870, Smetana criou quase sozinho a ópera tcheca, escrevendo com a língua local. A cultura tcheca fora muito influenciada pelo Império Habsburgo. Em meados do século XIX, porém, as aspirações nacionalistas eram fortes e cresceram em 1860, quando as autoridades imperiais deram poderes maiores ao parlamento tcheco em Praga. Foram levantados fundos para erguer um teatro para o drama e a ópera tchecos e nele estrearam as duas primeiras óperas de Smetana. Ele concluiu mais seis óperas, além do ciclo de poemas sinfônicos *Minha pátria* (*Má vlast*), celebrando a cultura e as paisagens tchecas. ■

Ver também: *A flauta mágica* 134-137 ▪ *O barbeiro de Sevilha* 148 ▪ *Der Freischütz* 149 ▪ *La traviata* 174-175 ▪ *O ciclo do anel* 180-187

MÚSSORGSKI TIPIFICA O GÊNIO NA RÚSSIA
QUADROS DE UMA EXPOSIÇÃO (1874), MODEST PETRÓVITCH MÚSSORGSKI

EM CONTEXTO

FOCO
Nacionalismo na música russa do século XIX

ANTES
1815 Em São Petersburgo, Catterino Cavos, nascido em Veneza, compõe *Ivan Susanin*, a primeira ópera com personagens russos, baseada em história local e com música folclórica do país.

1836 Estreia em São Petersburgo *A vida pelo tsar*, de Mikhail Glinka. É a primeira ópera totalmente cantada de um compositor nativo russo.

DEPOIS
1896 Nikolai Rímski-Kórsakov realiza a primeira de suas revisões da ópera *Bóris Godunov*, de Mússorgski. Essas versões seriam as mais encenadas durante décadas.

1922 O compositor francês Maurice Ravel cria uma versão orquestrada de *Quadros de uma exposição*.

Quadros de uma exposição, do compositor russo Modest Mússorgski, é uma suíte para piano em dez movimentos, todos inspirados na obra do arquiteto e artista Viktor Hartmann, também russo.

Mússorgski pertencia a uma geração de compositores que, nos anos 1860, deram à música russa sua primeira voz distintiva. Ele fazia parte do grupo Os Cinco, também conhecido como Punhado Poderoso, que buscou criar música sem os limites das convenções europeias ocidentais. Além de Mússorgski, eram dos "Cinco" Mili Balákirev (1837–1910), guia inicial do grupo; Aleksandr Borodin (1833–1887), cientista além de músico; César Cui, mais conhecido como crítico, e Nikolai Rímski-Kórsakov, que teve papel-chave como mentor de uma nova geração de compositores como Aleksandr Scriábin e Sergei Rachmaninoff.

Quadros de uma exposição foi composta pouco após a estreia da ópera *Bóris Godunov*, de Mússorgski, em janeiro de 1874, que marcou o ponto alto público de sua carreira. A suíte para piano não foi executada em vida do compositor, mas sua intensidade e complexidade e o tema claramente russo ajudaram a alcançar a ambição última dos "Cinco" de dar à música russa sua voz própria inconfundível. ■

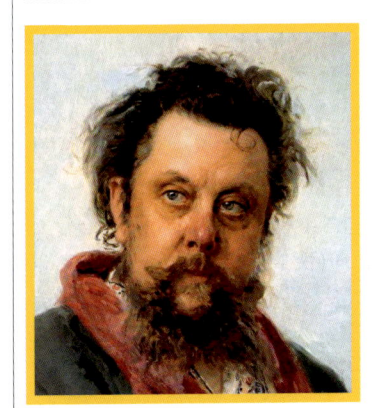

A morte precoce, causada pelo álcool, de Mússorgski, pintado aqui por Ilia Repin em 1881, ano em que morreu, deixou a Rímski-Kórsakov e outros compositores a finalização e revisão de sua obra.

Ver também: Sinfonia nº 9, Dvořák 212-215 ▪ *A sagração da primavera* 246-251 ▪ *Romeu e Julieta* 272 ▪ Sinfonia nº 5 em ré menor, Chostakóvitch 274-279

TENHO CERTEZA QUE EM MINHA MÚSICA HÁ UM SABOR DE BACALHAU
PEER GYNT (1875), EDVARD GRIEG

EM CONTEXTO

FOCO
Música para o teatro

ANTES
1810 Beethoven escreve a música de cena para *Egmont*, peça trágica de Goethe.

1843 *Sonho de uma noite de verão*, de Shakespeare, estreia em Potsdam com música de Mendelssohn.

1872 Grieg compõe música para *Sigurd Jorsalfar*, de Bjørnstjerne Bjørnson, celebrando Sigurd I da Noruega.

DEPOIS
1908 *A morte do duque de Guise*, filme com música de Camille Saint-Saëns, é lançado em Paris.

1915 Edward Elgar escreve a música de cena de *The Starlight Express*, peça infantil de Violet Pearn.

É provável que a música de cena exista desde que surgiu o teatro. Era inerente às peças de Shakespeare, que incluíam indicações de música instrumental além de canções – cerca de cem no total –, embora as partituras não tenham se conservado.

No fim do século XVIII, os principais teatros europeus empregavam grande orquestra e, às vezes, solistas vocais e coro para acompanhar peças. Exemplos notáveis de música de cena do século XVIII e início do XIX são *Thamos, rei do Egito* (c. 1773–1779), de Mozart, *Egmont* (1810), de Beethoven, e *Rosamunde* (1823), de Schubert, que tinham qualidade suficiente para uma sala de concertos.

A música que Felix Mendelssohn compôs para uma produção em alemão de *Sonho de uma noite de verão* de Shakespeare foi uma das peças mais bem-sucedidas nessa transição. Ela estreou em Potsdam, na Alemanha, em 1843, com uma abertura magistral escrita quando o autor tinha só dezessete anos. Com o patrocínio de Frederico IV, rei da Prússia, Mendelssohn continuou a compor música de cena para produções de *Édipo em Colono* e de *Athalie*, de Racine, em 1845. Em 1849, Robert Schumann escreveu música para acompanhar o poema dramático *Manfred*, de Byron.

Colaboração norueguesa
Quando Henrik Ibsen, o escritor mais famoso da Noruega, concluiu em 1867 *Peer Gynt*, baseado num herói folclórico norueguês, pensou

A dança dos trolls foi ilustrada em estilo macabro pelo artista britânico Arthur Rackham para uma edição de *Peer Gynt*, de Ibsen.

Ver também: *A noiva vendida* 206 ▪ *Quadros de uma exposição* 207 ▪ Sinfonia nº 9, Dvořák 212-215 ▪ *Finlândia* 220-221 ▪ *Appalachian Spring* 286-287

> Eu também escrevi algo para a cena no salão do Rei da Montanha [...] ela exala com certeza a estrume de vaca, provincianismo norueguês exagerado e autossuficiência trollesca.
> **Edvard Grieg**

na peça como drama poético a ser lido e não encenado. Sete anos depois, ao adaptar a obra para uma produção de palco completa, Ibsen convidou outro artista norueguês de renome internacional – Edvard Grieg – a compor a música. Grieg já tinha produzido música de cena de sucesso para a peça *Sigurd Jorsalfar*, de Bjørnstjerne Bjørnson. A colaboração entre Ibsen e Grieg elevaria *Peer Gynt* à condição de épico nacional.

Música emotiva
Grieg criou por fim mais de vinte peças individuais para as numerosas indicações no drama em cinco atos de Ibsen, refletindo o estado de espírito de cada momento – do tumulto do salão do Rei da Montanha à morte cheia de dor de Åse, mãe de Peer Gynt. Grieg juntou mais tarde oito entre as mais significativas em duas suítes orquestrais, que se tornaram padrão em obras de salas de concertos. Elas incluem movimentos que se relacionam aos principais personagens e cenas do drama: Åse; Anitra, filha de um chefe beduíno que Peer tenta seduzir; Ingrid, a filha do fazendeiro que ele rapta na véspera do casamento dela; o reino *troll* em que ele esbarra e Solveig, a mulher fiel que espera com paciência seu retorno.

Gênero em declínio
Exemplos posteriores de música de cena que sobrevivem fora de seu contexto original teatral são a música para *Pelléas et Mélisande*, de Fauré e Sibelius, *Le Martyre de Saint Sébastien*, de Debussy, *The Starlight Express*, de Elgar, e *A tempestade*, de Sibelius. Algumas produções teatrais ainda encomendam música de cena, mas em geral ela é tocada com menos músicos ou até pré-gravada. Exemplos modernos são a música para *A tempestade*, de Tippett, e *Oresteia*, de Harrison Birtwistle. Algumas características do gênero migraram para o cinema, a televisão e até *videogames*. ∎

> Quanto mais ele saturou a mente com o poderoso poema [*Peer Gynt*], mais claramente viu que era o homem certo para a tarefa [...] tão permeado estava do espírito norueguês.
> **Nina Hagerup**
> *Mulher de Grieg*

Edvard Grieg
Grieg aprendeu a tocar piano com a mãe, professora de música na cidade norueguesa de Bergen, onde ele nasceu em 1843. Na juventude, conheceu o violinista de fama internacional Ole Bull, que estimulou seus pais a mandá-lo estudar no Conservatório de Leipzig. Lá, foi influenciado por Schumann e Mendelssohn; só depois, em Copenhague, Grieg se interessou pelas melodias folclóricas norueguesas que inspiraram sua obra. Em 1867, casou-se com a prima Nina Hagerup, para a qual compôs muitas canções. No ano seguinte escreveu seu Concerto para piano, que, como *Peer Gynt*, lhe deu fama duradoura. Mais tarde dedicou-se a obras menores para piano, em especial os dez volumes de *Peças líricas*, algumas das quais se inspiram em expressões idiomáticas folclóricas. Morreu em Bergen em 1907.

Outras obras importantes

1868 Concerto para piano em lá menor, op. 16
1872 *Sigurd Jorsalfar*
1884 *Suíte Holberg*
1902–1903 *Slåtter* (Danças camponesas norueguesas)

EU QUERIA FAZER ALGO DIFERENTE

RÉQUIEM (1887–1890), GABRIEL FAURÉ

EM CONTEXTO

FOCO
Missa de Réquiem

ANTES
1837 Hector Berlioz compõe a *Grande Messe des morts* (Réquiem) para grande coro, orquestra enorme e quatro grupos de metais nos bastidores.

1874 O *Réquiem* operístico de Verdi, para quatro solistas vocais, coro duplo e orquestra, é apresentado pela primeira vez.

DEPOIS
1913 Estreia a ópera *Pénélope*, de Fauré. Embora a influência de Wagner seja mais evidente que em peças anteriores, a obra tem qualidade ainda modesta.

1948 Maurice Duruflé conclui seu *Réquiem*, que, como o de Fauré, inclui as seções *Pie Jesu*, *Libera me* e *In Paradisum*.

Fauré toca piano na casa do compositor catalão Isaac Albéniz (à direita). Junto estão o compositor e regente belga Léon Jehin e Clara Sansoni, aluna de Albéniz.

N ão é provável que Fauré tenha escrito seu *Réquiem* como reação direta à morte de alguém, embora a de seus pais, recente, pudesse ter concentrado sua mente no projeto. O compositor afirmou que sua principal motivação foi produzir um réquiem original. Ele conhecia a forma – durante seus anos como mestre de coro e organista, acompanhou muitos funerais. As diferenças começaram no texto. Fauré criou uma versão resumida da Missa dos Mortos latina, omitindo entre outras a seção Sequência, com sua passagem sobre a *Dies irae* (ira de Deus), que tantos compositores anteriores usaram para produzir música dramática em alto volume. Ela foi substituída na primeira versão da partitura de Fauré por um arranjo de *Pie Jesu*, prece a Jesus por descanso eterno, ao fim da qual ele acrescentou um movimento extra, *In Paradisum*, que não vem da missa mas do serviço

NACIONALISMO 1830–1920

Ver também: *Canticum Canticorum* 46-51 ▪ *Ein feste Burg ist unser Gott* 78-79 ▪ *A Paixão segundo São Mateus* 98-105 ▪ *Elias* 170-173 ▪ *The Dream of Gerontius* 218-219

O arranjo de Fauré para a Missa de Réquiem

A oração inicial, **Intróito e Kyrie**, é plácida, com mudanças súbitas de dinâmica.

⬇

A oferenda da Eucaristia, o **Ofertório**, é reverente, calma e serena.

⬇

A harpa e cordas angelicais são interrompidas por vivos metais no **Sanctus**.

⬇

Uma prece a Jesus, **Pie Jesu**, é cantada pela voz pura do soprano solo.

⬇

Uma melodia tranquila entoada pelos tenores passa ao intenso **Agnus Dei**.

⬇

Libera me é uma seção pensativa e depois impetuosa que trata do julgamento.

⬇

Em *In Paradisum*, vozes soprano levam a uma conclusão tranquila.

---

fúnebre. A seleção incomum de textos combina com a escolha distinta de instrumentos para acompanhar os solistas e coro misturados – sem seção de violinos, apenas violas, violoncelos e contrabaixos, uma harpa, trompetes, trompas, trombones, órgão e tímpanos. Além disso, um violino solo se eleva acima da harpa e cordas mais baixas no *Sanctus*. Fauré pretendia claramente que a obra fosse tocada por esse grupo incomum, mas após receber a partitura em 1890 os editores pediram uma versão para orquestra completa. Um arranjo com a adição de violinos e madeiras foi publicado em 1900; muitos músicos, porém, preferem a versão anterior.

Serenidade e calma

A música do *Réquiem* de Fauré é habilmente contida, combinando com os temas de consolo e descanso eterno do texto. Tem relativamente poucas passagens em alto volume, em contraste com réquiens de compositores como Berlioz e Verdi. Fauré buscava um estilo que diferisse tanto da abordagem romântica, mais dramática, de compositores como Wagner na Alemanha, quanto do *bel canto* lírico da escrita coral, popular então na França, com sua ênfase no virtuosismo de um cantor. Seu estilo é mais equilibrado, com mudanças sutis em harmonia e dinâmica. Embora a obra não tenha sido logo bem recebida, Fauré abriu novos caminhos para a música francesa, preparando o caminho para compositores franceses pósteros, como Ravel e Debussy. Hoje seu arranjo do *Réquiem* é um dos mais populares do repertório coral. ▪

Gabriel Fauré

Nascido em 1845 em Pamiers, no sudoeste francês, Gabriel Fauré mostrou talento musical cedo e foi mandado para a École Niedermeyer de Paris. O foco da escola era a música sacra e, ao sair, Fauré assumiu uma sucessão de postos como organista de igreja na Bretanha e depois em Paris, sempre dando aulas particulares de música para completar a renda. Mais tarde, tornou-se professor de composição do Conservatório de Paris e por fim seu diretor. Embora as ocupações profissionais lhe deixassem pouco tempo para compor, Fauré criou muitas peças breves para piano, música de câmara notável, como dois quartetos com piano e dois quintetos com piano, duas suítes orquestrais, muitas belas canções e um quarteto de cordas concluído em 1924, ano em que morreu. Muito aclamado, recebeu um funeral com honras de Estado.

Outras obras importantes

1879–1883 Quarteto com piano nº 1 em dó menor, op. 15
1894 *La bonne chanson*, op. 61
1919 *Masques et bergamasques*, op. 112

A MÚSICA DO POVO É COMO UMA FLOR RARA E ADORÁVEL

SINFONIA Nº 9, "DO NOVO MUNDO" (1893), ANTONÍN DVOŘÁK

EM CONTEXTO

FOCO
Nacionalismo e música folclórica

ANTES
1723 O compositor tcheco Dismas Zelenka escreve a *Ouverture à 7 concertanti*.

1776 Johann Baptist Vanhal, tcheco de nascimento, publica Seis sinfonias, op. 23, obras que influenciaram o estilo Clássico.

1862 Bedřich Smetana compõe a ópera *Os Brandemburgueses na Boêmia*, com grande sucesso.

DEPOIS
1904 Leoš Janáček estreia a ópera *Jenůfa*, que usa "melodias da fala" baseadas num dialeto tcheco da Morávia.

1905–1908 Béla Bartók e Zoltán Kodály visitam vilarejos húngaros para pesquisar e gravar canções e danças tradicionais.

A Boêmia, maior e mais ocidental região da atual República Tcheca, já foi parte do Império Austro-Húngaro. Sua capital, Praga, desfrutou por séculos de uma rica vida musical, com forte influência de compositores alemães e austríacos. No fim do século XVIII, Mozart visitou-a cinco vezes, escreveu uma sinfonia "Praga" (nº 38) e estreou lá a ópera *Don Giovanni*.

Em meados do século XIX, porém, estimulado por uma revolução frustrada em 1848, estava em marcha um movimento nacionalista que teria poderoso impacto em todas as artes. Em música, Bedřich Smetana e

NACIONALISMO 1830–1920

Ver também: *A noiva vendida* 206 ▪ *Finlândia* 220-221 ▪ *The Lark Ascending* 252-253 ▪ *Sinfonieta*, Janáček 263 ▪ Quarteto de cordas nº 5, Bartók 270-271

A polca boêmia, ilustrada aqui por Herrman Koenig, é atribuída a Anna Slezáková, que a dançou em 1834. A composição mais antiga conhecida de Dvořák é uma polca.

Antonín Dvořák começaram a usar formas clássicas europeias sinfônicas e de câmara para criar obras de natureza fortemente patriótica que incorporavam o espírito das canções e danças folclóricas regionais.

Dois compositores

Dvořák era exímio instrumentista de teclado e violinista e tocara em várias orquestras de Praga quando se integrou em 1866 à do Teatro Provincial da cidade, regida por Smetana. Mais velho, Smetana já cultivava a reputação de defensor de um estilo musical tcheco, após passar a maior parte de sua carreira inicial na Suécia.

A primeira língua de Smetana era o alemão e só havia pouco ele passara a estudar tcheco, ao participar de um concurso para compor uma ópera tcheca. Ele inscreveu *Os brandemburgueses na Boêmia*, que estreou em 1866, e continuou a criar muitas obras famosas em tcheco, como *A noiva vendida*, o arranjo de poemas sinfônicos *Má vlast* (Minha pátria) e *Vltava*, que evoca o curso do rio através de Praga.

Inspirado nas óperas tchecas de Smetana, Dvořák compôs *Alfred* em 1870, mas ela não foi encenada durante sua vida. A próxima, *O rei e o carvoeiro*, foi de início rejeitada como inexequível, mas por fim aceita após extensas revisões. Dvořák se »

Antonín Dvořák

Filho de um estalajadeiro, Dvořák nasceu num vilarejo ao norte de Praga em 1841. Herdou a paixão do pai pelo violino, e a partir de 1857 também estudou órgão na capital, tocando o instrumento em várias orquestras. No início dos anos 1870, Dvořák compunha em tempo integral e estava casado com Anna, com quem teria nove filhos. Sua carreira foi ajudada por Johannes Brahms, jurado num comitê que lhe deu uma subvenção para que se dedicasse à música. Ele também recomendou Dvořák a seu editor, que o estimulou a escrever um arranjo de danças eslavas. A publicação mudou sua sorte, levando a novas encomendas de seu país e da Inglaterra. Dvořák dirigiu o Conservatório Nacional de Música em Nova York de 1892 a 1895 e voltou depois a Praga para ensinar e escrever novas obras baseadas em contos folclóricos boêmios. Morreu de infarto em 1904.

Outras obras importantes

1878 *Danças eslavas*, Livro 1, op. 46
1885 *Sinfonia nº 1*, op. 70
1900 *Rusalka*, op. 144

Tempo de batidas de duas semínimas por compasso.

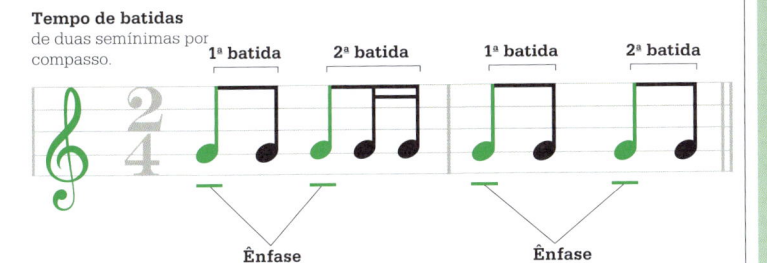

1ª batida — 2ª batida — 1ª batida — 2ª batida

Ênfase — Ênfase

Originalmente uma dança camponesa boêmia, a polca tem duas batidas fortes em cada compasso, convidando os dançarinos a se mover de modo animado e vigoroso. Ela se tornou uma dança de salão popular nos anos 1830.

demitiu da orquestra do teatro para se dedicar à composição, e o sucesso de crítica de seu empolgante hino do orgulho nacional tcheco *Herdeiros da Montanha Branca* (1873) marcou o início de seu reconhecimento como compositor.

Em 1880, Dvořák consolidara a reputação de maior compositor nacionalista tcheco, em especial com as *Danças eslavas* (1878, 1886), inspiradas nas *Danças húngaras* (1869) de Brahms. A abordagem de Dvořák em suas danças orquestrais, porém, era bem diferente da de Brahms. Enquanto o compositor vienense fez uso literal de melodias tradicionais, nas danças animadas de Dvořák não havia apropriação; elas eram obras orquestrais novas, cheias de caráter nacional. Sua *Suíte tcheca* (1879), por exemplo, tem dois movimentos totalmente inspirados em danças folclóricas: a polca, no segundo movimento, e a lenta *sousedská* no quarto. A sétima e a oitava sinfonias de Dvořák também eram especialmente boêmias – a sétima tem claras influências eslovacas e a oitava soa como uma alegre festa popular.

Harry Burleigh foi o primeiro compositor negro a escrever *spirituals*, influenciando a música americana futura. Dvořák admirava muito sua bela voz de barítono e as músicas que cantava.

O Novo Mundo

No fim do século, a fama de Dvořák se espalhara até a Inglaterra e os Estados Unidos. Em 1891, a filantropa musical Jeannette Thurber, de Nova York, convidou Dvořák a dirigir seu Conservatório Nacional de Música. Conhecendo seu trabalho pela música tcheca, ela queria que ele estimulasse seus estudantes a encontrar um estilo musical nacional americano. Dvořák, porém, relutou de início em deixar Praga para um contrato longo e recusou a oferta, mas concedeu em aceitá-la quando sua família soube que o salário que iria ganhar por ano equivalia a trabalhar 25 anos no Conservatório de Praga.

Entre os talentosos estudantes que Thurber encorajou a candidatar-se a seu conservatório, sem distinção de gênero, etnia ou por deficiência, foi um cantor afro-americano, Henry Thacker (Harry) Burleigh, que se inscreveu em 1892 e pagava suas taxas trabalhando como faz-tudo e faxineiro no prédio. Seu canto atraiu a atenção de Dvořák, e Burleigh mais tarde se lembraria de entoar velhos hinos afro-americanos para o compositor: "Eu lhe passei o que conhecia de canções negras".

Ouvindo e respondendo

Esses *spirituals* negros, como seriam chamados, estavam entre as ideias musicais que Dvořák usou em sua Sinfonia nº 9 ("Do Mundo Novo"), em que voltou a atenção de sua música nativa folclórica para a de sua terra adotiva. A obra se inspirou nas canções das plantações e nos cantos dos nativos americanos; Dvořák estava convicto de que essa música dos pobres dos Estados Unidos poderia servir como raiz de um estilo musical nacional. Embora algumas pessoas tenham ouvido *Swing Low, Sweet*

> ❝ Nas melodias negras dos Estados Unidos descobri tudo de que precisava para uma grande e nobre escola de música.
> **Antonín Dvořák** ❞

NACIONALISMO 1830-1920 215

Para sua viagem a um novo mundo – a missão *Apollo 11*, em 1969 –, Neil Armstrong levou uma gravação da Sinfonia nº 9 de Dvořák, e dizem que a ouviu quando caminhou na Lua.

Chariot no primeiro movimento na estreia da sinfonia, Dvořák negou ter usado canções nativas e afro-americanas. Ele acreditava na distinção entre inspiração e imitação – quando murmurava canções no poço da orquestra ou ia direto do trabalho para anotar ideias, seu método não era copiar mas ouvir e então responder com voz própria.

Além desses estilos musicais, Dvořák se inspirou, ao escrever sua sinfonia, no romance ojíbua *O canto de Hiawatha* (1855), de Henry Wadsworth Longfellow. O terceiro movimento (*Scherzo*) por exemplo foi sugerido pela cena de festa em *Hiawatha* em que os nativos americanos dançam. No segundo movimento (*Largo*), que evoca a descrição de Longfellow da morte de Minnehaha, Dvořák usa os acordes possantes dos instrumentos de sopro baixos para introduzir a bela melodia do corne inglês. Aqui, ele também se inspira na velha tradição leste-europeia da música funerária de metais, mantida nos Estados Unidos pelos coros de trombone das comunidades morávias (de expatriados tchecos), que anunciavam a morte tocando trombones do campanário da igreja.

Influência duradoura

Na primavera de 1893, a família de Dvořák se juntou a ele na comunidade morávia de Spillville, em Iowa, aproveitando a companhia dos compatriotas tchecos enquanto ele concluía a Sinfonia nº 9 – cujos ecos se ouviriam na música de compositores americanos como Aaron Copland, George Gershwin e Duke Ellington. O próprio Dvořák voltou a Praga em 1895 e novamente se pôs a compor obras inspiradas por danças, lendas e folclore de sua pátria. ∎

Estrutura da Nona sinfonia

O **primeiro movimento**, *Adagio* (lentamente) é escrito em forma-sonata. Esta seção leva a um **enorme clímax**.

⬇

O **segundo movimento** – *Largo* (lento, digno) – contém um **solo** que se tornou uma das peças de música mais reconhecíveis já compostas.

⬇

O **terceiro movimento** é o *Scherzo* (muito animado). Suas **melodias luminosas** e ritmos rápidos lembram as danças folclóricas tchecas.

⬇

O **quarto movimento**, *Allegro con fuoco* (rápido e impetuoso) combina temas anteriores da peça com música **semelhante à marcha**.

SINTO UMA FORÇA INDÔMITA
O GUARANI (1870), ANTÔNIO CARLOS GOMES

Na primeira metade do século XIX, a música sacra passou a dividir espaço com a ópera na vida musical das principais cidades brasileiras. Ser capaz de produzir espetáculos grandiosos, como faziam os europeus, era símbolo de status e desenvolvimento – e o gênero logo conquistou o gosto do público.

As temporadas eram, então, compostas na maioria por obras de autores europeus, como Gioacchino Rossini e Gaetano Donizetti. Uma tentativa de mudar esse quadro foi a criação, em 1857, da Imperial Academia de Música & Ópera Nacional, com o objetivo de fomentar a produção de artistas brasileiros. O projeto acabou em 1864, mas serviu para revelar o nome do compositor Antônio Carlos Gomes. Sua primeira obra para o palco, estreada em 1861, foi *A noite do castelo*, à qual se seguiu, em 1863, *Joanna de Flandres*. Ambas obtiveram relativo sucesso, mas Carlos Gomes resolveu mudar-se para a Itália, recebendo apoio do imperador dom Pedro II e inaugurando uma nova fase em sua trajetória.

Identidade nacional
Em Milão, Carlos Gomes compôs a ópera *O guarani*. Baseada no romance do escritor José de Alencar, ela se passa no Rio de Janeiro de 1560 e narra a história de amor entre o índio guarani Peri e a jovem portuguesa Ceci, que ele salva das garras dos índios aimorés e do aventureiro espanhol Gonzales.

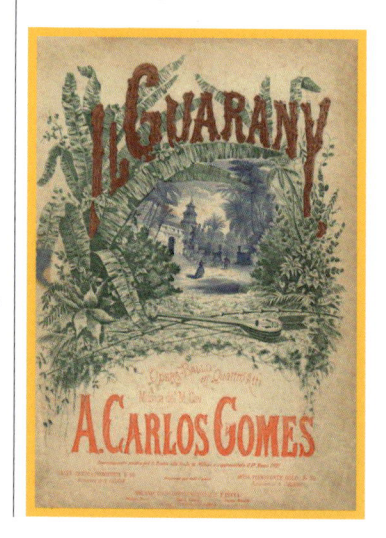

Capa da partitura de *O guarani*, de Carlos Gomes. Baseada no romance de José de Alencar, é amplamente reconhecida por ter sido tema do programa de rádio *A Voz do Brasil*.

EM CONTEXTO

FOCO
Romantismo brasileiro

ANTES
1857 O escritor José de Alencar publica o romance *O guarani*, primeiro de sua trilogia indigenista.

1858 Elias Álvares Lobo compõe *A noite de São João*, primeira ópera escrita em português, estreada em 1960 no Teatro São Pedro de Alcântara.

DEPOIS
1882 É fundado, no Rio de Janeiro, o Clube Beethoven, que promovia apresentações sinfônicas e de música de câmara, tornando-se símbolo da perda da hegemonia da ópera no cenário cultural brasileiro.

1895 O compositor brasileiro Alberto Nepomuceno inicia uma campanha na imprensa do Rio de Janeiro em defesa do canto em português, afirmando que "não tem pátria o povo que não canta em sua língua".

NACIONALISMO 1830–1920

Ver também: O barbeiro de Sevilha 148 ■ La traviata 174-175 ■ Tosca 194-197 ■ Bachianas brasileiras 280-281

Com texto em italiano assinado por Antonio Scalvini, *O guarani* estreou em 1870 no Teatro Alla Scala, templo da música lírica da época, com sucesso de crítica e de público: o compositor Giuseppe Verdi, por exemplo, escreveu a um amigo que "a obra é reveladora de uma alma ardente, de um verdadeiro gênio musical". Uma das características de Carlos Gomes como compositor é a capacidade de criar belas melodias, que se revela em passagens marcantes como a "Protofonia", apenas instrumental, durante anos usada como introdução do *A Voz do Brasil*, programa de rádio oficial do governo brasileiro; a "Balada" de Ceci, que tem o amor juvenil como tema; e o dueto "Sento una forza indomita", no qual ela e Peri declaram o amor que sentem um pelo outro. Por sua temática, *O guarani* é símbolo da busca dos artistas românticos brasileiros por uma identidade nacional, no caso nascida da união

A ópera *O guarani* foi amplamente interpretada em todo o território brasileiro, como nesta apresentação em Brasília, em 1996, com direção do carnavalesco Joãosinho Trinta.

> " A obra é reveladora de uma alma ardente, de um verdadeiro gênio musical.
> **Giuseppe Verdi** "

entre um guarani e uma portuguesa – ainda que, ao longo do século XX, a obra passasse a ser criticada pelo retrato idealizado do contato entre os europeus e os povos indígenas.

Novas ideias

Carlos Gomes escreveu ainda outras obras importantes, como *Fosca* (1873), *Maria Tudor* (1879), *O escravo* (1889) e *Condor* (1891) e colaborou para o próprio desenvolvimento da ópera na Itália. Com a tradição somada a elementos das músicas francesa e alemã, ele ajudou a apontar caminhos para uma geração de autores que, nas últimas décadas do século XIX, busca novos formatos para o gênero. ■

Antônio Carlos Gomes

Carlos Gomes nasceu no dia 11 de julho de 1836, em Campinas, no interior de São Paulo. Em 1860, mudou-se para o Rio de Janeiro e, três anos depois, foi viver na Itália, instalando-se em Milão.

Fez viagens regulares ao Brasil, onde suas obras eram interpretadas com frequência. Casou-se com Adelina Peri, de quem acabaria se divorciando. O casal teve cinco filhos, três deles mortos ainda na infância. Viveu constantemente em dívidas, em especial pela construção da Villa Brasilia, casa nos arredores de Milão.

Com a proclamação da República, em 1889, sua obra passou a ser vista como símbolo do passado imperial. Morreu no dia 16 de setembro de 1896, em Belém, pouco depois de ser convidado a dirigir o Conservatório do Pará.

Outras obras importantes

1873 *Fosca*
1889 *O escravo*
1891 *Condor*

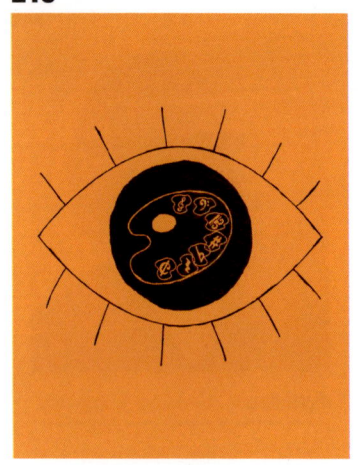

A ARTE DA MÚSICA, MAIS QUE TODAS AS OUTRAS, É A EXPRESSÃO DA ALMA
THE DREAM OF GERONTIUS (1900), EDWARD ELGAR

EM CONTEXTO

FOCO
Tradição coral inglesa

ANTES
1846 O oratório *Elias*, de Mendelssohn, tem sua primeira execução em Birmingham, na Inglaterra.

1857 No Festival Händel, em Londres, na Inglaterra, coros de até 2 mil pessoas cantam *Messias*, de Händel, e outros oratórios.

1882 *Parsifal*, de Wagner, baseado num poema épico alemão do século XIII, é sua última e, para alguns, maior ópera.

DEPOIS
1903 Elgar continua a desenvolver obras corais de larga escala com *The Apostles*.

1939–1941 Michael Tippett compõe o oratório profano *A Child of Our Time*, que expande a forma ainda mais com a inclusão de *spirituals* americanos na partitura.

Em 1898, Edward Elgar recebeu a encomenda de uma peça coral de larga escala para o Festival de Birmingham de 1900. Católico, Elgar decidiu musicar o poema *The Dream of Gerontius*, do cardeal John Henry Newman. No texto, Gerontius, um velho devoto, sonha com sua morte e a jornada de sua alma a seguir. Elgar destilou seu próprio coração e alma na obra, inscrevendo nela uma citação do filósofo social John Ruskin iniciada com "Isto é o melhor de mim".

A Inglaterra tinha uma forte tradição de canto coral amador no fim do século XIX e muitos compositores ingleses escreveram oratórios – grandes obras corais com tema sagrado. Poucas dessas peças resistiram ao tempo e Elgar decidiu fazer algo diferente.

Os oratórios, como as óperas de Mozart, em geral eram feitos de "números" musicais separados, como árias e coros. No final do Romantismo, porém, a ópera evoluiu; nas compostas por Wagner a música flui de modo contínuo, sem parada, permitindo ao compositor construir clímax enormes e expressar emoções profundas. Elgar usou essa técnica em *The Dream of Gerontius*, rejeitando o nome "oratório" devido a essa falta de intervalos entre as peças. Como Wagner, ele usou uma grande orquestra com uma seção substancial de metais e percussionistas para reforçar os clímax e momentos mais dramáticos.

A jornada da alma

The Dream of Gerontius tem duas partes. A Parte Um retrata a morte de Gerontius. Inclui as preces suaves dos amigos ao lado de seu leito, o credo apaixonado, *Sanctus fortis* – que expressa sua fé constante e também as ansiedades –, e o crescendo final dos cantores e orquestra no coro que exorta

> 66
> Há música no ar, música em todo o redor, o mundo está cheio dela e você simplesmente leva o quanto quiser.
> **Edward Elgar**
> 99

NACIONALISMO 1830–1920

Ver também: *Great Service* 52-53 ▪ *A Paixão segundo São Mateus* 98-105 ▪ *Elias* 170-173 ▪ *O ciclo do anel* 180-187 ▪ *A Child of Our Time* 284-285

The Dream of Gerontius

Quando a vida se esvai de seu corpo, Gerontius se junta aos amigos na oração.

Gerontius acorda num lugar sem tempo nem espaço.

O anjo da guarda de Gerontius o leva ao trono do julgamento.

Gerontius se encontra com Deus e é julgado.

Gerontius é baixado até o lago do Purgatório e promete que um dia despertará de novo para a **glória de Deus**.

Gerontius: "Siga sua jornada, alma cristã". Na Parte Dois, a alma de Gerontius é guiada por um anjo por entre demônios, que cantam um coro em fuga sardônica, e um grupo de anjos, cujo hino "Louvado o Santíssimo nas Alturas" começa com um forte trio dramático e termina numa intricada harmonia de oito partes. Isso leva ao clímax, um crescendo orquestral ensurdecedor, enquanto a alma é por fim conduzida ao julgamento. Elgar reescreveu essa passagem ascendente por insistência de seu amigo e editor August Jaeger, que lhe pediu algo mais dramático que sua primeira versão. A peça termina com a alma levada nos braços de um anjo e mergulhada nas águas mitigantes do Purgatório.

Do desastre ao sucesso
Devido à falta de preparo dos executantes, a estreia de *The Dream of Gerontius* em Birmingham, em 1900, foi desastrosa. Porém, com a aclamação na Alemanha, a peça se firmou como uma das obras-primas de Elgar – ousada para sua época, ao desenvolver o estilo operístico do Romantismo final numa peça coral e combiná-la com escrita orquestral engenhosa, criando um arranjo de poder incomum.

The Dream of Gerontius logo transcendeu a questão de doutrina que quase impediu sua execução na Catedral de Worcester, já que as palavras do cardeal Newman pareciam católicas demais para a Igreja Anglicana. Sua força emocional e os temas permanentes de perda e esperança em face da morte continuam a ter apelo universal para audiências de todas as fés. ▪

Edward Elgar

Nascido em 1857 perto de Worcester, onde seu pai tinha uma loja de música, Elgar foi um músico autodidata. Quando jovem, tocou em orquestras e deu aulas de música, casando-se com Alice Roberts, sua aluna, em 1889. Ela o estimulou a mudar-se para Londres e dedicar mais tempo à composição. A obra que o revelou foi *Enigma Variations* (1899), após a qual criou uma série de composições de larga escala, entre elas *The Apostles* (peça coral), um concerto para violino e duas sinfonias, que lhe trouxeram reconhecimento na Europa. Embora deprimido devido à Primeira Guerra, escreveu em 1919 o Quarteto de cordas, o Quinteto com piano e o Concerto para violoncelo. Após a morte de Alice em 1920, compôs pouco. Recebeu muitas honrarias, mas sua música estava fora de moda quando morreu, em 1934.

Outras obras importantes

1899 *Enigma Variations*
1901–1930 *Pomp and Circumstance Marches*
1905 *Introduction and Allegro for Strings*
1919 Concerto para violoncelo em mi menor

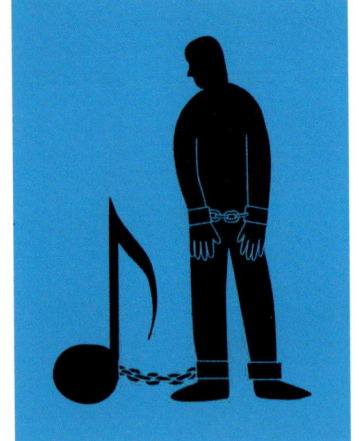

SOU UM ESCRAVO DE MEUS TEMAS, E ME SUBMETO A SUAS EXIGÊNCIAS
FINLÂNDIA (1900), JEAN SIBELIUS

EM CONTEXTO

FOCO
Resistência musical finlandesa

ANTES
1848 Fredrik Pacius (1809–1891), nascido na Alemanha, compõe a canção *Vårt land* (Nossa terra) sobre palavras do poeta finlandês Johan Ludig Runeberg. Após a independência da Finlândia em 1917, uma tradução finlandesa, *Maamme*, é adotada como hino nacional.

1892 Sibelius se torna celebridade nacional ao reger pela primeira vez seu "poema sinfônico" em parte coral *Kullervo*, com textos do poema épico nacional *Kalevala*.

DEPOIS
1917 Sibelius compõe a *Marcha Jäger* em apoio ao Batalhão Jäger Finlandês, treinado na Alemanha para lutar contra o Império Russo na Primeira Guerra Mundial.

Dentre os nacionalismos musicais que surgiram no século XIX nas quatro nações nórdicas (Dinamarca, Finlândia, Noruega e Suécia), o finlandês talvez seja o mais poderoso. Em Jean Sibelius a Finlândia teve um compositor que, ainda mais que o norueguês Edvard Grieg, o sueco Franz Berwald e o dinamarquês Carl Nielsen, captou a essência de seu povo e de sua nação na luta para se livrar do domínio estrangeiro. Por quase setecentos anos, até o início do século XIX, a Finlândia foi dominada pela Suécia, e a língua das classes educadas e governantes era o sueco. Sibelius nasceu numa família falante dessa língua, quando a Finlândia ainda não existia como nação. Desde 1809 era um grão-ducado da Rússia imperial, que impunha um regime autocrático malquisto. Contra esse

Sibelius captou nos arranjos de cordas de *Finlândia* a beleza épica da paisagem do país, aqui numa vista sobre a floresta de taiga.

NACIONALISMO 1830–1920

Ver também: *A noiva vendida* 206 ▪ *Quadros de uma exposição* 207 ▪ *Peer Gynt* 208-209 ▪ Sinfonia nº 9, Dvořák 212-215 ▪ *Appalachian Spring* 286-287

O desenvolvimento de motivos nacionais em *Finlândia*

A **fanfarra de metais** da abertura simboliza a ameaça russa.

⬇

Os sopros de madeira calmos e as cordas candentes falam da **persistência finlandesa** e da esperança no futuro.

⬇

A **ênfase súbita e a altura** (*fortissimo*) representam a angústia tumultuosa do povo.

⬇

Uma nova melodia, **enérgica e confiante**, afirma o **orgulho e a resistência**.

⬇

A construção da calma melodia *Finlândia*, recendente a música folclórica do país, simboliza uma **clareza emergente**.

⬇

Um *allegro* triunfante leva ao clímax num clamor de convocação aos finlandeses.

---

pano de fundo difícil, a língua finlandesa, falada por trabalhadores urbanos e rurais, ficou associada à crescente resistência nacional.

Sibelius estudara numa escola de fala finlandesa; assim, quando seu talento de compositor o levou à vanguarda da vida cultural da nação, estava em posição ideal para reagir aos interesses culturais de ambas as comunidades linguísticas. Além de dominar as poderosas formas sinfônicas de larga escala, tinha um dom para a "música ligeira" popular e buscava exemplos de música folclórica finlandesa.

A retaliação finlandesa

Em 1899, a Rússia proclamou o "Manifesto de Fevereiro", que punha em xeque a autonomia e o nacionalismo finlandeses, até com a proibição de comícios e o fechamento de um jornal em finlandês. Uma noite de "Festas da Imprensa" foi organizada na capital, Helsinki, oficialmente em apoio ao Fundo de Pensão da Imprensa, mas na verdade como um encontro da resistência patriótica. O evento incluiu uma mostra de quadros especialmente pintados, e pediram a Sibelius que criasse músicas. A última delas, *A Finlândia desperta*, retratava as orgulhosas conquistas da cultura e da indústria do país.

Sibelius arranjou parte da música para execução em concerto, atualizando *A Finlândia desperta* como *Finlândia*, título destinado a obter reconhecimento internacional para um país chamado de Suomi por seu povo. Lançada em 1900, a obra arrebatou o mundo musical. Sua popularidade continua inalterada e a melodia central é vista por muitos como o hino nacional não oficial da Finlândia. ▪

Jean Sibelius

Johan Sibelius (ele depois adotou a versão francesa do primeiro nome) nasceu na cidade de Hämeenlinna em 1865. De início queria ser um violinista virtuose, mas seus anos de estudo em Helsinki, Berlim e Viena o levaram a se concentrar na composição. Em 1892, após o sucesso da sinfonia coral *Kullervo*, casou-se com Aino JärnefeltI, com quem teve seis filhas.

Outros sucessos, entre eles o poema sinfônico (obra sinfônica de um só movimento) *O cisne de Tuonela* (1895), e depois a primeira de sete sinfonias, espalharam seu nome no exterior. Um câncer de garganta em 1908, apesar de curado, levou a um humor sombrio, que influenciou a austera Sinfonia nº 4 (1911). Nos trinta anos antes de sua morte, em 1957, perturbado por autocrítica, alcoolismo e pressões da fama, Sibelius lançou poucas obras.

Outras obras importantes

1892 *Kullervo*
1902 Sinfonia nº 2
1924 Sinfonia nº 7
1926 *Tapiola*

MÚSICA ESPANHOLA COM SOTAQUE UNIVERSAL
IBÉRIA (1906–1908), ISAAC ALBÉNIZ

EM CONTEXTO

FOCO
Nacionalismo na música espanhola

ANTES
1874 *El barberillo de Lavapiés* (O barbeirinho de Lavapiés), de Francisco Asenjo Barbieri, é sua *zarzuela* (ópera tradicional espanhola) – uma forma em cuja retomada ele teve papel-chave – de maior sucesso.

1890 Felipe Pedrell publica *Por nuestra música* (Para nossa música), em que explora a herança musical da Espanha.

DEPOIS
1915 *Noches en los jardines de España* (Noites nos jardins da Espanha), de Manuel de Falla, junta o modernismo francês à inspiração da música folclórica espanhola.

1939 *Concierto de Aranjuez*, de Joaquín Rodrigo, evoca a história do antigo palácio real de verão de Aranjuez.

A suíte para piano *Ibéria*, de Isaac Albéniz, é uma coletânea de doze peças solo, publicadas em quatro *cuadernos* (livros). Influenciado pelo amigo Claude Debussy e pela arte impressionista, Albéniz chamou essas peças solo de "impressões" – cada uma busca evocar um lugar ou aspecto da vida na Espanha. As peças dos dois últimos *cuadernos*, difíceis de tocar, são inspiradas nas habilidades virtuosísticas do pianista catalão Joaquim Malats, para quem Albéniz as compôs. Quase todas as peças de *Ibéria* se inspiram na Andaluzia, no sul da Espanha, refletindo o grande amor de Albéniz pela região. A exceção é *Lavapiés*, que repercute o alegre burburinho do bairro judeu de Madri.

Influências históricas
Em meados do século XIX, a música espanhola despertou, após séculos de domínio de sons estrangeiros. O nacionalismo romântico varreu a Europa após as Guerras Napoleônicas; na Espanha, fez surgir figuras como Francisco Asenjo Barbieri – compositor e crítico que ajudou a retomar a tradição da ópera nativa, a *zarzuela*. O compositor catalão Felipe Pedrell também renovou o interesse pela herança espanhola, da música clássica à de dança e folclórica.

Inspirado em Pedrell, Albéniz e seus contemporâneos usaram ritmos de danças espanholas como a *jota* do norte e o *fandango* e o *zapateado* do sul, além de melodias de influência árabe que evocavam Al-Andalus, o antigo sul muçulmano da Espanha. ■

> "[Albéniz representa] a reincorporação da Espanha ao mundo musical europeu."
> **Joaquín Rodrigo**
> *Pianista virtuose (1901–1999)*

Ver também: *A noiva vendida* 206 ■ *Quadros de uma exposição* 207 ■ *Finlândia* 220-221 ■ *El sombrero de tres picos* 223 ■ *Appalachian Spring* 286-287

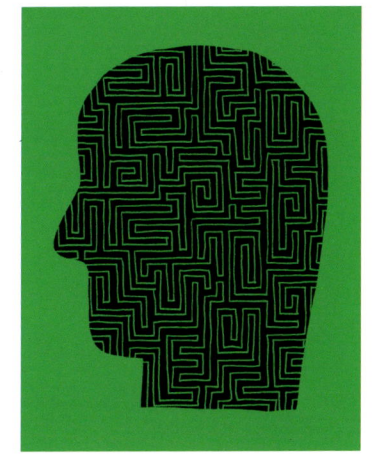

UM LABIRINTO MARAVILHOSO DE HABILIDADE RÍTMICA
EL SOMBRERO DE TRES PICOS (1919), MANUEL DE FALLA

EM CONTEXTO

FOCO
Música espanhola do século xx

ANTES
1897 *La revoltosa* (A rebelde), de Ruperto Chapí, é uma das *zarzuelas* mais populares das décadas antes da Primeira Guerra Mundial.

1911 Em Barcelona, Enrique Granados estreia a primeira parte de sua suíte para piano *Goyescas*, inspirada nas pinturas de Francisco de Goya.

DEPOIS
1920 Os Balés Russos de Diáguilev estreiam *Pulcinella*, de Igor Stravinsky, coreografado por Massine e com cenários de Picasso.

1961 O músico catalão Eduard Toldrà rege uma versão concerto da obra inacabada de Falla *Atlántida*, no Liceu, em Barcelona.

O balé *El sombrero de tres picos* (O chapéu de três pontas), com música do compositor Manuel de Falla, foi encenado pela primeira vez pelos Balés Russos de Serguei Diáguilev no Alhambra Theatre, em Londres. Baseado em romance de Pedro Antonio de Alarcón, é uma comédia sobre o magistrado de uma pequena cidade andaluz que se apaixona pela mulher do moleiro local. O balé foi coreografado pelo russo Léonide Massine, que também dançou o papel do moleiro, com cenários e guarda-roupa de Pablo Picasso. Falla cresceu na cidade portuária de Cádiz, no extremo sul da Espanha, mas estudou no Conservatório de Madri, onde, como muitos compositores de sua geração, foi influenciado pelo trabalho de Felipe Pedrell sobre a música tradicional do país. Fall ganhou fama com a ópera *La vida breve*, inspirada no *cante jondo* (canto profundo) de sua nativa Andaluzia. Em 1917, Falla e os empresários María e Gregorio Martínez Sierra criaram uma versão inicial e mais curta de *El sombrero de tres picos*. Seu sucesso em Madri atraiu a atenção de Serguei Diáguilev, que encomendou a Falla a composição de uma versão expandida com orquestra completa. Como *La vida breve*, ela usa melodias andaluzes e também contém canções em *cante jondo*. ∎

Manuel de Falla compõe ao piano neste quadro de 1925 de Daniel Vásquez Díaz, que pintou as figuras espanholas mais famosas e influentes na época.

Ver também: *A noiva vendida* 206 ▪ *Quadros de uma exposição* 207 ▪ *Finlândia* 220-221 ▪ *Ibéria* 222 ▪ *Appalachian Spring* 286-287

MODER
1900–1950

NISMO

INTRODUÇÃO

1894 — O poema sinfônico de dez minutos *Prélude à l'après-midi d'un faune*, do compositor francês **Claude Debussy**, estreia em Paris.

1912 — *Pierrot lunaire*, de **Arnold Schoenberg**, demonstra seu conceito de serialismo – usando todas as doze notas da escala cromática.

1914 — O compositor inglês **Ralph Vaughan Williams** compõe *The Lark Ascending*, inspirado na paisagem e na música folclórica inglesas.

1924 — **George Gershwin** compõe *Rhapsody in Blue* para piano solo e banda de jazz, com grandes contrastes de textura e estrutura musical.

1906 — *The Wreckers*, ópera da compositora e sufragista britânica **Ethel Smyth**, estreia na Alemanha com grande sucesso.

1913 — A estreia do balé de vanguarda *A sagração da primavera*, de **Igor Stravinsky**, é recebida com tumulto em Paris.

1917 — Estreia o balé *Parade*, do pianista francês **Erik Satie**, incorporando instrumentos de "fazer ruído", como uma máquina de escrever.

1927 — A Sinfonia nº 4, de **Charles Ives**, que incorpora hinos, melodias *gospel* e música de banda, é tocada pela primeira vez.

Com o século XIX chegando ao fim, os compositores começaram a perceber que enfrentavam um ponto crítico. Wagner tinha enfraquecido a tonalidade, o sistema de tons maiores e menores que era a pedra basilar da música ocidental, e introduzido um estilo que alguns achavam superemocional e sem clareza. A nova geração reagiu à música de Wagner de vários modos, tentando achar uma nova linguagem musical que expressasse melhor os tempos modernos. Como resultado, a primeira metade do novo século foi marcada por vários "ismos": impressionismo, expressionismo, atonalismo, serialismo, neoclassicismo e mais. Um compositor, porém, desafiou essas classificações: Erik Satie. Ele adotou um estilo seco e cheio de espírito, com peças para piano peculiarmente estáticas que remontavam à música antiga e medieval, fazendo ao mesmo tempo referência à música de café popular parisiense.

Desenvolvimentos franceses

A leveza de toque de Satie também era notável na música de seu contemporâneo Claude Debussy. No entanto, Debussy escolheu um modo diverso de criar uma nova linguagem musical. Em vez de reagir à falta de clareza de uma tonalidade enfraquecida, ele a abraçou, usando harmonias exóticas como um artista impressionista emprega diferentes tons de cor. Embora não gostasse do termo, foi um pioneiro do impressionismo musical, que seria ainda mais refinado por Maurice Ravel, e influenciou as composições incrivelmente coloridas de Olivier Messiaen. Após a Primeira Guerra Mundial, um grupo de jovens compositores franceses conhecido como Os Seis (Francis Poulenc, Darius Milhaud, Arthur Honegger, Georges Auric, Louis Durey e Germaine Tailleferre) absorveu a simplicidade e espirituosidade da música de Satie. Poulenc, em particular, cultivou um estilo urbano, desavergonhadamente clássico em tonalidade, preparando o estilo para o neoclassicismo, forte em especial na França.

Serialismo de doze tons

Enquanto isso, na Viena da virada do século, Arnold Schoenberg lutava para chegar a um acordo com as implicações do colapso da tonalidade. Após algumas obras iniciais no estilo romântico final, ele

MODERNISMO 1900–1950

1928 — A obra instrumental *Symphonie*, do compositor austríaco **Anton Webern**, desenvolve ainda mais as ideias de Schoenberg sobre serialismo.

1933 — *Ionisation*, de **Edgard Varèse**, estreia como uma das primeiras peças para sala de concertos compostas apenas para grupo de percussão.

1941 — **Olivier Messiaen** apresenta a primeira produção do *Quarteto para o fim do tempo* no campo de prisioneiros de guerra alemão onde está preso.

1944 — **Aaron Copland** demonstra nacionalismo americano com *Appalachian Spring*, balé de Martha Graham sobre jovens pioneiros.

1930 — Encomendado pelo pianista Paul Wittgenstein, de uma só mão, o *Concerto para piano em ré para a mão esquerda*, de **Maurice Ravel**, é cheio de harmonias e ritmos influenciados pelo *jazz*.

1937 — Após ser denunciado por Stálin, **Dmítri Chostakóvitch** compõe a *Quinta sinfonia*, aclamada pelo regime soviético.

1941 — O compositor britânico **Michael Tippett** conclui seu oratório pacifista *A Child of Our Time*, influenciado por eventos de sua vida e pela psicanálise jungiana.

1945 — **Benjamin Britten** revive a ópera britânica com *Peter Grimes*, drama empolgante sobre um pescador rejeitado e maltratado.

---

expandiu a tonalidade até seus limites e além, criando um estilo fortemente expressionista que era todo atonal, sem referência a nenhum tom. A dificuldade em criar uma estrutura coesa o levou a desenvolver um sistema de composição em que, em vez de ter uma "tônica", todas as doze notas da escala cromática recebem a mesma importância e são arranjadas em séries. Esse serialismo de doze tons se tornou o método compositivo escolhido não só por Schoenberg mas por seus alunos Alban Berg e Anton Webern (conhecidos como a Segunda Escola Vienense).

O choque do novo

Além desses influentes franceses e vienenses, surgiu um compositor russo muito importante, Igor Stravinsky. Ele fez nome criando música de balé no estilo dos nacionalistas russos, mas em 1913 chocou o público com um retrato destoante do folclore de seu país em *A sagração da primavera*. A música era ao mesmo tempo primitiva e ultramoderna, a um mundo de distância da concepção romântica de música inspirada no folclore. O modernismo russo teve vida curta; após a revolução de 1917, as autoridades soviéticas condenaram qualquer coisa que cheirasse a elitismo. Stravinsky, como vários outros compositores russos, passou o resto da vida no exterior. O nacionalismo estava longe de estar morto, porém, como mostram as obras de Jean Sibelius e Leoš Janáček. Ele também lançou raízes na Inglaterra, com nomes como Ralph Vaughan Williams, que viajou o país coletando melodias folclóricas. As nuances distintivas da música folclórica inglesa deram forma aos estilos de Benjamin Britten e Michael Tippett na geração seguinte. Outro coletor de música folclórica foi Béla Bartók, que, como Stravinsky, não integrava as canções e danças de sua Hungria natal a um estilo existente, mas usava-as para criar algo novo, modernista. Schoenberg, Stravinsky e Bartók passaram seus anos finais nos EUA, que se tornou um centro da nova música. Na primeira metade do século XX, nasceram ali o *ragtime* e o *jazz*, e melodias populares de mestres do gênero como George Gershwin. Surgiu também uma tradição de experimentalismo, começando com Charles Ives e atraindo emigrados como Edgard Varèse, que daria forma ao curso do desenvolvimento musical rumo ao século XXI. ■

VOU VER A SOMBRA QUE VOCÊ SE TORNOU
PRÉLUDE À L'APRÈS-MIDI D'UN FAUNE (1894), CLAUDE DEBUSSY

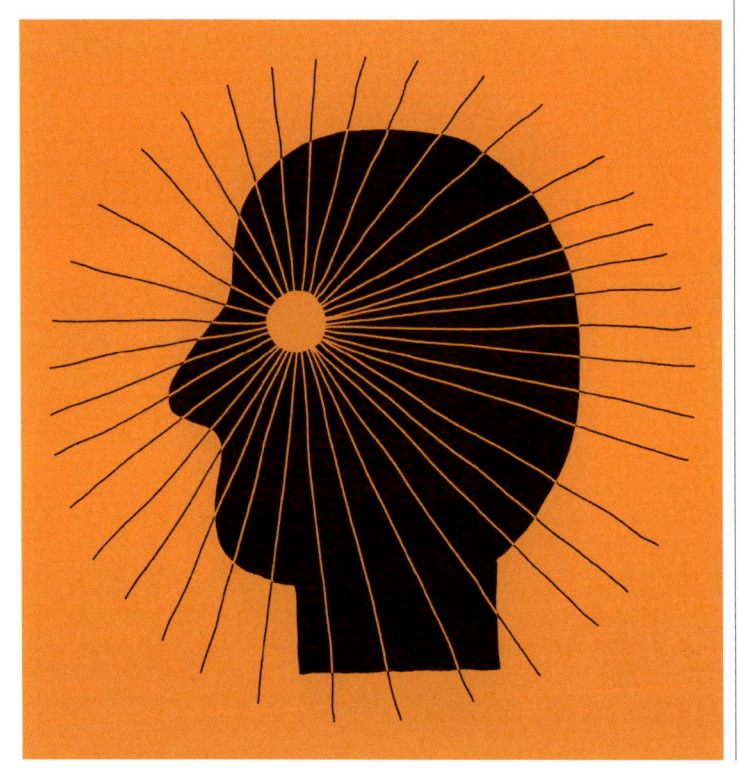

EM CONTEXTO

FOCO
Impressionismo

ANTES
1891 As *Cinq Mélodies "de Venise"*, de Gabriel Fauré, usam progressões harmônicas elusivas e sutis, similares ao estilo "impressionista".

1882–1892 O *Poème de l'amour et de la mer*, de Ernest Chausson, contém passagens e progressões de acordes que prefiguram mais vividamente a linguagem harmônica do *Prélude* de Debussy.

DEPOIS
1912 No balé *Daphnis et Chloé*, Maurice Ravel usa "pontos" de som que se movem rápido, o equivalente musical de uma pintura pontilhista.

1928–1929 O jovem Olivier Messiaen compõe *Préludes*, coletânea de peças fortemente influenciadas por Debussy.

Composta entre 1891 e 1894 e baseada no poema de Stéphane Mallarmé, a primeira obra orquestral publicada de Claude Debussy, *Prélude à l'après-midi d'un faune* (Prelúdio à tarde de um fauno), é desde então aclamada como a primeira obra musical "impressionista" significante. O compositor Pierre Boulez chegaria depois a dizer que a obra marcou o próprio início da música moderna. A linguagem musical de Debussy era uma contrapartida ideal à poesia simbolista de Mallarmé. O compositor descreveu a obra como "a impressão geral do poema [...] ele segue a forma ascendente do

Ver também: *O ciclo do anel* 180-187 ▪ *Das Lied von der Erde* 198-201 ▪ *Parade* 256-257 ▪ *Quarteto para o fim do tempo* 282-283

> "Seu uso dos timbres parecia essencialmente novo, de delicadeza excepcional e toque seguro."
> **Pierre Boulez**

poema, além do cenário tão maravilhosamente descrito no texto". Nos versos, um fauno acorda de uma soneca da tarde, lembrando um momento de exaltação ao ver um par de ninfas da água. Ele tenta abraçá-las, mas elas somem no nada. O poema de Mallarmé é evocativo mas basicamente ambíguo, concentrando-se na profunda sensualidade do momento. A interpretação de Debussy do poema buscou reproduzir essa sensualidade, abalando de modo quase subversivo a linguagem musical.

Debussy e Wagner

Essa subversão é evidente nas referências inequívocas de Debussy ao prelúdio de *Tristan und Isolde*, de Wagner. O prelúdio abre com uma linha anelante de violoncelo (o motivo "desejoso") seguido de um acorde meio diminuto (o famoso "acorde Tristan"). O *Prélude* de Debussy também começa com uma linha única – um floreio de flauta cheio de personalidade – antes de pousar num acorde meio diminuto. O acorde Tristan de Wagner se inicia então com uma progressão cromática que termina numa cadência imperfeita não resolvida (acima da qual um »

O deus grego Pã persegue a ninfa Siringe na obra de François Boucher. O fauno apaixonado Pã figurou em muitas obras de Debussy, entre elas *La Flûte de Pan* e *Syrinx*.

Claude Debussy

Nascido num subúrbio parisiense em 1862, filho de um lojista, Debussy iniciou as aulas de música aos sete anos e aos dez começou uma década de estudos no Conservatório de Paris. Em 1890, tinha composto mais de cinquenta canções, mas menos peças de grande escala, das quais muitas não foram publicadas e algumas nunca concluídas. Nos anos 1890 introduziu o estilo impressionista, pelo qual é mais lembrado. Seu Quarteto de cordas (1893) mostra muitos dos traços estabelecidos no *Prélude à l'après-midi d'un faune*, culminando na obra-prima sinfônica *La Mer* (1905) e em sua única ópera publicada, *Pelléas et Mélisande* (1902). Ao fim da carreira, dedicou-se a formas de menor escala, compondo muitas de suas obras para piano mais conhecidas, entre elas *L'Isle joyeuse* (1904) e seus dois tomos de *Préludes*. Morreu em Paris, em 1918.

Outras obras importantes

1902 *Pelléas et Mélisande*
1903 *Estampes*
1903–1905 *La Mer*

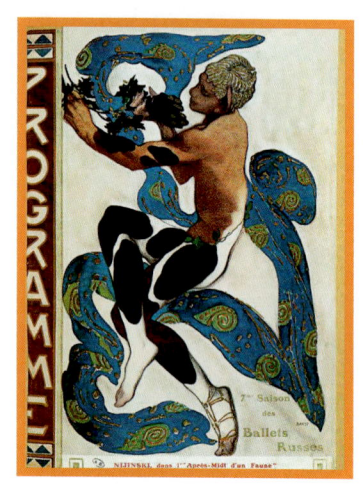

L'Après-midi d'un faune foi adaptado para balé por Vaslav Nijínski em sua primeira coreografia para os Balés Russos. A estreia foi no Théâtre du Châtelet, em Paris, em maio de 1912.

oboé toca as quatro notas cromaticamente ascendentes do motivo "desejo"). O acorde de Debussy, porém – reluzindo em meio a um glissando de harpa –, se dissolve numa sétima dominante aparentemente não relacionada, colorida pelas trompas com uma nona maior e uma 11ª aumentada. Diversamente da de Wagner, a obra de Debussy contém pouca tensão – cada acorde deve ser apreciado pela sensualidade de seu som. As similaridades à obra de Wagner evidenciam ainda mais as subversões de Debussy. Como Wagner, Debussy apresenta mais duas vezes a melodia de abertura – cada vez sobre harmonia mais luxuriante. Isso estabelece o mi maior como a tônica da peça, mas a ambiguidade dos acordes usados até ali – que não apontam com clareza para um só tom – faz que a chegada a mi maior passe quase despercebida no momento. Apesar dessa aparente ambiguidade, sob a superfície Debussy segue uma estrutura tonal bem tradicional que impede que a peça soe incoerente. Nove compassos após a chegada à tônica, Debussy até cita o motivo "desejo" de Wagner no clarinete, indo até a terceira nota, que ele acompanha distintamente com a própria harmonia, inconfundível, sétima-dominante de Wagner. Debussy tira o acorde do contexto de Wagner, fazendo-o soar não concisamente dissonante mas com exuberância exótica. Levando o motivo inacabado para trás e para a frente em escalas cromáticas descendentes e ascendentes, Debussy coloca a expressão profunda de Wagner em seu próprio trabalho.

Experimentos técnicos

O *Prélude* é notável pelo uso de acordes com nota acrescentada "debussyanos". Embora sétimas, nonas, 11ᵃˢ ou 13ᵃˢ dominantes sejam fáceis de achar em obras de Wagner e Liszt, Debussy as priva de qualquer expectativa de que, por exemplo, um acorde dominante se resolva sempre em sua tônica. Em vez de trabalhar rumo a sua resolução, Debussy progride cromaticamente em direções inesperadas: muitas vezes, acordes são reunidos por uma ou duas notas comuns ou por mudanças semitonais sutis. Debussy manipula a experiência auditiva do público subvertendo suas expectativas do que virá a seguir; harmonias incomuns chamam nossa atenção e atentamos à "cor" e ao efeito; daí a razão de esse tipo de harmonia ser com frequência chamado "colorístico". A pulsação do *Prélude* é lenta sob a filigrana da superfície. Na maior parte tem compasso ternário, mas algumas passagens mostram tempo duplo, com compassos de duas ou quatro batidas; do mesmo modo a subdivisão das batidas varia entre tempo composto (cada batida da pulsação dividida em três) e simples (em dois). Ritmos duplos e triplos às vezes coexistem; na seção central, o acompanhamento toca tercinas de ritmos cruzados contra a melodia dupla, afastando a atenção de qualquer regularidade de pulsação e dirigindo-a à textura rica.

Sasha Waltz & Guests, uma trupe de dança alemã, reinterpreta *L'Après-midi d'un faune* como uma provocativa cena de praia de cores brilhantes no Sadler's Wells Theatre, em Londres, em 2015.

MODERNISMO 1900–1950

Orquestra para *Prélude à l'après-midi d'un faune*

A orquestra original para o poema sinfônico de Debussy consistia em madeiras, cordas, harpa e trompas, criando juntos um mundo sonoro delicado e sensual.

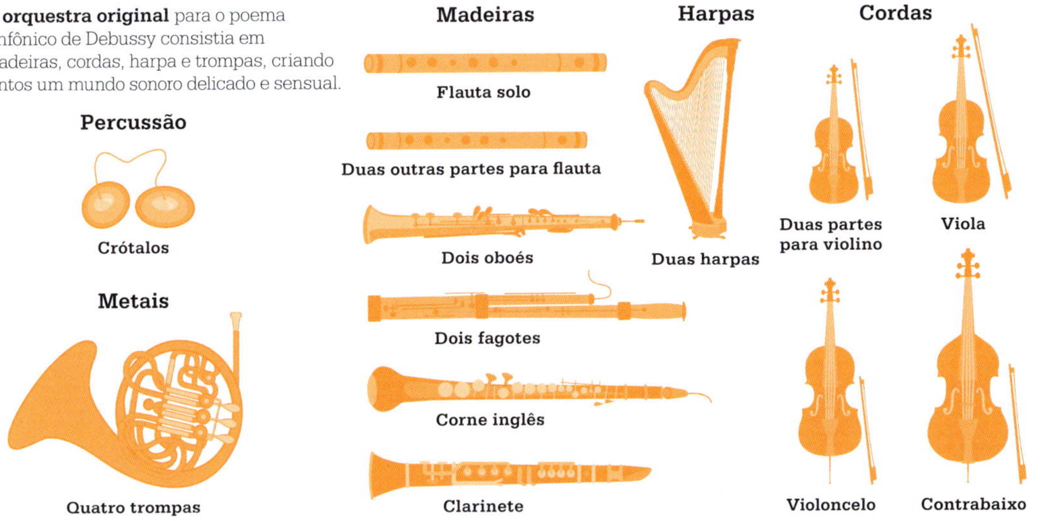

Percussão
- Crótalos

Metais
- Quatro trompas

Madeiras
- Flauta solo
- Duas outras partes para flauta
- Dois oboés
- Dois fagotes
- Corne inglês
- Clarinete

Harpas
- Duas harpas

Cordas
- Duas partes para violino
- Viola
- Violoncelo
- Contrabaixo

---

da música. Embora a música impressionista seja às vezes considerada menos técnica que outros gêneros, a experimentação de Debussy com o ritmo mostra que atmosfera e técnica podem coexistir.

Apresentação da peça

A orquestra de Debussy é de tamanho moderado: seus únicos metais são quatro trompas e só dois crótalos de percussão que colorem a parte final da peça com seu tom delicado semelhante a sinos. A orquestra tem, porém, duas harpas, que ajudam a criar um som mais luxuriante. Seções longas usam *divisi* nas cordas, às vezes tocando *sur la touche* – sobre o braço do instrumento, onde o tom é mais suave. A obra de Debussy estreou em Paris em dezembro de 1894, e Stéphane Mallarmé foi convidado a ouvi-la. Apesar de ter se oposto de início à composição de música baseada em seu poema, Mallarmé saiu cheio de elogios e escreveu a Debussy que ela tinha ido além de sua própria obra "em nostalgia e luz, com sutileza, inquietude e riqueza". ∎

> " Eu não esperava nada assim! A música prolonga a emoção de meu poema e conjura o cenário mais vividamente que qualquer cor.
> **Stéphane Mallarmé** "

Debussy e o impressionismo

A palavra "impressionismo" é controversa quando aplicada à música. O próprio Debussy – seu expoente mais icônico – protestava contra ela. "Estou tentando 'algo diferente'", escreveu em 1908, "[que] imbecis chamam de impressionismo, simplesmente o termo menos apropriado possível." Apesar disso, a obra de Debussy é um equivalente tanto de Monet quanto de Mallarmé. Suas harmonias tonalmente ambíguas (que não indicam de modo claro uma resolução específica) podiam levar a muitas progressões possíveis, focando o efeito sensual de cada acorde e ao mesmo tempo obscurecendo seu papel na estrutura que sustenta a peça – como o foco nas cores e a ausência de linhas de Monet transmite mais a sensação que os detalhes do tema. Tanto Debussy quanto Monet foram chamados de "antirrealistas", mas para Debussy apelar aos sentidos com que a música é ouvida era "mais real" que o realismo.

QUERO QUE AS MULHERES VOLTEM A MENTE PARA OBRAS GRANDES E DIFÍCEIS

THE WRECKERS (1904), ETHEL SMYTH

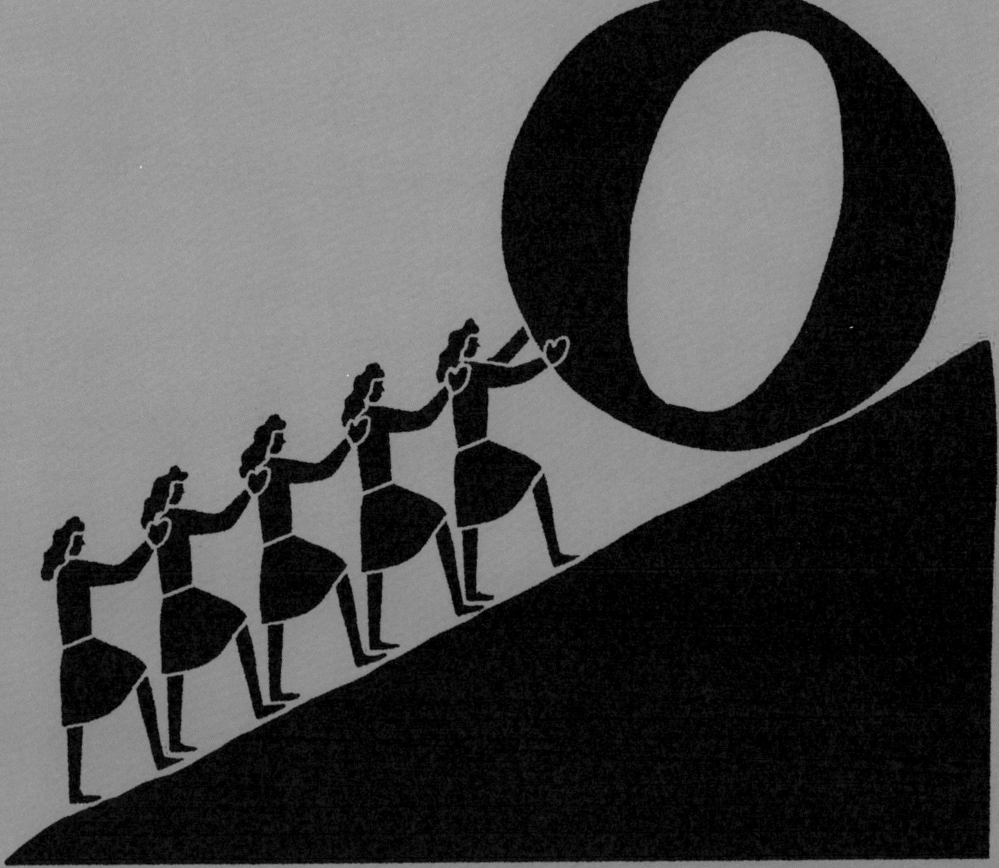

COMPOSITORAS

EM CONTEXTO

FOCO
Compositoras

ANTES
1644 A compositora e cantora veneziana Barbara Strozzi publica seu primeiro livro de madrigais (*El primo livro di madrigali*).

1850 Na França, o sucesso da estreia de *Nonette*, para sopro e cordas, de Louise Farrenc, lhe permite negociar pagamento igual como professora de piano no Conservatório de Paris.

DEPOIS
1913 A compositora francesa Lili Boulanger é a primeira mulher a receber o Prix de Rome, pela cantata *Faust et Hélène*.

2000 A compositora finlandesa Kaija Saariaho estreia no Festival de Salzburgo a ópera de cinco atos *L'Amour de loin* (Amor de longe), baseada no trovador Jaufré Rudel, séc. XII.

As mulheres compuseram ópera desde que surgiu. A mais antiga que se conhece criada por mulher, *La liberazione di Ruggiero dall'isola d'Alcina* (A libertação de Ruggiero da ilha de Alcina), de Francesca Caccini, estreou em sua cidade natal, Florença, em 1625. Para Ether Smyth, porém, escrever uma *grand opéra* de três atos – de tema sério, sem diálogos falados – na virada para o século XX foi um feito ambicioso, tanto por ser mulher como por ser inglesa, já que a ópera britânica estava quase extinta desde Henry Purcell.

Vida além do piano

Na maior parte do século XIX, as compositoras foram associadas ao piano e à música de câmara própria para a esfera doméstica. Louise Reichardt (1779–1826), Clara Schumann (1819–1896) e Fanny Mendelssohn (1805–1847) eram conhecidas por "canções artísticas" ou *Lieder* (poemas arranjados para voz e piano). Perto do fim do século, as compositoras começaram a ensaiar novos voos. Cécile Chaminade (1857–1944) e Augusta Holmès (1847–1903), ambas francesas e quase da mesma época de Smyth, criaram grandes obras orquestrais, assim como Amy Beach (1867–1944), que foi a primeira americana a compor uma sinfonia – *Gaelic Symphony* (1896).

Algumas mulheres também criaram óperas. Trinta anos mais velha que Smyth, a aristocrata francesa Marie de Grandval (1828–1907) foi uma compositora prolífica cujas obras incluíram uma sinfonia (hoje perdida), um oratório (*Stabat mater*) e sete óperas, a últimas das quais, *Mazeppa*, baseada num poema de Byron, foi encenada com algum sucesso em Bordeaux em 1892. Três anos depois, a terceira e última ópera de Augusta Holmès, *La Montagne noire*, estreou na Opéra de Paris. Smyth estava lá então e viu a obra. Como muitos, decepcionou-se com a ópera, mas se compadeceu da compositora e depois escreveu: "Sabendo o que sei sobre as dificuldades dos

> ❝
> Sinto-me tremendamente cheia de força – totalmente certa do que estou fazendo. Amo ver como estou orquestrando cada vez melhor.
> **Ethel Smyth**
> Carta ao libretista Henry Brewster
> ❞

O público se prepara para sair após assistir a uma ópera na Royal Opera House, em Covent Garden, Londres, em 1910 – ano em que *The Wreckers* estreou no local.

MODERNISMO 1900–1950

Ver também: *La traviata* 174-175 ▪ *O ciclo do anel* 180-187 ▪ *Tosca* 194-197 ▪ *Peer Gynt* 208-209 ▪ *Peter Grimes* 288-293 ▪ *L'Amour de loin* 325 ▪ *blue cathedral* 326

compositores de ópera, ainda mais com a desvantagem do sexo, o fato surpreendente sobre a obra é que ela afinal existiu".

Na época Smyth tinha iniciado a própria carreira como compositora de ópera. Um estímulo crucial veio do amigo Hermann Levi, regente alemão admirador de Wagner. Smyth tinha tocado ao piano para ele uma de suas primeiras obras corais, a Missa em ré (1891). Impressionado com a dramaticidade da música, Levi lhe disse: "Você tem de sentar já e compor uma ópera".

Aceitando o desafio, em 1894 Smyth concluiu sua primeira ópera, a comédia *Fantasio*, encenada em Weimar em 1898. A segunda, *Der Wald* (A floresta), foi ao palco em Berlim e Londres em 1902 e um ano depois na Metropolitan Opera de Nova York – a primeira ópera de uma mulher a ser apresentada ali. Na época em que escreveu *The Wreckers* (Os saqueadores de naufrágios), sua terceira ópera, Smyth já conquistara amplo reconhecimento, mas ainda foi difícil encenar a obra em seu próprio país. Para os britânicos, a ópera era em essência um entretenimento londrino de classe alta criado por estrangeiros na temporada social. Quando Smyth submeteu pela primeira vez *The Wreckers* à Royal Opera House, em Covent Garden, o comitê diretor lhe disse: "Anunciar uma nova obra de um novo compositor é garantia de casa totalmente vazia, e nenhuma ópera será apresentada aqui que não tenha obtido sucesso no exterior".

Um conto da Cornualha

Concluída em 1904 e encenada dois anos depois em Leipzig, *The Wreckers* se passa numa aldeia remota na costa da Cornualha no fim do século XVIII. Os habitantes ganham a vida atraindo navios ao litoral rochoso para saqueá-los após o naufrágio. O drama da ópera se concentra em dois amantes, Thirza e Mark, que se opõem aos roubos. Thirza é a jovem mulher de Pascoe, líder dos saqueadores mas também pastor local – papel duplo nem um pouco incongruente para a maior parte dos aldeões, que não veem contradição entre a pilhagem e sua fé. Mark acendia boias em segredo para alertar os barcos das rochas. »

Duas irmãs compositoras, Nadia (à esquerda) e Lili Boulanger, posam em 1913. Nadia também foi uma professora influente, cujos alunos incluíram Aaron Copland e Philip Glass.

Ethel Smyth

Filha de uma francesa e um major-general britânico, Ethel Smyth nasceu no condado inglês de Kent em 1858. Aos dezenove anos, foi à Alemanha estudar música no Conservatório de Leipzig, com Grieg, Dvořák e Tchaikóvski entre os colegas. De volta à Inglaterra, começou a ser reconhecida como compositora nos anos 1890, apoiada por figuras tão diversas como a imperatriz francesa exilada Eugênia (viúva de Napoleão III) e o dramaturgo George Bernard Shaw. Em 1910, Smyth conheceu a sufragista Emmeline Pankhurst (possível amante da compositora, abertamente lésbica) e devotou os dois anos seguintes à causa do voto feminino. Nos anos finais, ficou surda e se voltou à literatura em vez da música. Tornou-se *dame* do Império Britânico em 1822 e morreu em 1944.

Outras obras importantes

1891 *Missa em ré*
1894 *Fantasio*
1914 *The Boatswain's Mate*
1924 *Entente cordiale*

Quando descobrem que uma noite de saques foi sabotada por Mark e Thirza, os aldeões os condenam à morte como "adúlteros e traidores", prendendo-os numa caverna que se enche de água na maré alta. Quando as ondas sobem, os amantes entoam o dueto final, um canto nupcial: "Tu abraças nosso último êxtase, ó mar!".

> De vez em quando eu me deitava nas falésias [da Cornualha], mergulhada nas armérias róseas e macias, ouvindo o troar das grandes ondas do Atlântico contra aquelas rochas cruéis e o soprano selvagem dos gritos das gaivotas.
> **Ethel Smyth**

Trazendo a ópera à vida

A inspiração de Smyth para a obra veio ao caminhar de férias na Cornualha e nas ilhas de Scilly. Ali, ela ouviu histórias sobre antigos saqueadores e do renascimento religioso na Cornualha no século XVIII, liderado pelo fundador dos metodistas, John Wesley. Uma caverna marítima, Piper's Hole, nas ilhas de Scilly, lhe deu a ideia do lugar onde os amantes Thirza e Mark morrem. Seu libretista, como nas duas óperas anteriores, foi um velho amigo, Henry Brewster. Filho de pai bostoniano e mãe inglesa, Brewster cresceu na França. Como se sentia mais à vontade escrevendo em francês do que em inglês, foi decidido que o texto seria em francês, que Smyth também falava com fluência. O libreto foi criado por correspondência entre Brewster em Roma e Smyth em Surrey.

Já a música tinha firmes raízes na tradição alemã. Tendo estudado em Leipzig, Smyth pertencia a uma linhagem de

Saqueadores tomam a carga de um navio naufragado na costa da Cornualha, em gravura do livro *Scenes in England* (1822), do reverendo Isaac Taylor.

compositores que ia de Beethoven a Mahler, só dois anos mais novo que ela, passando por Brahms, que Smyth, desde sempre ativa articuladora social, conhecera em Leipzig. Com uma experiência alemã tão clara, era inevitável a influência de Wagner (nascido em Leipzig), apesar de Smyth uma vez ter protestado: "Nunca fui nem sou wagnerista no sentido extremo da palavra". *The Wreckers* mostra traços wagnerianos evidentes, como a orquestração rica, que evoca a costa e paisagens marítimas da Cornualha, e o uso de *Leitmotive* – temas musicais associados a indivíduos e emoções específicas. Ao mesmo tempo, o drama tem nítido caráter britânico em seu cenário e temas. Os hinos e outros coros cantados pelos aldeões, por

MODERNISMO 1900–1950

O mar na ópera

Wagner, *O holandês voador*, 1841
A atmosfera do mar do Norte transparece em toda a obra. O mar está lá para ser conquistado mas no fim emerge vitorioso.

Bizet, *Os pescadores de pérolas*, 1863
Os humores cambiantes do mar refletem os altos e baixos das relações entre dois amigos e sua reconciliação final.

Ethel Smyth, *The Wreckers*, 1904
A orquestração evoca as paisagens marinhas da Cornualha. Poderoso mas impassível, o mar traz prosperidade e discórdia à aldeia.

Vaughan Williams, *Riders of the Sea*, 1932
A música impressionista capta o poder do vento e do oceano neste lamento por filhos perdidos no mar, numa aldeia de pesca irlandesa.

Benjamin Britten, *Peter Grimes*, 1945
Quatro interlúdios representam os diferentes humores das águas. O mar é uma metáfora da luta do indivíduo.

Benjamin Britten, *Billy Budd*, 1951
O mar representa um pano de fundo implacável à turbulência das questões humanas e um local sereno de descanso final.

> A atitude inglesa em relação às mulheres em campos da arte é ridícula [...] Não há sexo em arte. O que importa é como você toca violino, pinta ou compõe.
> **Ethel Smyth**

responsabilidade moral, tangem uma nota nova e pura na música operística britânica.

A estreia

Após a conclusão da obra, Smyth levou dois anos para encenar *The Wreckers*. A estreia afinal ocorreu no Neues Theater de Leipzig, com o libreto traduzido por Brewster para o alemão. Para fúria de Smyth, o diretor fez cortes no terceiro ato, mas o público da primeira noite saudou a versão "mutilada" com aplausos estrondosos. Como o diretor se recusou a reinserir os trechos cortados nas encenações seguintes, Smyth, irada, irrompeu no teatro na manhã seguinte e tirou todas as partituras que achou no poço da orquestra. Não haveria mais apresentações de *The Wreckers* em Leipzig.

Smyth tomou então um trem para Praga, onde estava agendada outra encenação. Esta se provou um desastre ainda maior, pois a orquestra não ensaiara devidamente, levando a críticas ácidas na imprensa local. A compositora teve mais sorte na locação seguinte, Viena, onde Mahler dirigia a casa de ópera. »

exemplo, têm a marca clara da tradição do oratório inglês.

Ainda que de muitos modos a música não seja nova, Smyth conseguiu seu objetivo com *The Wreckers*. Compôs uma ópera britânica viável que poderia, pela primeira vez, sustentar comparação com obras dos principais compositores de ópera continentais do fim do século XIX e início do XX. Apesar da elaboração imperfeita, o drama básico da ópera prende e as situações e personagens são fortes. Ela aborda temas sérios como ambição, amor, conflito moral e fanatismo religioso. Em suas melhores partes, como no prelúdio do segundo ato, *On the Cliffs of Cornwall* (Nas falésias da Cornualha), a música tem colorido e atmosfera. Embora devedores de *Siegfried*, de Wagner, os duetos do segundo ato dos amantes Thirza e Mark, divididos entre a paixão e a

Maestrinas

Só no século XX as mulheres começaram a reger orquestras. Quando a função surgiu, no século XIX, foi monopolizada por compositores homens, e as mulheres se limitavam a reger coros. Nos anos 1930, a holandesa-americana Antonia Brico regeu a Filarmônica de Berlim e a compositora francesa Nadia Boulanger se tornou a primeira mulher a reger a Royal Philharmonic de Londres. Nos anos 1950, Margaret Hollis alcançou renome como diretora coral, fundando o Chicago Symphony Chorus em 1957, e em 1976 Sarah Caldwell foi a primeira regente mulher da Metropolitan Opera de Nova York.

Foi preciso mais trinta anos para que uma mulher, Marin Alsop, se tornasse regente principal de uma importante orquestra americana, a Baltimore Symphony Orchestra. Em 2013, Alsop também foi pioneira ao reger a última noite dos BBC Proms no Albert Hall, em Londres.

Marin Alsop à frente da Orquestra Sinfônica da Rádio Sueca em 2009. Ela também rege orquestras no Reino Unido e no Brasil, além dos EUA.

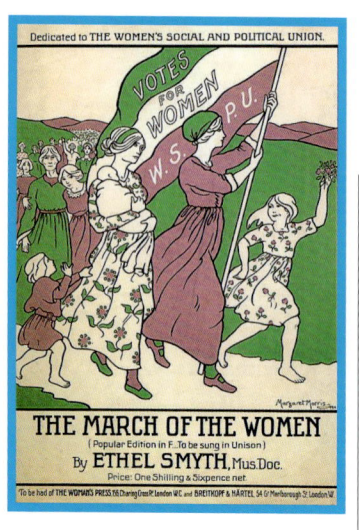

Ele expressou interesse em ver Smyth, mas ela na verdade só conheceu seu auxiliar, o regente Bruno Walter. Ele ficou impressionado mas não pôde prometer uma produção.

De volta a Londres, as experiências de Smyth foram igualmente incertas. Em 1908, uma versão em concerto dos dois primeiros atos foi bem recebida por muitos críticos mas ofuscada pela tristeza pessoal. Brewster, nas fases finais do câncer de fígado, viajara de Roma para a apresentação. Ele morreu menos de um mês depois. No ano seguinte, *The Wreckers* – traduzido por Smyth para o inglês – foi encenada com sucesso no Teatro de Sua Majestade, em Londres, regida pelo jovem Thomas Beecham. O maestro também a incluiu em sua primeira temporada na Royal Opera House um ano depois, mas ela sofreu na comparação com uma nova obra mostrada então em Covent Garden: *Elektra*, de Richard Strauss.

Na época, muitos foram generosos em seus elogios a *The Wreckers*. O crítico musical

Em 1911, **Smyth compôs** *The March of the Women* como um brado mobilizador sufragista. Contestadora ativa, foi condenada a dois meses na Holloway Prison, em 1912, por quebrar uma janela.

britânico John Fuller Maitland escreveu em 1910, na segunda edição de *The New Grove Dictionary of Music and Musicians*: "É difícil apontar uma obra de qualquer nacionalidade desde Wagner que tenha apelo mais direto às emoções ou que seja mais habilmente planejada e realizada". A romancista Virginia Woolf foi mais ambivalente. Em 1931, ela, o marido, Leonard, e a amante dela, Vita Sackville-West, foram com Smyth assistir a *The Wreckers* no Sadler's Wells Theatre, em Londres. Ela anotou em seu diário que a ópera era "vigorosa & até bela; & ativa & absurda & extrema; & juvenil: como se alguma canção nela tivesse tentado sair & se engajado". Beecham foi um entusiasta incondicional – nas memórias, publicadas em 1944, definiu *The Wreckers* como "uma das três ou quatro óperas inglesas de real vitalidade e mérito musical compostas nos últimos quarenta anos".

Pioneirismo

Embora a opinião de Woolf talvez esteja mais próxima da dos críticos modernos, o papel de Smyth ao abrir caminho para compositoras futuras é inquestionável. Em *The Wreckers* ela adotou uma das formas mais ambiciosas de composição. Com talento, perseverança e empenho total, se firmou como compositora séria. Ela ainda criou mais três óperas de menor escala – duas comédias de um ato e *Fête galante* (1922), "drama-dança" baseado num conto homônimo de Maurice Baring, amigo de Smyth.

Muitas outras seguiram o caminho de Smyth. Só na Grã-Bretanha, a geração de compositoras nascidas na década em que *The Wreckers* foi composta e estreou inclui Elisabeth Lutyens, Elizabeth Maconchy e Imogen Holst. Entre as obras de Lutyens há perto de duzentas trilhas para filmes e rádio, além das óperas *The Numbered* (1965) e *Isis and Osiris* (1969). Mais conhecida pelos treze quartetos de cordas (1933–1984), Maconchy também criou cinco óperas, entre elas *The Sofa* (1957) e *The Departure* (1961). Holst, filha única de Gustav Holst, foi compositora menos prolífica, mas se revelou assistente incansável de Benjamin Britten. No fim do século XX, as obras de duas compositoras escocesas receberam aclamação mundial. As dez óperas de Thea

De vermelho, a personagem-título da ópera *Miss Fortune*, de Judith Weir, assume posição central na estreia britânica da obra na Royal Opera House, em Covent Garden, em 2012.

> " A senhorita Smyth é uma das poucas compositoras que se pode considerar seriamente ter alcançado algo de valor no campo da composição musical.
> **Piotr Ilitch Tchaikóvski**
> "

Musgrave incluem *Mary, Queen of Scots* (1976) e *Simón Bolívar* (1995); entre os sucessos de Judith Weir estão *A Night at the Chinese Opera* (1987), *The Vanishing Bridegroom* (1990) e *Blond Eckbert* (1994).

Herdeiros masculinos

Não só compositoras foram influenciadas por Smyth. Surpreendentemente, Benjamin Britten não parece ter conhecido *The Wreckers*, ao menos de modo direto. No entanto, sua primeira ópera, *Peter Grimes*, de 1945, tem paralelos quase assombrosos com a obra de Smyth. Ambas as obras se passam em remotas áreas costeiras, onde um par de protagonistas está em conflito com o resto da comunidade, dominada pela religião evangélica e disposta à violência contra eles. Ambas usam o recurso de os protagonistas cantarem no palco com um coro de aldeões entoando um hino nos bastidores. E ambas incluem poderosas evocações orquestrais do mar, dotando-o de força e presença pessoal tão fortes que o elemento aquático se torna elemento-chave na obra.

Estivesse Britten ou não consciente de *The Wreckers*, a obra de Smyth teve claramente algum papel na revitalização de uma tradição operística distintamente britânica, tanto em termos de música quanto de tema. Nesse sentido, compositores homens do século XX, como Britten e Michael Tippett, podem se contar entre os herdeiros musicais de Smyth. ∎

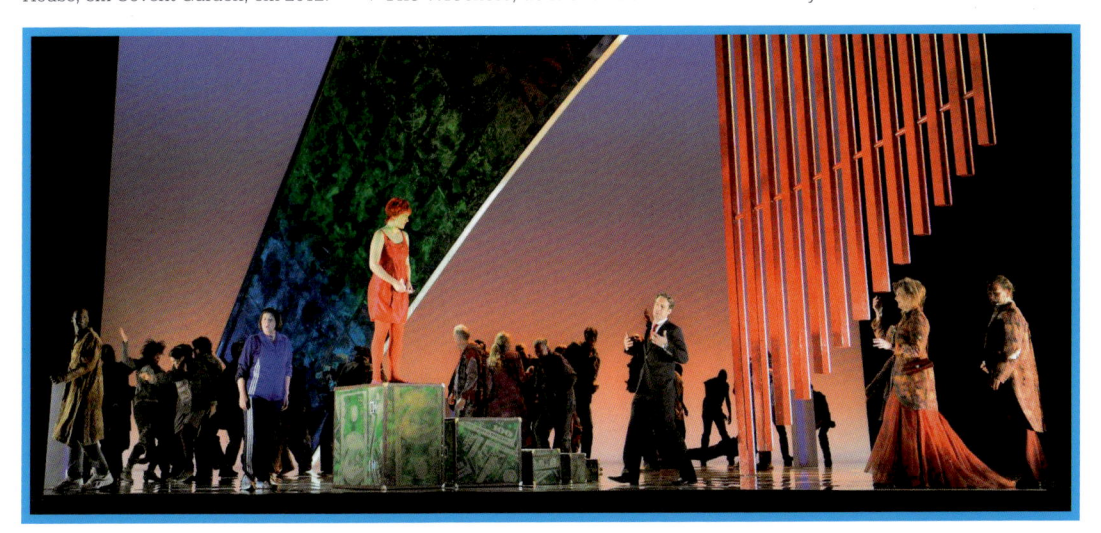

O PÚBLICO NÃO DEVERIA TER OUVIDOS COMPLACENTES

PIERROT LUNAIRE, OP. 21 (1912),
ARNOLD SCHOENBERG

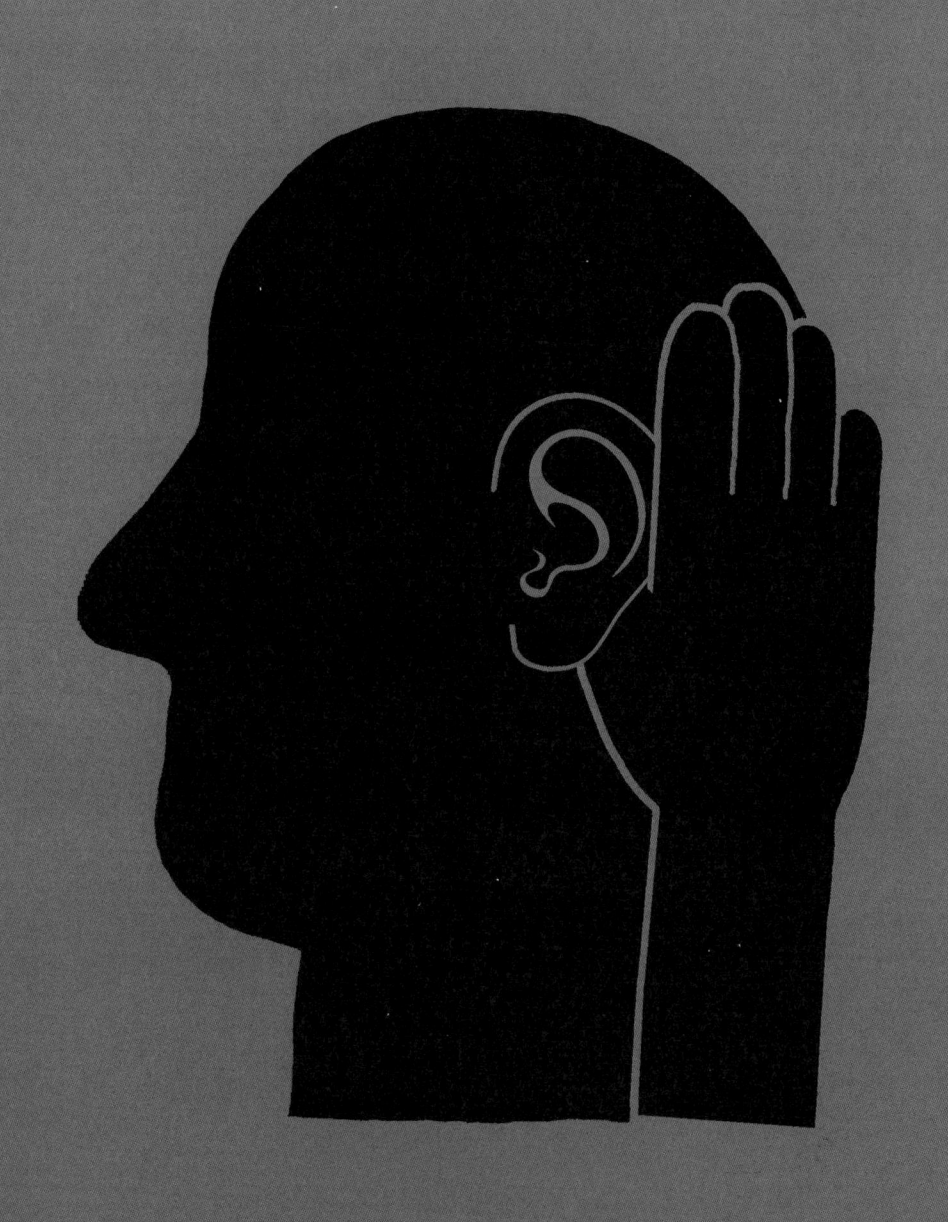

ATONALISMO

EM CONTEXTO

FOCO
Atonalismo

ANTES
1865 Estreia a ópera *Tristan und Isolde*, de Richard Wagner – um ponto de virada no afastamento da tonalidade.

1894 O compositor francês Claude Debussy usa harmonias ambíguas e progressões harmônicas fluidas em *Prélude à l'après-midi d'un faune*.

1899 Schoenberg expande os vínculos com a tonalidade até seus limites no sexteto de cordas *Verklärte Nacht*, op. 4.

DEPOIS
1917–1922 Em *Cinco canções sagradas*, op. 15, o compositor austríaco Anton Webern usa um pequeno *ensemble* (grupo) similar ao de *Pierrot lunaire* e desenvolve muitas das mesmas técnicas compositivas.

1921–1923 A Suíte para piano, op. 25, é a primeira obra de Schoenberg a usar seu método serial de doze tons em toda a composição.

1922 Estreia em Nova York *Offrandes*, para soprano e orquestra de câmara, do compositor francês Edgard Varèse.

1965 O *ensemble* Pierrot Players, depois chamado Fires of London, é fundado para apresentar *Pierrot lunaire* e outras novas obras.

Até o fim do século XIX, a música foi muito ditada por um sistema tonal, em que notas, acordes e escalas se complementavam, criando melodias e harmonias agradáveis ao ouvido. Mesmo onde passagens dissonantes ou perturbadoras eram usadas numa peça de música, isso era resolvido num acorde consonante ou harmonioso. As sementes para o fim dessa tradição tonal foram plantadas por Richard Wagner. Em suas óperas, em especial *Tristan und Isolde* (1859), Wagner minou o conceito de música composta numa tonalidade movendo-se através de uma gama de tons diferentes, muitas vezes não relacionados, sem se fixar em nenhum e introduzindo acordes dissonantes para efeito dramático. Algumas décadas após,

Arnold Schoenberg posa com a segunda mulher, Gertrud, e os filhos, em 1950. Gertrud escreveu o libreto da ópera de um ato *Von heute auf morgen* (1928–1930), de Schoenberg.

Arnold Schoenberg e outros compositores, como Aleksandr Scriábin e Béla Bartók, começaram a experimentar mais, fugindo da harmonia tradicional e de acordes e melodias baseados em escalas diatônicas (maiores e menores), explorando em vez disso escalas cromáticas mais dissonantes de doze notas.

O compositor e crítico austríaco Joseph Marx cunhou o termo "atonalismo" para essa música que não tinha tonalidade ou tom reconhecível. Schoenberg deu rédeas totais a ela nas obras de seu período médio (cerca de 1908–1921), das quais *Pierrot lunaire* é provavelmente a mais influente.

A tonalidade levada ao limite

O uso de escalas cromáticas para criar novas harmonias se tornou norma entre compositores no fim do século XIX, em especial na Áustria e Alemanha. Mas nos primeiros anos do novo século, Schoenberg percebeu

MODERNISMO 1900–1950

Ver também: *O ciclo do anel* 180-187 ▪ *Prélude à l'après-midi d'un faune* 228-231 ▪ *A sagração da primavera* 246-251 ▪ *Symphonie*, op. 21, Webern 264-265 ▪ *Ionisation* 268-269 ▪ *Gruppen* 306-307

> " A expressão "música atonal" é muito infeliz – equivalente a chamar a natação de "arte de não se afogar".
> **Arnold Schoenberg**

a tonalidade, o sistema de escalas maiores e menores que tinha sido a base da música ocidental desde o século XVII, chegara ao limite. Em 1908, ele também enfrentou uma crise pessoal quando sua mulher, Mathilde, teve um caso com o artista Richard Gerstl, que então se suicidou. O desalento de Schoenberg se refletiu num estilo cromático mais caótico e livre, com pouca estrutura tonal, primeiro num arranjo de *Du lehnest wider eine Silverweide*, do poeta simbolista alemão Stefan George, e de modo mais dramático no Quarteto de cordas nº 2, que se move para dentro e para fora dos tons, na aparência aleatoriamente, e acrescenta a surpresa de uma voz soprano ao terceiro e quarto movimentos. Logo Schoenberg notou uma desvantagem da nova técnica compositiva: embora permitisse uma gama harmônica mais variada para expressão emocional, faltava ao cromatismo livre a disciplina estrutural das formas clássicas, como a sonata, que se baseiam em especial nas relações entre os tons. Schoenberg decidiu assim encontrar um modo de conciliar o atonalismo com a estrutura clássica e a expressão romântica – os legados opostos de Haydn/Mozart e Wagner. Ele não estava só ao tentar achar uma nova abordagem desses legados. Na França, por exemplo, Erik Satie produzia música impassivelmente desconectada e muitas vezes estática e Claude Debussy desenvolvia seu estilo de fluxo livre usando a menos dissonante das harmonias cromáticas.

Abraçando a dissonância

Em suas incursões iniciais no atonalismo, Schoenberg usou acordes cromáticos para criar uma atmosfera etérea através de uma combinação de notas inesperada mas ainda harmoniosa. Porém seu interesse no novo movimento expressionista de escritores e artistas em Viena o levou a desenvolver uma linguagem musical mais rigorosa. Acima de tudo, ele via como sua tarefa "emancipar a dissonância", permitindo a um acorde dissonante sustentar-se por si próprio como uma harmonia, não como um acorde "subsidiário" que requeria uma resolução numa consonância. Isso era similar ao uso de acordes cromáticos por Debussy, mas Schoenberg não se limitou à »

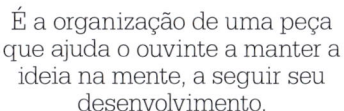

> " É a organização de uma peça que ajuda o ouvinte a manter a ideia na mente, a seguir seu desenvolvimento.
> **Arnold Schoenberg**

Arnold Schoenberg

Nascido em 1874 em Viena numa família judia, Schoenberg foi basicamente autodidata, mas tomou aulas de teoria musical com o compositor Alexander Zemlinsky, com cuja irmã, Mathilde, se casou. Em 1898 tornou-se cristão, esperando maior aceitação na vida cultural vienense. Suas primeiras composições, num estilo romântico final, foram bem recebidas. Nos anos 1920, após a rejeição à tonalidade tradicional em seu "período médio", inventou um novo método de composição, usando sistematicamente todas as doze notas da escala cromática. Com a ascensão do nazismo, Schoenberg se sentiu cada vez mais vulnerável na Europa e em 1933 se mudou para os EUA, revertendo ao judaísmo numa breve estada em Paris. Tornou-se cidadão americano em 1941 e passou o resto da vida na Califórnia, onde morreu em 1951.

Outras obras importantes

1899 *Verklärte Nacht*, op. 4
1909 *Erwartung*, op. 17
1926–1928 Variations for Orchestra, op. 31
1930–1932 *Moses und Aron*

> **Com um grotesco arco gigante, Pierrot arranha a viola. Como a cegonha numa perna, ele toca de modo desolado um *pizzicato*.**
> **Albert Giraud**

dissonância suave, e usou de modo audaz dissonâncias ásperas e chocantes. A música resultante combinava com o expressionismo e tinha um efeito perturbador, muitas vezes de pesadelo. Enquanto as harmonias não resolvidas de Wagner evocavam expectativa, anseio ou amor não correspondido, as de Schoenberg criavam ansiedade e apreensão. Mais que expressar emoções, o atonalismo lidava com estados psicológicos. Schoenberg devia estar ciente da pesquisa do fundador da psicanálise, Sigmund Freud, realizada em Viena na época. A natureza perturbadora do cromatismo livre usado por Schoenberg se deve em muito à falta de estrutura formal; sem um tipo de organização ou sentido de progressão, é imprevisível e oferece pouco alívio ou resolução. Schoenberg, no entanto, sentia a necessidade de sofrear essa liberdade para evitar uma anarquia musical que poderia limitar sua gama expressiva. Ele se voltou para algumas estruturas formais pré-clássicas em que a ênfase estava mais no contraponto que na harmonia. Elas incluíam recursos imitativos, como cânones e fugas, além de formas simples, como rondó e *passacaglia* (estilo que usa a repetição de um tema ou sequência de acordes sobre os quais há certas variações). Schoenberg usou como tijolos nessas estruturas pequenos fragmentos ou motivos que consistiam em um punhado de notas com estrutura distintiva de intervalos tonais, que poderiam então ser submetidos a um tratamento atonal mais livre.

Uma música nova ganha forma

Em 1912, a atriz vienense Albertine Zehme encomendou a Schoenberg um ciclo de canções sobre versos de *Pierrot lunaire: Rondels bergamasques*, do poeta simbolista belga Albert Giraud. Schoenberg escolheu 21 dos cinquenta poemas de Giraud para seu *Pierrot lunaire*, usando a tradução alemã de Otto Erich Hartleben. Ele via a obra, no entanto, não como uma coletânea de canções entoadas em sequência mas como um melodrama. Seria uma recitação dramática acompanhada por um pequeno *ensemble* de instrumentos, num "tom leve, irônico, satírico", que ecoa tanto a *commedia dell'arte* italiana, da qual o personagem Pierrot se originava, quanto as apresentações de cabaré da época. Os poemas apresentam vislumbres surreais e muitas vezes grotescos do mundo da *commedia dell'arte*. Sua qualidade mística combina com os arranjos de Schoenberg. Sem tonalidade, a música cria uma atmosfera

Pierrô e Colombina, interpretados por Aleksandr Zaitsev e Mara Galeazzi, olham a lua numa produção de *Pierrot lunaire* na Royal Opera House, em Londres, em 2007.

> **Chamar qualquer relação de tons de atonal é tão pouco justificável como dizer que uma relação de cores é aespectral ou acomplementar. Essa antítese não existe.**
> **Arnold Schoenberg**

MODERNISMO 1900–1950 245

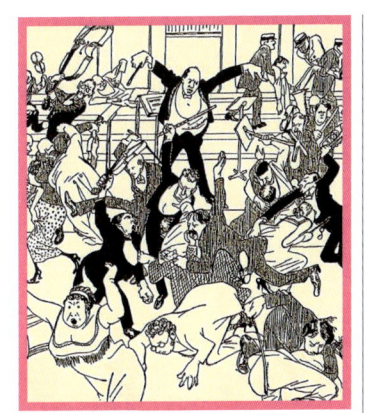

Público e orquestra brigam num cartum de 1913 do jornal *Die Zeit* intitulado "O próximo concerto de Schoenberg", satirizando a fúria que a música nova do compositor podia provocar.

perturbadora, e a dissonância das harmonias se conforma às imagens estranhas e às vezes violentas. Como os poemas, a música é altamente estruturada. A tradução de Hartleben é na forma do rondel alemão: cada poema tem treze versos divididos em três estrofes. O verso um se repete nos versos sete e treze e o verso dois no verso oito. Os arranjos de Schoenberg usam uma variedade de técnicas formais similarmente estritas. Ele utiliza motivos de pequenas "células" de notas como base de formas como *passacaglias* e cânones, apresentando-os de vários modos: transpostos para cima ou para baixo, em retrocesso (tocados da frente para trás) e inversão (de ponta-cabeça). A peça foi composta para quinteto tocando sete instrumentos: piano, violino (também viola), violoncelo, clarinete, flauta (também *piccolo*). A combinação desse *ensemble* reduzido e da marcação rígida com o atonalismo de Schoenberg fornece um contraste agudo com o Romantismo do século XIX e provou que havia uma alternativa viável à tonalidade. ∎

Sprechstimme

Embora a linha vocal de *Pierrot lunaire* seja em geral interpretada por uma soprano, Schoenberg não a compôs para que fosse cantada, mas recitada, como os melodramas e canções de cabaré populares na época, num estilo que chamou de *sprechstimme* (voz falada). Ele usou a técnica primeiro na cantata *Gurre-Lieder*, mas percebeu todo seu potencial em *Pierrot lunaire*. Nele, a linha vocal tem notação convencional, com sinalizações precisas de ritmo e altura, mas o *sprechstimme* é indicado por cruzinhas nas hastes das notas. Mais tarde, Schoenberg abandonou as marcações de altura específicas do *sprechstimme*, substituindo a pauta de cinco linhas por uma linha única e sem clave.

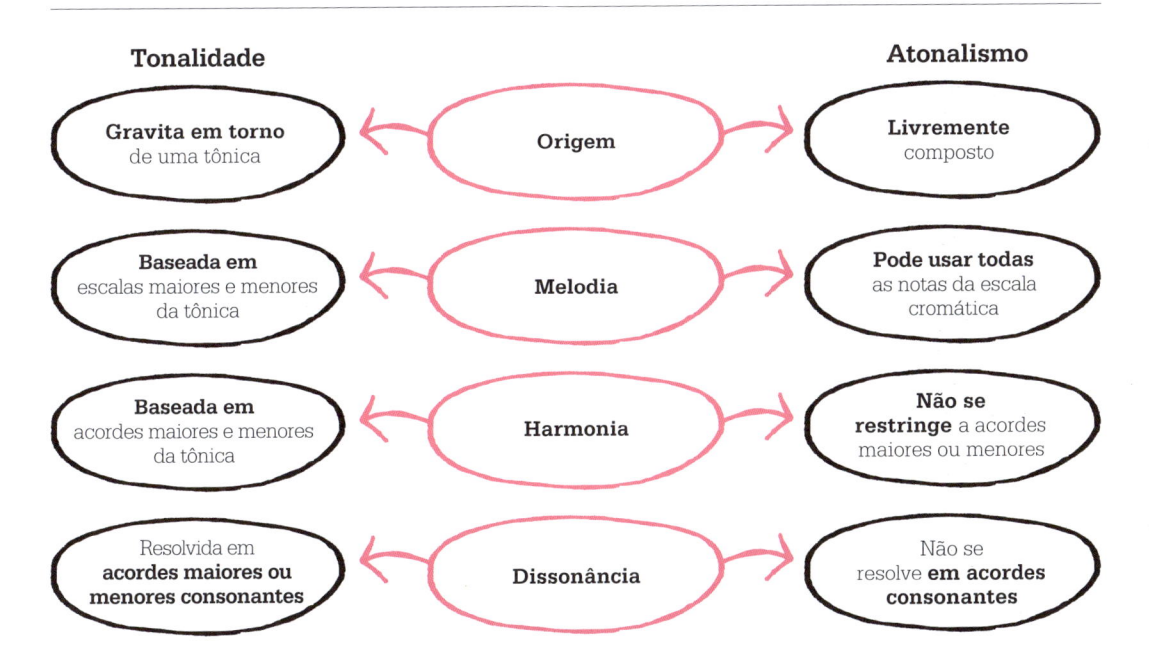

Tonalidade		Atonalismo
Gravita em torno de uma tônica	Origem	**Livremente** composto
Baseada em escalas maiores e menores da tônica	Melodia	**Pode usar todas** as notas da escala cromática
Baseada em acordes maiores e menores da tônica	Harmonia	**Não se restringe** a acordes maiores ou menores
Resolvida em **acordes maiores ou menores consonantes**	Dissonância	Não se resolve **em acordes consonantes**

NÃO ENTENDI UM COMPASSO DE MÚSICA EM MINHA VIDA, MAS A SENTI

A SAGRAÇÃO DA PRIMAVERA (1913), IGOR STRAVINSKY

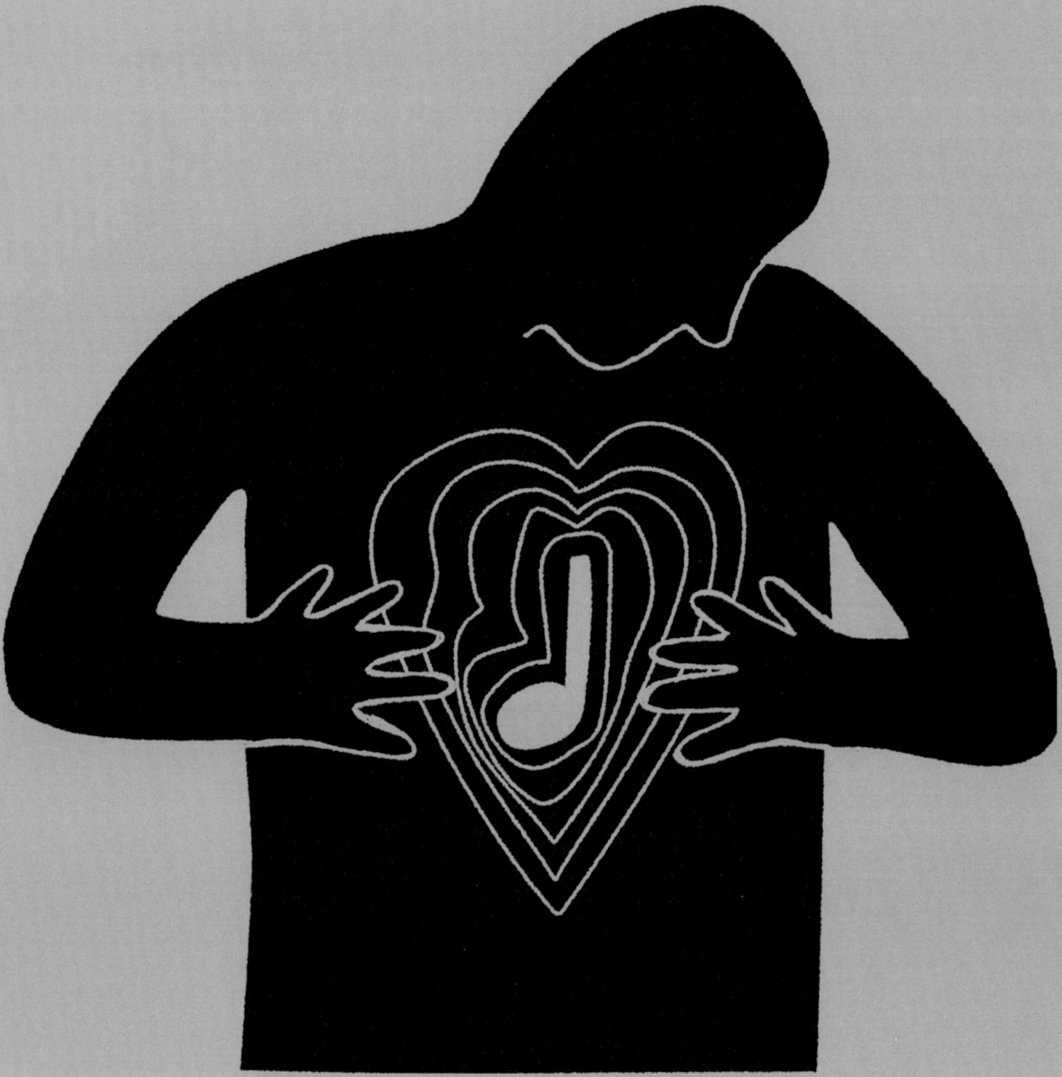

PRIMITIVISMO E MODERNISMO

EM CONTEXTO

FOCO
Primitivismo e Modernismo

ANTES
1889 Debussy é estimulado a experimentar os mundos sonoros "exóticos" de tradições musicais não ocidentais ao ouvir um gamelão javanês na Exposição Universal.

DEPOIS
1823 O balé *La Création du monde*, de Darius Milhaud, influenciado pela mitologia folclórica africana, estreia em Paris.

1949 *Turangalîla-Symphonie* – a mais famosa obra orquestral de larga escala de Olivier Messiaen – se inspira em *A sagração da primavera*.

Embora na virada para o século XX houvesse um fascínio crescente com o exótico, nenhuma música indica a explosão de violento primitivismo que seria *A sagração da primavera*. O balé de Igor Stravinsky retrata uma cena brutal – um ritual pagão em que uma virgem sacrificial dança até a morte para "propiciar o deus da primavera". A obra estreou com os Balés Russos de Serguei Diáguilev em Paris em 1913, coreografada por Vaslav Nijínski – encenação que, como é sabido, provocou tumulto. A partir já de seu enredo, não é difícil ver por quê. É introduzido um mundo estranho e primitivo em que ocorre uma sucessão de rituais. Eles se caracterizam pela energia selvagem (em "Augúrios primaveris/Dança das moças faceiras", "Danças de roda primaveris" e "Jogo das duas cidades") – até a chegada do Sábio, que se dobra para beijar a terra, deflagrando uma "Dança da terra" semelhante a uma orgia. Na parte dois, quando a noite cai, uma vítima sacrificial é escolhida entre os "Círculos secretos das moças" e então glorificada por suas pares em outro ritual frenético. Peças mais lentas se seguem – "Evocação dos antepassados" e "Ação ritual dos antepassados", após o que a vítima dança selvagemente para os anciãos até morrer de exaustão.

Origens folclóricas

Stravinsky pode ter se inspirado no poema *Yarila*, de Serguei Gorodétski, em que duas sacerdotisas sacrificam uma árvore de tília jovem a um sábio. A ideia foi desenvolvida em colaboração com Nikolai Roerich, importante estudioso e artista com especialização em folclore russo. Muitos dos detalhes desse enredo têm certa base em histórias populares, mas os eventos principais são fictícios: o sacrifício humano certamente não era um traço da religião popular eslava. A selvageria de *A sagração* se destinava a chocar e a desmascarar a noção romantizada de folclore antigo dominante nas artes no fim do século XIX. Se para efeito de escândalo houve exagero na brutalidade do tema, na música não houve menos. Stravinsky encontrou muito material temático em melodias do folclore lituano, mas elas foram retrabalhadas a ponto de tornar o produto final unicamente

Igor Stravinsky

Stravinsky nasceu perto de São Petersburgo em 1882. Sua inspiração formadora foi Nikolai Rímski-Kórsakov, seu professor de 1902 a 1908, mas ele sempre assimilou novos estilos. A estreia em Paris, em 1910, de seu primeiro balé para Diáguilev, *O pássaro de fogo*, catapultou-o à fama. Sua estética inicial estava alinhada com o Romantismo final, popular na Rússia, mas sua linguagem musical foi do experimentalismo, nos anos 1910, a um neoclassicismo claro, após o exílio na Suíça, durante a guerra. Stravinsky e a família se fixaram na França em 1920, mas após a morte da mulher, da mãe e da filha (pouco antes da Segunda Guerra), ele emigrou para os EUA, onde suas últimas obras incorporariam a técnica serial. Apesar da saúde ruim, seu espírito criativo se manteve forte até dois anos antes de sua morte, em 1971.

Outras obras importantes

1910–1911 *Petruchka*
1922–1923 *Octeto*
1930 *Sinfonia dos salmos*
1953–1957 *Agon*

MODERNISMO 1900–1950

Ver também: *Prélude à l'après-midi d'un faune* 228-231 ▪ Sinfonia nº 4, Ives 254-255 ▪ *Parade* 256-257 ▪ *Ionisation* 268-269

Bailarinas dos Balés Russos posam em trajes de cena para a estreia de *A sagração da primavera* no Théâtre des Champs-Élysées, em Paris, em 1913.

seu. Embora algumas das melodias folclóricas que Stravinsky usou já tivessem irregularidades na duração da frase, ritmo ou metro, ele as acirrou e introduziu muitas outras, com frequência fragmentando suas próprias melodias em unidades de duração desigual, misturadas e repetidas de modos aparentemente imprevisíveis.

Irregularidade e brutalidade

A selvageria da obra de Stravinsky é mais assombrosa no uso do ritmo, cuja irregularidade é também um traço definidor. Os ritmos são com frequência agrupados em compassos de duração diferente, mas mesmo quando o metro parece regular na página o compositor muitas vezes enfatiza notas em locais imprevisíveis, para negar qualquer noção de ordem ou expectativa. Um exemplo disso é a abertura de "Augúrios primaveris", em que um acorde repetido é acentuado com força em lugares que parecem arbitrários mas são na verdade determinados por um padrão matemático imperceptível ao ouvinte. Os ritmos de Stravinsky muitas vezes assumem a forma de *ostinatos* (padrões curtos repetidos), mais cativantes graças à pulsação motriz perpétua muitas vezes subjacente a eles, em geral numa velocidade rápida demais para ter o nome de batida. "Glorificação da eleita", por exemplo, é animado na maior parte por um movimento de colcheia persistente, embora nas seções mais selvagens da "Grande dança de sagração" um movimento de semicolcheia contínuo seja o "motor" sob a música.

Stravinsky também usa a dissonância para criar uma impressão selvagem. Embora as melodias folclóricas entremeadas à peça se baseiem em escalas (ou "modos") reconhecíveis, a harmonia tende a ser dissonante – efeito com frequência obtido juntando dois modos ("bimodalidade"). Isso pode ser ouvido no diálogo entre as duas primeiras melodias da obra – a de abertura de fagote usa um modo que só contém as notas brancas do piano, mas após cerca de quarenta segundos é justaposta a uma nova melodia num modo sem nenhuma relação (na maior parte de notas pretas). O acompanhamento tem pouco a ver com ambos os modos, mas usa livremente todas as notas. O efeito é mais dissonante, de muitas maneiras, do que se a peça fosse totalmente atonal, devido ao choque de dois métodos musicais.

Técnicas percussivas

A orquestração de Stravinsky torna todos os outros traços tão bárbaros quanto possível. Ele convoca forças enormes – grandes seções de cordas, sopros e metais se unem a uma enorme bateria de instrumentos de percussão. Sua tendência a extremos é explícita desde a melodia de abertura de fagote, num tom desconfortavelmente alto para seu registro. Ainda mais surpreendente »

> ❝ [*A sagração*] teve o efeito de uma explosão que espalhou tanto os elementos da linguagem musical que nunca mais puderam ser reunidos como antes.
> **Donald Jay Grout**
> *Historiador da música* ❞

PRIMITIVISMO E MODERNISMO

Diferenças entre Romantismo e Modernismo

Romantismo

- Compositores **se baseiam** na tradição histórica.
- Melodias são **estruturadas** proporcionalmente.
- Dissonâncias são **resolvidas**. Usa uma escala por vez.
- O ritmo é **racional** e ordenado, seguindo um metro regular.
- A orquestra usa técnicas de execução **convencionais**.

Modernismo

- Compositores **rompem de propósito** com a tradição histórica.
- Melodias são fragmentadas ou **irregulares** e às vezes ausentes.
- Dissonâncias são **livremente usadas**. Podem usar escalas diferentes ao mesmo tempo.
- O ritmo é **irregular** e imprevisível, com ênfases inesperadas.
- A orquestra usa técnicas de execução **experimentais**.

é a maneira "percussiva" com que ele compõe para o conjunto da orquestra, em especial as cordas, que muitas vezes são chamadas a tocar passagens de notas separadas usando "arcos abaixo" curtos (golpeando, em essência, em vez de friccionando as cordas); em muitas outras ocasiões eles tocam *pizzicato* (dedilhando as cordas) ou *col legno* (usando a madeira ou a ponta dura do arco), criando um efeito mais incisivo e percussivo. Além desse predomínio do *staccato*, estilos articulados de tocar, Stravinsky usa muitas outras técnicas incomuns, como raspar a vareta do triângulo de metal na superfície do tantã ou tocar as trompas francesas com a abertura para cima para aumentar o volume e o impacto e assim por diante. Por outro lado, passagens mais suaves às vezes usam harmônicos de cordas de som misterioso.

Estreia dramática

O tumulto na estreia, em 1913, deu má fama ao balé, mas não só devido à música – apesar de sua natureza desafiadora – ou mesmo à coreografia revolucionária de Vaslav Nijínski, embora ela também tenha chocado. Na época, a alta sociedade de Paris assistia aos balés esperando elegância estilizada. O que receberam foi "Lolitas de joelhos para dentro e longas tranças pulando acima e abaixo", nas próprias palavras de Stravinsky, culminando nos "empurrões irregulares e encantados" da "Grande dança de sagração", segundo o crítico de dança André Levinson. Outros espectadores, não da elite de Paris, já previam a novidade da obra e tinham ido por causa dela – alguns na verdade graças a ingressos gratuitos dados por Diáguilev. Assobios dos camarotes foram logo reprimidos com vigor pela facção favorável; em breve a música estava quase submersa sob silvos dos dois lados. Alguns espectadores afirmaram que

A última página da partitura de *A sagração* manuscrita por Stravinsky mostra a natureza caótica da peça, com alguns intervalos enormes entre notas.

o furor começou antes até de os bailarinos entrarem no palco. A bailarina Lídia Sokolova diria mais tarde: "Assim que se soube que o regente estava lá, o tumulto começou". Alguns relatos indicam que foram até trocados golpes, e que cerca de quarenta pessoas do público foram presas por violência e desordem.

Um ano depois, porém, apresentada em Paris sem bailarinos, *A sagração* foi o maior sucesso da carreira de Stravinsky. Isso pode ter contribuído para sua tendência tardia a preferir *A sagração* como peça de concerto. Para Diáguilev, porém, qualquer publicidade era boa; ele mais tarde afirmou que a estreia de *A sagração* foi "exatamente o que queria".

O legado de Stravinsky

É difícil exagerar a influência de *A sagração* na música posterior. Isso se constata de modo surpreendente no uso revolucionário do ritmo por Stravinsky, que ultrapassava qualquer coisa vista antes. Os "ritmos motores" stravinskyanos imperiliriam o minimalismo dos anos 1960 a 1980, além de permear as trilhas de filmes e influenciar a música popular. O estilo modernista particular de Stravinsky influenciou compositores futuros que tendiam a primitivismo, exoticismo e composição experimental.

Talvez devido ao estilo musical de Stravinsky logo ter evoluído na direção neoclássica, a "estética stravinskyana" não só influenciaria compositores neoclássicos futuros como revigoraria os estilos de execução da música barroca e clássica de um modo que pode ser ouvido ainda hoje. ∎

> Ouvi e escrevi o que ouvi. Eu era o recipiente pelo qual *A sagração* passava.
> **Igor Stravinsky**

Diáguilev e os Balés Russos

Serguei Diáguilev fundou sua companhia de balé em Paris, em 1909. Por duas décadas, até sua morte, os Balés Russos se exibiram com regularidade em Paris, pela Europa e nas Américas. Apesar de levar ao palco principalmente bailarinos russos de grande habilidade, além de compositores e obras russas, a companhia nunca se apresentou na Rússia.

Em nítido contraste com a cultura artística russa conservadora da qual provinha, o progressista Diáguilev foi responsável por encomendar obras revolucionárias dos maiores compositores da época. O principal deles foi Igor Stravinsky, cujas peças são das mais significativas dentre essas encomendas. Diáguilev também solicitou obras a Serguei Prokófiev, Erik Satie e três membros do grupo parisiense de compositores conhecido como Les Six. Artistas famosos muitas vezes desenhavam cenários ou figurino para suas produções, como Pablo Picasso, Henri Matisse e Coco Chanel.

Serguei Diáguilev (*à direita*) saúda Igor Stravinsky no Aeroporto Croydon, em Londres, em 1926. A dupla colaborou em quatro balés, entre eles *A sagração da primavera*.

E VOANDO CADA VEZ MAIS ALTO, NOSSO VALE É SEU CÁLICE DOURADO
THE LARK ASCENDING (1914–1920), RALPH VAUGHAN WILLIAMS

EM CONTEXTO

FOCO
Canções folclóricas

ANTES
1860 O folclorista e estudioso americano Francis James Child publica a coletânea *English and Scottish Ballads*.

1878 O primeiro conjunto de *Danças eslavas*, op. 46, de Dvořák, inclui motivos e ritmos de danças e canções folclóricas.

1908 Bartók e Kodály visitam aldeias da Hungria e recolhem canções folclóricas magiares; Bartók compõe *Para crianças*, com oitenta melodias do folclore.

DEPOIS
1926 Percy Grainger arranja sua *Suíte de canções folclóricas dinamarquesas* para piano e orquestra.

1938–1939 Michael Tippett compõe *Concerto para dupla orquestra de cordas*, com referências à música folclórica britânica.

O domínio alemão sobre a música inglesa no fim do século XIX convenceu dois jovens compositores ingleses – Vaughan Williams e seu colega de estudos Gustav Holst – de que a música inglesa precisava começar de novo, livre das influências de Beethoven, Wagner e Brahms. O trabalho de Vaughan Williams como músico de igreja o levou a explorar as obras corais sem acompanhamento dos compositores ingleses Thomas Tallis e William Byrd, do século XVI e início do XVII, cuja pureza artística parecia indicar um caminho. Isso, por sua vez, levou Vaughan Williams e Holst a desenvolver o interesse por canções folclóricas, não só em função da música como da história social. A percepção de que a Revolução

O canto da cotovia, um simples pontinho no céu nesta obra de David Cox (1783–1859), deliciava Vaughan Williams. O violino subindo imita a ascensão da ave no céu.

MODERNISMO 1900–1950

Ver também: Sinfonia nº 9, Dvořák 212-215 ▪ *The Dream of Gerontius* 218-219 ▪ Quarteto de cordas nº 5, Bartók 270-271 ▪ *Appalachian Spring* 286-287

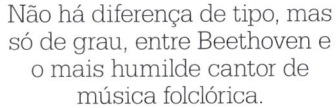

> "Não há diferença de tipo, mas só de grau, entre Beethoven e o mais humilde cantor de música folclórica."
> **Ralph Vaughan Williams**

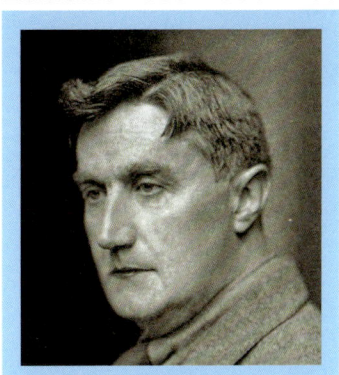

Industrial britânica esvaziara as áreas rurais de grande parte de sua população e suas tradições instigou Vaughan Williams, Holst e o amigo compositor George Butterworth a ir para o campo coletar canções folclóricas inglesas antes que desaparecessem. Os compositores foram atraídos pela naturalidade da música folclórica e pelas paisagens pastorais das quais ela vinha. Como sua música começou a refletir essas influências, foram taxados de membros de uma "escola do esterco bovino" de composição retrógrada – o termo foi cunhado pela compositora britânica Elisabeth Lutyens. Na verdade eles tinham iniciado uma revolução silenciosa na música do século XX que influenciou o compositor australiano Percy Grainger e Frederick Delius (nascido em Yorkshire), em sua obra-prima orquestral *Brigg Fair* (1907).

Inspiração pastoral

A essência desse novo estilo musical é destilada em *The Lark Ascending* (A cotovia subindo), de Vaughan Williams, baseada num poema do século XIX de George Meredith que descreve como a ave canta no céu, com suas notas flutuando para o alto. A música foi composta para violino e piano em 1914, depois orquestrada antes de suas primeiras execuções ao piano em 1920 e com orquestra no ano seguinte. O virtuosismo da parte de violino solo remonta à pureza despojada dos concertos de Bach. Na partitura, Vaughan Williams cita a descrição do voo da cotovia no poema de Meredith: "Ela sobe e começa a girar/ Desce a escada prateada do som/ De muitas ligações sem parar/ Em chilreio, assobio, balbucio e agitação". Da mesma forma, a abertura de violino solo ascende numa frase única ininterrupta do seu registro baixo ao mais alto, com o calmo acorde de acompanhamento da orquestra parando para deixar o canto e trinado do violino sozinho no céu vazio. Então o solista e a orquestra exploram dois temas principais: um primeiro cadenciado e um segundo simples e semelhante à balada. Nenhum deles é uma canção folclórica, embora soem como se pudessem ser, e nenhum poderia ter sido criado sem a influência da música folclórica inglesa. ▪

> "Parece nunca ocorrer às pessoas que um homem pode só querer compor uma peça musical."
> **Ralph Vaughan Williams**

Ralph Vaughan Williams

Nascido em 1872, filho de um clérigo rural, Ralph Vaughan Williams foi criado em Surrey pela mãe, que enviuvou quando ele tinha três anos. Após estudar na Universidade de Cambridge e no Royal College of Music, trabalhou em Londres como organista e regente de igreja e editor do *The English Hymnal*. Um período de estudo particular com Maurice Ravel em Paris em 1908 ajudou a cristalizar a real voz musical de Vaughan Williams. O serviço militar na Primeira Guerra interrompeu seu trabalho de composição, mas sua grande produção incluiu nove sinfonias, quatro óperas, muita música coral e uma sequência de pequenas obras orquestrais bastante pessoais, entre elas *The Lark Ascending*. Após sua morte em 1958, as cinzas foram enterradas na Abadia de Westminster, em Londres.

Outras obras importantes

1903–1909 *A Sea Symphony*
1910 *Fantasia on a Theme by Thomas Tallis*
1922 *A Pastoral Symphony*
1922–1951 *The Pilgrim's Progress*

LEVANTE-SE E ASSUMA SUA DISSONÂNCIA COMO UM HOMEM
SINFONIA Nº 4 (1916), CHARLES EDWARD IVES

EM CONTEXTO

FOCO
Colagem

ANTES
1787 Wolfgang Amadeus Mozart usa simultaneamente quatro orquestras separadas, em diferentes tempos, em *Don Giovanni*.

1912 Igor Stravinsky "cola" um acorde de sétima dominante em mi bemol sobre um acorde de fá bemol maior em *A sagração da primavera* e causa indignação na audiência.

DEPOIS
1928 Henry Cowell compõe *Concerto para piano e orquestra*, com três movimentos intitulados "Polyharmony", "Tone Cluster" e "Counter Rhythm".

1967–1969 Luciano Berio compõe *Sinfonia*, cujo terceiro movimento é uma colagem de citações musicais.

Muitos dos manuscritos do compositor americano Charles Ives consistem em conjuntos de recortes colados sobre novas ideias. Ives com frequência vasculhava as próprias composições para inspirar-se, reutilizando partes delas ou grudando-as dentro de outras. Em resultado, muitas de suas composições soam como colagens – fragmentos musicais diversos em camadas uns sobre os outros. Muitos eram pedaços de música que ouvira na juventude – hinos dos primeiros colonos, melodias *gospel* ou de banda. Ives adorava ouvir música amadora em sua cidade natal de Danbury, em Connecticut – em especial as bandas locais e suas rivais de lugares próximos, que, em feriados nacionais, tocavam umas perto das outras. Ives não só gostava da cacofonia de melodias diferentes sendo tocadas ao mesmo tempo como decidiu mais tarde reproduzir exatamente o que ouvia em suas próprias obras, como na sinfonia *Holidays* (Férias).

Influências literárias

Ives vivia a meros 240 km de Concord, em Massachusetts – centro do movimento literário transcendentalista, que incluía Ralph Waldo Emerson, Nathaniel Hawthorne, Louisa M. Alcott e Henry David Thoreau. As obras deles promoviam a crença de que o verdadeiro conhecimento não podia ser alcançado estudando religião ou na escola, mas através da reflexão e contemplação do eu. Inspirado nessas ideias, Ives publicou a Sonata para piano nº 2, "Concord", em 1919, com movimentos que têm os nomes daqueles escritores. No início dos anos 1920 – época em que, com seus colegas compositores experimentais Henry Cowell e Carl Ruggles, buscou a liderança da música progressiva americana – Ives começou a trabalhar

> "Por que a tonalidade como tal deveria ser jogada fora para sempre eu não entendo. Por que deveria estar sempre presente, compreendo. Depende, me parece [...] do que se quer fazer."
> **Charles Ives**

MODERNISMO 1900–1950   255

Ver também: *A Paixão segundo São Mateus* 98-105 ▪ *Prélude à l'après-midi d'un faune* 228-231 ▪ *A sagração da primavera* 246-251 ▪ *A Child of Our Time* 284-285 ▪ *Appalachian Spring* 286-287

Henry Cowell, que trabalhou com Ives, foi um dos mais inovadores compositores experimentais, como *Mosaic Quartet* (1935) evidencia.

na gigantesca Quarta sinfonia, a apoteose de toda a sua produção. A influência dos transcendentalistas se manteve, pois Ives baseou o segundo movimento ("Comedy") no conto "The Celestial Railroad", de Hawthorne – uma reelaboração da obra alegórica *The Pilgrim's Progress*, de John Bunyan. "The Celestial Railroad" narra uma jornada de trem a partir do caos e mundanidade da vida diária.

Complexidade em camadas

O estilo de composição com múltiplas camadas de Ives chegou ao auge na Quarta sinfonia, em que erupções de som simultâneas e cacofônicas colocam o ouvinte junto aos peregrinos como viajantes num trem. Ives também usou sons mais leves, "de bastidores" – flautas etéreas, umas poucas cordas, harpa, um piano afinado em quarto de tom e vozes de mulheres. No segundo movimento, Ives juntou uma variedade de fontes para fazer suas famosas camadas: hinos e melodias *gospel*, bandas de metais e canções populares para representar a vida de uma cidade pequena; além disso, atonalismo, polirritmia e dissonâncias atormentadoras para transmitir o movimento da locomotiva "cavalo de ferro" de Hawthorne. O primeiro movimento, composto para orquestra de câmara, começa de modo arrojado – *maestoso*, tocado com majestade e triunfo – antes de chegar a uma passagem mais calma. Os dois primeiros movimentos estrearam em Nova York em 1927, e foram as únicas partes de sua grande sinfonia que Ives ouviu numa apresentação de concerto. O terceiro movimento (a fuga), simples, e o quarto, uma peça de ritmo desafiador, que exigia um *ensemble* extra de percussão, não estreou até 1965, onze anos após a morte do compositor. ▪

Charles Edward Ives

Nascido em Danbury, em Connecticut, em 1874, Ives aprendeu com o pai música de banda, hinos de igreja e obras de J. S. Bach. Após quatro anos de estudo musical em Yale, entrou na Mutual Life Insurance Company e continuou na área de seguros pelos 31 anos seguintes. Ives acreditava que esse trabalho foi uma experiência importante, que contribuiu para suas composições. Também trabalhou em meio período como organista na cidade de Nova York; o tempo livre passava compondo. Em 1908, casou-se com Harmony Twichell, cuja influência causou um surto de composições experimentais, quase todas escritas até 1915. Muitas de suas peças, porém, só alcançaram um público maior mais tarde, quando tremores de mão e diabetes o forçaram a abandonar a composição. Morreu de derrame em 1954.

Outras obras importantes

1904–1913 Sinfonia *Holidays*
1906 *The Unanswered Question*
1910–1914 *Three Places in New England*
1911–1915 *Concord Sonata*

NUNCA ESCREVI UMA NOTA SEM INTENÇÃO

PARADE (1917), ERIK SATIE

EM CONTEXTO

FOCO
Dadaísmo em música

ANTES
1881 O cabaré Le Chat Noir é aberto em Montmartre, em Paris. Ele se torna o local de encontro de artistas, escritores e músicos de vanguarda.

1907 Pablo Picasso pinta *Les Demoiselles d'Avignon*, em que desenvolve as ideias do cubismo, que influenciarão Satie.

DEPOIS
1924 O balé *Relâche*, de Satie, inclui uma sequência de filme surrealista do diretor francês René Clair.

1930 Jean Cocteau produz *La Voix humaine*, monólogo que Poulenc mais tarde transforma em ópera.

No fim do século XIX, um novo nacionalismo musical surgiu na França. Jovens compositores buscavam se libertar das tradições europeias e impregnar sua arte da cultura francesa, em particular parisiense. Isso levou a dois ramos na nova música: a obra impressionista de compositores como Debussy e Ravel, com paralelos na arte do período, e a música dos dadaístas, que celebravam o absurdo e desafiavam a definição do que a música poderia ser. Um exemplo inicial de dadaísmo na música foi a obra de Erik Satie. Suas *Trois Gymnopédies*, a primeira das quais publicada em 1888, com foco na repetição de ritmo e harmonia e uso de dissonâncias não resolvidas, são hipnóticas e estáticas. Em parte inspiradas na música francesa medieval, elas rejeitam o desenvolvimento musical em favor da justaposição de ideias. Debussy ficou tão impressionado com as peças que orquestrou duas delas.

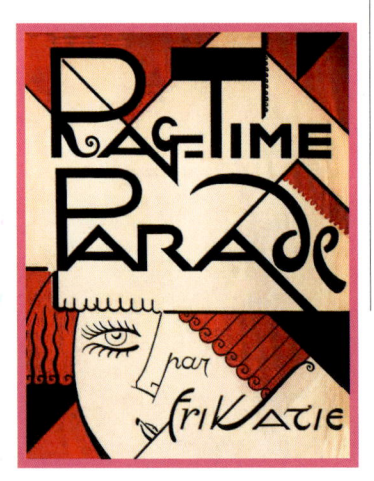

Surrealismo em música
Satie influenciou os jovens compositores franceses e era famoso entre outros artistas. Quando Jean Cocteau ouviu *Trois Morceaux en forme de poire* (Três pedaços em forma de pera), suíte para dueto de piano, em 1903, encomendou a Satie música para um balé que acabou reunindo os talentos dos Balés Russos de Serguei Diáguilev, do coreógrafo Léonide Massine e de Pablo Picasso. A obra, *Parade*, foi descrita nas notas do programa, de Guillaume Apollinaire, como um

Inspirado em seu trabalho como pianista de cabaré, Satie incorporou influências do *jazz* a algumas músicas, como o movimento *ragtime* em *Parade*, mais tarde transcrito para piano solo.

MODERNISMO 1900–1950

Ver também: *Prélude à l'après-midi d'un faune* 228-231 ▪ *Quarteto para o fim do tempo* 282-283 ▪ *4'33"* 302-305 ▪ *In C* 312-313 ▪ *Einstein on the Beach* 321

Instrumentos de fazer ruído em *Parade*

- Pistola
- Fita de telégrafo
- Máquina de escrever
- Buzina para neblina
- Hélice de avião
- Garrafa de leite

Satie usou uma variedade de "sons encontrados" em *Parade*, para acrescentar elementos percussivos incomuns.

Erik Satie

Nascido em Honfleur, na França, em 1866, Satie era um rebelde natural. Passou dois períodos no Conservatório de Paris, primeiro como pianista, depois como compositor, mas saiu em 1886 ao alistar-se no Exército. Logo dispensado, mudou-se para Montmartre, em Paris, onde se tornou cliente regular do cabaré Le Chat Noir. Em 1888, Satie publicou *Gymnopédies*, peças para piano inovadoras. Sempre de terno de veludo cinza (tinha sete), recorreu à composição e à apresentação de música de cabaré para ter uma renda regular. Em 1912, começou a receber mais atenção dos críticos, em especial por suas peças para piano anteriores. As encomendas se seguiram, entre elas dois balés e o multimídia *Sports et divertissements*. Após sua morte por cirrose do fígado em 1925, muitas obras desconhecidas, como *Vexations*, vieram à luz, encontradas em seu caótico apartamento.

Outras obras importantes

1888 *Gymnopédies*
1914 *Sports et divertissements*
1917 *Sonatine bureaucratique*
1924 *Relâche*

"tipo de surrealismo" – três anos antes do movimento de arte com esse nome. Evocando as ruas de Paris, a partitura inclui instrumentos "de fazer ruído", como uma máquina de escrever e uma buzina para neblina.

Figura influente

Foi após isso, em 1917, que Satie formou Les Nouveaux Jeunes, coletivo com seis jovens compositores franceses. Sob a influência de Cocteau, o grupo se tornou Les Six e seus estilos diversos se juntaram na oposição ao Romantismo alemão. Satie também influenciou, muito depois, compositores como John Cage. Em 1963, Cage publicou *Vexations* (c. 1893–1894), de Satie, uma peça para piano que pode ter sido uma brincadeira. A música minimalista consistia em um tema de baixo sob acordes de acompanhamento e nunca foi publicada em vida de Satie. A partitura tinha a inscrição: "Para tocar o tema 840 vezes seguidas, é bom preparar-se antes e no maior silêncio, com imobilidades verdadeiras". Executada por uma equipe de seis em revezamento, a primeira apresentação levou mais de dezoito horas, mas depois disso já foi tocada por um só pianista. Alguns críticos viam a peça como pura experimentação, outros como uma reação a Wagner. No século XX, tornou-se peça-chave para os artistas conceituais. ▪

A VIDA É MUITO COMO O JAZZ [...] É MELHOR QUANDO SE IMPROVISA

RHAPSODY IN BLUE (1924),
GEORGE GERSHWIN

EM CONTEXTO

FOCO
Influências do *ragtime* e *jazz*

ANTES
1895 Ernest Hogan publica *La Pas Ma La*, a primeira partitura de *ragtime*.

1908 Debussy publica *Golliwogg's Cakewalk*, peça inspirada em *ragtime*.

DEPOIS
1927 Maurice Ravel conclui a Sonata para violino nº 2, inspirada em *jazz*, com um segundo movimento chamado *Blues*.

1971 O compositor Krzysztof Penderecki e o trompetista de *jazz* Don Cherry apresentam a obra sem partitura *Actions for Free Jazz Orchestra*.

O início do século XX trouxe novos gêneros e ideias à música americana. Muitos vieram de afro-americanos, libertados havia pouco da escravidão, cujas danças continham ritmos vivos e contagiantes que evoluiriam para o *ragtime* para piano ou em marchas. As ideias afro-americanas se combinaram a influências caribenhas, desaguando em várias formas de *jazz*.

Com a difusão do *jazz* na Europa, os compositores clássicos foram atraídos por ele, mas a natureza improvisada desse novo tipo de música não se ajustava de modo natural ao mundo ensaiado e anotado das salas de concertos. Nos Estados Unidos, George Gershwin conseguiu criar uma ponte e incorporar o *jazz* a uma escala orquestral com *Rhapsody in*

Ver também: *Prélude à l'après-midi d'un faune* 228-231 ▪ *Parade* 256-257 ▪ *Trenodia para as vítimas de Hiroxima* 310-311

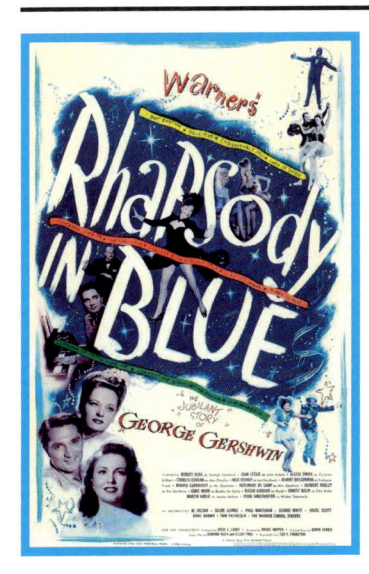

A obra mais conhecida de larga escala de Gershwin foi usada como título de um filme sobre sua vida, oito anos após sua morte, em 1937. Dando mais realismo ao filme, alguns dos amigos de Gershwin interpretam a si mesmos.

tempos flexíveis do século XIX, introduzia a noção de um mundo mais moderno e mecanizado.

O *ragtime* para piano varreu os EUA, mas foi só quando John Philip Sousa, americano de origem portuguesa, alemã, e espanhola, atravessou o Atlântico com suas marchas de banda de metais sincopadas, em 1900, que o *ragtime* teve impacto real na música europeia. Chegando num momento em que os jovens compositores buscavam novos modos de romper com as tradições do Romantismo, o novo som, com seu estilo áspero e direto, logo fez sucesso entre a vanguarda francesa. Compositores como Erik Satie e Claude Debussy ouviram a música de Sousa na Exposição de Paris de 1900 e começaram a experimentar o *ragtime*. Satie usou-o de modo irônico em obras como a canção *La Diva de l'empire*, Debussy colocou-o contra o motivo *Liebestod* de *Tristan und Isolda* de Wagner em seu *Golliwogg's Cakewalk*, como que para anunciar o fim da velha guarda. O sentido »

Blue. Outros se seguiram, entre eles compositores que buscaram o aparentemente inatingível – unir música composta e improvisada.

O *ragtime* reina

Em 1853, o compositor americano Louis Moreau Gottschalk recriou com precisão incrível as técnicas afro-americanas de execução do banjo em *The Banjo*, uma peça virtuosística popular para piano. Porém, foi a ascensão do *ragtime*, e em especial a obra do afro-americano Scott Joplin, que trouxe um enérgico sabor novo à música clássica nos primeiros anos do século XX.

O termo *ragtime* deriva de *ragged* (esfarrapado), devido ao ritmo musical sincopado, em que uma batida estável é acentuada por surpreendentes batidas fora do tempo mais fracas. Esse estilo incomum captava o espírito dinâmico do Novo Mundo e, ao descartar o fraseado longo e os

> Com frequência ouço música no cerne do barulho.
> **George Gershwin**

Ragtime e Joplin

Para uma forma de música tão popular, o *ragtime* foi um fenômeno de vida surpreendentemente curta. Apesar de adotado de início por músicos não versados em notação musical, difundiu-se muito após 1895, quando Ernest Hogan publicou a partitura de sua canção de dança *La Pas Ma La*. Em poucos anos o *ragtime* se tornou popular em todos os Estados Unidos, em parte graças a Scott Joplin – *Maple Leaf Rag*, publicada em 1899, lhe valeu o título de Rei do Ragtime. Joplin, nascido por volta de 1868, criou uma sequência de populares *ragtimes* para piano, que lhe renderam *royalties* suficientes para dedicar-se a compor duas óperas, uma delas *Treemonisha* (1911). A cena do *jazz* que emergia, mais improvisada, ofuscou o *ragtime*, que na época em que Joplin morreu, em 1917, era basicamente uma parte da história da música.

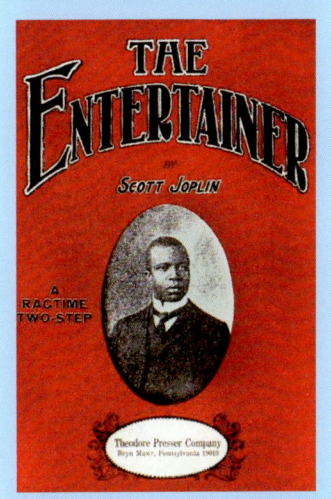

A peça para piano *The Entertainer* (1902), de Joplin, iniciou a retomada do *ragtime* nos anos 1970, liderada pelo pianista e regente Joshua Rifkin.

modernista do *ragtime*, com sua rejeição implícita à tradição branca europeia, também foi captado por Igor Stravinsky, recém-chegado à França, em 1919, quando criou a dissonante *Piano-Rag-Music*, que quebra e rearranja o *ragtime* como uma pintura cubista.

O *jazz* encontra o clássico

Nos anos 1920, o *ragtime* foi desbancado nos Estados Unidos pelos estilos do *jazz*, mais improvisados e flexíveis, em especial as bandas de dança. Uma das mais famosas era liderada por Paul Whiteman, que confiava mais em arranjos bem orquestrados, com um grande *ensemble*, que na improvisação. Ele fez sucessivas tentativas de apresentar ao público de concerto o *jazz*, que considerava a primeira música americana de verdade, em apresentações no prestigioso Aeolian Hall, em Nova York. Para um desses eventos, chamado Um Experimento de Música Moderna, Whiteman encomendou um concerto para piano a George Gershwin, jovem compositor de sucesso. A princípio Gershwin recusou a proposta, mas

> "Você poderia perder a espontaneidade e, em vez de compor Gershwin de primeira linha, acabar com Ravel de segunda categoria."
> **Maurice Ravel**
> *a George Gershwin*

Whiteman informou à imprensa que ele já estava compondo o concerto e Gershwin cedeu. *Rhapsody in Blue* estreou em 12 de fevereiro de 1924 e foi de imediato aclamada pelo público de música clássica e de *jazz* – que incluía Sousa, então o mais antigo expoente do *ragtime*, e o compositor russo Sergei Rachmaninoff. A peça só foi esboçada pelo inexperiente Gershwin, que deixou a orquestração ao pianista e arranjador de Whiteman, Ferde Grofé. O glissando inconfundível do clarinete de abertura também não foi invenção de Gershwin, mas do clarinetista de Whiteman. Orquestrações futuras de Grofé, em 1926 e 1942, estabeleceriam firmemente *Rhapsody in Blue* no repertório clássico. Após o sucesso de seu concerto, Gershwin viajou a Paris para estudar composição. Ele esperava trabalhar com compositores como Nadia Boulanger e Maurice Ravel, mas todos os potenciais tutores recusaram, receosos de que tais estudos pusessem em risco o próprio estilo de Gershwin. Voltando a Nova York, iniciou seu mais ambicioso projeto de palco, a ópera *Porgy and Bess*, estreada na Broadway em 1935. Idealizada como "ópera popular", ela se inspirou muito no *jazz* nova-iorquino e na música afro-americana, a exemplo dos *spirituals* e *blues* em canções como It Ain't Necessarily So e Summertime. A ópera também incorporou muitas técnicas clássicas, como *Leitmotive* (temas que identificam personagens) e recitativo (canção semelhante à fala), e até elementos de polirritmia e dissonância que Gershwin tanto admirava na obra do compositor modernista austríaco Alban Berg.

Os gêneros afro-americanos que mudaram o curso da música clássica

Cakewalk
Os escravos das *plantations* foram os primeiros a dançar o *cakewalk*, pavoneando-se em duplas em ritmos sincopados, numa paródia de seus senhores brancos. A dança chamou a atenção europeia quando apresentada na Exposição de Paris, em 1889.

Ragtime
As músicas do compositor afro-americano Scott Joplin – como a famosa *Maple Leaf Rag* – e as marchas de John Philip Sousa levaram o estilo *ragtime* de uma expressão puramente negra à tendência dominante.

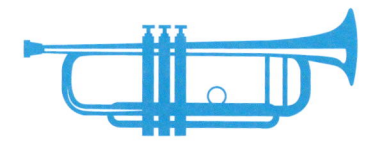

Jazz
Surgindo da música de escravos afro-americanos do sul, o *jazz* era uma forma improvisada inspirada em ritmos de dança, marchas e canções de trabalho. Popularizou-se em New Orleans nos anos 1890.

MODERNISMO 1900–1950

Uma aliança íntima
Na Europa, o *jazz* continuou a influenciar compositores clássicos, em especial os que rondavam o ambiente do cabaré centro-europeu. Na Alemanha, a ópera *Jonny spielt auf*, do compositor austríaco Ernst Krenek, que conta a história de um violinista de *jazz*, foi sucesso instantâneo, com seu retrato então subversivo do *jazz* como um desafio à tradição europeia. De modo similar, o compositor alemão Kurt Weill usou elementos do *jazz* em *A ópera dos três vinténs* – produzida em Berlim em 1928 – com tal efeito que *A balada de Mackie Navalha* se tornou um padrão do *jazz*. Nos anos 1930 e 1940 os limites entre *jazz* e obras clássicas ficaram mais fluidos. O clarinetista de *jazz* Benny Goodman encomendou *Contrasts*, peça para clarinete, violino e piano, a Bela Bartók em 1938, e o *Ebony Concerto* de Igor Stravinsky foi composto em 1945 para outro clarinetista de *jazz*, Woody Herman.

Essa fertilização cruzada entre *jazz* e música clássica nem sempre foi aprovada. Em 1957, o compositor americano Gunther Schuller, cansado de colaborações *jazz*-clássico insatisfatórias (como Benny Goodman tocando Mozart) e incerto quanto ao *jazz* encontrado em compositores como Ravel e Chostakóvitch, sugeriu um novo gênero – a "Terceira Corrente". Ela exigiria que os executantes fossem proficientes tanto em *jazz* quanto em música clássica, de modo que composição e improviso pudessem ficar lado a lado. As ideias de Schuller influenciaram *jazzistas* como John Lewis, Bill Russo e Charles Mingus, que liderariam a vanguarda do estilo *free jazz* dos anos 1960, enquanto, na tradição clássica, compositores como Hans Werner Henze, na Alemanha, e Krzysztof Penderecki, na Polônia, aceitariam o desafio, incluindo *free jazz* em suas obras. ■

A insistência em um elenco negro em *Porgy and Bess* – nesta imagem na Broadway em 1942 – tornou Gershwin objeto de críticas e impediu que a obra fosse encenada em casas de ópera.

George Gershwin
Nascido em 1898 no Brooklyn, segundo filho de um casal de imigrantes judeus, Gershwin se interessou por música aos dez anos. Aos quinze, trabalhava como promotor de músicas na Tin Pan Alley de Nova York, tocando as últimas partituras para os fregueses potenciais. Publicou a primeira canção em 1916, mas o golpe de sorte ocorreu em 1920, quando sua música *Swanee* foi apresentada por Al Jolson, astro da Broadway, onde o convidaram a colaborar em vários musicais. Após o sucesso de *Rhapsody in Blue*, Gershwin se concentrou tanto em tradições clássicas quanto em *jazz*, com composições como a ópera *Porgy and Bess* e o Concerto para piano em fá, trabalhando ao mesmo tempo em espetáculos como *Girl Crazy* e *Funny Face*, que criou com o irmão letrista Ira, e trilhas de filmes, entre eles *Shall We Dance*. Morreu em 1937 de um tumor no cérebro.

Outras obras importantes
1925 Concerto para piano em fá
1927 *Funny Face*
1935 *Porgy and Bess*
1937 *Shall We Dance*

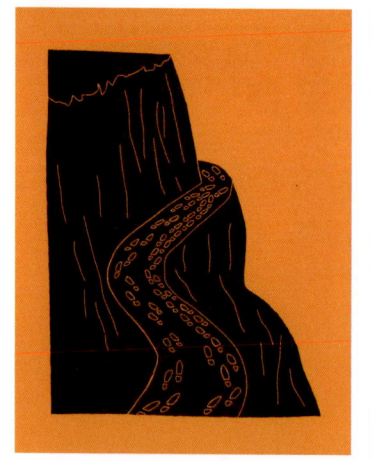

UMA *EXTRAVAGANZA* LOUCA NA BEIRA DO ABISMO
LES BICHES (1924), FRANCIS POULENC

EM CONTEXTO

FOCO
Música francesa pós-Debussy

ANTES
1888 Erik Satie compõe *Gymnopédies* – três peças para piano com harmonias dissonantes e repetitiva simplicidade.

1920 O balé surrealista *Le Boeuf sur le toit* (O boi no telhado), inspirado no *jazz* e na música brasileira, de Darius Milhaud, estreia em Paris.

DEPOIS
1932 Georges Auric cria a música para o filme de vanguarda *Le Sang d'un poète* (O sangue de um poeta), de Jean Cocteau.

1944 Olivier Messiaen compõe *Trois Petites Liturgies de la présence divine* (Três pequenas liturgias da presença divina) durante a ocupação nazista da França.

O balé *Les Biches*, de Francis Poulenc, estreou com os Balés Russos em Monte Carlo em 1924. Coreografado por Bronislava Nijínska, consistia em oito danças para dezesseis bailarinas e três bailarinos. O título brincava com a palavra *biche*, que significa corça ou veado fêmea, mas nos anos 1920 era uma gíria para coquete. O balé não tem narrativa: cada dança usa melodias simples para evocar os flertes espirituosos dos jovens com linguagem musical leve e extravagante.

Les Six

A simplicidade e o humor agudo eram qualidades apreciadas por Poulenc e seus colegas compositores do grupo Lex Six – Georges Auric, Louis Durey, Arthur Honegger, Darius Milhaud e Germaine Tailleferre. Influenciados pelas obras de vanguarda de Erik Satie e pela arte e textos de Jean Cocteau, eles desprezavam o emocionalismo wagneriano do século XIX e o impressionismo musical de Debussy. Queriam ser do seu tempo, buscando inspiração em espetáculos populares, parques de diversões e *jazz* americano. Vários compuseram depois para filmes. As últimas obras de Poulenc carecem dessa leveza. Durante a ocupação nazista da França ele compôs o ciclo de canções *Figure humaine*, arranjo de uma desafiadora ode à liberdade e de outros poemas do escritor surrealista Paul Éluard. ∎

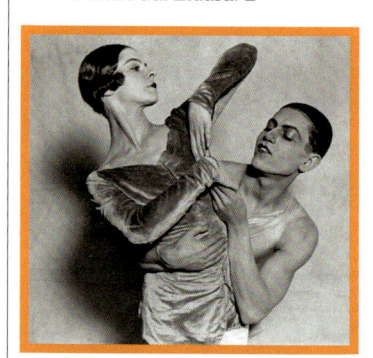

Alice Nikitina e Serge Lifar ensaiam para a produção de *Les Biches*, dos Balés Russos, em 1924. O par também dançou os flertes de *La Chatte* (A gata; 1927), de Henry Sauguet.

Ver também: *O quebra-nozes* 190-191 ▪ *Prélude à l'après-midi d'un faune* 228-231 ▪ *A sagração da primavera* 246-251 ▪ *Parade* 256-257 ▪ *Appalachian Spring* 286-287

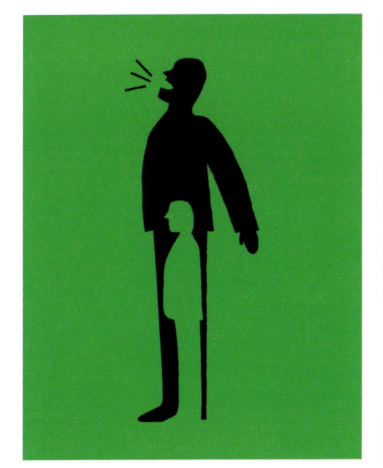

TRAGO O ESPÍRITO JUVENIL DE MINHA TERRA, COM MÚSICA JOVEM
SINFONIETA (1926), LEOŠ JANÁČEK

EM CONTEXTO

FOCO
Nacionalismo tcheco

ANTES
1879 O ciclo de poemas sinfônicos *Má vlast* (Minha pátria), de Smetana, é uma expressão de nacionalismo musical em que cada poema evoca uma lenda ou lugar tcheco diferente.

1886 A música folclórica tcheca e morávia inspira as *Danças eslavas* para dueto de piano de Dvořák, cuja popularidade ajuda a lançar sua carreira internacional.

DEPOIS
1938 A ópera *Šarlatán* (O charlatão), de Pavel Haas, aluno de Janáček, estreia em Brno, influenciada pela música morávia e canto gregoriano.

1955 A cantata *Abertura de poços*, de Bohuslav Martinů, é a primeira de um ciclo de cantatas inspiradas na Morávia.

A *Sinfonieta*, do compositor tcheco Leoš Janáček, tem início empolgante, inesquecível, com mais de dois minutos de fanfarras de metais. A seguir vêm quatro outros movimentos – cada um evocando uma parte da Brno natal de Janáček –, que culminam numa rodada final de fanfarras da seção de metais expandida da orquestra. Originalmente intitulada *Sinfonieta militar*, a peça capta a atmosfera e o som impetuoso de uma banda militar, com o trombone solo brilhante e os audazes trompetes solo.

Saudação musical
A sinfonieta é uma obra orquestral menor e de tom mais leve que uma sinfonia. Aos 71 anos, Janáček compôs a sua para um festival de ginástica em Praga no verão de 1926, dois anos antes de morrer. Para o patriótico Janáček, sua obra saudava o renascimento de sua nação como país independente após séculos subjugado ao império dos Habsburgo. Dedicada às forças armadas tchecas, a *Sinfonieta* celebrava "o homem livre contemporâneo, sua beleza espiritual e alegria, sua força, coragem e determinação de lutar pela vitória". Outra fonte de inspiração, porém, foi a amizade apaixonada de Janáček por uma mulher casada 37 anos mais nova, Kamila Stösslová. Consta que o compositor teve a ideia das fanfarras que abrem e fecham a *Sinfonieta* ao ouvir com ela num parque um concerto de banda militar. ∎

> Minha *Sinfonieta militar* com fanfarras será tocada na reunião do Sokol. Você se lembra das fanfarras em Písek?
> **Leoš Janáček**

Ver também: *A noiva vendida* 206 ▪ Sinfonia nº 9, Dvořák 212-215 ▪ Quarteto de cordas nº 5, Bartók 270-271 ▪ Spartacus 309

MUSICALMENTE, NÃO HÁ UM CENTRO ÚNICO DE GRAVIDADE NESTA OBRA
SYMPHONIE, OP. 21 (1927–1928), ANTON VON WEBERN

EM CONTEXTO

FOCO
Serialismo

ANTES
1908 Arnold Schoenberg adentra um território harmônico novo e modernista nos dois últimos movimentos do Quarteto de cordas nº 2.

1921–1923 Na Suíte para piano, op. 25, Schoenberg desenvolve uma proposta musical completa a partir de uma sequência escolhida de doze notas da escala cromática ocidental.

DEPOIS
1932 Schoenberg conclui os dois primeiros atos da primeira ópera totalmente em doze notas, *Moses und Aron*.

1955 *Le Marteau sans maître* (O martelo sem mestre), de Pierre Boulez, é a primeira obra-prima da música "pós-serial" defendida pela nova geração de vanguarda influenciada por Webern.

Desde que Arnold Schoenberg (1874–1951) desenvolveu seu método de composição de obras "com doze notas relacionadas apenas umas às outras", a música serial é território de litígios. Embora os termos "serial" e "de doze notas" sejam às vezes usados de modo intercambiável, há sutis diferenças musicais entre eles. "Música de doze tons" é má tradução de *Zwölftonmusik*: em alemão, *Ton* pode significar "nota", "tom" ou "som". "Serialismo", por outro lado, quer dizer "notas dispostas em séries". Nesse sentido, dizia Anton von Webern, ex-aluno de Schoenberg, o serialismo tinha profundas raízes na tradição musical. As repetições superpostas de uma "ronda" como *Frère Jacques* ou *London's burning* são música serial – como são o moteto coral do mestre renascentista Palestrina ou a fuga para teclado de Bach.

O método de Webern

A música de doze notas se desenvolveu primeiro da linguagem cromática "atonal" explorada por Webern e seus contemporâneos. A libertação da tonalidade tradicional trouxera novas possibilidades excitantes – e também o risco de anarquia musical, com o abandono da melodia e da harmonia convencionais. O instinto de Webern foi racionalizar a situação. Seu método de doze notas se relaciona à criação de uma obra musical a partir

Anton Webern (à direita) posa com Alban Berg, colega estudante em Viena. Webern, Berg e Schoenberg foram os principais compositores da Segunda Escola Vienense.

MODERNISMO 1900–1950

Ver também: *Canticum Canticorum* 46-51 ▪ *A arte da fuga* 108-111 ▪ *Pierrot lunaire* 240-245 ▪ *Gruppen* 306-307

de uma "fileira" com todas as doze notas da escala cromática ocidental, numa ordem fixa escolhida, que pode também ser invertida, ou revertida, ou ambos. Esse material determina a linearidade da música, ou melodia, e as notas da fileira também podem ser superpostas para criar acordes. Essas notas podem ser tocadas com qualquer duração e ritmo, desde que na ordem correta.

A sinfonia curta

A linguagem de doze notas de Schoenberg lembra uma abordagem modernista da linguagem musical clássica de Beethoven ou Haydn. Outro célebre aluno de Schoenberg, Alban Berg, gostava de colocar o serialismo como elemento de uma obra que era em outros aspectos mais livre, como em seu nostálgico Concerto para violino (1935), influenciado por Mahler. Webern era um compositor mais austero, atraído pela pureza espiritual da música coral renascentista. Os dois movimentos ultraconcentrados da *Symphonie*, op. 21, de Webern, compostos para pequena orquestra

> " Maior coerência não pode ser atingida [...]. O movimento todo representa em si mesmo, assim, um cânone duplo com deslocamento retrógrado.
> **George Benjamin** "

sem contrabaixo, duram juntos menos de dez minutos, num casamento do cromatismo de doze notas com a parcimônia "serial" de peças renascentistas como as de Palestrina. Eles cobrem só dezesseis páginas. A Primeira sinfonia de Beethoven, em contraste, tem mais de sessenta. O primeiro movimento da *Symphonie* tem quatro linhas musicais simultâneas, em pontos de som amplamente espaçados: cada linha tem uma fileira de doze notas, e as duas últimas se superpõem às duas primeiras da seguinte, formando quatro correntes musicais contínuas, lentamente entrelaçadas. O segundo movimento tem uma sequência comprimida de variações rápidas de uma ideia inicial, com cada uma revertendo a partir do meio numa imagem espelhada de si mesma. A fileira de doze notas usada aqui por Webern é simétrica, criando uma obra complexa e autorreferenciada.

Clara mas complexa

Comparadas à fértil hiperatividade do estilo de Schoenberg, as sonoridades delicadas e esparsas da sinfonia de Webern usam um método técnico similar para atingir efeito diferente – a essência destilada do próprio som musical. O compositor britânico George Benjamin louvou a sinfonia por sua complexidade caleidoscópica: "A confiança unidirecional na música clássica e romântica acabou; em seu lugar um mundo de rotações e reflexos, abrindo miríades de caminhos a trilhar pelo ouvinte por entre texturas de claridade luminosa apesar da ambiguidade encantadora". ∎

Anton von Webern

Nascido em 1883, Webern cresceu em Klagenfurt, na Caríntia, no sul da Áustria. Estudou na Universidade de Viena, doutorando-se com tese sobre o compositor renascentista holandês Heinrich Isaac. Estudou composição com Schoenberg de 1904 a 1908, tornando-se seu amigo de toda a vida. Após 1908, sua obra começou a combinar harmonia cromática extrema com concentração de estrutura inédita: algumas de suas frases musicais tinham poucos segundos. Adotou o método dos doze tons em 1924 e o usou até o fim da vida. Em 1945, mudou-se para Mittersill, na Áustria, para segurança de sua família, mas morreu alvejado por acidente, por um membro do Exército americano de ocupação.

Outras obras importantes

1908 *Passacaglia* para orquestra
1913 *Cinco peças orquestrais*
1927 Trio de cordas, op. 20
1938–1939 Cantata nº 1

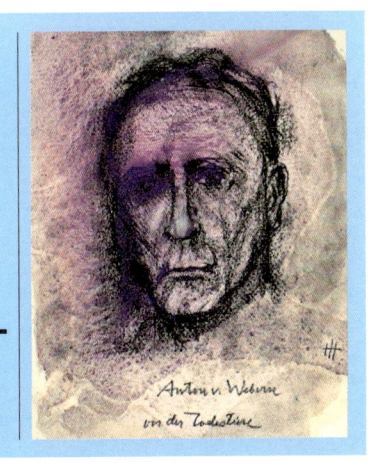

O ÚNICO CASO DE AMOR QUE TIVE FOI COM A MÚSICA

CONCERTO PARA PIANO PARA A MÃO ESQUERDA (1929–1930), MAURICE RAVEL

EM CONTEXTO

FOCO
Concertos para a mão esquerda

ANTES
1840 Charles-Valentin Alkan compõe *Fantasie*, para a mão esquerda, a primeira peça de concerto para uma mão.

1878 Brahms publica sua Chacona em ré menor de Bach só para a mão esquerda.

1902 O compositor húngaro Géza Zichy, primeiro pianista profissional com uma só mão no mundo, cria o primeiro concerto para piano para a mão esquerda.

DEPOIS
1931 Prokófiev conclui seu concerto para a mão esquerda.

1940 Benjamin Britten compõe *Diversions* com a mão esquerda e orquestra.

2012 Nicholas McCarthy é o primeiro pianista com uma só mão a graduar-se no Royal College of Music.

Como a sinfonia, o concerto cresceu em tamanho e alcance no século XIX. Na verdade, alguns exemplos, como o Concerto para piano em dó maior, de Ferruccio Busoni, são basicamente sinfonias com partes solo que realçam as linhas orquestrais além de fornecer conflito dramático.

Novas formas
Com a ascensão do Modernismo, as tradições do concerto e a própria forma foram desafiadas, levando alguns compositores a novos rumos de expressão, enquanto outros se prendiam à tradição. Compositores como Elgar, Richard Strauss e Rachmaninoff continuaram a focar no virtuosismo da parte solo, contrabalançado por uma orquestração suntuosa. Já os modernistas, como Debussy, Stravinsky e Schoenberg, adotaram outra abordagem. Em alguns casos, usaram a música clássica e barroca como modelo, mas com material dissonante para criar obras neoclássicas instigantes.

Prokófiev, Bartók e Ravel continuaram a escrever concertos que lembravam a forma romântica em termos de duração, orquestração e *ethos*, com solistas proporcionando o conflito dramático com a orquestra, numa estrutura que destacava suas habilidades virtuosísticas. Nessas obras, porém, há um foco muito maior na cor orquestral e acompanhamentos não tradicionais. Instrumentos de sopro e percussão com frequência têm papéis equivalentes aos das cordas, e um movimento pode até omitir de todo as cordas, como no Segundo concerto para piano de Bartók.

Restrição e liberdade
Uma composição que rompeu com todas as convenções foi o *Concerto para piano para a mão esquerda*, de

> "A grande música tem de vir do coração. Qualquer música criada só com técnica e cérebro não vale o papel em que é escrita."
> **Maurice Ravel**

MODERNISMO 1900–1950   267

Ver também: Concerto para flauta em lá maior, C. P. E. Bach 120-121 ▪ Concerto para piano nº 2 em sol menor, Saint-Saëns 179 ▪ *Quadros de uma exposição* 207 ▪ *Réquiem*, Fauré 210-211

Louis Schwizgebel toca o *Concerto para piano para a mão esquerda*, com a Sinfônica Jovem de Nova York, regida por Joshua Gersen, numa apresentação no Carnegie Hall, em 2013.

Ravel, obra de um movimento com estrutura lento-rápido-lento e duração de menos de vinte minutos – em geral, os concertos tinham estrutura rápido-lento-rápido. A peça foi encomendada pelo pianista austríaco Paul Wittgenstein, que na Primeira Guerra foi alvejado no cotovelo direito e perdeu o braço. Seu pedido de uma parte solo só para mão esquerda não era limitador como poderia parecer. Ravel percebeu que com o uso do dedão esquerdo para material melódico (em vez do quinto dedo direito) era possível criar um som mais cheio e focado e menos romântico. Com uso engenhoso do pedal, as restrições de empregar só uma mão ficavam pouco aparentes.

A arte de dar caráter à música por meio da orquestração exigia uma compreensão total das qualidades de cada instrumento e das técnicas de execução, e conhecimento de como misturar instrumentos em gamas e volumes diferentes. Ravel foi um dos grandes mestres nisso.

Sons de mão esquerda

O concerto tem uma grande orquestra que usa tons graves e sons sombrios para dar à obra uma qualidade sinistra – talvez reminiscente da guerra, que motivou a encomenda. O concerto de Ravel também inclui ritmos e harmonias influenciados pelo *jazz* e pelo *blues*. A parte de piano é rica, abarcando todo o teclado com saltos atléticos, e tão complexa que alguns pianistas, como Alfred Cortot, irritaram Ravel ao tocá-la com duas mãos. ▪

Maurice Ravel

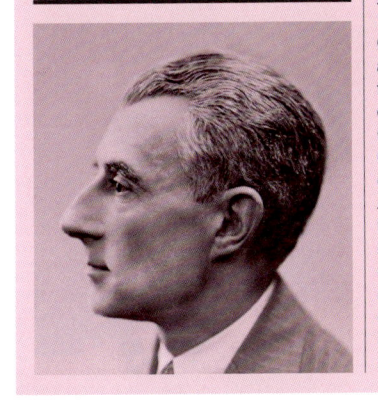

Nascido de mãe basca e pai suíço na região basca da França em 1875, Maurice Ravel entrou no Conservatório de Paris aos catorze anos para estudar piano. Mais tarde, concentrou-se na composição, estudando com Gabriel Fauré, e fez amizade com Claude Debussy. Após o sucesso das primeiras obras, como a *Pavane pour une infante défunte* (Pavana para uma princesa morta), e *Shéhérazade*, o fracasso de Ravel em conquistar o ambicionado Prix de Rome em 1905 causou escândalo nacional. Apesar disso, ele logo seria internacionalmente reconhecido como grande compositor. Durante a Primeira Guerra, foi motorista de ambulância, o que limitou sua produção. Em 1928 fez uma turnê de sucesso na América do Norte, mas em 1932, num acidente, levou uma pancada na cabeça. Ficou incapaz de compor e morreu de complicações após uma cirurgia, em 1937.

Outras obras importantes

1899 *Pavane pour une infante défunte*
1912 *Daphnis et Chloé*
1928 *Boléro*

SÓ A CIÊNCIA PODE INFUNDIR VIGOR JUVENIL À MÚSICA
IONISATION (1929–1931), EDGARD VARÈSE

EM CONTEXTO

FOCO
Liberdade ao ruído

ANTES
1909 O *Manifesto futurista*, do escritor italiano Marinetti, celebra a nova era de velocidade, máquinas e violência.

1923 *Pacific 231*, de Arthur Honegger, imita os sons de trens a vapor.

1926 Estreia em Paris o *Ballet mécanique*, do compositor americano George Antheil, com hélices de avião e uma sirene.

1928 Léon Theremin patenteia o primeiro instrumento musical eletrônico, o teremim.

DEPOIS
1952 *Étude*, uma obra criada a partir de um único som e sua manipulação em fita de gravação.

A era da máquina do século XX foi um período excitante para os artistas e pensadores de vanguarda. Seus manifestos "futuristas" – em especial *Arte dos ruídos* (1913), do pintor e compositor italiano Luigi Russolo – defendiam fazer música com ruídos que iam de gritos e exclamações humanas a explosões e sons de máquinas, para dar à música um novo dinamismo. Embora os eventos futuristas iniciais muitas vezes acabassem em tumulto e haja poucos registros da música de fato produzida, suas ideias influenciaram compositores como Honegger, Prokófiev e Antheil, que de modos diversos criaram músicas que representavam sons feitos por máquinas.

O novo piano
Embora houvesse muitos experimentos no século XX tentando tornar o ruído música, as tentativas iniciais mais bem-sucedidas ocorreram quando compositores como Prokófiev e Stravinsky trataram o piano como instrumento percussivo em vez de melódico. O compositor americano Henry Cowell foi o primeiro a entender as reais possibilidades de libertar o "ruído" do piano. Em 1917, seu *Tides of Manaunaun* incluiu grupos de tons a ser tocados com o antebraço, e ele foi um passo além em *Aeolian Harp* (1923), em que o executante deve pinçar e tocar as cordas dentro do piano em vez de usar as teclas.

Ruídos da cidade
Edgard Varèse foi o primeiro compositor a criar uma obra apenas para *ensemble* de percussão – *Ionisation* (1931). Ele estudou com o conservador Charles-Marie Widor no Conservatório de Paris, mas após se mudar para Nova York em

> " Nosso alfabeto musical precisa se enriquecer [...]. Os músicos deveriam levar muito a sério essa questão, com a ajuda de especialistas em máquinas.
> **Edgard Varèse** "

MODERNISMO 1900–1950

Ver também: Sinfonia nº 4, Ives 254-255 ▪ Parade 256-257 ▪ Symphonie pour un homme seul 298-301 ▪ 4'33" 302-305 ▪ Six Pianos 320

1915 ficou fascinado com os sons das paisagens urbanas. Intrigado com os manifestos dos futuristas, mas querendo refinar a cacofonia que defendiam, Varèse buscou modos de evocar sons industriais familiares com uma abordagem compositiva rigidamente controlada.

Ionisation requer treze instrumentistas e mais de trinta instrumentos, só três dos quais podem tocar tons tradicionais. Varèse entretece texturas intricadas em que caixas e *claves* coexistem com um *güiro* (uma caixa-clara) e uma cuíca. Os sons impetuosos da cidade são efetivamente evocados pelo uso de uma bigorna metálica, além da sirene a manivela – instrumento usado em muitas obras de Varèse.

Dame Evelyn Glennie, a percussionista mais famosa do mundo, considera *Ionisation*, ao lado de obras de John Cage e Steve Reich, o auge de todo o repertório de percussão.

Embora as camadas de percussão criem um som industrial, *Ionisation* não é ruído anárquico. A peça tem ritmo dramático forte; numa carta ao compositor Carlos Salzedo, Varèse afirmou tê-la composto para o bailarino de flamenco Vicente Escudero. Porém a obra era tão difícil de tocar que os percussionistas da Filarmônica de Nova York, contratados para gravá-la na estreia no Carnegie Hall, em Nova York, foram dispensados, e o regente Nicholas Slonimsky trouxe outros artistas para tocar na gravação.

O legado de Varèse

Ionisation pode não ser muito executada, mas sua influência na música póstera é inegável. Embora John Cage negasse ter sido marcado por ela, é difícil ouvir *First Construction (in Metal)* (1939), de Cage, sem perceber paralelos com Varèse. O guitarrista de *rock* Frank Zappa também contava Varèse como uma de suas primeiras inspirações. ▪

Edgard Varèse

Nascido na França em 1883, Varèse foi aluno de engenharia por insistência do pai antes de decidir estudar música em Paris. Lá foi influenciado por compositores como Satie, Debussy e Busoni. Após ser dispensado do Exército por invalidez em 1915, emigrou para Nova York, onde ganhou a vida como regente. Nos anos 1920 sua música começou a chamar atenção, mas a produção de Varèse era esporádica – compôs pouco mais de doze obras enquanto buscava modos de criar música realmente eletrônica. Por fim, nos anos 1950, a tecnologia evoluíra o bastante para permitir-lhe criar *Deserts* para *ensemble* e fita, e em 1958 seu *Poème électronique*, uma das primeiras obras criadas com manipulação de fita magnética, foi apresentado na Exposição de Bruxelas através de quatrocentos alto-falantes no pavilhão Le Corbusier. Morreu em 1965.

Outras obras importantes

1921 *Amériques*
1923 *Octandre*
1936 *Density 21.5*
1958 *Poème électronique*

UMA NAÇÃO CRIA MÚSICA. O COMPOSITOR SÓ A ARRANJA
QUARTETO DE CORDAS Nº 5 (1934), BÉLA VIKTOR JÁNOS BARTÓK

EM CONTEXTO

FOCO
Conciliação de música folclórica e Modernismo

ANTES
1853 Liszt compõe a Sonata para piano em si menor, que teria profunda influência em Bartók.

1895 O compositor húngaro Ernö Dohnányi cria o Quinteto para piano nº 1, op. 1.

1896 Richard Strauss compõe *Assim falou Zaratustra*, obra que Bartók estudou em detalhes após ver sua estreia em Budapeste, em 1902.

DEPOIS
1953–1954 O Quarteto de cordas nº 1, de György Ligeti, é fortemente influenciado pelas obras de Bartók.

1959 György Kurtág conclui o Quarteto de cordas, op. 1, dando continuidade efetiva à tradição húngara de composição de quartetos de cordas.

Embora muito influenciado pela música alemã, o estilo individual de Béla Bartók se tornou cada vez mais evidente após ele começar a coletar música de sua Hungria natal, em 1904. Há clara evolução entre seu Primeiro quarteto (1909), que incluía elementos de música folclórica mas era influenciado por Richard Strauss e Debussy, e o Quinto quarteto (1934), estreado em 1935.

Jornada musical
Em 1912, a falta de interesse dos editores por suas obras levou Bartók a dedicar tempo a estudar o folclore e coletar milhares de canções populares do leste europeu. Em 1913, visitou o norte da África, buscando também temas para incorporar a sua música. Quando a saúde o tornou inapto ao serviço militar na Primeira Guerra, recomeçou a compor. O sucesso de seu balé de conto de fadas *O príncipe de madeira* (1917) renovou o interesse por sua ópera *O castelo de Barba-Azul* (1911).

Um vilarejo na Transilvânia recebe Bartók (quarto a partir da esquerda) em viagem para gravar músicas folclóricas. Seu interesse coincidiu com um crescente orgulho da cultura nacional.

MODERNISMO 1900–1950

Ver também: *Assim falou Zaratustra* 192-193 ▪ *A noiva vendida* 206 ▪ *Sinfonia nº 9, Dvořák* 212-215 ▪ *Finlândia* 220-221 ▪ *The Lark Ascending* 252-253

A partir dos anos 1920, Bartók começou a testar a incorporação de texturas percussivas em sua música, bem exemplificadas no *pizzicato* do quarto movimento do Quarto quarteto (1928). No Quinto quarteto (1934), Bartók combinou a experimentação técnica com a música folclórica que há muito absorvia. A peça começa com um tempo simples de 4/4, mas logo inclui mosaicos rítmicos intrincados e trechos de melodias populares, acompanhadas de sons de cordas pinçadas e zumbidos dissonantes. No clímax do movimento, uma dança selvagem húngara é evocada a partir de uma melodia ouvida perto do início.

O esquelético segundo movimento do Quinto quarteto inclui, como o quarto movimento, "música noturna", com dissonâncias lúgubres e sons naturais imitados; esse estilo, criado por Bartók, é usado com frequência em passagens lentas. Acordes apagados acompanham um comentário desesperado e triste, quase ofegante, do primeiro violino. Após um clímax contido, a música morre com trinados e um portamento que leva ao silêncio do violoncelo. Os tempos do rápido e difícil movimento *scherzo* central, marcados *Alla bulgarese*, apresentam ritmos típicos da música folclórica búlgara, com nove colcheias em cada compasso, organizadas em grupos desiguais 4+2+3. Um padrão de notas brando, tocado mais rápido do que se consegue ouvir, introduz a seção Trio – mais uma vez refletindo um ritmo popular de dez colcheias por compasso em grupos de 3+2+2+3. O quarto movimento é uma variação do segundo. Sons de cordas pinçadas substituem as cordas tangidas até um zumbido oscilante aparecer na viola, acompanhando uma versão ornamentada do tema. Após o clímax contido, Bartók acrescenta uma passagem tempestuosa com *tremoli* e surtos altos de uníssono. Alguns trechos espetacularmente rápidos e furiosos se seguem, depois as notas dos dois violinos sobem com frases tranquilas da viola e do violoncelo, criando um coral celestial. Portamentos suaves no violoncelo, semelhantes aos de violão, levam o movimento ao fim.

Drama até o final

Embora o *finale* lembre o primeiro movimento, este está bem disfarçado. Atividade frenética de todos os instrumentos, respostas rápidas e dissonâncias fortes são seguidas de música suave e apressada que se torna mais intensa e insistente, culminando numa melodia alta e harmonizada com um fim retumbante.
O segundo violino toca brevemente a versão mais simples e lenta da melodia com um acompanhamento contínuo. O primeiro violino se junta, mas num tom conflitante. Porém essa dissonância não é uma conclusão; uma interrupção leva a obra a um final caótico. ▪

> " Com a maturidade vem o desejo de ser mais simples. Maturidade é a época em que se encontra a justa medida.
> **Béla Bartók** "

Béla Viktor János Bartók

Nascido em Nagyszentmiklos, na Hungria, em 1881, aos onze anos Bartók fez sua primeira apresentação pública como pianista e compositor. Mais tarde, estudou na Academia de Música de Budapeste. Apesar da forte influência cultural alemã na época, Bartók abraçou o novo nacionalismo húngaro e usava trajes típicos nacionais. Em 1905 iniciou uma longa colaboração com o colega húngaro Zoltán Kodály para popularizar canções folclóricas e recebeu de músicos populares e clássicos conhecimento prático de composição para cordas. Teve carreira de sucesso como pianista, tocando em toda a Europa e nos EUA com músicos como o clarinetista de *jazz* Benny Goodman. Com a ascensão do fascismo, recusou-se a tocar na Alemanha após 1933. Em 1940, mudou de Budapeste para os EUA, onde morreu em 1945.

Outras obras importantes

1911 *O castelo de Barba-Azul*
1931 *44 duos para dois violinos*
1936 *Música para cordas, percussão e celesta*
1939 *Divertimento*

DETESTO IMITAÇÃO. DETESTO RECURSOS BANAIS
ROMEU E JULIETA (1936), SERGUEI PROKÓFIEV

EM CONTEXTO

FOCO
Emigrados russos

ANTES
1920 As *Sinfonias de instrumentos de sopro*, baseadas em música folclórica da Rússia, assinalam o fim da "fase russa" de Stravinsky.

1926 Em Nova York, Rachmaninoff compõe *Três canções russas*, raro tributo à música de sua terra natal.

DEPOIS
1948 O Comitê Central do Partido Comunista da União Soviética acusa Prokófiev, Chostakóvitch, Aram Khatchaturian e outros de terem "tendências antidemocráticas" e rejeitarem "os princípios da música clássica".

1959 Em Moscou, a versão completa da ópera épica *Guerra e paz*, de Prokófiev, é encenada pela primeira vez, seis anos após a morte do compositor.

Após a Revolução de Outubro de 1917 na Rússia, quando a fria realidade do domínio bolchevique substituiu a euforia do fim do tsarismo, os compositores russos enfrentaram uma decisão: ficar ou não em sua terra natal. Muito dependia da posição social. Sergei Rachmaninoff escolheu o exílio, como o privilegiado Stravinsky, que já vivia na Suíça. De origem mais humilde e simpático ao bolchevismo, Prokófiev ficou, mas em 1918, contrariado com o tumulto pós-revolucionário, aceitou o convite para reger nos Estados Unidos, onde morou nos dezoito anos seguintes.

Exílio relutante
Prokófiev manteve vínculos com a União Soviética e, em 1934, escreveu *Romeu e Julieta*. A música segue a história da peça – com trechos suaves, espirituosos e intensos –, mas o balé de Prokófiev foi notável por dar aos infelizes amantes de Shakespeare um final feliz. Após duas companhias desistirem de encená-lo (em meio a preocupações com a condenação da ópera *Lady Macbeth de Mtsensk*, de Chostakóvitch, pelas autoridades), Prokófiev transformou o balé em suítes orquestrais. Apesar dos expurgos stalinistas, Prokófiev voltou à União Soviética em 1936, provavelmente acreditando que a fama o protegeria. No mesmo ano, compôs sua obra mais popular, *Pedro e o lobo*. Em 1940, houve em Leningrado a primeira produção completa de *Romeu e Julieta*, mas só após Prokófiev mudar a orquestração, remover partes e restaurar o fim triste. ∎

> " Foi-se o tempo em que a música era composta para meia dúzia de estetas.
> **Prokófiev** "

Ver também: *A sagração da primavera* 246-251 ▪ *Spartacus* 309

MODERNISMO 1900–1950

A MÚSICA BALINESA MANTEVE A VITALIDADE RÍTMICA PRIMITIVA E JUBILOSA

TABUH-TABUHAN (1936), COLIN MCPHEE

EM CONTEXTO

FOCO
Influências do gamelão

ANTES
1882 *Rapsodie cambodgienne*, do compositor francês Louis-Albert Bourgault-Ducoudray, inclui instrumentos de gamelão.

1890 As peças para piano *Trois Gnossiennes*, de Erik Satie, ecoam a música de gamelão javanesa que ele ouviu na Exposição de Paris no ano anterior.

DEPOIS
1945 *Daughters of the Lonesome Isle*, de John Cage, é uma peça inspirada em gamelão composta para "piano preparado", um piano com som modificado por objetos colocados sobre ou entre as cordas.

1951 O compositor Lou Harrison compõe *Suite for Violin, Piano, and Small Orchestra*, com reproduções do som de um gamelão.

O gamelão é uma orquestra que toca a música tradicional das ilhas indonésias de Java e Bali. Destaca-se pelo amplo uso de percussão, com tambores, gongos e carrilhões. Essa música foi apresentada pela primeira vez a um grande público ocidental na Exposição de Paris de 1889, na qual um gamelão de Java inspirou compositores como Claude Debussy e Maurice Ravel.

Sons elusivos
A liberdade e variação constante da música de gamelão tornavam-na difícil de captar. Assim, em 1928 as companhias alemãs Odeon e Beka mandaram agentes a Bali para fazer gravações. Um ano depois, Colin McPhee, compositor nascido no Canadá seguidor da "música absoluta" (música pela música), ouviu uma das gravações. Ficou tão fascinado que partiu para Bali e passou grande parte dos anos 1930 na ilha, estudando sua música.

A obra sinfônica de três movimentos *Tabuh-tabuhan*, de McPhee, estreou em 1936. Em balinês, *tabuh-tabuhan* designa os ritmos e sons dos instrumentos percussivos do gamelão, que McPhee buscou recriar com uma orquestra ocidental. Em 1941, McPhee e o jovem Benjamin Britten gravaram algumas transcrições de gamelão para dois pianos. Britten continuaria a se inspirar na música balinesa, com outros compositores, como Olivier Messiaen, John Cage e Philip Glass. ∎

Músicos de gamelão se apresentam em Bali. O tom da música de gamelão varia entre os instrumentos, e a maioria das orquestras usa uma escala de cinco tons em vez dos sete da música ocidental.

Ver também: *Parade* 256-257 ▪ *Quarteto para o fim do tempo* 282-283 ▪ *4'33"* 302-305 ▪ *November Steps* 314-315

A VERDADEIRA MÚSICA SEMPRE É REVOLUCIONÁRIA

SINFONIA Nº 5 EM RÉ MENOR, OP. 47 (1937), DMÍTRI CHOSTAKÓVITCH

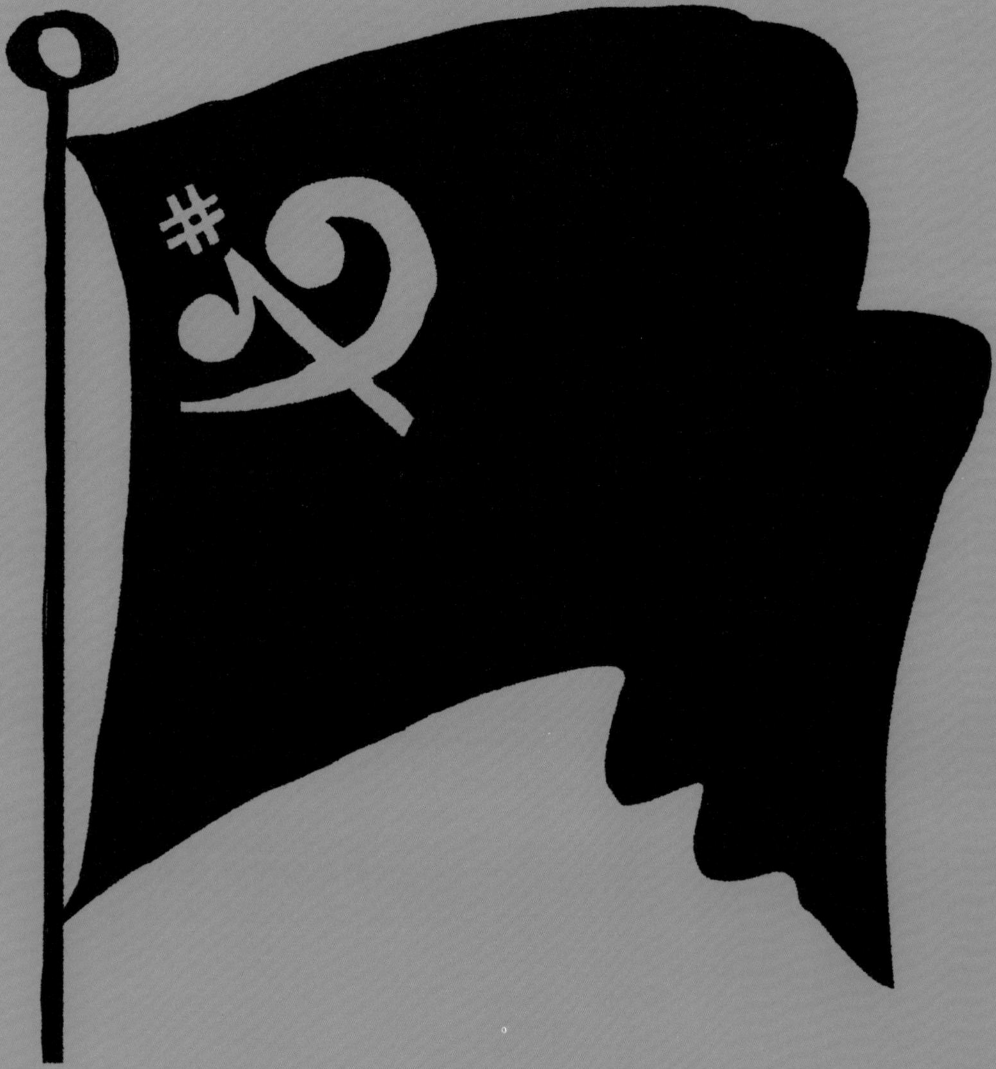

MÚSICA NA ERA SOVIÉTICA

EM CONTEXTO

FOCO
Música na era soviética

ANTES
1923 A Associação Russa de Músicos Proletários (ARMP) é fundada, negando o modernismo musical e afirmando que toda música deveria ser entendida pelos trabalhadores.

1929 Uma apresentação da ópera *O nariz*, de Chostakóvitch, é atacada pela ARMP.

1935 Ivan Dzerjínski compõe a ópera *Tikhi Don* (O don silencioso), que, com tema patriótico e melodias simples, torna-se modelo de música do realismo socialista.

DEPOIS
1937 Serguei Prokófiev cancela sua *Cantata para o vigésimo aniversário da Revolução de Outubro* após críticas das autoridades.

1939 Prokófiev compõe *Zdravitsa* (Saudação a Stálin) para as celebrações do sexagésimo aniversário de Stálin.

1948 O secretário do Comitê Central Soviético, Andrei Jdánov, começa a campanha contra a música "formalista", na qual a forma da obra é mais importante do que tudo o que tenha a dizer.

1974 A Sinfonia nº 1 de Alfred Schnittke, que incorpora seu "poliestilismo" de composição, estreia em Górki após ser rejeitada em Moscou.

Um cartaz de 1920 convoca os trabalhadores: "Unam-se ao Partido Comunista!", e os incita a rejeitar a aristocracia, a burguesia e a Igreja Ortodoxa. Os compositores tinham pouca opção além de fazer o mesmo.

Os compositores da União Soviética trabalharam sob severas restrições nos anos 1930. Como todos os artistas, deviam servir ao povo nos termos definidos pelo Estado comunista ou seriam punidos. O líder do país, Josef Stálin, gostava de canções patrióticas e peças com melodias simples e atraentes e harmonias convencionais. Música que não se ajustasse a esse padrão, em especial a que fosse introspectiva, complexa ou difícil de entender à primeira audição, era chamada de "formalista" e seu compositor forçado a trabalhos subalternos, preso ou pior.

Na corda bamba

Dmítri Chostakóvitch sobreviveu a essas restrições até meados dos anos 1930. As autoridades gostavam de obras como sua Sinfonia nº 2, composta para comemorar o décimo aniversário da Revolução de Outubro de 1917, e a Sinfonia nº 3, com o subtítulo "Primeiro de Maio" e estreada em 1930 no sexto aniversário da morte de Vladimir Lênin. Mas a situação de Chostakóvitch mudou em 26 de janeiro de 1936, quando Stálin foi ver sua ópera *Lady Macbeth de Mtsensk* no Teatro Bolshoi. A obra estreara dois anos antes e era um imenso sucesso no país e no exterior. Stálin, porém, fez objeção a ela e saiu antes da cena final. Dois dias depois, um artigo intitulado "Confusão em vez de música" no jornal estatal *Pravda* condenou a ópera. O texto anônimo criticou o estilo musical da peça, em que, alegava, "o canto é substituído por guinchos", objetando em especial aos "grasnidos" e "pios" impudicos dos metais na cena de sexo da ópera. A obra foi retirada do palco imediatamente.

MODERNISMO 1900–1950

Ver também: *Quadros de uma exposição* 207 ▪ *Romeu e Julieta* 272 ▪ *Spartacus* 309 ▪ *Trenodia para as vítimas de Hiroxima* 310-311

Teve início uma campanha contra artistas e escritores que não seguiam a linha do partido. Nos anos seguintes isso levaria à morte de figuras importantes, como o poeta Óssip Mandelstam e o escritor Isaac Babel, ambos críticos de Stálin. O próprio Chostakóvitch foi rotulado de "inimigo do povo" e algumas de suas obras, como a ópera *O nariz* (1928) e o balé *O límpido regato* (1935) foram banidas. Temendo punição, ele fez uma mala e ficou à espera de que a polícia secreta batesse à porta.

No fim, Chostakóvitch foi poupado da visita da polícia e concluiu sua nova obra importante, a Sinfonia nº 4, em maio de 1936. Ela difere muito das duas sinfonias "revolucionárias" anteriores – é mais abstrata, muito influenciada por Gustav Mahler, tem mais de uma hora de duração e requer uma orquestra enorme. Como as sinfonias de Mahler, é uma obra de contrastes, contrapondo a tradição, na forma de temas de dança quase banais (entre eles uma valsa vienense e uma *Ländler* austríaca – um tipo de valsa lenta), a música mais estridente e dissonante. Já no primeiro movimento há ataques altos dos metais, uma *toccata* para sopros e uma rápida fuga virtuosística nas cordas. Receando que essa mistura provocadora ofendesse as autoridades, o compositor recolheu a obra, que só seria ouvida em público em 1961.

Uma sinfonia conflituosa

Chostakóvitch começou então do zero a Sinfonia nº 5. A obra, como a anterior, tem contrastes fortes, mas também melodias envolventes. O primeiro tema principal do movimento de abertura é uma melodia lírica e triste, tocada de início com suavidade pelos violinos. No meio do movimento, ela dá lugar a uma marcha grotesca, que reúne em andamento e volume toda a orquestra, com contribuições altas dos metais e uma batida incitante da percussão. O brando tema inicial volta e o movimento acaba tranquilamente com um solo de violino sob tilintantes escalas cromáticas de celesta (instrumento de teclado que soa como um *glockenspiel*, carrilhão usado por Mahler em duas sinfonias).

O final suave do primeiro movimento contrasta muito com o segundo movimento, um *scherzo* em forma de valsa. No terceiro movimento, com a marcação *largo*, há o retorno do lirismo, com longas melodias nas cordas criando uma atmosfera melancólica, pontuada por solos das madeiras. O movimento final, por outro lado, tem a volta, liderada pelos metais, a uma música alta e com frequência agressiva semelhante à marcha. A peça cresce em volume até *fortissimo* (muito alto), antes de terminar resolutamente no triunfante acorde maior de ré. »

> **❝** Se me cortarem as duas mãos, vou compor de qualquer modo, segurando a pena com os dentes. **❞**
> **Dmítri Chostakóvitch**

Dmítri Chostakóvitch

Nascido em São Petersburgo em 1906, Chostakóvitch cedo mostrou talento, e suas aulas de piano começaram aos três anos. Uma década depois, frequentou o Conservatório de Petrogrado. Suas primeiras sinfonias, compostas antes dos 33 anos, foram bem recebidas, e ele voltou à forma quando suas duas primeiras óperas foram condenadas nos anos 1930. Produziu também uma série de quartetos de cordas intensos, concertos e muita música para teatro e cinema. Em 1960, juntou-se ao Partido Comunista (sob extrema pressão). Na mesma época, contraiu pólio e teve vários ataques de coração. Mesmo assim continuou a compor obras exigentes, como a Sinfonia nº 14 (1969). Ao morrer, em 1975, era amplamente considerado o maior compositor contemporâneo da Rússia.

Outras obras importantes

1933 Concerto em dó menor para piano, trompete e cordas
1943 Sinfonia nº 8
1953 Sinfonia nº 10
1960 Quarteto de cordas nº 8 (Às vítimas do fascismo e da guerra)

Alfred Schnittke e o poliestilismo

Nos anos 1960, o compositor russo Alfred Schnittke (1934–1998) desenvolveu um novo modo de compor. Ele misturava vários estilos musicais na mesma peça, como na Sonata para violino nº 2 (1968) e na Sinfonia nº 1 (1969–1972), chamando a isso de "poliestilismo". Chostakóvitch tinha feito algo similar, mas nas obras de Schnittke os contrastes entre os estilos musicais são com frequência mais violentos e surpreendentes. Seu Concerto grosso nº 1 (1977), por exemplo, combina forma barroca, um lamento atonal, um tango e peças das próprias trilhas de cinema do compositor, com efeito dramático e até chocante. Schnittke continuou a compor música poliestilista nos anos 1980, como o Quarteto de cordas nº 3 (1983). Ele também criou peças menos obviamente poliestilistas, como a Sinfonia nº 8 (1994), embora mesmo essa obra contenha elementos tirados de Liszt, Wagner e do canto ortodoxo russo.

A música de Schnittke foi tratada com desconfiança na União Soviética, que ele deixou em 1990 para viver na cidade alemã de Hamburgo.

A nova obra foi um sucesso retumbante, com o triunfo da estreia em 21 de novembro de 1937 em Leningrado confirmado por uma ovação de quarenta minutos, com muitos na plateia levados às lágrimas. Por meio da série de contrastes bruscos entre música melancólica e suave e passagens mais rápidas e altas, muitas vezes em tempo de marcha, Chostakóvitch conseguiu também o delicado equilíbrio entre preservar sua própria voz lírica e acertar o passo com o partido.

Embora de início desconfiadas da recepção entusiástica à obra, as autoridades comunistas aceitaram o audacioso movimento final sem mais explicações, como uma conclusão otimista na linguagem musical direta que aprovavam. Um crítico soviético disse que o final da sinfonia criava "uma enorme elevação do otimismo". Os membros do partido tinham sido estimulados a reagir assim por um artigo de jornal de Moscou, dias antes do concerto. O texto era assinado por Chostakóvitch, mas é provável que fosse de um jornalista do Partido Comunista. Nele, a sinfonia é descrita como "a resposta criativa de um artista soviético a críticas justificadas". Com essas palavras, o compositor dizia que se curvava à vontade do partido. Para homens como Stálin, cujo domínio dependia da submissão e do medo, o fato de Chostakóvitch ter aceitado as críticas dessa forma era uma vitória.

Quando os alemães cercaram Leningrado em 1941, Chostakóvitch decidiu ficar, trabalhando como bombeiro e terminando a Sinfonia nº 7, que dedicou à cidade.

Insinuações escondidas

Embora Chostakóvitch parecesse ceder às autoridades, para alguns ouvintes a sinfonia continha pistas de uma mensagem mais subversiva. Era como se a música lírica representasse liberdade e autoexpressão, enquanto as explosões agressivas e as danças desajeitadas parodiassem sua supressão impiedosa pelo Estado comunista triunfante.

Significados ambíguos na Sinfonia nº 5

Movimento	Sentido explícito	Sentido possível
Primeiro	Um arranjo de melodia folclórica glorifica o povo eslavo e sua luta contra a opressão.	O uso de tonalidade menor solapa a glorificação. Ritmos animados no primeiro tema dão lugar a ritmos menos afirmativos no segundo tema, criando uma sensação geral de ambiguidade.
Segundo	Uma valsa indica um momento agradável e romântico de relaxamento e prazer.	Uma paródia irônica da forma tradicional apresenta de modo espirituoso a valsa como algo banal, repetitivo e às vezes de mau gosto. É uma sátira que cria uma atmosfera perturbadora.
Terceiro	Um lamento sobre os que sofreram e perderam a vida na batalha pela libertação do domínio czarista.	Não tanto um lamento quanto uma peça de nostalgia. Referências ao réquiem ortodoxo russo indicam um anseio mais pela religião que pelo comunismo soviético.
Quarto	Uma marcha festiva, com uma seção central pensativa e tranquila, levando a um final triunfante.	Uma caricatura bombástica de marcha militar. Uma seção mais reflexiva sublinha a tonalidade menor da tônica mas volta a um *finale* militarista e triunfalista, afirmando agressivamente o tom de ré maior.

A Sinfonia nº 5 de Chostakóvitch é, à primeira vista, um aval ao regime soviético, mas sutilezas na música indicam uma interpretação muito diferente.

> Desde a época de Berlioz um compositor sinfônico não criava tamanha excitação.
> **Nicolas Slonimsky**
> *The Musical Quarterly (1942)*

É provável que Chostakóvitch também deixasse indícios especiais de um sentido mais profundo da obra escondidos na partitura. A passagem tranquila no movimento final da sinfonia contém uma citação musical de uma canção que o compositor criou para versos do poeta russo Aleksandr Púchkin. A canção, chamada "Renascimento", descreve alguém que pinta sobre o quadro de um grande artista; com o tempo, a tinta do vândalo descama, revelando a obra-prima original.

O público original da sinfonia não tinha como saber dessa citação, pois na época da estreia a canção não havia sido apresentada. Muitos creem, porém, que Chostakóvitch quis mandar uma mensagem ao futuro, quando o real sentido da sinfonia ficaria claro e as audiências poderiam ver as referências marciais e a conclusão triunfal da obra como gestos irônicos.

A aceitação de Chostakóvitch pelas autoridades durou pouco. Críticos do Partido Comunista investiram contra todos os trechos de música que pareciam discordantes ou introspectivos. A Sinfonia nº 8 do compositor, de 1943, foi atacada pelos oficiais soviéticos como "uma obra nada musical, repulsiva e ultraindividualista". Chostakóvitch, mais uma vez denunciado, foi forçado a demitir-se da União dos Compositores Soviéticos, mas continuou a criar sinfonias.

Após a morte de Stálin em 1953, a linha do partido se abrandou, mas as restrições à criatividade artística continuaram até a queda do regime nos anos 1980. Até lá, os compositores soviéticos não puderam expressar-se com liberdade total, em especial em obras sofisticadas como óperas e sinfonias. Em resultado, muitos produziram obras ambíguas ou destilaram sua música mais pessoal em formas privadas, como quartetos de cordas, menos suscetíveis de atrair a atenção das autoridades. ∎

MINHA MÚSICA É NATURAL COMO UMA QUEDA-D'ÁGUA

BACHIANAS BRASILEIRAS (1930–1945), HEITOR VILLA-LOBOS

EM CONTEXTO

FOCO
Música clássica nas Américas Central e do Sul

ANTES
1869 Brasílio Itiberê compõe *A sertaneja*, rapsódia para piano, uma das primeiras obras clássicas brasileiras.

1890 Alberto Nepomuceno cria seu Quarteto de cordas nº 3, "Brasileiro", que inclui melodias folclóricas brasileiras.

DEPOIS
1932–1933 O compositor argentino Astor Piazzolla compõe seu primeiro tango.

1939 Silvestre Revueltas cria música orquestral com ritmos mexicanos para o filme *La noche de los mayas*.

1946 *Suite de danzas criollas*, op. 15, do compositor argentino Alberto Ginastera, usa melodias folclóricas numa série de danças para piano.

O compositor clássico brasileiro Heitor Villa-Lobos teve duas influências duradouras. Em criança, ficou fascinado pela obra de J. S. Bach ao ganhar da tia *O cravo bem temperado*, a coleção de 48 prelúdios e fugas de Bach. Ele também foi cativado pela música tradicional de seu próprio país e viajou muito, coletando música folclórica no norte e nordeste do Brasil e tocando com músicos de seu Rio de Janeiro natal. Cada vez mais ele buscava combinar as ricas tradições musicais do Brasil com elementos da música clássica ocidental. No fim do século XIX, os músicos da América Latina tinham começado a explorar ideias similares. Compositores como Alberto Nepomuceno usaram melodias populares brasileiras em obras com formas clássicas convencionais.

Estilos integrados

Com *Bachianas brasileiras*, coletânea de nove suítes de duração variada compostas para diferentes combinações de músicos, Villa-Lobos levou a ideia muito além, integrando intimamente os elementos folclóricos e clássicos. Ele fez isso aplicando as técnicas de contraponto de J. S. Bach às formas musicais brasileiras, numa combinação arrojada de tradições aparentemente alheias que se combinaram à perfeição.

Como as suítes de Bach, cada uma das nove peças de *Bachianas brasileiras* tem vários movimentos de dança. Villa-Lobos deu à maioria dos movimentos dois títulos, um tirado da música barroca (como "*tocata*" ou "*fuga*") e outro brasileiro (como "desafio" ou "conversa"). Além de se inspirar em formas populares brasileiras, como a modinha, tipo de canção de amor sentimental, o compositor introduz

> Um músico realmente criativo é capaz de produzir a partir da imaginação melodias que são mais autênticas que o próprio folclore.
> **Heitor Villa-Lobos**

A soprano americana Lucy Shelton canta *Bachianas brasileiras nº 5*, para soprano e violoncelos, no Symphony Space da cidade de Nova York em 2010.

elementos de música programática, usando instrumentos da orquestra para retratar cenas como um pequeno trem a vapor percorrendo paisagens brasileiras na *Bachianas brasileiras nº 2*.

Estrutura e influências

As suítes de *Bachianas brasileiras* são muito variadas em instrumentação. Algumas são para orquestra completa, a nº 1 é para orquestra de violoncelos e a nº 6 só para dois instrumentos, flauta e fagote. A mais famosa é a nº 5, para oito violoncelos e uma solista soprano cuja parte combina vocalização sem palavras com versos de poesia brasileira. Outros elementos brasileiros nas *Bachianas brasileiras* são músicas ouvidas por Villa-Lobos em suas viagens e uma canção de menino de rua do Rio, *pizzicatos* no violoncelo que lembram violão e comoventes solos para saxofone e trombone. A influência de Bach não deriva só de suas suítes, mas da *Oferenda musical*, coletânea de cânones e fugas, e das Invenções para duas partes, peças curtas para teclado.

As *Bachianas brasileiras* pertenciam a um movimento maior dos compositores latino-americanos que combinava a orquestração clássica a formas com elementos, ritmos e temas da velha música nativa das Américas Central e do Sul. Esse movimento gerou uma gama de abordagens, da música de compositores como o mexicano Silvestre Revueltas, com seu ímpeto rítmico e orquestração vívida, às obras do argentino Astor Piazzolla, em que elementos clássicos são aplicados e adaptados ao tango. Villa-Lobos abriu o caminho ao mostrar como uma mistura de elementos sul-americanos e clássicos podia funcionar e popularizou os resultados em todo o mundo. ■

Heitor Villa-Lobos

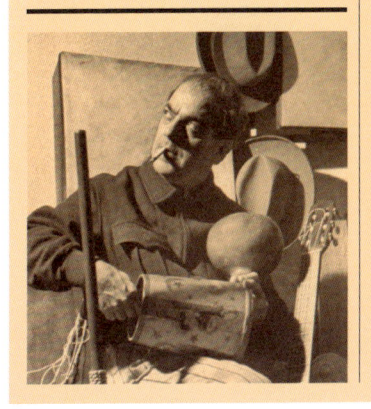

Heitor Villa-Lobos nasceu no Rio de Janeiro, em 1887. Resistindo à pressão familiar para que fosse médico e preferindo a companhia de músicos, ele deixou a casa para viajar pelo Brasil, tocando violoncelo e violão para se sustentar. Entre 1923 e 1930, passou a maior parte do tempo em Paris, onde absorveu a música europeia e compôs muito, concluindo sua série *Choros*, coletânea de peças instrumentais e corais, em 1929. Após regressar ao Brasil em 1930, criou peças patrióticas para uso em educação musical, além das *Bachianas brasileiras*. Depois de 1945, voltou a viajar muito, criando uma vasta obra – mais de 1.500 peças, entre elas doze sinfonias e dezessete quartetos de cordas. Muito depois de sua morte em 1959, aos 72 anos, ele ainda é o mais famoso compositor do Brasil.

Outras obras importantes

1919–1920 *Carnaval das crianças*
1920–1929 *Choros*
1953 Concerto para harpa em lá menor
1959 *Yerma*

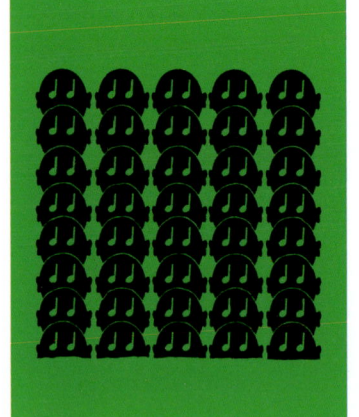

NUNCA FUI OUVIDO COM TÃO ENLEVADA ATENÇÃO E COMPREENSÃO

QUARTETO PARA O FIM DO TEMPO (1940), OLIVIER MESSIAEN

EM CONTEXTO

FOCO
Música espiritual no século XX

ANTES
1938 *Quatro motetos penitenciais*, do católico devoto Francis Poulenc, marcam a volta do compositor à música sacra.

DEPOIS
1962 *War Requiem*, de Benjamin Britten, combina poemas antibélicos de Wilfred Owen com a forma tradicional da missa de réquiem.

1971 O compositor britânico Sir John Tavener compõe *Celtic Requiem*, um dos primeiros exemplos de suas muitas obras religiosas que incorporam um sentido de atemporalidade.

1981 O compositor polonês Henryk Górecki cria *Totus tuus* para celebrar a terceira visita oficial do papa João Paulo II a sua Polônia natal.

Cedo em sua carreira Olivier Messiaen adotou um estilo musical que acolhia a sensualidade na música, formando um grupo chamado La Jeune France (A Jovem França) com vários outros novos compositores, em oposição ao neoclassicismo de Stravinsky e outros que buscavam inspiração nas obras do século XVIII. Embora a música de Messiaen estivesse imbuída de referências a sua fé católica, seu estilo era de vanguarda. Ele fez experiências com ritmo e também com o que chamou de "modos de transposição limitada", como a escala de tons inteiros, que só pode ser transposta para um tom acima antes que a mesma sequência de notas volte. Messiaen estudou no Conservatório de Paris com uma série de professores brilhantes que o inspiraram a explorar os modos grego e indiano, instilando também nele princípios sólidos de harmonia, contraponto e composição e estimulando seu dom de improvisação.

Inspiração apocalíptica

No ano em que começou a Segunda Guerra, Messiaen foi feito prisioneiro de guerra e mantido num campo na Silésia (hoje na Polônia). Entre seus companheiros ele descobriu três músicos profissionais, um clarinetista, um violinista e um violoncelista, cujos talentos juntou a suas próprias habilidades ao piano. Adotando essa combinação instrumental incomum, Messiaen criou o *Quarteto para o fim do tempo*, apresentado no próprio campo. A profunda fé cristã do compositor é claramente indicada no extenso prefácio da partitura, com citações do Apocalipse. Seu título era uma "homenagem ao Anjo do Apocalipse, que ergue a mão para o céu dizendo: 'Não haverá

> Minha fé é o grande drama de minha vida. Sou um crente, então canto palavras de Deus [...]. Dou cantos de pássaros aos que vivem em cidades [...] e pinto cores para os que não veem nenhuma.
> **Olivier Messiaen**

MODERNISMO 1900–1950

Ver também: *Prélude à l'après-midi d'un faune* 228-231 ▪ *A Child of Our Time* 284-285 ▪ *Gruppen* 306-307 ▪ *Apocalypsis* 322 ▪ *In Seven Days* 328

mais tempo'", numa alusão ao sofrimento ao compor a obra.

Reflexivo e evocativo

No primeiro movimento da peça, dois pássaros, acompanhados por um piano plangente e um violoncelo assobiante, criam uma cena bucólica. Uma interrupção alta anuncia o segundo movimento com um uníssono rápido e frenético das cordas, enquanto uma melodia lenta e distante, suspensa por suaves gotas de chuva no piano, estabelece o padrão de atmosfera reflexiva e sem pressa que caracteriza a obra. Cascatas de notas terminam o movimento. No terceiro movimento, o clarinetista toca uma pastoral triste, justaposta a notas muito longas que vão do silêncio a um volume de machucar os ouvidos. Cantos de pássaros – algo que fascinava Messiaen e absorveu seus últimos anos – reaparecem, acrescentando uma nota surreal. Após um breve interlúdio (trio) vem o centro espiritual da peça – a melodia lenta e expressiva de violoncelo do quinto movimento, acompanhada por harmonias vibrantes ao piano. No sexto movimento, o quarteto toca em uníssono para imitar as "sete trombetas" do Apocalipse, transpondo ritmos de dança complexos, contrastes dinâmicos e tempos flutuantes. Uma melodia baixa se segue e outras interrompem até que um uníssono alto, acompanhado por cascatas de notas de piano, leva a uma conclusão triunfante, brutal. O violinista toca as últimas notas, que sobem lentamente para o fim desolado e silenciado. Em seus oito movimentos, o quarteto contém a maioria dos elementos que caracterizam o estilo distintivo de Messiaen e que iriam mais tarde influenciar seus alunos, como Pierre Boulez e Karlheinz Stockhausen. ▪

Guardas patrulham um campo de prisioneiros na Segunda Guerra. Messiaen compôs *Quarteto para o fim do tempo* quando estava preso no Campo Stalag VIII-A e estreou a obra para 5 mil companheiros ao ar livre, com tempo congelante.

Olivier Messiaen

Nascido em Avignon, na França, em 1908, Messiaen foi uma criança muito musical. Entrou no Conservatório de Paris aos onze anos e publicou seus oito *Préludes* ainda estudante. Foi também muito devotado à Igreja Católica desde a infância e combinou suas duas paixões como organista de La Trinité, em Paris, a partir de 1931.

Nessa época, compôs numerosas peças religiosas para órgão e também obras para sua mulher, a violinista e compositora Claire Delbos, com quem se casara em 1932.

Em 1941, após a prisão na Silésia na Segunda Guerra, Messiaen foi nomeado professor de harmonia do Conservatório de Paris. Nos anos 1950 e 1960 dedicou-se a seu interesse por cantos de pássaros, com várias obras imitando seus sons. Aclamado internacionalmente, morreu em Paris em 1992.

Outras obras importantes

1932 *Thème et variations*
1946–1948 *Turangalîla-
-symphonie*
1951 *Livre d'orgue*
1959 *Catalogue d'oiseaux*

DEVO CRIAR ORDEM A PARTIR DO CAOS
A CHILD OF OUR TIME (1939–1941), MICHAEL TIPPETT

EM CONTEXTO

FOCO
Tradição coral inglesa no fim do século XX

ANTES
1928 *The Rio Grande*, de Constant Lambert, estreia numa transmissão de rádio da BBC.

1931 A cantata *Belshazzar's Feast*, de William Walton, é estreada no Festival de Leeds.

1950 *Hymnus Paradisi*, de Herbert Howell, é cantado na Catedral de Gloucester como parte do Three Choirs Festival.

DEPOIS
1962 A estreia de *War Requiem*, de Britten, marca a consagração da Catedral de Coventry, no Reino Unido.

1984 O oratório *The Mask of Time*, de Tippett, estreia em Boston, em Massachusetts.

2008 *St. John Passion*, de James MacMillan, tem sua primeira apresentação no Barbican Centre, em Londres.

No século XVIII, apresentações frequentes de oratórios de Händel na Grã-Bretanha criaram uma tradição nacional de coros amadores e sociedades corais. Isso impulsionou a produção de obras corais por compositores britânicos e estrangeiros, que muitas vezes estreavam suas obras em festivais de coros. Para muitos compositores britânicos, a produção de música

A Child of Our Time é apresentada pela English National Opera em janeiro de 2005. Timothy Robinson, sentado, canta o solo tenor da segunda parte: "Meus sonhos estão todos estilhaçados".

coral – para a igreja ou salas de concertos – continuou uma atividade central. No século XX, eles começaram a usar a tradição coral da criação de oratórios ou cantatas para solistas, coro e grande

MODERNISMO 1900–1950

Ver também: *A Paixão segundo São Mateus* 98-105 ▪ Sinfonia nº 9, Dvořák 212-215 ▪ *The Dream of Gerontius* 218-219 ▪ *Peter Grimes* 288-293 ▪ *Einstein on the Beach* 321

orquestra para comentar eventos sociais ou políticos. *A Child of Our Time* (Um filho do nosso tempo), oratório profano de Tippett, inspirou-se no formato de três partes do *Messiah* de Händel e na estrutura das Paixões de J. S. Bach. Porém, em vez de usar corais como Bach, Tippett incluiu *spirituals* americanos, que decidiu inserir após ouvir o estilo numa transmissão de rádio. Ele acreditava que esses *spirituals*, com sua origem em cantos de escravos, tinham o apelo universal que faltava aos hinos tradicionais. Por exemplo, canções do século XIX como *Go Down, Moses* se adequavam aos judeus oprimidos do início do século XX.

Contexto de guerra

Tippett foi muito influenciado por suas crenças pacifistas e de esquerda. Ele foi condenado a três meses de prisão em 1943 por não ir para a guerra. Seus sentimentos em relação à Segunda Guerra e suas causas foram expressos em *A Child of Our Time*, que conta a história

> **"** Os homens estavam envergonhados do que foi feito. Havia amargura e horror.
> ***A Child of Our Time***
> Narrador, solo baixo **"**

do assassinato de um diplomata alemão por Herschel Grynszpan – judeu polonês adolescente – em novembro de 1938. O ato deflagrou a *Kristallnacht* (Noite dos Cristais), um *pogrom* nazista oficialmente sancionado contra os judeus alemães, quando suas propriedades foram destruídas e cerca de duzentos judeus morreram. Tippett via Grynszpan, que agira em reação à deportação de seus pais por autoridades nazistas, como exemplo perfeito de como a tirania e a opressão podiam levar uma pessoa marginalizada a cometer um ato impensável.

Contra a desumanidade

Tippett começou a compor *A Child of Our Time* em 1939, depois de o Reino Unido declarar guerra à Alemanha. Ele pretendia que sua obra fosse um protesto contra a desunião da Europa e as atrocidades fascistas do regime nazista. Tippett criou a música e o libreto. A obra usa técnicas corais, como contraponto, árias e harmonias triádicas, e inclui um cantor baixo como narrador vocalizando os recitativos. Embora no oratório haja duas emoções principais, raiva e tristeza, ele termina com uma nota de esperança, com o *spiritual Deep River*: "Oh, você não quer ir àquela festa do Evangelho? Aquela terra prometida, a terra onde tudo é paz".

A preocupação com eventos da época também aparece em *War Requiem*, de Benjamin Britten, que acrescentou poemas antibélicos de Wilfred Owen ao texto-padrão da missa de réquiem. ∎

Michael Tippett

Michael Tippett nasceu em Londres em 1905. Estudou no Royal College of Music de 1923 a 1928 e depois teve aulas com o especialista em contraponto R. O. Morris. Trabalhou então como professor de escola, surgindo como compositor com o Concerto para dupla orquestra de cordas (1939); a seguir veio o oratório *A Child of Our Time*, estreado em 1944. Considerado uma voz individual na música inglesa e preocupado com várias questões sociais, políticas e filosóficas, Tippett continuou a produzir uma série de óperas, começando por *The Midsummer Marriage* (1955). Em 1966, tornou-se cavaleiro britânico.

Nos últimos anos de vida, sua reputação cresceu internacionalmente, levando a apresentações nos EUA de *The Mask of Time* (Boston, 1984) e *New Year* (Houston, 1989). Morreu em Londres em 1998, após sofrer um derrame.

Outras obras importantes

1955 *The Midsummer Marriage*
1970 *The Knot Garden*
1991–1992 *The Rose Lake*

A MÚSICA É TÃO BEM TECIDA [...] QUE LEVA COM MÃO MUITO FORTE A SEU PRÓPRIO MUNDO
APPALACHIAN SPRING (1944), AARON COPLAND

EM CONTEXTO

FOCO
Nacionalismo americano contemporâneo

ANTES
1911–1915 Inspirado no transcendentalismo, Ives compõe *Concord Sonata*.

1928 *Four Saints in Three Acts*, de Virgil Thomson, celebra a diversidade americana.

1939 Roy Harris transmite a imensidão da paisagem rural americana na Sinfonia nº 3.

DEPOIS
1947 Em *Knoxville: Summer of 1915* Samuel Barber musica as lembranças de infância de James Agee no Tennessee rural.

1989 *Three Occasions for Orchestra*, de Elliott Carter, celebra o vigor e a energia dos Estados Unidos.

1999 John Harbison compõe *The Great Gatsby*, baseado no romance de F. Scott Fitzgerald.

Em agosto de 1944, a bailarina e coreógrafa Martha Graham ouviu pela primeira vez *Appalachian Spring* (Primavera apalache), de Aaron Copland, música criada para seu balé sobre um jovem casal prestes a iniciar a vida de casados numa fazenda da Pensilvânia no início do século XIX. Ela gostou da obra e elogiou seu poder de levar o ouvinte a um mundo singular. Graham a encomendara com a ideia de que se tornasse "uma lenda da vida americana", "a estrutura interna que une um povo". Ela também estipulara que a música tivesse cerca de noventa minutos e só dez a doze instrumentistas, mas Copland usou treze. Graham também escolhera o título *Appalachian Spring*, tirado de um verso de *The Dance*, do poeta americano Hart Crane.

Clareza e simplicidade
A música de Copland foi muito marcada por seus tempos de estudante na França no início dos anos 1920, quando se cercou de pessoas que representavam tudo o que era novo em artes. Em Paris, vários jovens compositores retrabalhavam de modo inovador os estilos clássicos e exploravam gêneros como o Modernismo e o Impressionismo, descartando o velho Romantismo alemão de Brahms e Wagner. O próprio Copland sofreu especial influência de Igor Stravinsky, que estava entrando em sua fase neoclássica. O *Octeto* (1923) de Stravinsky impressionou Copland com suas linhas claras, texturas límpidas e estrutura concisa.

A partir de então, a música de Copland ficou mais aberta e sua forma e sua instrumentação mais rigidamente controladas. As dificuldades da Primeira Guerra o compeliram, como a Stravinsky, a compor para orquestras menores. Com *Appalachian Spring*, ele dizia,

> "Enquanto o espírito humano florescer neste planeta, a música em alguma forma viva o acompanhará e sustentará, e lhe dará sentido expressivo.
> **Aaron Copland**

Ver também: *Prélude à l'après-midi d'un faune* 228-231 ▪ *A sagração da primavera* 246-251 ▪ *Les Biches* 262 ▪ *Romeu e Julieta* 272

Martha Graham interpreta a noiva de *Appalachian Spring* num teatro de Nova York. A música, que Copland também reformulou como suíte orquestral, lhe valeu o Prêmio Pulitzer em 1945.

foi forçado a dizer o que desejava "nos termos mais simples". O que Graham tinha pedido foi captado à perfeição em sua linguagem musical emagrecida, que criava um sentido rico de espaço até então desconhecido na música americana.

Inspiração emocional

Copland encontrou o tema para a obra no primeiro verso de um hino *shaker*: "Ser simples é um dom". Os *shakers* eram uma seita protestante americana conhecida pelo modo singelo de vida. A clareza da textura impregna o balé e sua calidez transborda em toda a partitura desde a impressão de uma alvorada sobre a fazenda *shaker* na abertura. A música capta de modo perfeito a ternura do amor juvenil, a alegria e danças animadas do casamento a seguir e o momento mais mágico de todos – o fim do balé, quando os recém-casados, a sós pela primeira vez, percebem a imensidão absoluta do que fizeram. São pioneiros, prestes a começar a vida juntos numa nova terra. Apesar de seguros em sua casa, devem preparar e cultivar a terra indomada que se estende à frente.

Esses sentimentos mistos de conforto, deslumbre, medo, otimismo, vulnerabilidade e coragem foram transformados por Copland em música pura, profunda e comovente. ▪

Aaron Copland

Filho de imigrantes russos, Copland nasceu no Brooklyn, em Nova York, em 1900. Estudando em Paris com a compositora Nadia Boulanger, foi influenciado por Prokófiev, Stravinsky e Poulenc. Em colaboração com Roger Sessions, dirigiu a série de concertos Copland-Sessions (1928–1931) para estimular jovens compositores americanos. Sua própria música lhe trouxe fama mundial nos anos 1940, embora as obras serialistas tardias tenham sido menos bem recebidas. Deu aulas no Berkshire Music Center, em Massachusetts, a partir de 1940. Em 1951 se tornou o primeiro compositor americano a ser nomeado professor Norton de poesia (poesia no sentido mais amplo) de Harvard. Nessa época, foi falsamente acusado de atividades comunistas. Em 1960, mudou-se para Rock Hill, em Nova York, onde morou até morrer, em 1990.

Outras obras importantes

1930 *Piano Variations*
1942 *Fanfare for the Common Man*
1967 *Inscape*

COMPOR É COMO DIRIGIR NUMA ESTRADA COM NEBLINA

PETER GRIMES (1945), BENJAMIN BRITTEN

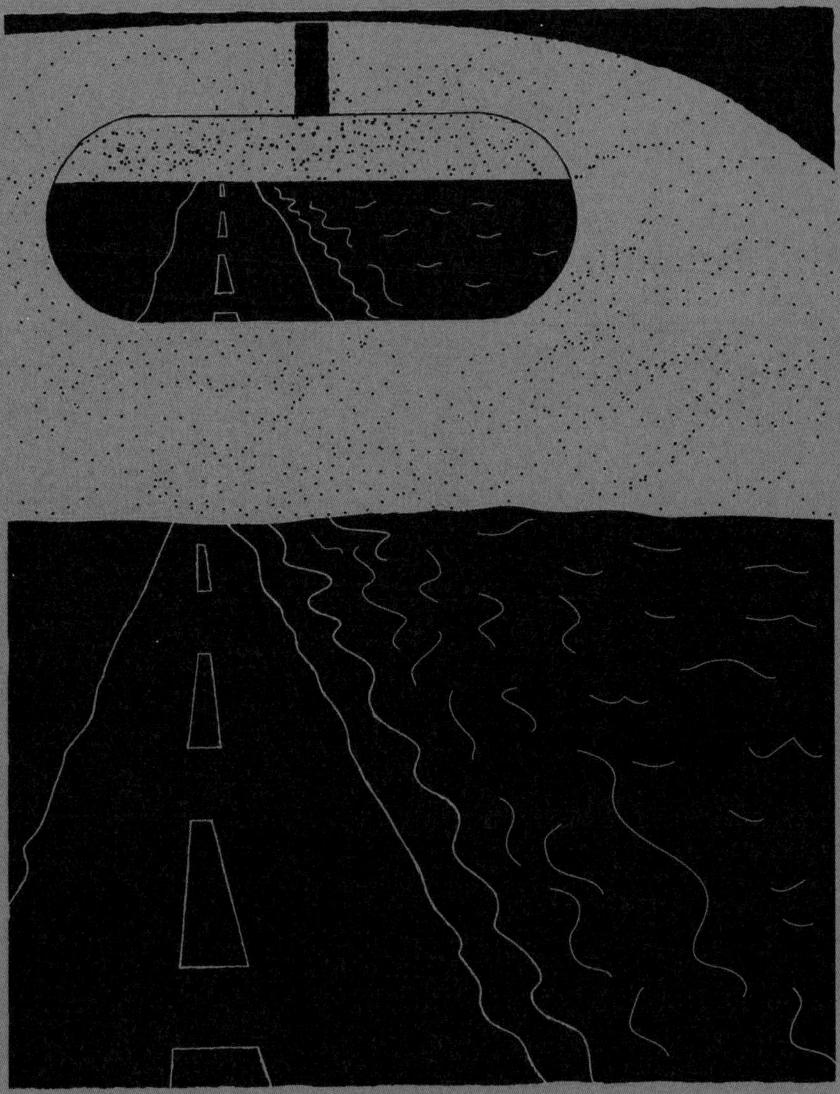

ÓPERA BRITÂNICA DO SÉCULO XX

EM CONTEXTO

FOCO
Ópera britânica do século XX

ANTES
1689 Primeira encenação da ópera *Dido and Aeneas*, de Henry Purcell.

1871–1896 O libretista W. S. Gilbert e o compositor Arthur Sullivan produzem juntos catorze óperas-cômicas, entre elas HMS *Pinafore* e *The Mikado*.

1902 A ópera *Merrie England*, de Edward German, sobre rivalidades amorosas na corte de Elizabeth I, estreia no Savoy Theatre, em Londres.

1922 Após o sucesso de sua suíte orquestral *The Planets*, Gustav Holst compõe a ópera de um ato *The Perfect Fool*.

DEPOIS
1955 A primeira ópera de Michael Tippett, *The Midsummer Marriage*, é encenada em Covent Garden.

1966 A ópera de um ato *Purgatory*, de Hugo Weisgall, estreia no Festival de Cheltenham, na Inglaterra.

1968 O Festival de Aldeburgh inclui a primeira apresentação da ópera *Punch and Judy*, de Harrison Birtwistle.

1984 *Where the Wild Things Are*, de Oliver Knussen, com libreto de Maurice Sendak, tem a primeira encenação no National Theatre, em Londres.

A praia de Aldeburgh, vilarejo costeiro que inspirou *Peter Grimes*. A ópera foi encenada ali em 2013, marcando o centenário do nascimento de Britten.

Após a morte de Purcell em 1695 e ao longo dos séculos XVIII e XIX a música britânica foi dominada por compositores do continente europeu, como Händel, Johann Christian Bach e Mendelssohn. Apenas com a publicação de *Enigma Variations*, de Edward Elgar, em 1899, um compositor britânico começou, quase sozinho, a revitalizar a música do país.

Nessa época, a ópera britânica vivia uma situação bastante difícil. Eram populares as óperas-cômicas de Gilbert e Sullivan, além da opereta *Merrie England*, de Edward German, mas não havia sucessores sérios para Purcell. Elgar nunca concluiu *The Spanish Lady*, sua única tentativa de ópera, e Vaughan Williams trabalhou anos em sua primeira ópera, *Hugh the Drover*, inserindo expressões e canções folclóricas na esperança de criar uma obra realmente britânica. A ópera enfim estreou em 1924, mas teve pouco sucesso inicial.

O jovem Benjamin Britten não gostava da escola pastoral inglesa e escreveu sobre Vaughan Williams: "Receio não apreciar sua música, por mais que tente". Britten desejara pós-graduar-se com um aluno de Arnold Schoenberg, o compositor austríaco Alban Berg, cuja *Lyric Suite* admirava, mas foi dissuadido pelos pais.

Em 1930, ano em que Britten começou a estudar no Royal College of Music de Londres, a companhia Vic-Wells foi formada para promover o teatro, a ópera e o balé britânicos. Em 1934, o Old Vic Theatre já era o centro do teatro e Sadler's Wells, o quartel-general da

> "A música [...] tem a beleza da solidão da dor; da força e liberdade. A beleza da decepção e do amor nunca satisfeito."
> **Benjamin Britten**

MODERNISMO 1900–1950

Ver também: *Dido and Aeneas* 72-77 ▪ *Tosca* 194-197 ▪ *Peer Gynt* 208-209 ▪ *The Wreckers* 232-239 ▪ *A Child of Our Time* 284-285

> Queria expressar minha consciência da eterna luta dos homens e mulheres cujas vidas dependem do mar.
> **Benjamin Britten**

ópera e do balé (a Covent Garden Opera Company, depois Royal Opera, só foi fundada em 1946). Britten estava convicto de que seu país precisava de uma companhia nacional de ópera permanente e acreditava que a Sadler's Wells Opera Company (mais tarde, a English National Opera) era um bom primeiro passo.

Inspiração para Grimes

Durante a Segunda Guerra, Britten e o tenor Peter Pears, seu parceiro – pacifista como ele –, passaram três anos na América. Lá, Britten leu o poema *The Borough*, de George Crabbe, publicado em 1810, em que o autor dedica toda uma parte ao vilão Peter Grimes, homem proscrito e letal, perseguido por sua comunidade. O longo poema descreve o povo de Aldeburgh, em Suffolk, na costa leste inglesa, a paisagem de planície local, o terreno pantanoso, as praias pedregosas e o arrasto das ondas. Britten ficou tão comovido que decidiu não só usar a história de Peter Grimes como tema para ópera como voltar a sua Suffolk natal.

Apesar do perigo e das dificuldades de cruzar o Atlântico em tempo de guerra, ele e Peter Pears viajaram para a Inglaterra num cargueiro, o *Axel Johnson*. Durante a travessia de dezenove dias, trabalharam juntos no libreto para o novo projeto, com o que Pears descreveu como "recrutas cruéis, desbocados e estúpidos como companhia". Era um ambiente apropriado para o início da primeira ópera séria de Britten; o mar criaria o pano de fundo perturbador de *Peter Grimes*.

De volta a Suffolk, Britten trabalhou mais no libreto com o escritor Montagu Slater. Profundamente sensível, Britten queria explorar o caráter do perigoso pária de Crabbe. Ele também se sentia um excluído da sociedade, não só por causa de seu pacifismo. Ele conhecera Peter Pears em 1937 e os dois sofreram por seu amor – a homossexualidade foi ilegal na Grã-Bretanha até 1967. »

A soprano Joan Cross interpreta a professora, Peter Pears é Peter Grimes (no centro) e Leonard Thompson é o aprendiz, na produção original da ópera, em 1945.

Benjamin Britten

Nascido em Lowestoft, na Inglaterra, em 1913, Britten tocou piano e compôs desde cedo, estudando na adolescência com o compositor e violinista Frank Bridge. Em 1930, ganhou uma bolsa no Royal College of Music de Londres. De 1939 a 1942, Britten e o tenor Peter Pears viveram na América. Ao voltar a Londres, Pears entrou na Sadler's Wells Opera Company, cujo teatro estreou *Peter Grimes*, em 1945. O sucesso da ópera estimulou o interesse por todas as novas obras de Britten. Britten e Pears formaram o English Opera Group em 1947, e em 1948 lançaram o Festival de Aldeburgh. Em 1962, O *War Requiem* de Britten estreou na recém-reconstruída Catedral de Coventry. Britten tornou-se par vitalício do reino em 1976, poucos meses antes de morrer de insuficiência cardíaca. Foi o primeiro compositor ou músico nomeado membro da Câmara dos Lordes britânica.

Outras obras importantes

1946 *The Young Person's Guide to the Orchestra*
1951 *Billy Budd*
1961 *War Requiem*

ÓPERA BRITÂNICA DO SÉCULO XX

Os personagens principais de *Peter Grimes*

Antagonistas

- **Senhora Sedley** (*mezzo* soprano) — Fofoqueira da cidade
- **Auntie** (contralto) — Dona do pub
- **Swallow** (baixo) — Advogado
- **Bob Boles** (tenor) — Pescador e metodista
- **Moradores da cidade** (coro)

Amigos

- **Ellen Orford** (soprano) — Professora que vê o bem em Grimes e quer se casar com ele.
- **Capitão Balstrode** (barítono) — Capitão de navio aposentado
- **Ned Keene** (barítono) — Boticário

Peter Grimes — Anti-herói, é violento, solitário e proscrito.

Ovações para uma obra-prima

A primeira encenação de *Peter Grimes* aconteceu no Sadler's Wells Theatre em 7 de junho de 1945. A compositora e regente Imogen Holst, que seria depois codiretora do Festival de Aldeburgh, escreveu, lembrando a emoção do momento: "Ninguém na plateia jamais esquecerá a excitação daquela noite". Quando a tragédia chegou ao silencioso fim, ela sentiu que o público sabia que tinha assistido a uma obra-prima: "Eles se levantaram e não pararam de gritar".

A popularidade da ópera reside em parte no drama psicológico e na profundidade da caracterização. Um pescador solitário, atormentado e complexo, Peter Grimes, acaba de ser inocentado da morte de um aprendiz mas é advertido a não buscar substituto. Enfrentando a hostilidade dos concidadãos, ele anseia em vão pelo amor e simples convívio com a amiga Ellen Orford, uma professora viúva, mas a relação está chegando ao fim. No dueto do prólogo, *The Truth… the Pity… and the Truth*, Ellen canta num brilhante acorde de mi maior enquanto Grimes começa em fá menor. Gradualmente, Grimes acompanha Ellen e o par fica em uníssono, mas isso não dura.

Desafiando a opinião local, Grimes arruma um novo aprendiz, e seu destino é selado. Quando Ellen descobre um machucado no menino e acusa Grimes de maltratá-lo, moradores o veem atacá-la e ir embora. Disposta a linchá-lo, a multidão avança até a cabana de Grimes no topo do penhasco sob uma batida de tambores que indicam desgraça iminente, mas não encontra nada errado, pois Grimes está fora, pescando. Seu aprendiz, porém, caiu do penhasco e morreu. Seu pulôver é depois encontrado na praia e a multidão avança para a cabana de novo. Condenado, Grimes rema para o mar e afunda seu barco. O fim da ópera se passa na manhã seguinte, ao som lamentoso de uma sirene marítima,

> "Ele desejava alguém para perturbar e controlar; queria algum menino obediente para sofrer e aguentar o golpe de sua pesada mão."
> **Peter Grimes**

com relatos de um barco naufragado longe demais para ser resgatado.

Desenvolvimento da tensão

A música de *Peter Grimes* tem uma força elástica assombrosa – o que Peter Pears definiu como "O mínimo de notas para transmitir o máximo efeito". Esse estilo econômico, já aparente nas primeiras obras de Britten, como *A Boy Was Born* (1933) e *Les Illuminations* (1939), era esquelético comparado à escola pastoral de composição inglesa. Em *Peter Grimes*, a música expressa o drama o tempo todo. No quarteto *Hi! Give Us a Hand!*, na primeira cena do ato I, por exemplo, os quatro personagens cantam ao mesmo tempo, imitando uma discussão, enquanto a mistura de canção, fala e risadas do coro em *Assign Your Prettiness to Me*, no ato III, transmite a simplicidade natural dos aldeões. Por outro lado, no fim da ópera, o cânone do coro evoca a ameaça da multidão.

São usados também com grande efeito interlúdios orquestrais entre os atos, em especial os *Four Sea Interludes* (*Dawn*, *Sunday Morning*, *Moonlight* e *Storm*), que muitas vezes são apresentados sozinhos. Eles servem para criar uma atmosfera, evocar emoções dos personagens e prenunciar o drama, indo de violinos e flautas suaves para representar uma alvorada na costa até um surto dos metais para denotar a chegada de uma tempestade.

Britten continuou a compor óperas, entre elas *Billy Budd* (1951), baseada no romance *Billy Bud, marinheiro*, de Herman Melville, e *Morte em Veneza* (1973), da novela de Thomas Mann. Além de abrir um lugar para a ópera moderna britânica no repertório internacional, Britten promoveu ativamente a música de colegas compositores. Ele também defendeu os elementos tradicionais da ópera, como uma boa história, atmosfera evocativa e coro grande e empolgante. Basicamente, ele recuperou o conceito de ópera como entretenimento numa época de domínio do minimalismo. ∎

Britten é lembrado num vitral de John Piper, na igreja paroquial de Aldeburgh. *The Burning Fiery Furnace*, mostrado aqui, evoca as três "parábolas de igreja" de Britten.

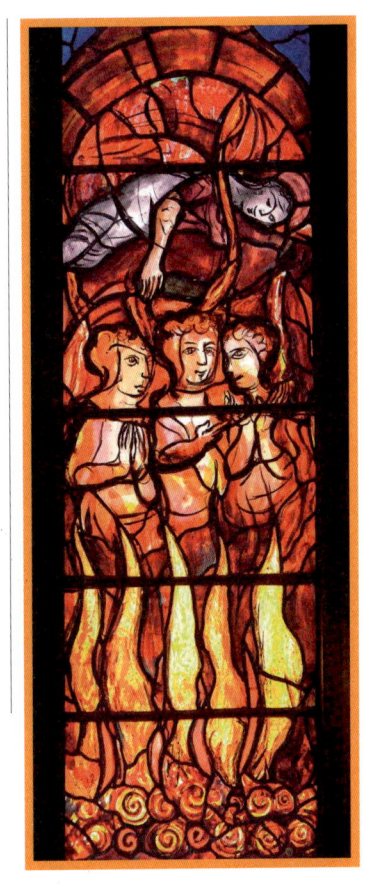

Festivais de música

O Festival de Aldeburgh, lançado por Britten e amigos em 1948, tornou-se internacional em poucas décadas. Foi o último de um crescente número de festivais internacionais de música, entre eles o de Bayreuth, fundado por Richard Wagner em 1876 para encenar suas próprias óperas, e o de Salzburgo, de música de Mozart, criado por seus cidadãos em 1877. Na Itália, foi o centenário de Verdi, em 1913, que levou as primeiras óperas à Arena di Verona, onde o festival anual acontece no verão. Como na Europa, festivais de música clássica floresceram nos EUA nos anos 1870, embora a Handel and Haydn Society de Boston já tivesse feito seu primeiro festival trienal em 1858. No século XX, o compositor Henry Kimball Hadley realizou em 1934 os concertos que resultaram no famoso Tanglewood Festival.

O English Opera Group carrega adereços para a apresentação de estreia de *Let's Make An Opera*, de Britten, durante o Festival de Aldeburgh's de 1949.

MÚSICA
CONTEMP

ORÂNEA

INTRODUÇÃO

1950 — Pierre Schaeffer e Pierre Henry criam a *Symphonie pour un homme seul* com sons gravados.

1956–1957 — Na França, **Iannis Xenakis** compõe *Pithoprakta*, peça inspirada em princípios matemáticos e de engenharia.

1960 — *Trenodia para as vítimas de Hiroxima*, do compositor polonês **Krzysztof Penderecki**, explora o sonorismo, com uma orquestra de 52 instrumentos de cordas.

1956 — Na União Soviética, o balé *Spartacus*, de **Aram Khatchaturian**, sobre a revolta escrava contra Roma no século I a.C., vence o prêmio Lênin.

1958 — Três orquestras trazem à vida simultaneamente *Gruppen*, de **Karlheinz Stockhausen**, em sua estreia em Colônia, na Alemanha.

1964 — **Terry Riley** compõe *In C* – umas das primeiras peças minimalistas, sem número de executantes ou duração determinados.

Na esteira da Segunda Guerra Mundial, a música clássica se tornou cada vez mais experimental, com os compositores buscando modos mais ousados de retrabalhar a linguagem musical. Voltando as costas ao passado, eles procuravam novas fontes de inspiração, como a matemática e a física, e derrubavam conceitos anteriores de estrutura. Até aspectos fundamentais da música eram questionados, como o que constituía um instrumento musical, a necessidade de um executante e o que a própria música pode ser.

Na Europa, a geração do pós-guerra levou além o método serial de composição introduzido por Arnold Schoenberg nos anos 1920, aplicando-o ao volume e à duração além do tom. Estimulados por Olivier Messiaen, seu professor no Conservatório de Paris, Pierre Boulez e Karlheinz Stockhausen se tornaram os líderes do serialismo, enquanto Iannis Xenakis usava-o como ponto de partida para uma música baseada numa combinação de teorias matemáticas e acústicas. Os compositores também encontraram rica inspiração na tecnologia, que lhe deu acesso a um mundo sonoro totalmente novo. Em Paris, Pierre Henry e Pierre Schaeffer introduziram uma técnica chamada *musique concrète*, usando sons gravados em fita magnética como sua base.

Na mesma época, um jovem compositor americano, John Cage, explorou a música determinada pelo acaso, ou música aleatória, e examinou o potencial musical do silêncio. Ele decidia elementos-chave de suas composições jogando moedas ou gravetos e dando instruções gráficas ambíguas aos músicos. Uma de suas obras (*4'33"*) especificava quatro minutos e 33 segundos de silêncio, em que só os sons ambientes do auditório poderiam ser ouvidos.

As ideias se espalham

Após a morte de Josef Stálin, em 1953, notícias sobre inovações começaram a chegar aos compositores dos regimes dominados pelos soviéticos, os quais censuravam música que consideravam degenerada ou subversiva. György Ligeti, nascido no Romênia comunista, foi para o Ocidente pela Hungria em 1956 e desenvolveu um estilo idiossincrático após conhecer a música de Stockhausen e seus contemporâneos, achando por fim

MÚSICA CONTEMPORÂNEA

1968 — **Luciano Berio** usa colagem e citação para compor um caleidoscópio de texturas musicais em *Sinfonia*.

1976 — Com palavras mínimas e sem intervalo, *Einstein on the Beach*, de **Philip Glass**, subverte a narrativa tradicional da ópera.

1993 — A Quarta sinfonia de **Witold Lutosławski**, de 25 minutos, é apresentada como um movimento contínuo com duas seções.

2011 — O compositor americano **Eric Whitacre** adapta sua obra instrumental *October* a um arranjo coral em *Alleluia*.

1967 — **Toru Takemitsu** justapõe as tradições musicais oriental e ocidental na obra orquestral *November Steps*.

1969 — *Eight Songs for a Mad King*, de **Peter Maxwell Davies**, baseado nas palavras do rei Jorge III, apresenta um novo tipo de "teatro musical".

1977 — Com inspiração bíblica, *Apocalypsis*, do compositor canadense **Raymond Murray Schafer**, apresenta múltiplos coros, regentes e orquestras.

2000 — **Jennifer Higdon** compõe e estreia *blue cathedral*, obra que sintetiza um retorno ao lirismo.

---

inspiração na teoria do caos e na matemática fractal. Com a retirada das restrições às artes na Polônia, Krzysztof Penderecki e outros aproveitaram para criar uma nova linguagem musical, compondo peças para instrumentos convencionais em "blocos" de som reminiscentes da música eletrônica ou, como Witold Lutosławski, introduziram elementos do acaso em suas obras. Essa abordagem eclética da composição musical, que incorporava elementos de diferentes estilos, também foi um traço da música de Luciano Berio, que adotou a colagem musical.

Nasce o minimalismo

Muitas dessas novas músicas confundiam e distanciavam os ouvintes, e houve uma reação nos EUA nos anos 1960. Em vez da complexidade, alguns jovens compositores defenderam a simplicidade, ou minimalismo. Introduzido por Terry Riley e impulsionado por Philip Glass e Steve Reich, o estilo se caracterizou pela repetição e pelas mais básica das harmonias, em parte inspirado nas qualidades hipnóticas de algumas músicas africanas e asiáticas. Muitos compositores estimulavam a improvisação dos executantes. Em *In C* (Em dó), de Riley, a ordem, duração e tempo da composição são decididos pelos músicos.

Tendências transculturais

No fim dos anos 1960, com a ampliação dos horizontes políticos, sociais e tecnológicos, a fusão e fertilização cruzada de culturas musicais ficou cada vez mais evidente, como na obra de Toru Takemitsu, que compôs para instrumentos ocidentais e japoneses, e na música transcultural de Kaija Saariaho. Compositores clássicos também absorveram ideias da cultura popular, incorporando elementos da música *pop* e do *rock*, abraçando ao mesmo tempo as possibilidades da nova tecnologia. *In Seven Days*, do compositor britânico Thomas Adès, por exemplo, é uma obra multimídia; já o compositor americano Eric Whitacre explorou a possibilidade de *ensembles* "virtuais" reunidos via internet.

É cedo demais para dizer que direção a música clássica tomará no século XXI ou como será o próximo movimento musical. Mas a história indica que os compositores continuarão a encontrar muitos novos meios de expressão musical. ■

OS SONS SÃO O VOCABULÁRIO DA NATUREZA

SYMPHONIE POUR UN HOMME SEUL (1949–1950), PIERRE SCHAEFFER/ PIERRE HENRY

EM CONTEXTO

FOCO
Música eletrônica e *musique concrète*

ANTES
1939 O primeiro exemplo de música eletroacústica, *Imaginary Landscape nº 1*, de John Cage, usa fonógrafos de velocidade variável, gravações de frequências, piano abafado e címbalo.

1948 *Étude aux chemins de fer*, de Pierre Schaeffer, feito totalmente de gravações de trens a vapor, é transmitido no rádio com estudos anteriores seus sobre sons.

DEPOIS
1952–1953 Olivier Messiaen compõe sua única obra eletrônica, *Timbres-durées*, porém mais tarde a cancela.

1954 *Déserts*, de Edgard Varèse, peça que alterna seções de *musique concrète* e outras para orquestra de sopros e percussão, é transmitida de Paris em 2 de dezembro.

1956 Em *Gesang der Jünglinge* Stockhausen mescla sons derivados da voz de um menino de coro soprano com tons gerados eletronicamente e manipulados.

1958 Edgard Varèse compõe *Poème électronique* para o Philips Pavilion, construção futurista projetada por Le Corbusier para a Feira Mundial em Bruxelas.

MÚSICA CONTEMPORÂNEA

Ver também: *Ionisation* 268-269 ▪ *Quarteto para o fim do tempo* 282-283 ▪ *4'33"* 302-305 ▪ *Gruppen* 306-307 ▪ *Pithoprakta* 308 ▪ *Sinfonia*, Berio 316-317

Na sequência da Segunda Guerra, os compositores estavam entre os muitos criadores que sentiam a necessidade de uma nova estética. Eles queriam compor obras que não fossem contaminadas – como sentiam que eram as complexas óperas e músicas orquestrais bancadas pelo Estado – por nenhuma conexão com os antigos regimes, em especial o Terceiro Reich, seus aliados e os países que tinha ocupado. Alguns se voltaram a formas de serialismo (em que notas são repetidas numa ordem específica) desenvolvidas a partir das estruturas orgânicas de Anton Webern, expoente anterior da música serial e um dos compositores cuja obra tinha sido condenada como "degenerada" pelo Partido Nazista. Outros descobriram um novo começo gravando sons comuns do dia a dia e juntando-os em composições semelhantes a colagens que só precisavam ser tocadas num disco ou fita, em vez de interpretadas por músicos ao vivo numa sala de concerto. Essa foi a origem da *musique concrète*, uma forma inicial de música eletrônica.

> Algo novo foi acrescentado, uma nova arte do som. Estou errado em chamá-la de música?
> **Pierre Schaeffer**

Pierre Henry usou num concerto em Paris em 1952 quatro grandes bobinas de receptor circulares para mostrar como o som transmitido por quatro alto-falantes podia ser movimentado ao redor do espaço.

Foi no Studio d'Essai da Radiodiffusion Nationale que Pierre Schaeffer começou a trabalhar na *Symphonie de bruits* (Sinfonia de ruídos). Fundado em 1942 pelo diretor teatral Jacques Copeau e seus alunos como o centro francês do movimento da Resistência em rádio, o Studio tornou-se a seguir o berço da *musique concrète*. Em colaboração com Pierre Henry, que entrou no estúdio eletrônico em 1949, Schaeffer desenvolveu a *Symphonie* original na *Symphonie pour un homme seul* (Sinfonia para um homem sozinho), estreada na École Normale de Musique em Paris em 1950. Henry passou a dirigir o que seria chamado de Groupe de Recherche de Musique Concrète, que estudou e desenvolveu esse estilo de 1951 a 1958.

Os sons de uma vida

Em sua forma original a *Symphonie* consistia em 22 movimentos, com »

Pierre Schaeffer e Pierre Henry

Nascido em 1910 em Nancy, Schaeffer cresceu numa família de músicos, mas estudou engenharia e diplomou-se em transmissão de rádio na École Polytechnique, entrando na companhia Radiodiffusion--Télévision Française em 1936. Em 1949, conheceu Pierre Henry, compositor e percussionista nascido em Paris em 1927, que estudara no Conservatório de Paris com os compositores Nadia Boulanger e Olivier Messiaen. Os dois amigos formaram o Groupe de Recherche de Musique Concrète, mantendo estreita colaboração até 1958, quando Henry, mais prolífico, deixou o grupo para fundar seu próprio estúdio independente, Applications de Procédés Sonores en Musique Electroacoustique. Henry continuou a criar partituras eletrônicas para filmes e balés, além da incompleta *La Messe de Liverpool*, missa eletrônica encomendada para a abertura da Catedral de Liverpool, no Reino Unido, em 1968. Schaeffer compôs pouco mais, embora tenha continuado a escrever e ensinar; seus alunos incluem Jean-Michel Jarre, um pioneiro da música eletrônica. Schaeffer morreu em Aix-en-Provence em 1995 aos 85 anos. Henry morreu em Paris em 2017, aos 89.

Outras colaborações importantes

1950 *La Course au kilocycle* (partitura para rádio)
1953 *Orphée 53*
1957 *Sahara d'aujourd'hui*

A banda sonora e os efeitos da maioria dos programas da BBC eram mixados na sala de controle no Alexandra Palace, em Londres, até o início dos anos 1950.

uso de fonógrafos e *mixers*. Para uma transmissão em 1951, eles se reduziram a onze, mas depois passaram a doze na revisão de Henry de 1966, aceita como a versão oficial. A sinfonia é uma obra exploratória que usa sons gravados e novas técnicas de maneira relativamente simples e também um pouco bruta, quando comparada ao que seria alcançado mais tarde no campo da música eletrônica.

O primeiro e o sétimo dos doze movimentos da versão revisada de 1966 chamam-se *Prosopopée I* e *Prosopopée II*, do termo grego retórico *prosopopeia*, em que um falante se comunica fingindo ser outro. Há movimentos com nomes musicais, como "Valse" e "Scherzo"; dois – "Erotica" e "Eroïca" – têm denominações evocativas e outros dois – "Collectif" e "Apostrophe" – sugerem trocas verbais. "Strette", título do último e mais longo movimento, como o termo italiano *stretto*, muito usado para descrever fugas e *finales* operísticos, indica uma velocidade mais rápida ou riqueza de textura quando sons anteriores são retomados.

Em sua obra de 1952, *À la recherche d'une musique concrète* (Em busca de uma música concreta), Schaeffer descreveu a natureza individual da obra e listou alguns de seus elementos sônicos. Ele declarou que um homem poderia ser seu próprio instrumento, usando muito mais que as doze notas do canto: "Ele grita, assobia, anda, bate o punho, ri, geme. Seu coração bate, a respiração acelera, ele pronuncia palavras, brada e outros brados respondem".

O coreógrafo Maurice Béjart percebeu outro potencial expressivo da *Symphonie* e usou-a em um balé que também foi chamado *Symphonie pour un homme seul*, criado por ele em 1955. Foi o primeiro sucesso de Béjart, retomado muitas vezes depois.

Um legado musical

Embora tenha sido nomeado professor de composição eletrônica no Conservatório de Paris em 1968, Schaeffer criou poucas obras após 1962. Manteve, porém, a dedicação a uma vasta gama de interesses e conceitos artísticos, em especial a escrita criativa, estudos teóricos de música concreta e outras técnicas eletrônicas, e à organização e direção de grupos voltados a novos gêneros.

Henry continuou a explorar a mídia que ajudou a inventar em colaboração com Béjart, o coreógrafo Alwin Nikolais, o colega compositor

Sons usados nos doze movimentos da *Symphonie pour un homme seul*

1. **Prosopopée I**		Batidas, gritos, murmúrios, assobios e canto sem palavras.
2. **Partita**		Na maior parte, alguém tocando um piano preparado.
3. **Valse**		Sons distorcidos de orquestra tocando fragmentos de uma valsa com várias vozes por cima.
4. **Erotica**		Voz de mulher rindo e ronronando de prazer.
5. **Scherzo**		Vozes conversando tocadas em várias velocidades, alternadas com sons sem relação do piano.
6. **Collectif**		Vozes descontraídas sobre acordes suaves e sustentados de piano.
7. **Prosopopée II**		Sons de passos alternados com vários tons do piano.
8. **Eroïca**		Sons ativos estrepitosos com voz tocada de trás para a frente.
9. **Apostrophe**		Vozes feminina e masculina repetindo frases líricas contra um fundo de ideias rítmicas ao piano.
10. **Intermezzo**		Sons semelhantes a fragmentos de uma oração coletiva contra acompanhamento percussivo tenso.
11. **Cadence**		Sons de batidas em madeira e metal.
12. **Strette**		Uma abertura alta e explosiva, depois uma síntese do que veio antes, com sons percussivos, barulhos de multidão e sirenes.

MÚSICA CONTEMPORÂNEA 301

Michel Colombier e a banda de *rock* britânica Spooky Tooth. Sua obra também influenciou compositores de múltiplos estilos de música eletrônica, entre eles o músico e produtor britânico William Orbit, Mat Ducasse, da banda Skylab, baseada no Reino Unido, e o produtor musical e DJ britânico Fatboy Slim.

Outros compositores que trabalharam brevemente no Groupe de Recherche de Musique Concrète foram Karlheinz Stockhausen, Pierre Boulez e o veterano Edgard Varèse, que reconheceu o surgimento de uma mídia pela qual ansiara toda a vida. Porém as principais contribuições ao gênero nascido em Paris vieram de outro lugar.

Em 1952, o teórico e compositor alemão Herbert Eimert fundou um departamento de música eletrônica nos estúdios da rádio de Colônia. Stockhausen se juntou a ele, e o foco passou dos sons gravados em contextos diversos (da *musique concrète*) a sons produzidos eletronicamente. Entre 1953 e 1954, Stockhausen compôs dois estudos influentes de música eletrônica pura e mais tarde combinou sons reais a eletrônicos em sua magistral *Gesang der Jünglinge* (1955–1956).

Novos espaços experimentais

Estúdios similares aos de Colônia começaram a surgir pelo mundo, em Nova York, Tóquio, Munique e Milão (onde os compositores italianos Luciano Berio e Bruno Maderna fundaram o terceiro espaço europeu de música eletrônica). Em Londres, em 1958 a BBC lançou seu Radiophonic Workshop, que começou a desenvolver música ambiente para rádio e televisão, como o tema de *Dr. Who* (1963), do compositor australiano Ron Grainer, executado por Delia Derbyshire. Obras importantes de Varèse (seu *Poème électronique*) e do grego Iannis Xenakis foram criadas em estúdios europeus na época.

Em 1977, foi aberto em Paris o Institut de Recherche et Coordination Acoustique/Musique (Ircam). Boulez era seu diretor, e Berio e o compositor e trombonista franco-esloveno Vinko Globokar, entre outros, faziam parte da equipe. Desde então, muitos compositores realizaram experimentos e composições no Ircam, usando eletrônica e depois computadores. A organização continuou influente, tornando tais técnicas parte da composição clássica atual. Figuras importantes a desenvolver trabalhos lá foram Jonathan Harvey, Harrison Birtwistle, George Benjamin, Kaija Saariaho, Unsuk Chin, Gérard Grisey e Tristan Murail. ■

> ❝ Uma ópera para pessoas cegas, uma apresentação sem argumento, um poema feito de ruídos, erupções de texto, falado ou musical. ❞
> **Pierre Schaeffer**
> *Descrevendo a Symphonie em* La musique concrète *(1973)*

Gesang der Jünglinge

Gesang der Jünglinge (Canção dos jovens), de Karlheinz Stockhausen, foi criada nos estúdios da West German Radio entre 1955 e 1956. Seu texto vem do livro bíblico de Daniel, em que Nabucodonosor manda jogar os jovens hebreus Sadraque, Mesaque e Abede-Nego numa fornalha ardente por se recusarem a adorar sua imagem. Milagrosamente ilesos, eles cantam em louvor de Deus entre as chamas.

Alguns veem a peça como a primeira obra-prima criada com técnicas sonoras desenvolvidas nos experimentos de Schaeffer e Henry. Ela também reflete a forte base espiritual que a obra de Stockhausen quase sempre tinha. Usando tons e pulsações gerados eletronicamente, estática filtrada e a voz soprano do menino de coro Josef Protschka, Stockhausen criou um turbilhão flamejante de ricas e complexas texturas, operando em velocidades e níveis dinâmicos diferentes e usando o espaço ao redor do público por meio do som de quatro canais (de início cinco). O resultado é uma criação virtuosística que mantém um impulso consistente, graças à estrutura global perfeitamente planejada.

A passagem dos hebreus que sobrevivem numa fornalha, aqui num cartão de estudo da Bíblia (c. 1900) – inspiração para Stockhausen.

NÃO ENTENDO POR QUE TÊM MEDO DE IDEIAS NOVAS. EU TENHO MEDO DAS VELHAS
4'33" (1952), JOHN CAGE

EM CONTEXTO

FOCO
Indeterminação, música aleatória e silêncio

ANTES
1787 Acredita-se que Mozart escreveu *Instruções para a composição de tantas valsas quantas se queira com dois dados, sem entender nada de música nem composição*.

1915 Marcel Duchamp compõe *Erratum musicale*, para três vozes, tirando cartas de um chapéu.

DEPOIS
1967 Cornelius Cardew conclui *Treatise*, grande partitura gráfica sem parâmetros musicais.

1983 Morton Feldman termina o Quarteto de cordas nº 2, sua mais longa obra a explorar o lento desenrolar da música.

Durante séculos a "indeterminação" foi um aspecto da composição de música clássica – das obras barrocas de teclado com baixo cifrado que confia ao executante o preenchimento da harmonia de maneira não estipulada pelo compositor até os "jogos musicais de dados" populares no século XVIII, em que se lançavam dados para decidir a ordem de uma série de ideias musicais dadas por um compositor. Uma versão do jogo atribuída a Mozart, por exemplo, possibilitava criar até 45.949.729.863.572.161 valsas.

No século XX, compositores de vanguarda levaram o conceito além,

MÚSICA CONTEMPORÂNEA

Ver também: *Pierrot lunaire* 240-245 ▪ *Parade* 256-257 ▪ *Gruppen* 306-307 ▪ *In C* 312-313 ▪ *Six Pianos* 320 ▪ *Einstein on the Beach* 321

As experiências de Cage com o som o levaram a inventar o "piano preparado", em que seu som é alterado colocando objetos sobre ou entre as cordas.

cunhando-se o termo "música aleatória" para designar peças em que o acaso desempenha papel importante. Logo o dadaísmo – um movimento de arte de vanguarda – adotaria o acaso como parte de uma nova estética. O artista franco-americano Marcel Duchamp compôs duas obras aleatórias entre 1913 e 1915, e os franceses Francis Picabia e Georges Ribemont-Dessaignes criaram peças para apresentar no Festival Dada em Paris, em 1920.

O papel do compositor

Apesar de sua origem no puro experimentalismo, a música aleatória era considerada de modo sério em meados do século XX, como reação ao que viera antes. Desde que os compositores tinham passado do baixo cifrado à notação completa, os executantes aos poucos deixaram de se ver como músicos ativamente criativos e, à medida que a ornamentação improvisada foi abandonada e as partituras ficaram mais detalhadas, surgiu a noção, esposada por Stravinsky, de que até a interpretação era desnecessária. A única preocupação do instrumentista, dizia-se, era reproduzir a partitura sem interferir. Essa atitude atingiu o auge com o advento do serialismo total, ou integral, em que virtualmente todos os parâmetros musicais eram controlados pelo sistema compositivo.

Cage, o anarquista

Para o compositor americano John Cage, o desequilíbrio de forças em favor do compositor criava uma hierarquia oposta a suas crenças socialistas e anarquistas. O único modo de minar essa hierarquia, ele pensava, era ou o compositor participar menos, ou o executante mais, do processo compositivo. »

> ❝ Desenvolver o ouvido para sons musicais é como desenvolver um ego. Você começa a recusar sons que não são musicais e assim se priva de boa parte da experiência.
> **John Cage** ❞

John Cage

Nascido em Los Angeles em 1912, John Cage estudou música com Arnold Schoenberg e Henry Cowell, e usou técnicas seriais em suas primeiras obras. Em 1939, começou a fazer experiências com piano preparado, gravadores e outras tecnologias. Seu concerto no Museu de Arte Moderna de Nova York em 1943 chamou para ele a atenção de uma comunidade musical maior.

Nos anos seguintes, explorou o budismo e outras filosofias orientais, e ficou obcecado pela natureza da música e especificamente pela sua ausência. As composições resultantes lhe valeram fama e má reputação. Embora nunca tenha abandonado as partituras anotadas, seu experimentalismo o levou a se tornar ícone do movimento Fluxus, adotando sons e materiais "encontrados". Morreu de um derrame em 1992, aos oitenta anos.

Outras obras importantes

1946–1948 *Sonatas and Interludes*
1958 *Concert for Piano and Orchestra*
1974–1975 *Études Australes*
1987 *Europeras I e II*

INDETERMINAÇÃO, MÚSICA ALEATÓRIA E SILÊNCIO

Esse conceito é evidente sobretudo em *Imaginary Landscape nº 4 for 12 radios* (1951), de Cage, em que os "executantes" manipulam rádios de ondas curtas, sem precisar de competência em um instrumento. Cage permanece o compositor, pois as várias frequências que os operadores devem encontrar são detalhadas na partitura, mas os sons recebidos pelos rádios dependem de quando e onde o concerto acontece e são assim imprevisíveis. O resultado é estática interrompida por trechos de fala e música.

Silêncio musical

A obra seminal de Cage, *4'33"*, em que os executantes ficam em silêncio pelo tempo de duração (quatro minutos e 33 segundos), foi inspirada na ideia do silêncio como parte da música. Os músicos usavam muito o silêncio em música – consta que Beethoven afirmou que a música estava nos silêncios –, mas para Cage tratava-se de uma aproximação à ideia japonesa de *Ma*, que valoriza o foco na experiência e na percepção humanas do espaço entre as coisas. Cage ficou fascinado com a ideia do silêncio e foi à Universidade Harvard testar uma câmara anecoica, em que todo som é absorvido. Ele ficou chocado ao descobrir que até lá podia ainda ouvir dois sons – um agudo, outro grave –, que se revelaram de seu próprio corpo. Em *4'33"*, Cage buscou retratar essa percepção de que mesmo os silêncios musicais não são verdadeiros. Embora as plateias novas de *4'33"* tendam a pensar que a obra é absurda, a experiência de ouvir os ruídos ambientes da sala de concertos contra os quais a música é usualmente tocada é iluminadora. Curiosamente, a duração da obra, mais ou menos a de um disco de 78 rpm, era uma provocação direta à mercantilização da música, em especial da música *pop* – um produto previsível e bem empacotado. Ao publicar a partitura (que inclui instruções para os executantes) e dizer que a peça "pode ser executada por qualquer instrumentista", Cage ainda se liga à tradição clássica.

Definição da música

A primeira apresentação de *4'33"*, em 1952, abriu as portas a mais especulações e experimentações em torno do que constitui de fato a música. Um exemplo extremo foi composto por um dos alunos de Cage, La Monte Young: *Piano Piece for David Tudor #1* (o pianista e compositor americano David Tudor foi quem estreou *4'33"*) só fornece as seguintes instruções: "Traga um fardo de feno e um balde de água ao palco para que o piano coma e beba. O executante pode então alimentar o piano ou deixar que ele coma sozinho. No primeiro caso, a peça termina depois que o piano for alimentado. No segundo, acaba depois que o piano come ou decide não fazê-lo". Igualmente contestadoras da ortodoxia musical foram algumas das obras do

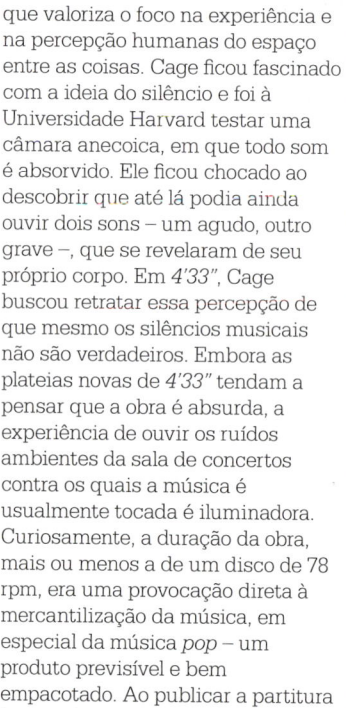

> "A primeira pergunta que me faço quando algo não parece belo é por que penso que não é belo. E muito rápido se descobre que não há razão."
> **John Cage**

Câmara anecoica nos Bell Laboratories, em New Jersey, nos anos 1950, revestida de peças de fibra de vidro com arestas, usadas comumente nesse tipo de aparelho para absorver os ecos.

MÚSICA CONTEMPORÂNEA

Um dos métodos aleatórios de John Cage

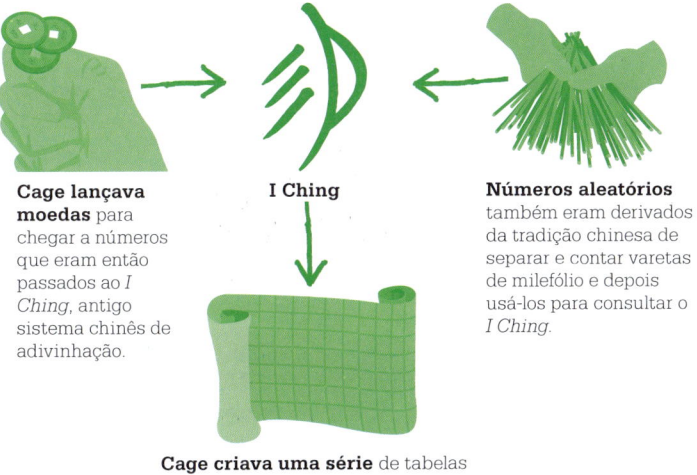

Cage lançava moedas para chegar a números que eram então passados ao *I Ching*, antigo sistema chinês de adivinhação.

I Ching

Números aleatórios também eram derivados da tradição chinesa de separar e contar varetas de milefólio e depois usá-los para consultar o *I Ching*.

Cage criava uma série de tabelas para traduzir os resultados de seus achados em sons (entre eles o silêncio), duração e volume.

Música das mutações

Em 1951, Cage ganhou um exemplar do *I Ching* do compositor americano Christian Wolff. Também conhecido como *Livro das mutações*, esse antigo texto chinês usado para adivinhação inspirou o título de *Music of Changes* (Música das mutações), de Cage, e orientou muito de seu conteúdo. Cativado pela música do acaso, Cage compôs a peça fazendo tabelas que, usadas em conjunto com o *I Ching*, geravam alturas, durações de notas, dinâmicas, tempos, silêncios e até determinavam as camadas de som usadas. Os ritmos resultantes eram complexos demais para ser anotados. Cage usou assim uma notação proporcional, em que a distância entre as notas na página definia sua duração. Além disso, algumas partes da composição eram tocadas direto nas cordas do piano e o pianista usava baquetas para criar sons percussivos no exterior do instrumento. O resultado foi uma peça para piano solo com quatro volumes, que impôs desafios difíceis a David Tudor, o pianista habitual de Cage.

---

compositor americano Morton Feldman, que buscou redefinir o ato de ouvir desdobrando a música muito lentamente numa escala muito grande. Alguns ouvintes habituados à música clássica, com 25 a trinta minutos em média, ficaram consternados com seu Segundo quarteto de cordas (1983), que dura cerca de cinco horas e desafia o desenvolvimento convencional. Em música de tal escala, que raramente é alta e nunca rápida, e onde as mudanças são sutis, cada som assume um significado próprio.

Partituras gráficas

Os compositores buscaram também criar um sistema de representação que desse poder ao executante, em vez de escravizá-lo. Em sua notação para *Projections and Intersections* (1950–1953), Feldman permitiu que os instrumentistas escolhessem alturas e ritmos. A mais importante dessas inovações foi a partitura gráfica. Em geral, ela incluía muito poucos parâmetros para os executantes, oferecendo em vez disso uma provocação visual, contra a qual eles poderiam criar música. Algumas tinham um conjunto de instruções visuais que definiam o formato amplo da música, como *Aria* (1958), de Cage, mas outras apresentavam imagens complexas e sutis com pouca relação com um som executável. Um exemplo notável de partitura musical gráfica é *Treatise* (1963–1967), do britânico Cornelius Cardew, com 193 páginas, que permite liberdade interpretativa total, mas supõe que os executantes decidam antes o sentido de certos traços na partitura. Na verdade, conforme as tradições de interpretação começaram a se fundir, as partituras gráficas foram deixando de ser usadas como inspiração para improvisações, ficando apenas como um modo de dar responsabilidade igual pela obra ao executante e ao compositor. ∎

> " Todo som é um eco de nada.
> **John Cage** "

ELE MUDOU NOSSA VISÃO DE TEMPO E FORMA MUSICAIS
GRUPPEN (1955–1957), KARLHEINZ STOCKHAUSEN

EM CONTEXTO

FOCO
Serialismo total

ANTES
1948 Em Paris, Pierre Schaeffer realiza concertos de *musique concrète*, com sons pré-gravados eletronicamente, alterados e manipulados.

1950–1951 *Nummer 1*, para dois pianos, e *Nummer 2*, para treze instrumentos, de Karel Goeyvaerts, introduz a técnica do "serialismo total".

DEPOIS
1970 *Mantra*, para dois pianos e eletrônica, inicia a preocupação de Stockhausen com fórmulas de linha melódica.

1980 Stockhausen conclui *Donnerstag* (Quinta-feira), a primeira ópera do ciclo *Licht* (Luz), composto com a técnica serial de "superfórmulas".

Em 1955, o Westdeutscher Rundfunk (WDR, Estúdio para Música Eletrônica da Rádio Alemã-Ocidental) encomendou uma obra ao compositor alemão Karlheinz Stockhausen. Naquele agosto, ele alugou um quarto em Paspels, no leste da Suíça, e projetou uma grande e ambiciosa peça nova. Embora de início pensasse em uma obra eletrônica, ele deixou a ideia em favor da instrumentação convencional, criando por fim uma peça de grande escala para três orquestras tocando ao mesmo tempo. Intitulada *Gruppen* (Grupos), ela ficou famosa tanto pelo modo como desenvolve a técnica compositiva como pela enorme abrangência sonora orquestral.

Estrutura e espaço

A chave da técnica compositiva de *Gruppen* reside em sua estrutura. Nos anos 1920, compositores como Arnold Schoenberg conceberam um modo de criar música com base em fileiras determinadas de doze tons. Compositores futuros, como Pierre Boulez e Stockhausen, levaram a técnica além, usando séries ou grupos de notas que determinavam não só a altura mas elementos musicais como volume e duração das notas – método muitas vezes chamado serialismo total. O título de *Gruppen* se relaciona a essa técnica, pois a obra se baseia em 174 fórmulas (pequenos grupos de notas). Porém essa não foi a única influência sobre sua estrutura: os contornos das montanhas que Stockhausen via de sua janela na Suíça inspiraram seus diagramas organizacionais para a peça.

Stockhausen compôs a peça para três orquestras, cada uma com seu regente e tocando com tempo diferente, transformando assim a concepção comum de tempo musical. As orquestras são

> A repetição é baseada em ritmos corporais, então nos identificamos com a batida do coração, o andar ou a respiração.
> **Karlheinz Stockhausen**

MÚSICA CONTEMPORÂNEA

Ver também: *Pierrot lunaire* 240-245 ▪ *Symphonie*, op. 21, Webern 264-265 ▪ *Quarteto para o fim do tempo* 282-283 ▪ *Symphonie pour un homme seul* 298-301

A Orquestra Sinfônica da BBC apresenta *Gruppen* para três orquestras no chamado "Dia de Stockhausen" dos BBC Proms de 2008, com regência de Martyn Brabbins, David Robertson e Pascal Rophé.

dispostas em forma de ferradura, com uma de frente para o público, uma à esquerda e a outra à direita. Uma enorme variedade de sons vem desses três locais – sopros altos e delicados, passagens de cordas pinçadas e assaltos poderosos dos metais. O formato de três orquestras também permite ao compositor usar o espaço musical dramaticamente, com o foco do interesse da plateia passando de uma orquestra a outra. O material tocado por um *ensemble* pode ser apanhado por outro ou lançado ao redor entre os três.

Desvios da forma

Os momentos mais dramáticos de *Gruppen* ocorrem quando Stockhausen despreza as regras rigorosas do serialismo total. Três passagens em especial abandonam o controle serial de tempo e gama de notas para produzir clímax musicais – um destacando os solos de violino dos três líderes orquestrais, outro envolvendo sons percussivos ou pinçados que vão de uma orquestra a outra e um terceiro, perto do fim da peça, com acordes destacados de metais e uma *cadenza* ao piano. Apesar desses desvios, Stockhausen se tornou conhecido pela composição com fórmulas – além dos experimentos com espacialização, que culminaram no *Quarteto de cordas com helicópteros* (1992–1995). ▪

> ❝ Sempre que eu me sentia feliz por ter descoberto algo, a primeira reação [...] de outros músicos, especialistas etc. era de rejeição. ❞
> **Karlheinz Stockhausen**

Karlheinz Stockhausen

Stockhausen nasceu na região de Colônia, na Alemanha, em 1928 e estudou na universidade de música local. Teve depois aulas em Paris com Olivier Messiaen, cuja técnica de composição serial o impressionou, e com Pierre Schaeffer, com quem aprendeu sobre *musique concrète*. Em 1953, começou a trabalhar no estúdio de música eletrônica da WDR. Isso levou a obras de amplo alcance, de *Gruppen* a obras eletrônicas como *Kontakte* (1958–1960). Sua última grande obra antes de morrer em 2007 foi *Licht*, um ciclo de sete óperas.

Outras obras importantes

1955–1956 *Gesang der Jünglinge* (Canção dos jovens)
1958–1960 *Kontakte* (Contactos)
1968 *Stimmung* (Voz)
1977–2003 *Licht* (Luz)

O PAPEL DO MÚSICO [...] É A ETERNA EXPERIMENTAÇÃO
PITHOPRAKTA (1955–1956), IANNIS XENAKIS

EM CONTEXTO

FOCO
Música e matemática

ANTES
1742–1750 J. S. Bach compõe *A arte da fuga*, com catorze fugas e quatro cânones.

1912 Arnold Schoenberg cria a hiperestruturada *Pierrot lunaire*.

1933 *Ionisation*, de Edgard Varèse, estreia em Nova York. Xenakis admirou muito a originalidade de Varèse.

1936 Béla Bartók compõe *Música para cordas, percussão e celesta*, incorporando *design* simétrico.

1950–1952 Pierre Boulez estende o alcance do método de doze tons de Schoenberg criando música serial.

DEPOIS
1960 Krzysztof Penderecki cria blocos de som em *Trenodia para as vítimas de Hiroxima*.

Foi Olivier Messiaen quem sugeriu que Iannis Xenakis aplicasse matemática e engenharia à composição musical. Xenakis, que estudara engenharia, trabalhava em Paris para o arquiteto e *designer* Le Corbusier, depois de ter fugido do regime anticomunista da Grécia do pós-guerra.

Base científica
Pithoprakta, uma obra inicial cujo título vem da expressão grega para "ações por probabilidades", é típica da técnica de Xenakis, que ele chamou de "estocástica", termo relacionado à probabilidade. Composta para 46 instrumentos de cordas, dois trombones, um xilofone e um bloco sonoro, a obra se inspirou na teoria científica de que a temperatura de um gás deriva do movimento de suas moléculas no espaço. Compilando uma sequência de temperaturas e pressões imaginárias, Xenakis traduziu a teoria para instrumentos de cordas movendo-se através de suas amplitudes de altura, usando uma série de *glissandi*, ou portamentos (deslizar rápido entre alturas diferentes) em cada instrumento. Pontuada por um bloco sonoro, trombones e xilofone, o efeito é de uma "massa de som" inquieta como um gás. Delineado em seu livro *Musiques formelles* (Músicas formais; 1963), o estilo de Xenakis teve impacto duradouro. Entre outros que citam sua influência, Richard Barrett, compositor galês que estudou genética, diz que o livro o inspirou a tornar-se compositor. ∎

> *O papel do músico deve ser esta pesquisa fundamental: encontrar respostas a fenômenos que não entendemos.*
> **Iannis Xenakis**

Ver também: Pierrot lunaire 240-245 ▪ Quarteto para o fim do tempo 282-283 ▪ Gruppen 306-307 ▪ Trenodia para as vítimas de Hiroxima 310-311

A COMUNHÃO ÍNTIMA COM AS PESSOAS É O ALIMENTO NATURAL DE TODO O MEU TRABALHO
SPARTACUS (1956, REV. 1968), ARAM KHATCHATURIAN

EM CONTEXTO

FOCO
Balé na Rússia soviética

ANTES
1921 Mikhail Gnéssin, que depois ensinaria Khatchaturian, compõe a ópera *A juventude de Abraão*, uma de várias obras de tema judaico.

1927 Apoiado pelo Krêmlin, *A papoula vermelha*, balé com música de Reinhold Glière, estreia no Teatro Bolshoi, em Moscou.

1940 *Romeu e Julieta*, de Prokófiev, é amplamente considerado o maior balé composto no período soviético.

DEPOIS
1976 O compositor armênio Edgar Hovhannisyan baseia sua ópera-balé *Sasuntsi Davit* num poema épico armênio do século IX.

O balé *Spartacus*, mais conhecido na versão revisada de 1968, é um espetáculo de grande escala. Diferente da maioria dos balés, tem tema não romântico mas heroico – uma rebelião de escravos liderada por Espártaco contra seus senhores romanos. O balé deu a Khatchaturian o Prêmio Lênin no ano de sua composição. O regime soviético sentiu que simbolizava a vitória do povo russo sobre os opressores tsaristas. Hoje, porém, outros pensam que alude à repressão soviética. Em 1948, com Prokófiev e Chostakóvitch, Khatchaturian foi condenado pela música "antidemocrática" burguesa, mas recuperou o favor oficial, sobretudo após a morte de Stálin, em 1953.

Influências na infância
Khatchaturian cresceu na Geórgia, imerso na música folclórica da Armênia e da região do Cáucaso. As melodias e inflexões harmônicas da infância do compositor, além de seu compromisso com uma "comunhão íntima" com as pessoas comuns e sua música, foram inspirações-chave de sua obra. O perturbador e exultante "Adagio de Spartacus e Phrygia", de *Spartacus*, e a "Dança do sabre" do balé *Gayane* foram amplamente usados em televisão e cinema. A versão completa de 1968 de *Spartacus* ainda é item básico do repertório de balé russo. ■

Aram Khatchaturian, fotografado nos últimos anos do auge da fama, foi aclamado em todo o mundo por seus balés, muito populares, *Spartacus* e *Gayane*.

Ver também: *O quebra-nozes* 190-191 ▪ *Romeu e Julieta* 272 ▪ Quinta sinfonia, Chostakóvitch 274-279

FUI ATINGIDO PELA CARGA EMOCIONAL DA OBRA

TRENODIA PARA AS VÍTIMAS DE HIROXIMA (1960), KRZYSZTOF PENDERECKI

EM CONTEXTO

FOCO
Atrás da Cortina de Ferro

ANTES
1946 Nomeado por Stálin, Andrei Jdánov impõe a diretiva do "realismo socialista", defendendo a música convencional na Europa Oriental e repudiando composições de vanguarda.

1958 Compositores russos como Edison Deníssov e Sofia Gubaidúlina começam a emular a música experimental ocidental e são chamados de dissidentes pelas autoridades.

DEPOIS
1961 György Ligeti, nascido na Hungria e morando na Áustria, compõe *Atmosphères*, com seus *clusters* de notas deslizantes e combinantes.

1970 *Concerto para violoncelo* estreia, trazendo sucesso internacional a Witold Lutosławski em seguida à agitação social em sua Polônia nativa.

Para muitos ouvintes atuais, *Trenodia para as vítimas de Hiroxima* (1960), do compositor polonês Krzysztof Penderecki, assinala uma nova fase original na música da Europa Oriental comunista. Até então, a maior parte da música da região adotava um estilo tradicional realista socialista. Na *Trenodia* de Penderecki, porém, o público foi exposto a uma paisagem sonora inédita de cordas, gemidos e murmúrios. A obra foi criada para uma orquestra de 52 cordas, cada qual com uma linha individual, e com seções de cordas também divididas em grupos. Os 24 violinos, por exemplo, são separados em quatro grupos de seis, para

O cenotáfio no Parque da Paz, em Hiroxima, homenageia os que perderam a vida no bombardeio atômico da cidade, do qual *Trenodia* tirou o título.

MÚSICA CONTEMPORÂNEA 311

Ver também: Quinta sinfonia, Chostakóvitch 274-279 ▪ *Spartacus* 309 ▪ Quarta sinfonia, Lutosławski 323 ▪ *Études*, Ligeti 324

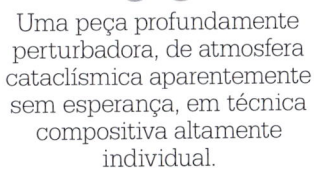

> ❝ Uma peça profundamente perturbadora, de atmosfera cataclísmica aparentemente sem esperança, em técnica compositiva altamente individual. ❞
> **Karl H. Wörner**
> *Escritor*

experiências com situação do som. Quando a peça começa, os quatro grupos tocam todos um conjunto de notas perto do topo de seu registro. A partir dali, em toda a peça, os membros do grupo tocam em alturas diferentes, um quarto de tom exato distantes uns dos outros em conjuntos de notas, criando uma sensação de desconforto que permeia a peça.

Tocar com técnica

A *Trenodia* não se estrutura de modo convencional, mas em torno de blocos de som – alguns deles baseados no conjunto de notas de abertura, outros em texturas mais finas, linhas instrumentais ou outro material. Muito da peça surpreende devido às instruções de Penderecki para que os executantes produzam timbres incomuns com técnicas irregulares – como tanger as cordas com o arco na ponte do instrumento, ao longo do braço ou entre a ponte e o estandarte, ou atingindo o corpo do instrumento com o arco ou os dedos. O resultado é uma peça muito diversa de qualquer outra da época.

Penderecki concebeu-a como música abstrata e planejava chamá-la *8'37"*, em referência a sua duração. Porém, embora a obra não se inspirasse na detonação da bomba atômica, ele a rebatizou como *Trenodia para as vítimas de Hiroxima* para aumentar seu impacto emocional antes de inscrevê-la no Prêmio Unesco de composição.

Penderecki também imaginou um modo gráfico único de notação para sua música. Em vez de linhas de compassos, o compositor colocou contagens em segundos em pontos regulares da partitura para denotar o tempo. Blocos de quartos de tons são mostrados na partitura como bandas horizontais. Penderecki também criou símbolos adicionais, como uma haste de nota que instrui o executante a subir ou descer a altura um quarto de tom e linhas oscilantes para indicar *vibrato*. *Trenodia* deu nome a Penderecki e inspirou outros compositores europeus orientais, como Henryk Górecki e Kazimierz Serocki, da Polônia, e o húngaro György Ligeti, a explorar novos sons, texturas e modos de compor baseados em blocos de som. ■

> ❝ Não era na verdade música política [...] mas música totalmente apropriada à época que vivíamos. ❞
> **Krzysztof Penderecki**

Krzysztof Penderecki

Nascido em Dębica, na Polônia, em 1933, Krzysztof Penderecki estudou na Academia de Música de Cracóvia. Graduou-se em 1958, e dois anos depois ficou famoso com *Trenodia para as vítimas de Hiroxima*. Muitas de suas peças seguintes também usaram instrumentação não convencional, como máquina de escrever e serra musical. Ainda mais popular foi a *Paixão segundo São Lucas* (1966) de Penderecki, que combinou texturas incomuns com uma forma tradicional e um tema cristão. Nos anos 1970, Penderecki tornou-se professor na Yale School of Music. Sua produção voltou a um estilo mais convencional, em peças como a Sinfonia nº 2 (1980). Com um catálogo de obras de várias formas, Penderecki é amplamente considerado o maior compositor vivo da Polônia.

Outras obras importantes

1960 *Anaklasis, para 42 cordas e percussão*
1970–1971 *Utrenja*
1984 *Réquiem polonês*
1988–1995 Sinfonia nº 3

SE VOCÊ SE TORNA UM "ISMO", O QUE FAZ ESTÁ MORTO
IN C (1964), TERRY RILEY

EM CONTEXTO

FOCO
Minimalismo

ANTES
1893 Erik Satie compõe *Vexations*, peça para piano amplamente reconhecida como precursora do minimalismo.

1958 La Monte Young cria *Trio for Strings*, considerada a obra original do minimalismo musical.

1960–1962 Em *Mescalin Mix*, Riley desenvolve a técnica de repetições usando *tape delay*.

DEPOIS
1967–1968 Philip Glass compõe uma sucessão de peças minimalistas, entre elas *Gradus* (para solo de saxofone) e *1 + 1* (para tampo de mesa amplificado).

1971 *Baba O'Riley*, canção do The Who dedicada a Terry Riley, abre com um *riff* de teclado inspirado na repetição – marca do minimalismo.

Nos EUA dos anos 1950, uma geração de artistas como Donald Judd, Richard Serra e Frank Stella defendeu um novo tipo de arte minimalista. Inspirada em parte por Piet Mondrian e outros artistas do movimento holandês De Stijl, criado em 1917, ela se baseava em materiais simples, muitas vezes industriais, e se eximia de qualquer sentido ou influência explícitos. Na música, também, compositores americanos, como La Monte Young, Steve Reich e Terry Riley, buscaram desbastar a notação, instrumentação e ritmo até sua essência. Para isso, acrescentaram um novo conjunto de materiais, como *samples* de sons gravados em fita magnética e repetidos em *loop*.

Abrindo caminhos

In C (Em dó) foi a obra em que Terry Riley definiu o estilo musical que se conhece como minimalismo. Ele apresenta um pulso constante, transformação gradual e repetição de frases curtas ou células musicais, centrando a atenção não num objetivo para o qual a música evolui mas num processo contínuo de mudança. Riley não começou decidido a compor uma peça "minimalista". *In C* emergiu em parte de sua experimentação com *tape loops* (*loops* de fitas), em especial quando colaborou com o trompetista Chet Baker na música de uma produção teatral, *The Gift*, em Paris em 1963. Ele gravou Baker e seu músicos, depois fez círculos com as fitas e tocou-os de novo simultaneamente mas iniciando em tempos diversos, de modo a se repetir fora de sincronia. *In C* usa uma técnica similar mas com executantes ao vivo em vez de fitas. A peça consiste em 53 frases musicais de duração variada (nenhuma com mais de 32 batidas)

> *In C* é revolucionária. Introduz a repetição como força construtiva primária na música ocidental.
> **Robert Davidson**
> *Compositor e aluno de Riley*

MÚSICA CONTEMPORÂNEA

Ver também: *4'33"* 302-305 ▪ *Six Pianos* 320 ▪ *Einstein on the Beach* 321

Sentado a seu teclado, Terry Riley acompanha o músico Pandit Pran Nath – um de seus primeiros mentores –, nascido em Lahore, num concerto no Théâtre Le Palace, em Paris, em 1972.

que podem ser tocadas por qualquer número de instrumentos e grupos de qualquer tamanho, embora Riley prefira de 25 a trinta músicos. Os instrumentistas tocam as frases numa dada ordem, mas podem repeti-las quanto quiserem, criando uma peça com duração que pode ir de vinte minutos a várias horas. Os músicos também começam as frases em momentos diversos, então nem sempre ficam sincronizados. A obra se ancora num pulso rítmico fornecido por um músico que repete a nota dó (C) o tempo todo – funcionando como uma espécie de metrônomo. Ela em geral é tocada no piano ou num instrumento de percussão, como a marimba.

Presença duradoura

Apesar de considerada a primeira obra realmente minimalista, *In C* se seguiu a vários experimentos anteriores, desde o fim dos anos 1950, e mostra diferenças importantes de muitas obras do gênero. Na maioria das peças minimalistas, o compositor em geral controla o material com muito mais rigor que Riley, que deixa aos músicos decisões cruciais como instrumentação e número de repetições. Isso é conhecido como música "aleatória" (do latim *alea*, "jogo de dados"), regida pelo acaso. Riley rejeitou o rótulo "minimalista" e resistiu a ser limitado por qualquer tipo de "ismo". Apesar disso, sua obra teve enorme influência sobre compositores como os ingleses Michael Nyman e Gavin Bryars, os americanos Steve Reich e Philip Glass e o estoniano Arvo Pärt, que adotaram elementos do minimalismo em suas obras. A abordagem musical hipnótica de Riley também influenciou o surgimento da música "ambiente" nos anos 1970. ▪

Terry Riley

Nascido na Califórnia em 1935, Terry Riley conheceu La Monte Young, com quem forjaria uma abordagem nova e radical da música, quando estudava composição na Universidade da Califórnia. Nos anos 1960, além dos *loops* de fita, Riley adotou o *overdubbing* (gravações múltiplas) eletrônico, em especial no álbum *A Rainbow in Curved Air* (1969), em que tocou todas as partes instrumentais – uma grande influência sobre o álbum de virtuosismo similar *Tubular Bells* (1973), de Mike Oldfield. Nos anos 1970, Riley estudou música clássica indiana, combinando-a a seu interesse na música de vanguarda ocidental e no *jazz*. Na mesma década, começou uma longa colaboração com o Kronos Quartet, produzindo muitas obras, como *Sun Rings*, que inclui sons obtidos no espaço.

Outras obras importantes

1969 *A Rainbow in Curved Air*
1971–1972 *Persian Surgery Dervishes*
1989 *Salome Dances for Peace*
2002 *Sun Rings*

QUERO ENTALHAR [...] UM TOM DOLOROSO ÚNICO TÃO INTENSO COMO O PRÓPRIO SILÊNCIO

NOVEMBER STEPS (1967), TORU TAKEMITSU

EM CONTEXTO

FOCO
O Oriente encontra o Ocidente

ANTES
1903 Inspirado no leste asiático e na tendência ao exotismo europeia, Claude Debussy imitou melodias chinesas e japonesas em *Pagodes*, o primeiro movimento de *Estampes* (Gravuras).

DEPOIS
1991 Em *Quotation of Dream*, com o subtítulo "Say Sea, Take Me", de um poema de Emily Dickinson, Takemitsu cita *La Mer*, de Debussy.

1998 O compositor sino-americano Tan Dun dedica *Water Concerto for Water Percussion and Orchestra* à memória de Takemitsu.

Takemitsu compôs *November Steps* em sua cabana isolada no monte Asama, no centro de Honshu, a ilha principal do Japão. Os únicos materiais que tinha consigo eram as partituras originais manuscritas de *Prélude à l'après-midi d'un faune* e *Jeux*, de Debussy, com sua notação multicolorida e comentários escritos à mão.

Em *November Steps*, Takemitsu usa instrumentos tradicionais japoneses – o *shakuhachi* (flauta com bocal na ponta) e a *biwa* (alaúde de braço curto). O objetivo não era misturar seus sons aos da orquestra sinfônica, mas contrastar seu timbre com os de um *ensemble* ocidental. Takemitsu conseguiu reviver a natureza essencial dos instrumentos japoneses, criando uma intensidade surpreendente contra o fluxo do som da orquestra, expresso em linguagem tonal única.

Um mundo cósmico de música

Takemitsu foi exposto pela primeira vez à música clássica ocidental através de figuras como Debussy, Alban Berg e Olivier Messiaen, no serviço militar, na Segunda Guerra. Mais tarde ele criaria seu próprio mundo musical cósmico, que instilou essas influências com a sensibilidade japonesa e oriental. Inspirado pela rara intuição de Debussy, Takemitsu identificou a "luz e sombra do som" e

A *biwa* tradicional, usada em *November Steps*, é tocada aqui por Junko Tahara em Nova York, em 2007, em música de Joji Yuasa, antigo membro da oficina experimental de Takemitsu.

MÚSICA CONTEMPORÂNEA

Ver também: *Das Lied von der Erde* 198-201 ▪ *Prélude à l'après-midi d'un faune* 228-231 ▪ *Quarteto para o fim do tempo* 282-283 ▪ *4'33"* 302-305

> 66
> Sou um jardineiro do tempo. Quero criar um jardim que ligue ao tempo infinito.
> **Toru Takemitsu**
> 99

o que chamou de "densidade de tons". Com Messiaen, Takemitsu aprendeu "a concepção da forma e cor do tempo", como disse, e na verdade compôs a peça para piano *Rain Tree Sketch II* (1992) em memória do compositor.

Diferentemente de Messiaen, Takemitsu não pertencia a nenhuma religião, mas considerava-se religioso. O ato de compor era para ele uma oração; comparava-o a "participar de um 'rio de som' eterno, correndo através do mundo que nos cerca". Como seu amigo próximo John Cage, fascinado por fungos, e Messiaen, apaixonado por pássaros, Takemitsu tinha relação profunda com o mundo natural. Como os títulos de muitas de suas obras indicam, ele sentia que sua música se vinculava intimamente à natureza e ao universo.

Silêncio e som

Takemitsu tinha profundo interesse pela relação entre silêncio e som. O conceito oriental de *Ma*, um silêncio intenso entre sons, era para ele o contrário da ideia ocidental de "pausa" musical, em inglês *rest*, "descanso". No Oriente, também, de acordo com Takemitsu, "um tom do *shakihachi* pode se tornar *Hotoke* [Deus]". Ou seja, um simples tom pode incorporar a natureza cósmica. No Ocidente, em contraste, os tons são reunidos em melodias, ritmos e harmonias. Takemitsu nunca usou as formas musicais convencionais do Ocidente. A maioria de suas obras são curtas, refletindo características da literatura japonesa, como a poesia haicai.

Sonoridades coloridas são uma das marcas da música de Takemitsu. Como a orquestra ocidental tem talvez a maior capacidade de criar diferentes cores tonais, não é coincidência ele ter criado grande número de obras orquestrais. Takemitsu também inventou técnicas compositivas únicas, mais tarde adotadas por músicos japoneses mais jovens. Na peça para piano *Les Yeux clos* (Os olhos fechados; 1979), criou camadas de melodias simultâneas com valores de notas levemente diversos, de modo que cada nota faz uma minúscula antecipação, ou atraso, apagando o sentido de batidas e criando uma textura fluida. A música de Takemitsu é totalmente original – uma justaposição única das tradições musicais japonesa e ocidental. ∎

> 66
> Um tom ocidental anda na horizontal, mas um tom do *shakuhachi* sobe na vertical como uma árvore.
> **Toru Takemitsu**
> 99

Toru Takemitsu

Nascido em Tóquio, no Japão, em 1930, Takemitsu estudou brevemente composição com Yasuji Kiyose em 1948 mas foi basicamente autodidata. Em 1951, organizou a oficina experimental Jikken Kobo com o poeta Shuzo Takiguchi e outros, seguindo métodos de vanguarda. O *Requiem for Strings* (1957), criado após a morte do compositor Fumio Hayasaka, que ele cultuava, foi elogiado por Stravinsky. Uma década depois, o sucesso de *November Steps* firmou sua reputação internacional de principal compositor japonês. A partir dos anos 1970, usou menos instrumentos japoneses em suas obras, em favor dos ocidentais comuns e de mais sonoridades tonais, como nas peças *A String around Autumn* (1989). Compôs grande número de obras em línguas ocidentais e música para mais de noventa filmes japoneses. Morreu em Tóquio em 1996.

Outras obras importantes

1957 *Requiem for Strings*
1979 *In an Autumn Garden*
1994 *Archipelago S.*

EM MÚSICA [...] AS COISAS NÃO MELHORAM NEM PIORAM: EVOLUEM E SE TRANSFORMAM
SINFONIA (1968–1969), LUCIANO BERIO

EM CONTEXTO

FOCO
Citação e colagem

ANTES
1906 O compositor americano Charles Ives compõe *Central Park in the Dark*, um dos primeiros exemplos de colagem musical.

1952 *Imaginary Landscape nº 5*, de John Cage, cria uma colagem imprevisível usando 42 gravações como fonte.

DEPOIS
1977 Alfred Schnittke compõe o Concerto grosso nº 1, num exemplo de técnica de colagem que chamou de poliestilismo.

1981 *The Adventures of Grandmaster Flash on the Wheels of Steel* exibe as técnicas virtuosísticas de *mixing* de DJ que estão na base do *hip hop* inicial.

O s anos 1960 – uma década de profunda mudança social – tiveram o auge em 1968, ano em que *Sinfonia*, de Luciano Berio, estreou. Essas mudanças – o movimento dos direitos civis, protestos estudantis, novos meios de comunicação de massa e o choque entre arte de elite e cultura popular – ocorriam nas ruas e casas do mundo todo, e se incorporaram à desmontagem e reconstrução da história da música clássica pelo compositor italiano Luciano Berio. *Sinfonia* – o título é

Os Swingle Singers se apresentam em 1965, tipicamente apenas com acompanhamento de tambores e contrabaixo. O grupo francês fazia *covers jazzísticos* de peças populares e clássicas.

alusão deliberada ao gênero fora de moda – estabeleceu Berio como um dos criadores mais inventivos de sua geração. Encomendada por Leonard Bernstein para a Orquestra Filarmônica da Nova York, a obra é mais conhecida pelo extraordinário terceiro movimento, um turbilhão de citações musicais,

MÚSICA CONTEMPORÂNEA

Ver também: *Magnus liber organi* 28-31 ▪ Sinfonia nº 4, Ives 254-255 ▪ *Symphonie pour un homme seul* 298-301 ▪ *Gruppen* 306-307

de Bach a Pierre Boulez. Com seus doze minutos completos, a maior citação é o *Scherzo* dançante e rodopiante da Sinfonia nº 2, "Ressurreição", de Mahler.

A técnica da citação

Os compositores usaram as técnicas de citação e até colagem antes; já em 1906, e antes de artistas como Picasso e Braque realizarem colagens visuais no início dos anos 1910, Charles Ives aplicou camadas de melodias e estilos musicais diferentes em *Central Park in the Dark*. Mais recentemente, John Cage experimentou tocar gravações e rádios em diferentes estações ao mesmo tempo. De certo modo, a citação fazia parte da música clássica desde que os mestres do *organum* usaram cantos gregorianos para fazer sua própria música polifônica de igreja no século XII. Porém, em *Sinfonia* foi a primeira vez que a citação foi usada com tal extensão: era um movimento inteiro para orquestra completa criado quase totalmente com materiais emprestados.

Em cima de tudo isso havia as linhas vocais. Oito cantores apresentavam um texto em que passagens de *O inominável*, de Samuel Beckett, são misturadas a trechos de James Joyce, Paul Valéry, instruções musicais e *slogans* de protestos em Paris. Para que os cantores fossem ouvidos, suas vozes tinham de ser amplificadas, e Berio escolheu os Swingle Singers, um grupo então popular, devido a sua familiaridade com a técnica do microfone.

Sinfonia é uma meditação de cinco partes sobre o passado e o futuro. A primeira parte seria a princípio uma obra isolada. O segundo movimento, *O King*, foi criado em 1967 como tributo ao reverendo Martin Luther King, Jr. Após o assassinato de King, em abril de 1968, Berio decidiu incorporar o movimento à *Sinfonia*, expandindo-a numa obra para quatro cantores e orquestra completa, funcionando agora como um memorial ao líder dos direitos civis. Seu texto apenas repete o nome de King, separado em "fonemas" (os menores sons individuais de uma palavra) e expandido por longos intervalos de tempo, como que evaporando no ar.

Outras influências

O quarto movimento de *Sinfonia* também é um lamento, em que Berio pranteia todos os heróis perdidos e ideias dos movimentos dois e três. Diferentemente desses, o primeiro movimento é um estudo de mitos de origem brasileira, tirados do revolucionário e recém-publicado estudo de mitologia *O cru e o cozido* (1964), de Claude Lévi-Strauss. O quinto e último movimento, que Berio só acrescentou após a estreia da obra, sintetiza os quatro anteriores e reflete sobre eles. ▪

> " Usar Mahler foi um tributo a Leonard Bernstein, que fez tanto por sua música.
> **Luciano Berio** "

Luciano Berio

Berio nasceu em Oneglia, na Itália, em 1924, e aprendeu piano com o pai e o avô, ambos organistas. Após a Segunda Guerra, estudou no Conservatório de Milão, mas um ferimento na mão o obrigou a trocar o piano pela composição. Casou-se com a cantora e compositora americana Cathy Berberian em 1950, compondo várias obras para ela antes de seu divórcio, em 1964. O interesse de Berio pelo movimento de vanguarda começou nos anos 1950, e ele se tornou o principal compositor dessa corrente na Itália. Em 1955, fundou com Bruno Maderna um estúdio eletrônico em Milão – um dos primeiros do mundo. Berio também foi um respeitado professor de composição, em especial na Juilliard School, em Nova York. Seus alunos incluíram Steve Reich e o guitarrista Phil Lesh, do Grateful Dead. Berio morreu em Roma em 2003.

Outras obras importantes

1958 *Thema (Omaggio a Joyce)*
1966 *Sequenza* III
1977 *Coro*

SE ME CONTAR UMA MENTIRA, QUE SEJA UMA MENTIRA PRA VALER
EIGHT SONGS FOR A MAD KING (1969), PETER MAXWELL DAVIES

EM CONTEXTO

FOCO
Teatro e radicalismo

ANTES
1912 O ciclo de canções melodrama *Pierrot lunaire*, de Arnold Schoenberg, lança o conceito de vanguarda.

1968 A violência ritualística da ópera *Punch and Judy*, de Harrison Birtwistle, desconcerta o público no Festival de Aldeburgh, no Reino Unido, e até seu fundador, Benjamin Britten.

DEPOIS
1972 A ópera *Taverner*, de Maxwell Davies, retrato dramático do compositor John Taverner, da era Tudor, estreia na Royal Opera House, em Covent Garden.

1986 A "tragédia lírica" *The Mask of Orpheus*, de Birtwistle, representação teatral em enorme escala de versões da lenda de Orfeu, estreia em Londres.

Com algumas exceções – como as áreas da psicologia e da imaginação exploradas nas óperas de Benjamin Britten e Michael Tippett –, a música clássica britânica pós-Segunda Guerra foi dominada pelas convenções. Obras notáveis, como a *Sinfonia antartica* (1952), de Ralph Vaughan Williams, ou o Concerto para violoncelo, de William Walton, pareciam se voltar mais a um passado tradicional que apontar a um novo e excitante futuro. Nos anos 1960, porém, com a liberação de desejos de mudança social e política há muito reprimidos, uma revolução similar na música clássica ficou prestes a eclodir.

Sangue novo
Quando Peter Maxwell Davies entrou no Royal Manchester College of Music em 1952, encontrou vários colegas com ideias radicais semelhantes: os compositores Harrison Birtwistle e Alexander Goehr, o trompetista e regente Elgar Howart e o pianista John Ogdon. Essa nova "Escola de Manchester" era um grupo informal de figuras artísticas muito diferentes. Enquanto a música de Goehr se relacionava à tradição moderna austro-alemã dos anos entre guerras, com raízes no estilo e no método técnico de Arnold Schoenberg, Birtwistle buscava a reconexão com o ritual

Os desvarios de Jorge III
(1738–1820), rei da Grã-Bretanha e Irlanda que sofria de transtorno mental, forneceram a base desconcertante do libreto de *Eight Songs for a Mad King*.

MÚSICA CONTEMPORÂNEA

Ver também: Pierrot lunaire 240-245 ▪ A Child of Our Time 284-285 ▪ Peter Grimes 288-293 ▪ In Seven Days 328

teatral antigo, em especial grego. Davies, por sua vez, se rebelava contra os métodos de ensino convencionais, pesquisando uma expressão compositiva moderna desenvolvida a partir de técnicas musicais e estruturas da Europa renascentista.

Teatro musical

Nos anos 1960, o gênero de "teatro musical" de vanguarda propiciou a Davies um veículo para seu estilo modernista. No teatro musical, os músicos partilhavam o palco com os artistas vocais e teatrais, todos participando igualmente da peça. A ideia teve origem na revolucionária obra atonal *Pierrot lunaire* (1912), de Schoenberg, com seu novo estilo de apresentação vocal parte cantada, parte falada, e fortes elementos teatrais.

Em 1967, Davies e Birtwistle fundaram um grupo de câmara para apresentar *Pierrot lunaire* e outras peças contemporâneas. Seu nome era Pierrot Players, a partir da obra de Schoenberg, mas em 1970 mudou para The Fires of London. O grupo encenava obras dramáticas provocadoras em pequenos espaços, entre elas *Eight Songs for a Mad King*, que retratava o desequilibrado mundo psicológico do monarca britânico Jorge III. Alguns músicos do grupo ficavam em jaulas no palco para representar os pássaros presos com que o rei gostava de conversar. Além de violino, violoncelo e clarinete, eram usados instrumentos incomuns, como apito de trem, barra de aço, *didgeridoo* (sopro aborígine australiano) e assobios de pássaros de brinquedo.

A parte vocal, composta para o barítono sul-africano Roy Hart, explorava uma gama extraordinária de sons, do canto a gritos e guinchos, notas extremamente altas ou baixas e até notas simultâneas cantadas em acordes.

Sons fundidos

Embora a obra tenha feito enorme sucesso, Davies logo deixou de compor só peças de vanguarda. A partir de 1972, ele voltou a atenção para formas clássicas e compôs dez sinfonias orquestrais, muitas das quais inspiradas em seu novo lar nas ilhas Órcades, na Escócia.

Ao longo da carreira, Davies ganhou fama com o poliestilismo – combinação de gêneros díspares em uma peça. Na virada do século XXI, a música clássica na Grã-Bretanha também tinha ido muito além do predomínio de um conjunto de valores estilísticos. Jonathan Harvey dominou a fusão de sons vocais, eletrônicos e instrumentais, enquanto John Tavener incorporou com sucesso à sala de concerto a música da Igreja Ortodoxa. Já a música de Mark-Anthony Turnage assimilou com arrojo elementos de *jazz* a peças clássicas. ▪

> Às vezes suspeito que o próprio Davies possa ser um pouquinho louco.
> **Peter G. Davis**
> *Crítico musical (1983)*

Peter Maxwell Davies

Nascido em Salford, em Lancashire, em 1934, Davies conquistou uma vaga no Royal Manchester College of Music. Após estudar também na Itália, ensinou música na Cirencester Grammar School, iniciando um compromisso por toda a vida com a educação. Estudou e ensinou algum tempo nos EUA e na Austrália, voltando à Inglaterra em 1966, onde ficou famoso como figura controversa na música contemporânea. Uma visita às ilhas Órcades, na Escócia, em 1970 iniciou um profundo envolvimento com o lugar e sua cultura. Mudou-se para Hoy em 1974 e depois para outra ilha, Sanday. Em 1976, fundou o St. Magnus International Festival, com o nome do santo padroeiro das Órcades, envolvendo pessoas locais além de músicos profissionais. Davies foi mestre de música real de 2004 até morrer, em 2016.

Outras obras importantes

1960 *O Magnum Mysterium*
1962–1970 *Taverner*
1969 *Worldes Blis*
1976–1977 *The Martyrdom of St. Magnus*

O PROCESSO DE TROCAR PAUSAS POR BATIDAS
SIX PIANOS (1973), STEVE REICH

EM CONTEXTO

FOCO
Minimalismo posterior

ANTES
1958 O compositor americano La Monte Young conclui sua obra minimalista pioneira, *Trio for Strings*.

1964 *In C*, de Terry Riley, é uma obra minimalista influente que usa simples fragmentos musicais para criar um som semelhante a uma onda.

DEPOIS
1978 *Ambient 1: Music for Airports*, de Brian Eno, introduz o minimalismo na música popular, ajudando a criar o novo gênero de música ambiente.

1982 O minimalismo e o canto gregoriano medieval influenciam o estoniano Arvo Pärt em obras como *A Paixão segundo São João*.

Estreada em Nova York em 1973, *Six Pianos*, de Reich, usa a técnica de *phasing* (defasagem) que o compositor americano desenvolveu nos anos 1960. Os seis pianistas tocam o mesmo padrão rítmico repetido de oito batidas, mas cada um usa notas diferentes. O padrão repetido produz ondas de som cambiantes com uma rica textura, conforme os pianistas se movem para dentro e para fora da fase com os demais.

Ritmo e repetição

Reich foi um dos primeiros a aderir ao estilo minimalista que surgia nos Estados Unidos no fim dos anos 1950. Introduzido por La Monte Young e Terry Riley e logo encampado por Philip Glass e Reich, era uma reação ao serialismo de compositores europeus como Arnold Schoenberg e Pierre Boulez. Em contraste com melodias e harmonias baseadas na escala cromática de doze tons, o minimalismo usava acordes ou sequências repetidos que só mudavam por minúsculos acréscimos ao longo da peça. Ele era também marcado por ritmos fortes. Embora seu estilo de início fosse controverso, em 1976 *Music for 18 Musicians*, de Reich, foi bem recebida. Nos anos 1980, ele se afastou do minimalismo estrito, desenvolvendo melodias e harmonias mais ricas. Obras notáveis posteriores de Reich, cujo estilo influenciou a música clássica e a popular, incluem *Different Trains* (1988) e *The Cave* (1993), ópera multimídia criada com a mulher, a videoartista Beryl Korot. ■

Gravadores de rolo e outros equipamentos permitiram a Reich, aqui em foto de 1982, aperfeiçoar as técnicas de defasagem que aplicaria depois a instrumentos ao vivo.

Ver também: Pierrot lunaire 240-245 ▪ Gruppen 306-307 ▪ Trenodia para as vítimas de Hiroxima 310-311 ▪ In C 312-313 ▪ Einstein on the Beach 321

MÚSICA CONTEMPORÂNEA

NÓS ESTÁVAMOS TÃO ADIANTE [...] PORQUE TODOS OS OUTROS FICARAM TÃO ATRÁS
EINSTEIN ON THE BEACH (1976), PHILIP GLASS

EM CONTEXTO

FOCO
Minimalismo e ópera

ANTES
1954 Glass visita Paris e vê filmes de Jean Cocteau que depois se tornariam a base de suas óperas *Orphée* (1933), *La Belle et la bête* (1994) e *Les Enfants terribles* (1996).

1965 Num primeiro envolvimento com o teatro de vanguarda, Glass compõe música para *Play*, peça de um ato de Samuel Beckett.

DEPOIS
1977 Os álbuns *Low* e *"Heroes"*, de David Bowie, criados com Brian Eno, inspirarão depois as Sinfonias nº 1 (1992) e nº 4 (1994) de Glass.

1990 Glass e o músico indiano Ravi Shankar lançam *Passages*, álbum de música de câmara que compuseram juntos.

Criada em colaboração com o diretor de teatro de vanguarda Robert Wilson, a ópera *Einstein on the Beach*, de Philip Glass, estreou em 1976 em Avignon, na França. Inspirada na vida do físico Albert Einstein, ela não tem enredo mas se desenvolve por imagens, dança e música, usando a projeção de imagens repetidas para evocar aspectos do mundo de Einstein. Não há orquestra, só um conjunto de teclados eletrônicos e instrumentos de sopro. As palavras são esparsas e encantatórias. A obra não tem intervalos e dura cinco horas, durante as quais o público pode entrar ou sair como quiser.

Música hipnótica e poderosa

Einstein on the Beach foi fruto de uma década de experimentação. Glass tinha formação clássica, mas, como Reich e outros do emergente movimento minimalista, rejeitava os estilos anteriores. Após transcrever algumas músicas de sitar do indiano Ravi Shankar e viajar à Índia e ao norte da África nos anos 1960, ele

> Eu era daquela geração de pessoas que podiam olhar além das fronteiras da Europa e da América do Norte e do Sul.
> **Philip Glass**

começou a desenvolver um estilo próprio, baseado, em suas palavras, "em estruturas cíclicas e repetitivas". O resultado era muitas vezes hipnótico – arpejos e motivos harmônicos repetidos praticamente inalterados por longos trechos.

Seu sucesso com *Einstein on the Beach* foi seguido por *Satyagraha* (1980), *Akhnaten* (1984) e várias óperas, trilhas de filmes, sinfonias e outras obras. Glass influenciou David Bowie, Brian Eno e a banda Pink Floyd, entre outros, e a música deles também o influenciou. ∎

Ver também: *Gruppen* 306-307 ▪ *In C* 312-313 ▪ *Eight Songs for a Mad King* 318-319 ▪ *Six Pianos* 320

ESSE DEVE SER O PRIMEIRO FIM DA ARTE [...] TRANSFORMAR-NOS
APOCALYPSIS (1977), R. MURRAY SCHAFER

EM CONTEXTO

FOCO
Ecologia sônica

ANTES
1912 Mahler compõe a Oitava sinfonia, uma proposta de "imaginar o universo inteiro começando, retinindo e ressoando".

1966 Schafer inicia *Patria*, ciclo de obras de teatro musical de larga escala concebidas para espaços especiais (muitas vezes ao ar livre).

DEPOIS
1994 Estreia nos BBC Proms *The Apocalypse*, de John Tavener.

2003 Com *Sonntag*, Karlheinz Stockhausen conclui o ciclo de sete óperas *Licht*.

2006 Estreia no Alasca *The Place Where You Go To Listen*, instalação de som e luz que reflete os ritmos naturais, de John Luther Adams.

Concebido em escala muito grande, com múltiplos *ensembles*, cantores e instrumentistas, o espetáculo musical de Schafer *Apocalypsis* (1977) faz parte de uma longa tradição da música ocidental que remonta às *Vésperas* de Monteverdi. Uma inspiração ainda mais antiga é o moteto *Spem in allium*, de Tallis, cujos imersivos oito coros de cinco vozes influenciaram os doze coros dispostos espacialmente de *Credo*, a segunda parte de *Apocalypsis*.

Contra a poluição sonora
Schafer, que introduziu o estudo da ecologia acústica nos anos 1960, adota temas ecológicos em sua obra, opondo-se ao gradual mascaramento da paisagem sonora natural pelo barulho criado pelo homem. Tais temas são o assunto de *Apocalypsis*. A primeira parte, *John's Vision*, narra a destruição de um mundo usando textos do Apocalipse bíblico e uma nova visão do Anticristo sobre o bem (cidades, aviões, computadores e o "vício da energia") e o mal (museus, feminismo, sentimento e arte). Essa visão, claramente oposta à ética de Schafer, é vencida na segunda parte, *Credo*. Nela, Schafer adapta doze meditações do tratado cosmológico *De la causa, principio et uno* (1584), de Giordano Bruno. Todas começam com "O Senhor Deus é o universo", criando um efeito ritualístico cumulativo. A última proclama: "O universo é um: um ato, uma forma, uma alma, um corpo, um ser, o máximo e único", sintetizando as crenças espirituais e ecológicas de Schafer. ■

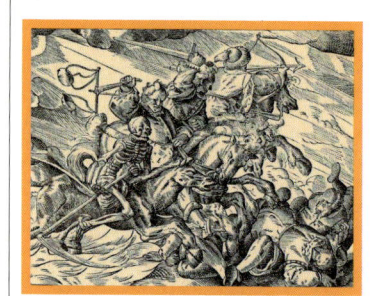

Apocalypsis, de Schafer, se inspira na visão do Apocalipse em que quatro cavaleiros, representados aqui numa xilogravura de Christoph Murer (1558–1614), anunciam o Juízo Final.

Ver também: *Spem in alium* 44-45 ▪ *Vésperas*, Monteverdi 64-69 ▪ *A Paixão segundo São Mateus* 98-105 ▪ *Elias* 170-173 ▪ *The Dream of Gerontius* 218-219

EU PODERIA COMEÇAR DO CAOS E CRIAR ORDEM NELE

QUARTA SINFONIA (1993), WITOLD LUTOSŁAWSKI

EM CONTEXTO

FOCO
Composição "aleatória controlada"

ANTES
1958 John Cage compõe *Concert for Piano and Orchestra*.

1961 Após ouvir um trecho do *Concert* de Cage no rádio, Lutosławski usa a composição "aleatória controlada" pela primeira vez em *Jeux vénitiens*.

DEPOIS
2003 Wojciech Kilar, colega polonês de Lutosławski, compõe *September Symphony* (Sinfonia nº 3) em memória dos ataques de 11/9 na cidade de Nova York.

2011 *Tongue of the Invisible*, de Liza Lim, é uma das muitas obras contemporâneas, após a morte de Lutosławski, a combinar a improvisação controlada com passagens de notação convencional.

A vida do compositor polonês Witold Lutosławski coincidiu com um período turbulento na Europa Oriental. Quando ele nasceu, em 1913, a Polônia estava dividida entre a Áustria, a Prússia e a Rússia. Na Segunda Guerra, o compositor foi preso por breve período pelos nazistas, e após a guerra foi perseguido pelas autoridades comunistas. Só nos seus últimos anos a Polônia foi libertada. Embora Lutosławski acreditasse na autonomia da arte, os críticos muitas vezes assinalam reflexos de tensões exteriores em sua música. Como muitas de suas peças, a Quarta sinfonia, cuja composição atravessou a queda do comunismo, tem duas metades – uma introdução hesitante, seguida de um enunciado decidido e concludente.

Um elemento de acaso

Desde o início dos anos 1960, um traço constante de sua obra foi o uso de passagens "aleatórias controladas", em que a coordenação entre as partes instrumentais é

> Ela [a música] sempre me fascinou, e eu não podia imaginar nenhuma outra profissão além de músico ou mesmo compositor.
> **Witold Lutosławski**

parcialmente regida pelo acaso. Elas podem ser totalmente escritas mas o modo como se alinham é só em parte previsível – podem iniciar em momentos diversos, por exemplo. O método é evidente na primeira seção da Quarta sinfonia: em três pontos, música rítmica se dissolve em confusão, como num começo de corrida em falso, criando uma sensação de expectativa que se resolve na segunda metade da obra, mais assertiva. A Quarta sinfonia foi a última obra de Lutosławski. Ele morreu em 1994, um ano após reger sua estreia em Los Angeles. ■

Ver também: *Symphonie*, op. 21, Webern 264-265 ▪ Quinta sinfonia, Chostakóvitch 274-279 ▪ *4'33"* 302-305 ▪ *Gruppen* 306-307

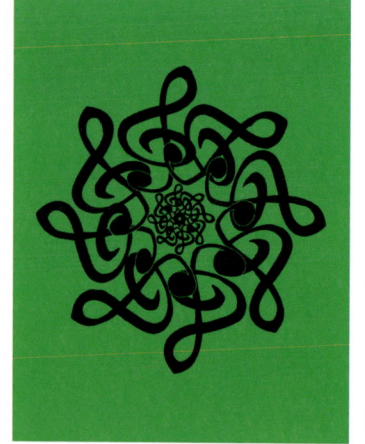

VULCÂNICO, EXPANSIVO, DESLUMBRANTE – E OBSESSIVO
ÉTUDES (1985–2001)
GYÖRGY LIGETI

EM CONTEXTO

FOCO
Música fractal

ANTES
1915 Os doze *Études* de Debussy introduzem imagens pictóricas no gênero dos *études*.

1947 Conlon Nancarrow compõe estudos ritmicamente elaborados para uma pianola.

1959 Ligeti usa o que mais tarde chamou de "micropolifonia" em suas *Apparitions* orquestrais.

1984 Em *Bamboula Squared* Charles Wuorinen usa uma fita gerada por computador, em parte inspirado na obra sobre fractais de Benoit Mandelbrot.

DEPOIS
2003 Unsuk Chin, aluno de Ligeti, conclui seu próprio conjunto de doze *Études*, dando continuidade ao interesse de seu professor por ritmos complexos.

O termo "fractal" foi usado pela primeira vez em 1975 pelo matemático Benoit Mandelbrot, mas o conceito é muito mais antigo. Ele designa imagens, superfícies, sons ou outros padrões feitos de versões em miniatura do todo, com que continuam a se parecer por menores que sejam e por mais que se subdividam.

O compositor György Ligeti conheceu os fractais em 1984, em imagens do matemático Heinz-Otto Peitgen, e percebeu que o princípio de simetria interna estava presente em sua música havia anos. Ele tinha usado a técnica que chamou de "micropolifonia", sobrepondo múltiplas versões intimamente relacionadas da mesma linha musical em texturas densas e cintilantes.

Estudos em estilo fractal
Ligeti começou a usar ideias derivadas da matemática e da teoria mais ampla do caos. Ele também se interessava pela música da África Central, os estudos de pianola de Conlon Nancarrow e o *jazz* de piano de Bill Evans e Thelonius Monk. Para sintetizar essas influências, se voltou para o estudo de piano, ou *étude*, forma usada por Chopin, Liszt e Debussy.

Todos os dezoito *Études* de Ligeti usam processos rítmicos e melódicos que interagem, conflitam e até se cancelam uns aos outros. Seus títulos, como *Disorder* e *Vertigo*, refletem as imagens que suas torrentes de notas evocam. Obras de fantasia, foram importante contribuição para o repertório do fim do século XX. ∎

> " Em minha música se acha [...] a unificação da construção com a imaginação poética, emocional.
> **György Ligeti**

Ver também: *A arte da fuga* 108-111 ▪ *Prelúdios*, Chopin 164-165 ▪ *Prélude à l'après-midi d'un faune* 228-231 ▪ *Pithoprakta* 308

MINHA MÚSICA É ESCRITA PARA OUVIDOS
L'AMOUR DE LOIN (2000), KAIJA SAARIAHO

EM CONTEXTO

FOCO
Ópera no século XXI

ANTES
1992 Peter Sellars encena a ópera *Saint François d'Assise*, de Olivier Messiaen, em Salzburgo, na Áustria; Saariaho a considera inspiradora.

DEPOIS
2003 A ópera *Rasputin*, do compositor finlandês Einojuhani Rautavaara, tem estreia mundial em Helsinki.

2008 *The Minotaur*, de Harrison Birtwistle, com libreto do poeta David Harsent, é encenada pela primeira vez na Royal Opera House, em Londres.

2015 A *grand opéra Cold Mountain*, de Jennifer Higdon, estreia em Santa Fe, no Novo México, nos Estados Unidos.

A ópera *L'Amour de loin* (2000), da compositora finlandesa Kaija Saariaho, foi uma das primeiras novas óperas do século XXI. A produção suntuosa, estreada no Festival de Salzburgo, na Áustria, renovou o entusiasmo pelo gênero da *grand opéra*, com vastos elencos e orquestras; no fim do século XX, óperas de câmara baratas tinham sido mais populares.

O amor de longe

Composta sobre um libreto em francês de Amin Maalouf, *L'Amour de loin* se baseia num esboço de Jaufré Rudel, trovador francês do século XII, e seu amor por Clémence, mulher que ele idealiza a distância – daí o título, que significa "amor de longe". O pequeno elenco solo é complementado pelo coro e uma orquestra considerável, que apresenta harmonias consonantes acessíveis, com elementos eletrônicos e atenção à cor tonal – todos típicos do estilo de Saariaho. Após a estreia mundial da ópera no Festival de Salzburgo, na Áustria,

Kaija Saariaho trabalha numa partitura em Paris, onde vive desde 1982, quando começou a estudar no Ircam, instituto de pesquisa em música acústica que teve forte influência em seu estilo inicial.

os críticos elogiaram seu lirismo. Desde então, tornou-se umas das óperas mais executadas do século XXI, com produções em Paris, Londres, Nova York e Toronto.

O sucesso de *L'Amour de loin* levou a renovado interesse pela *grand opéra* e a mais encomendas. A segunda *grand opéra* de Saariaho, *Adriana Mater*, seguiu-se em 2005. ∎

Ver também: *Peer Gynt* 208-209 ▪ *The Wreckers* 232-239 ▪ *Peter Grimes* 288-293 ▪ *Einstein on the Beach* 321

AZUL [...] COMO O CÉU. ONDE SE ELEVAM TODAS AS POSSIBILIDADES
BLUE CATHEDRAL (2000), JENNIFER HIGDON

EM CONTEXTO

FOCO
Retorno ao lirismo

ANTES
1984 Os programas "Horizontes '84: O Novo Romantismo – Uma Visão mais Ampla", da Filarmônica de Nova York, atraem a atenção do público de massa para o Neorromantismo.

1991 A ópera *The Ghosts of Versailles*, de John Corigliano, estreia na Metropolitan Opera, na cidade de Nova York. É a primeira ópera nova da companhia desde os anos 1960.

DEPOIS
2009 Estreia com a Orquestra Sinfônica de Boston *On Willows and Birches* (Concerto para harpa e orquestra), do compositor de música para cinema John Williams.

2017 *The (R)evolution of Steve Jobs*, de Mason Bates, estreia na Opera Santa Fe, em Santa Fe, no Novo México.

O tema unificador da música de Jennifer Higdon é sua filosofia compositiva de comunicar com eficiência. A obra *blue cathedral* alcança isso por sua característica exploração da cor tonal (a qualidade que dá a um instrumento seu som distintivo), combinada ao lirismo expressivo.

Na segunda metade do século XX, muitos grupos musicais enfrentavam dificuldades financeiras. A música contemporânea se associara a tendências como pós-minimalismo, obras eletrônicas e música experimental, que com frequência afastavam o público geral. Para atrair plateias, esses grupos decidiram executar obras mais antigas, que impunham poucos riscos. Porém, *blue cathedral*, de Higdon, com sua calidez, lirismo e emoção, demonstrou que a música moderna podia apelar a públicos de todas as idades e condições, abrindo as portas a uma era excitante de nova música no século XXI.

Amor, vida e morte
Higdon foi encarregada de compor *blue cathedral* para o 75º aniversário do conservatório americano Curtis Institute of Music. Embora se tratasse de uma celebração, na época a compositora pranteava a morte do irmão mais novo, Andrew Blue Higdon. Ambos os eventos deram forma ao título: "*blue*" em memória de seu irmão, ao qual a partitura é dedicada, e "*cathedral*" como representação de Curtis como local de aprendizado e crescimento.

Nesse poema tonal, a música celestial de Higdon evoca a ideia de uma catedral no céu. Ela inclui vários solos, em especial da flauta e do clarinete, para representar os irmãos Higdon, que tocavam esses instrumentos. Como Higdon era a

> ❝ Não acho que se precise saber algo sobre minha obra ou sobre música em geral para apreciá-la [...]. Olho para a música como para um espelho.
> **Jennifer Higdon** ❞

MÚSICA CONTEMPORÂNEA 327

Ver também: *Sinfonia fantástica* 162-163 ▪ Concerto para piano nº 2 em sol menor, Saint-Saëns 179 ▪ *Das Lied von der Erde* 198-201 ▪ *Prélude à l'après-midi d'un faune* 228-231 ▪ *The Lark Ascending* 252-253 ▪ *Appalachian Spring* 286-287

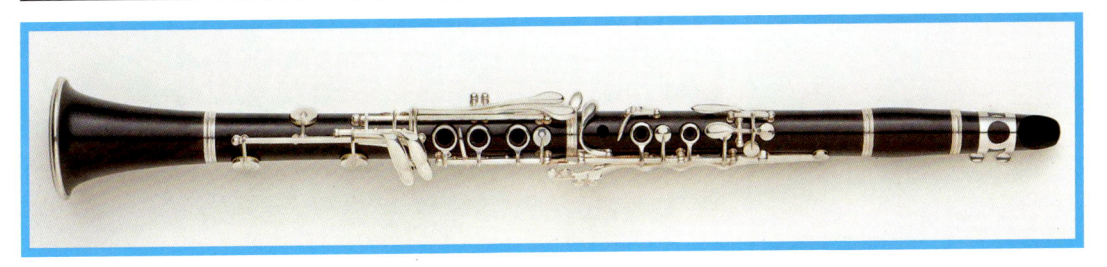

---

mais velha, a flauta aparece primeiro, seguida pelo clarinete. O dueto volta brevemente perto do fim, antes de a flauta parar, deixando o clarinete (Andrew) continuar sua caminhada sozinho.

Solos estendidos adicionais são apresentados pelo corne inglês e um violino; ambos são complementados por melodias instrumentais menores que representam as vidas que uma só pessoa toca em sua jornada. Na introdução e na coda, Higdon também faz experimentos com a seção de percussão, usando um pouco de orquestração não ortodoxa, como copos de cristal e sinos chineses, para criar uma atmosfera etérea.

A obra estreou em 1º de maio de 2000, em Filadélfia, na Pensilvânia, com regência de Robert Spano. Músicos e críticos louvaram a habilidade de Higdon em comunicar os temas universais do amor, vida e morte. O forte lirismo, a exploração da cor orquestral e o conteúdo programático fizeram da obra um grande sucesso, tornando-a uma das composições mais populares do século XXI, com cerca de seiscentas produções (de todos os níveis) realizadas mundo afora.

A Escola de Atlanta

Após a estreia de *blue cathedral*, Higdon começou uma longa e produtiva associação com a Orquestra Sinfônica de Atlanta,

O solo de clarinete se destaca em *blue cathedral*. Era o instrumento tocado pelo irmão de Higdon, que morreu de câncer de pele pouco antes de ela compor a peça.

dirigida por Spano. O regente iniciou o que seria conhecido como Escola de Compositores de Atlanta, grupo que inclui Higdon, Christopher Theofanidis, Osvaldo Golijov, Michael Gandolfi e Adam Schoenberg. Embora difiram em estilo musical, os compositores se identificam na dedicação à tonalidade e à melodia, além da incorporação de *world music* e cultura popular. Juntos, redefiniram o gênero de música contemporânea. ▪

Jennifer Higdon

Jennifer Higdon nasceu no Brooklyn, em Nova York, em 1962, e mudou-se com a família para Atlanta e depois para os montes Apalaches, no Tennessee. Após aprender sozinha a tocar flauta aos quinze anos, começou estudos formais de música aos dezoito e acabou optando pela composição ao graduar-se, ao lado de dois dos mais importantes compositores do século XX, Ned Rorem e George Crumb.

Recebeu muitos prêmios, entre eles o Pulitzer de Música, por *Violin Concerto*, prêmios Grammy por *Percussion Concerto* e *Viola Concerto* e o Prêmio Internacional de Ópera por sua primeira ópera, *Cold Mountain*, baseada no romance *best-seller* de mesmo nome de Charles Frazier. Sua popularidade lhe permite compor apenas por encomenda.

Outras obras importantes

2005 *The Percussion Concerto*
2008 *The Singing Rooms*
2009 *Violin Concerto*
2015 *Cold Mountain*

A MÚSICA USA BLOCOS DE CONSTRUÇÃO SIMPLES E CRESCE ORGANICAMENTE A PARTIR DELES
IN SEVEN DAYS (2008), THOMAS ADÈS

EM CONTEXTO

FOCO
Música e multimídia

ANTES
1910 Em *Prometeu: o poema do fogo*, Aleksandr Scriábin exige um "órgão de cores" para encher a sala de concertos com luz colorida.

1952 *A Peça de teatro nº 1*, de John Cage, com pinturas de Robert Rauschenberg e dança de Merce Cunningham, é encenada na Carolina do Norte.

2003 Olga Neuwirth combina vídeo, música e teatro em sua adaptação do filme *A estrada perdida*, de David Lynch.

DEPOIS
2010 *Up-Close*, de Michel van der Aa, combina vídeo-ópera com concerto de violoncelo.

2016 *EVERYTHING IS IMPORTANT*, de Jennifer Walsh, usa música e cinema para tratar da vida moderna.

Acompanhamentos visuais à música são conhecidos há séculos, mas tornaram-se onipresentes e infinitamente mais variados em tempos recentes. Em *In Seven Days*, uma representação da história bíblica da criação pelo compositor britânico Thomas Adès, o vídeo de seu colaborador Tal Rosner ilustra, enriquece e expande a música – um conjunto de variações sobre dois temas para piano e orquestra. Adès realiza algo incomum: seus temas não são introduzidos no começo mas no fim, num curto movimento de conclusão, que destila a essência central dos seis movimentos anteriores correspondentes aos seis dias descritos no Gênesis. Na música, a criação evolui do caos para a ordem.

Imagens para realçar o som
No acompanhamento visual de Rosner a *In Seven Days*, as imagens dançam e giram no tempo dos sons, ecoando a representação musical caleidoscópica do equilíbrio entre caos e ordem. O vídeo é na maior parte abstrato, com formas geométricas, padrões, ondas e fluxos, na verdade derivados de fotos do Royal Festival Hall, de Londres, e do Walt Disney Concert Hall, de Los Angeles, que encomendaram a obra. Adès e Rosner chamam a obra de "balé visual" e, quando usado, o vídeo em geral é projetado em telas acima da orquestra. A música também pode ser tocada sozinha, mas juntos eles criam uma poderosa experiência multimídia. ■

> Quanto melhor se toca e mais perto se chega da visão idiossincrática, mais maravilhoso soa.
> **Simon Rattle**

Ver também: Sinfonia nº 4, Ives 254-255 ■ *Sinfonieta*, Janáček 263 ■ *Pithoprakta* 308 ■ *Études*, Ligeti 324

MÚSICA CONTEMPORÂNEA

ESSE É O ÂMAGO DE QUEM SOMOS E DO QUE PRECISAMOS SER
ALLELUIA (2011), ERIC WHITACRE

Eric Whitacre, um dos mais populares compositores do século XXI, é defensor do poder inspirador da música coral. A maioria de suas obras são corais, como *Alleluia* (2011), embora na origem a peça fosse instrumental: com o título de *October*, ela evocava as cores e o esplendor do outono. Inspirado no pastoralismo do século XX de compositores ingleses como Ralph Vaughan Williams, ele compusera *October* para orquestra de sopros (na verdade bandas escolares) em 2000. Uma década depois, Whitacre, que nasceu em Nevada e se descreve mais como alguém espiritual que religioso, decidiu musicar textos litúrgicos pela primeira vez, escolhendo as palavras "*Alleluia*" e "*Amen*" e unindo-as a *October*, cuja elegância se ajustava bem a um arranjo coral. *Alleluia* retém muitos aspectos da tradição coral que tornam tão agradável cantá-lo e ouvi-lo: harmonias ricamente ressoantes, frases que acompanham a respiração e alusões ao canto antigo e à polifonia renascentista. Apesar disso, com sua abertura que lembra o folclórico e o modo como as harmonias são usadas como câmaras de ressonância para as linhas solo, a obra também alcança uma sonoridade contemporânea. ∎

Eric Whitacre, aqui numa foto de 2011 no Sidney Sussex College, em Cambridge, na Inglaterra, inspirou-se em seu trabalho com o coro da capela para compor *Alleluia*.

EM CONTEXTO

FOCO
Música coral no século XXI

ANTES
1921 Vaughan Williams compõe *A Pastoral Symphony* (Sinfonia nº 3), que ajuda a estabelecer a sonoridade lírica da escola pastoral inglesa.

1977 *Missa syllabica*, *Fratres* e *Cantus in memoriam Benjamin Britten*, de Arvo Pärt, introduzem um novo estilo de composição devocional.

1997 *Song for Athene*, de Sir John Tavener, composta em 1993 como tributo a um amigo de família, é apresentada no funeral de Diana, princesa de Gales.

DEPOIS
2013 Caroline Shaw ganha o Prêmio Pulitzer de Música com *Partita* para oito vozes.

2014 Gabriel Jackson compõe *Seven Advent Antiphons*, um de seus muitos arranjos litúrgicos.

Ver também: *Canticum Canticorum* 46-51 ▪ *Vésperas*, Monteverdi 64-69 ▪ *A Paixão segundo São Mateus* 98-105 ▪ *Elias* 170-173 ▪ *The Dream of Gerontius* 218-219

OUTROS COMPOS

ITORES

OUTROS COMPOSITORES

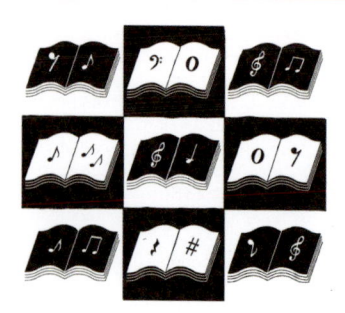

Além dos compositores abordados nos capítulos anteriores deste livro, vários outros tiveram impacto na evolução da música clássica. A música representada pelos listados aqui – muitos dos quais também foram professores, estudiosos e solistas virtuoses – é variada, das obras corais do grande compositor espanhol renascentista Tomás Luis de Victoria às sinfonias ruidosas e perturbadoras de Anton Bruckner; já Mili Balákirev, na Rússia, se destacou em especial por liderar o círculo de compositores conhecidos como o Punhado Poderoso ou Os Cinco. O que os une é o modo como enriqueceram a vida de seus ouvintes e influenciaram as composições de seus pares com novas ideias ou o refinamento das existentes.

JOHANNES OCKEGHEM
c. 1410–1497

Nascido nas Flandres, Johannes Ockeghem fez nome em Paris na corte do rei Carlos VII e seus sucessores, tornando-se um dos mais célebres compositores do início do Renascimento europeu. A maior parte de sua obra se perdeu, mas catorze missas se conservaram, além de dez motetos (obras corais religiosas) e vinte canções profanas. Ockeghem introduziu harmonias mais ricas e sonoras na música renascentista, explorando as extensões mais graves do baixo pela primeira vez. Suas obras são contrapontísticas, entretendo duas ou mais linhas melódicas.

ORLANDO DI LASSO
1532–1594

Como menino de coro em Mons (na atual Bélgica), Orlando di Lasso era tão famoso pela beleza da voz que foi raptado três vezes por pessoas desejosas de tê-lo no próprio coro. Em 1556 mudou-se para Munique, onde ficou o resto da vida como *kapellmeister* (diretor musical) do duque Alberto V da Baviera. Era compositor versátil e prolífico, e escreveu mais de 2 mil obras. Entre suas peças profanas figuram canções em italiano (madrigais), francês (*chansons*) e alemão (*Lieder*). A música sacra inclui arranjos para salmos, em especial uma sequência de salmos penitenciais, *Psalmi Davidis poenitentiales* (publicada em 1584). Sua música tem uma intensidade emocional que refletia as palavras, antecipando o estilo barroco do século XVIII.

TOMÁS LUIS DE VICTORIA
c. 1548–1611

Maior compositor renascentista espanhol, Tomás Luis de Victoria nasceu perto de Ávila, no centro de Castela. Desfrutou de patrocínio real desde cedo, e no fim da adolescência o rei Filipe II o enviou a Roma, onde foi ordenado padre mas também praticou música – provavelmente estudou com o compositor Giovanni Pierluigi da Palestrina. Voltou à Espanha por volta dos quarenta anos, tornando-se diretor musical e depois organista do rico convento de Las Descalzas Reales, em Madri. Sua obra é dramática e às vezes vividamente pictórica, como no moteto *Cum Beatus Ignatius*, em que a música evoca as feras dilacerando o mártir cristão Inácio de Antioquia. Sua profunda espiritualidade se expressa em arranjos de salmos e várias missas, como a *O quam gloriosum* e a *Ave Regina coelorum*.

JAN PIETERSZOON SWEELINCK
1562–1621

O holandês Jan Pieterszoon Sweelinck foi o instrumentista e compositor de música para órgão mais influente antes de J. S. Bach. Ele sucedeu o pai antes dos vinte anos como organista da Oude Kerk (Igreja Velha) de Amsterdam, onde seria depois substituído pelo próprio filho. Compôs música vocal, sacra e profana, mas é lembrado por suas inovadoras obras para órgão, nas quais, entre outras coisas, desenvolveu a forma da fuga. Como organista, foi famoso pelas improvisações virtuosísticas antes e após os ofícios. Seus muitos discípulos se espalharam pelo norte protestante alemão, influenciando o jovem Händel e Bach.

CARLO GESUALDO
1566–1613

Acredita-se que o nobre napolitano Carlo Gesualdo, príncipe de Venosa, dotado de temperamento apaixonado e muitas vezes melancólico, foi o responsável pessoal pela morte vingativa de sua primeira mulher e do amante dela, o duque de Andria. Gesualdo também publicou três volumes de motetos (obras corais religiosas) e seis de madrigais. Os últimos volumes de madrigais, em especial, mostram um uso inovador da harmonia, sem paralelo na música renascentista, que lhe valeu admiradores nos séculos seguintes.

ORLANDO GIBBONS
1583–1625

Orlando Gibbons nasceu em uma família musical inglesa. Célebre instrumentista de teclado, foi nomeado aos 21 anos organista da Capela Real de Londres e mais tarde da Abadia de Westminster. Suas composições sacras incluíram hinos populares como *O clap your hands together* para ofícios da Igreja da Inglaterra. Entre as obras profanas obteve maior fama com canções como *The Silver Swan* e *What Is Our Life*, escritas no estilo madrigal, em que era exímio. Seu volume *Parthenia*, com peças para virginal (versão menor do cravo), foi a primeira coletânea de música para teclado publicada na Inglaterra.

GIROLAMO FRESCOBALDI
1583–1643

Nascido em Ferrara, no norte italiano, Girolamo Frescobaldi mudou para Roma ainda na adolescência e foi nomeado organista da Basílica de São Pedro em 1608. À exceção de um período na corte dos Médici em Florença, ficou em São Pedro o resto da vida. Sua música, na maior parte para órgão, tem uma qualidade fortemente mística e contemplativa. Mesmo suas *toccatas* (peças compostas para permitir aos instrumentistas que exibam suas habilidades) são notáveis, menos pela demonstração de virtuosismo ou pela intensidade dramática. Uma de suas publicações mais famosas foi *Fiori musicali* (Flores musicais, 1635), coletânea de peças sacras para órgão.

HEINRICH SCHÜTZ
1585–1672

Amplamente tido como maior compositor alemão antes de J. S. Bach, Heinrich Schütz foi importante por introduzir os novos estilos do Barroco italiano na Alemanha. Um de seus primeiros mecenas, Maurício de Hesse-Kassel, pagou seus estudos em Veneza com Giovanni Gabrieli. Em 1617, após a volta à Alemanha, foi nomeado *Kapellmeister* da corte dos eleitores (regentes) da Saxônia em Dresden. Seus arranjos de textos sagrados e bíblicos transformaram a música da Igreja Luterana, indo de salmos, no início – *Psalmen Davids* (1619) –, ao grande *Oratório de Natal* (1664) e três *Paixões* (1665) *a cappella*, dramatizando o julgamento e morte de Jesus.

JOHANN HERMANN SCHEIN
1586–1630

Ao lado de Schütz, Johann Hermann Schein teve papel central ao levar as influências do Barroco italiano para a música alemã. Nativo da Saxônia, em 1616 foi nomeado para o prestigioso posto de *Kantor* da Igreja de São Tomás, em Leipzig. Uma publicação inicial, *Banchetto musicale* (Banquete musical, 1617) foi uma de suas poucas coletâneas instrumentais. Sua música vocal inclui peças sacras e profanas. Obra notável é *Israelsbrünnlein* (Fontes de Israel; 1623), coletânea de 26 motetos baseados em textos do Velho Testamento compostos em estilo de madrigal italiano.

JOHANN JAKOB FROBERGER
1616–1667

Nascido em Stuttgart, Johann Jakob Froberger introduziu os estilos de teclado italiano e francês na música alemã. Ele estudou em Roma com Frescobaldi antes de ser nomeado organista da corte dos Habsburgo em Viena em 1641. Organista e cravista, foi o primeiro compositor alemão a criar obras importantes para cravo. Muito influentes foram suas suítes de dança, com peças devedoras da tradição francesa, em que cada movimento é inspirado numa forma de dança.

BARBARA STROZZI
1619–1677

A veneziana Barbara Strozzi foi cantora e compositora. Sua mãe era Isabella Garzoni, criada do rico poeta e dramaturgo Giulio Strozzi, que adotou a menina e talvez tenha sido seu pai biológico. Ela estudou com o compositor Francesco Cavalli e participou da Accademia degli Unisoni (Academia dos Uníssonos), grupo de intelectuais fundado por Giulio Strozzi. Publicou oito volumes de música, principalmente árias e cantatas para voz solo. A maior parte são arranjos de poemas que tratam de amor e suas dores, como a cantata *Lagrime mie* (Minhas lágrimas) e a ária *Che si può fare* (O que se pode fazer).

MARC-ANTOINE CHARPENTIER
1643–1704

Nascido numa família de pintores, o francês Marc-Antoine Charpentier voltou-se para a música por influência do compositor Giacomo Carissimi, em Roma. Ao voltar a Paris, ocupou vários postos, entre eles o de compositor da duquesa de Guise, prima de Luís XIV. Trabalhou com o dramaturgo Molière, criando música para peças como *O doente imaginário* (1673), e compôs uma ópera de sucesso, *Medeia* (1693), baseada numa peça de Pierre Corneille. Suas obras sacras mais conhecidas são motetos dramáticos (ou oratórios curtos), compostos para a Companhia de Jesus. Sua reputação sofreu com as comparações com seu arquirrival Jean-Baptiste Lully até sua obra ser redescoberta no século xx.

JOHANN CHRISTIAN BACH
1735–1782

O mais novo dos filhos de Bach que chegaram à idade adulta, Johann Christian Bach estudou em Berlim e na Itália, onde foi brevemente organista na Catedral de Milão e encenou sua primeira ópera, *Artaserse*, em Nápoles. Em 1762, foi nomeado compositor do King's Theatre de Londres, permanecendo na Inglaterra até o fim da vida. Tornou-se figura dominante no cenário musical inglês, em parte pelas séries de concertos muito populares que organizava todos os anos com o compatriota Carl Friedrich Abel. Além das óperas, foi conhecido pelos concertos para piano, uma forte influência para o jovem Mozart, que conheceu J. C. Bach em Londres.

CARL DITTERS VON DITTERSDORF
1739–1799

Carl Ditters von Ditterdorf foi violinista prodígio quando menino em Viena, mas adulto ganhou renome com óperas leves. Seus anos mais produtivos seguiram a nomeação como compositor da corte de Philipp Gotthard von Schaffgotsch, príncipe-bispo de Breslau, cujo castelo era um importante centro cultural e intelectual. O maior sucesso operístico de Dittersdorf, *Doktor und Apotheker* (1786), ajudou a definir o gênero *Singspiel* (que mescla canções e coros a diálogos falados), que seu amigo Mozart elevaria a novos cumes em *Die Zauberflöte* (A flauta mágica) em 1791.

LUIGI BOCCHERINI
1743–1805

Nascido em Lucca, na Itália central, Luigi Boccherini estudou e trabalhou em Roma e Viena por volta dos vinte anos. Ele se tornou compositor de dom Luis de Borbón, irmão do rei espanhol e apreciador de música, em Madri, e, depois, da corte do rei Frederico Guilherme II da Prússia. Violoncelista de formação, Boccherini escreveu sinfonias e concertos (principalmente para violoncelo), mas sua fama vem das mais de trezentas obras de câmara, em especial quintetos de cordas.

ANTONIO SALIERI
1750–1825

Nascido em Veneza, Antonio Salieri foi para Viena aos dezesseis anos e ficou lá o resto da vida, como compositor da corte do imperador Habsburgo e depois *Kapellmeister* imperial. Ele fez nome como compositor de óperas – a mais reverenciada das quais é *Tarare* (1787), criada para um teatro parisiense –, mas em 1804 abandonou a ópera para compor música sacra e – seu maior legado – ensinar. Beethoven, Schubert e Liszt foram seus alunos.

JAN LADISLAV DUSSEK
1760–1812

O pianista e compositor Jan Ladislav Dussek foi uma grande figura musical na época em que o Classicismo deu lugar ao Romantismo. Nascido em Caslav (na atual República Tcheca), ele viajou muito pela Europa antes de se fixar em Londres em 1789. A falência de sua editora de música o forçou a deixar Londres em 1799, e ele terminou os dias na casa do estadista francês príncipe de Talleyrand. Dussek é mais lembrado pelas sonatas para piano, que inspiraram Beethoven.

GIACOMO MEYERBEER
1791–1864

Nascido numa família rica de banqueiros judeus, Giacomo Meyerbeer foi aclamado como pianista com pouco mais de vinte anos, mas suas reais ambições estavam na composição. Após os estudos em Veneza, onde se ligou à música de Rossini, obteve algum êxito com a ópera *Romilda e Costanza* (1817), mas sua obra marcante foi *Robert le diable*, baseada em libreto do dramaturgo francês Eugène Scribe. Estreada na Opéra de Paris em 1831, fez enorme sucesso. Com *Les Huguenots* (1836) e *Le Prophète* (1849), de Meyerbeer, a obra ajudou a definir o gênero emergente da *grand opéra*, apelando ao gosto do público por espetáculo. A influência de Meyerbeer é notável nas óperas de Verdi e até de Wagner.

GAETANO DONIZETTI
1797–1848

Gaetano Donizetti, nascido em Bergamo, é considerado o compositor de ópera italiano mais importante entre Rossini e Verdi. Começando com *Enrico di Borgogna*, estreada em Veneza em 1818, sua produção foi prolífica, somando 65 óperas completas. As obras sérias incluem *Lucrezia Borgia* (1833) e *Linda di Chamounix* (1842). Entre as cômicas citam-se *L'elisir d'amore* (O elixir de amor, 1832) e *Don Pasquale* (1843). Grande influência sobre Verdi, credita-se a Donizetti a introdução do Romantismo norte-europeu na ópera italiana.

VINCENZO BELLINI
1801–1835

Nascido na Sicília, Vincenzo Bellini compôs dez óperas, entre elas as obras-primas *La sonnambula* (1831), *Norma* (1831) e *I Puritani* (1835). Em 1827, *Il pirata* – a primeira de seis colaborações com o libretista Felice Romani – lhe valeu aclamação internacional no La Scala de Milão. Estimulado por Rossini, foi para Paris, onde *I Puritani* estreou. Com talento para a melodia vocal, Bellini era o mestre do estilo *bel canto* italiano, expresso, por exemplo, na famosa canção *Casta diva* (Deusa casta) de *Norma*.

MIKHAIL GLINKA
1804–1857

Mikhail Ivánovitch Glinka era de uma família de ricos proprietários russos e largou a carreira no serviço público para estudar música na Itália e em Berlim. De volta à Rússia, sua primeira ópera, *Uma vida pelo tsar* (1836; ou *Ivan Sussánin*, nome dado depois da Revolução), baseada na história de um herói russo do século XVII, foi bem recebida em São Petersburgo. Nessa e em obras futuras, Glinka se inspirou em canções folclóricas para criar música autenticamente russa. Em 1845, Hector Berlioz regeu em Paris trechos de obras de Glinka, na primeira audição de música russa no Ocidente.

CLARA WIECK SCHUMANN
1819–1896

Criança-prodígio, Clara Wieck ficou famosa em toda a Europa na adolescência.

Na época, apaixonou-se por Robert Schumann, aluno de seu pai, conhecido professor de piano. Ela e Robert se casaram em 1840, desafiando a oposição do pai dela. Apesar de ter tido oito filhos, Clara manteve carreira musical ativa, apresentando-se e ensinando. Suas obras, todas datadas de antes da morte prematura do marido, em 1856, incluem coletâneas de *Lieder*, música de câmara, um concerto para piano e o Trio para piano em sol menor, op. 17 (1846), considerado em geral sua melhor obra.

CÉSAR FRANCK
1822–1890

Nascido na Bélgica, César Franck já estudava no Conservatório de Paris e se apresentava como pianista de concerto quando adolescente. Porém, após a má recepção a um oratório que compôs perto dos trinta anos, abandonou o palco e a carreira de compositor, passando a ganhar a vida como organista e professor. Só após os cinquenta anos retomou a atividade pública, ao aceitar o posto de professor de órgão do Conservatório de Paris. Tornou-se um mestre de composição influente e voltou a escrever. Suas obras incluem uma sinfonia, peças para órgão e uma série de obras de câmara, em especial o Quinteto para piano em fá menor (1879), a Sonata para violino em lá maior (1886) e o Quarteto de cordas em ré maior (1889).

ANTON BRUCKNER
1824–1896

O austríaco Anton Bruckner foi um inovador musical, ainda que inesperado, mais conhecido pelas obras religiosas e suas nove sinfonias. Bruckner trabalhou como professor até 1855, quando se tornou organista-chefe da Catedral de Linz. Nessa cidade, após anos de estudo intensivo de composição, escreveu suas primeiras grandes obras: três arranjos para missa e uma sinfonia. Em 1868, assumiu um posto de professor no Conservatório de Viena, onde viveu o resto da vida. Admirador de Wagner, expandiu o alcance da sinfonia romântica tardia com harmonias complexas, dissonâncias e um rico entrelaçamento de diferentes partes instrumentais.

ALEKSANDR BORODIN
1833–1887

Filho ilegítimo de um nobre da Geórgia e da mulher de um médico do Exército, Aleksandr Borodin estudou ciências. Em 1864, tornou-se professor de química na Academia Médica e Cirúrgica Imperial de São Petersburgo. Como músico amador entusiasta, participou do grupo de jovens compositores Os Cinco, dedicado a criar uma tradição realmente russa de música clássica. Compôs duas sinfonias, dois quartetos de cordas e um poema tonal, *Na Ásia central* (1880). Sua maior obra, a ópera *Príncipe Ígor*, baseada numa epopeia medieval russa, ficou incompleta quando Borodin morreu de infarto. Ela foi concluída por Nikolai Rímski-Kórsakov, outros dos Cinco, com seu aluno Aleksandr Glazunov.

MILI BALÁKIREV
1836–1910

Exigente, com frequência tirânico, Mili Alekséievitch Balákirev foi a força propulsora de Os Cinco – grupo de compositores russos ardentemente nacionalistas formado em São Petersburgo nos anos 1860. Também foi membro fundador da Escola Livre de Música, criada como alternativa menos acadêmica ao Conservatório de São Petersburgo. Nos anos 1870 sofreu esgotamento nervoso e se retirou do mundo musical por cinco anos para ser escreventa de estrada de ferro. Quando voltou, tinha perdido muito do antigo ânimo. Suas obras incluem a peça para piano *Islamey* (1869) e o poema sinfônico *Rússia* (1887), mas sua maior realização foi ter reunido Os Cinco, que coletivamente transformaram a música clássica russa.

GEORGES BIZET
1838–1875

O francês Georges Bizet compôs uma sinfonia aos dezessete anos e sua primeira ópera estreou no ano seguinte. Passou depois três anos estudando em Roma, mas de volta a Paris o sucesso inicial não se repetiu e sua ópera *Les Pêcheurs de perles* (Os pescadores de pérolas) teve recepção decepcionante. *Djamileh* (1872), peça de um ato, obteve mais êxito e levou à encomenda de uma ópera baseada em novela de Prosper Mérimée. O resultado, *Carmen*, estreou em março de 1875, atraindo críticas mornas até a súbita morte de Bizet em junho, de doença cardíaca não diagnosticada, quando os críticos abruptamente reverteram seu veredicto. De dramaticidade tensa, com foco fortemente realista em trabalhadores comuns, *Carmen* se tornou um marco da ópera francesa.

NIKOLAI RÍMSKI-KÓRSAKOV
1844–1908

Oficial naval que se voltou para a música, Rímski-Kórsakov teve o impacto mais duradouro dentre os compositores russos conhecidos como Os Cinco. Em 1871, foi nomeado professor de composição e orquestração do Conservatório de São Petersburgo. Diversamente dos colegas de Os Cinco, tinha grande respeito pelas disciplinas acadêmicas de composição, que passou a seus alunos. Após a morte de Mússorgski e Borodin, editou e concluiu suas obras. Seu próprio talento para a orquestração colorida é visto em peças como *Capricho espanhol* (1887) e *Sheherazade* (1888), bem como nas óperas, em especial *Sadkó* (1897) e *O galo de ouro* (1909).

RUGGERO LEONCAVALLO
1857–1919

O compositor de óperas napolitano Ruggero Leoncavallo é lembrado por uma grande obra, *Pagliacci* (Palhaços), estreada no La Scala de Milão em 1892. Filho de policial, Leoncavallo voltou-se nessa obra para uma nova escola italiana de ópera, o *verismo* (realismo), caracterizada por enredos sensacionais tirados do dia a dia. Essa ópera curta, de dois atos – supostamente inspirada num caso em que seu pai trabalhou –, conta uma história de amor e ciúme numa trupe de atores, culminando em assassinato. Leoncavallo compôs várias óperas antes e depois de *Pagliacci*, mas nenhuma com o mesmo sucesso.

FREDERICK DELIUS
1862–1934

Filho de um comerciante de lã alemão, Frederick Delius começou a estudar música no tempo livre enquanto gerenciava uma plantação de laranjas na Flórida. De volta à Europa, continuou os estudos em Leipzig e depois se fixou na França. Suas obras incluem seis óperas, mas só duas, *Koanga*, composta em 1895–1897, e *A Village Romeo and Juliet* (1900–1901), foram encenadas enquanto ele estava vivo. Suas peças de maior sucesso – apresentadas ao público inglês pelo regente Thomas Beecham – foram *Sea Drift* (1904), arranjo para poema de Walt Whitman, e uma série de idílios orquestrais e poemas tonais, entre eles *Brigg Fair* (1907), *In a Summer Garden* (1908) e *North Country Sketches* (1914).

PIETRO MASCAGNI
1863–1945

A ópera de um ato *Cavalleria rusticana* (Cavalaria rústica), do toscano Pietro Mascagni, estreada em 1890, foi o primeiro grande sucesso da escola italiana do *verismo* (realismo). Baseada em conto de Giovanni Verga, narra uma história de paixão e traição num vilarejo siciliano cujo clímax é o duelo fatal entre dois apaixonados rivais. Como *Pagliacci*, de Leoncavallo, com a qual muitas vezes é apresentada em programa duplo, foi o único grande sucesso de Mascagni.

CARL NIELSEN
1865–1931

O dinamarquês Carl Nielsen foi um dos grandes sinfonistas do início do século xx. Ele concluiu a Primeira sinfonia em 1892, mas foi a Terceira (*Sinfonia espansiva*, 1911), com uso original de tonalidade e harmonia, que iniciou sua reputação como compositor. A Quarta (*Inesgotável*, 1916) e a Quinta (1922) foram respostas à brutalidade da Primeira Guerra Mundial. A Sexta e última (*Sinfonia semplice*, 1925) foi a mais desafiadora, talvez refletindo a doença cardíaca fatal de Nielsen. Ele também criou óperas, mas suas melhores obras, além das sinfonias, são um Quinteto de sopros (1922) e dois concertos, para flauta (1926) e clarinete (1928).

FERRUCCIO BUSONI
1866–1924

De ascendência ítalo-alemã, Ferruccio Busoni deu seu primeiro recital de piano aos dez anos, em Viena. Após estudar em Leipzig, tornou-se professor de piano em Helsinki e depois aceitou posições em Moscou, Boston e Berlim. Teve renome como um dos grandes pianistas da época, mas também como professor, teórico musical e compositor. Seu livro *Entwurf einer neuen Ästhetik der Tonkunst* (Projeto de uma nova estética da arte do som, 1907) foi inspiração importante para figuras como o compositor francês de vanguarda Edgard Varèse. Suas obras incluem óperas, peças orquestrais e para piano solo, em especial *Fantasia a partir de J. S. Bach* (1909) e *Fantasia contrappuntistica* (1910–1921).

GUSTAV HOLST
1874–1934

Professor e compositor influente, Gustav Holst foi um dos pais da escola inglesa do século xx que deu origem a figuras como Benjamin Britten e Michael Tippett. Holst se interessava tanto por música folclórica inglesa quanto por misticismo hindu, refletido em seus *Choral Hymns from the Rig-Veda* (1912). Sua obra mais famosa é a suíte orquestral *The Planets* (1916). As obras vocais incluem óperas, ciclos de canções e a peça coral *The Hymn of Jesus* (1917) e *Ode to Death* (1919), baseada num poema de Walt Whitman.

ZOLTÁN KODÁLY
1882–1967

Zoltán Kodály foi pioneiro no campo da etnomusicologia (estudo da música em seu contexto étnico e cultural) e em métodos modernos de ensino de música a crianças. Nascido na Hungria, estudou na Academia de Música de Budapeste ao lado de Béla Bartók, com o qual fez expedições ao interior para coletar música folclórica. As técnicas que imaginaram influenciaram os estudos futuros de tradições musicais nativas. Mais tarde, Kodály também desenvolveu um método para ensinar crianças a ler música ao cantar. Como compositor suas maiores obras foram *Psalmus Hungaricus* (1923), para tenor, coro e orquestra, e a ópera-cômica *Háry János* (1926).

ARTHUR HONEGGER
1892–1955

Filho de suíços que viviam na França, Honegger fez parte de Les Six, grupo de jovens compositores que surgiu em Paris nos anos 1920, entre eles Francis Poulenc e Darius Milhaud. É lembrado por suas cinco sinfonias, coletivamente consideradas uma das mais impressionantes criações sinfônicas do século xx. Suas outras obras incluem *Pacific 231* (1923) e *Rugby* (1928), em que buscou expressar em música as impressões de uma locomotiva e de uma partida de rúgbi, respectivamente. As obras dramáticas de Honegger incluem música para cinema, balés e o oratório *Jeanne d'Arc au bûcher* (Joana d'Arc na fogueira, 1935), com libreto do escritor Paul Claudel.

DARIUS MILHAUD
1892–1974

Com mais de quatrocentas obras creditadas, Darius Milhaud foi um dos compositores mais prolíficos do século xx. De família judia da Provença, estudou em Paris e, em 1917–1918, viajou ao Brasil com o poeta, dramaturgo e diplomata Paul Claudel. Foi membro do grupo de compositores Les Six, através do qual conheceu o escritor e desenhista surrealista Jean Cocteau. Sua colaboração com Cocteau resultou nos balés *Le Boeuf sur le toit* (1919) e *Le Train bleu* (1924), e com Claudel criou dramas musicais, como *Les Choéphores* (1915), *Christophe Colomb* (1928) e *David* (1954). Nos anos 1940 ensinou composição no Mills College, na Califórnia. Um de seus alunos foi Steve Reich, pioneiro do minimalismo.

OUTROS COMPOSITORES

PAUL HINDEMITH
1895–1963

Paul Hindemith ensinou composição na Escola de Música de Berlim até ser forçado a se demitir em 1937, devido a sua oposição ao regime nazista. Foi para os Estados Unidos e deu aulas em Yale de 1940 a 1953, antes de voltar à Alemanha. Seus livros didáticos, como *The Craft of Musical Composition* (1941), ainda são muito estudados. Suas composições incluem obras de câmara, sinfonias e óperas, com destaque para *Mathis der Maler* (Mathis, o pintor), que estreou em Zurique em 1938. Contando a história de Mathis Grünewald, que participou de uma revolta de camponeses em 1525, ela aborda a vida de um artista numa época tumultuosa, tentando seguir a própria consciência ante um regime opressor.

HENRY COWELL
1897–1965

Nos anos 1920 e 1930, o compositor, pianista e professor californiano Henry Cowell viajou pela América do Norte e Europa, chocando audiências com obras como *The Tides of Manaunaun* (1912), *The Aeolian Harp* (1923) e *The Banshee* (1925). Elas envolviam a criação de "agrupamentos de tons" colocando o punho ou o braço no teclado enquanto a outra mão tocava as notas normalmente ou pondo uma mão dentro do piano e dedilhando as cordas como uma harpa. Cowell era eclético e se inspirava em suas próprias raízes irlandesas, hinos religiosos e música japonesa ou indiana. Por meio de seu periódico, *New Music*, foi ativo promotor de obras de outros.

KURT WEILL
1900–1950

O compositor alemão Kurt Weill é mais conhecido pelas colaborações com o dramaturgo e poeta de esquerda Bertolt Brecht – como as óperas satíricas *Die Dreigroschenoper* (A ópera dos três vinténs, 1928), adaptada de uma *ballad opera* inglesa do século XVIII, e *Aufstieg und Fall der Stadt Mahagonny* (Ascensão e queda da cidade de Mahagonny, 1930). Inspirando-se em música de cabaré, *jazz* e em sua formação clássica, Weill criou peças sarcasticamente surreais, como a famosa *Balada de Mackie Navalha*, de *Die Dreigroschenoper*. Em 1933, após Hitler virar chanceler, o judeu Weill fugiu da Alemanha, primeiro para Paris e depois para os Estados Unidos, onde escreveu musicais para a Broadway antes de morrer, em 1950.

JOAQUÍN RODRIGO
1901–1999

Cego desde os três anos, Joaquín Rodrigo mesmo assim estudou música em Paris. Ele voltou à Espanha natal em 1939, após o fim da Guerra Civil. Sua peça mais famosa, o *Concerto de Aranjuez* para violão e orquestra, inspirado nos jardins do palácio real de Aranjuez, estreou no ano seguinte. Entre outras obras, compôs onze concertos, mais uma peça para violão, *Fantasia para un gentilhombre* (Fantasia para um cavalheiro, 1954), e uma ópera, *El hijo fingido* (O filho falso, 1964).

ELISABETH LUTYENS
1906–1983

Durante grande parte da vida de Elisabeth Lutyens, seu modernismo intransigente atraiu incompreensão vazia de seus colegas britânicos. Ela estudou em Paris e no Royal College of Music de Londres. Entre suas primeiras obras há um *Concerto for Nine Instruments* (1939), composto num estilo próprio mas de certo modo similar ao serialismo desenvolvido por Arnold Schoenberg. Obras vocais incluem arranjos literários, com destaque para o moteto com textos do filósofo Ludwig Wittgenstein (1952). Entre suas obras para palco estão a ópera de câmara *Infidelio* (1954) e *Isis and Osiris* (1969–1970). Suas peças orquestrais mais conhecidas são *Six tempi* (1957), *Quincunx* (1959) e *Music for Orchestra II* (1962). Também trabalhou para a Hammer Film Productions, criando trilhas para filmes de terror.

ELLIOTT CARTER
1908–2012

Nos anos 1930, o nova-iorquino Elliott Carter era um dos muitos americanos a estudar com Nadia Boulanger em Paris. De volta aos EUA, desenvolveu seu próprio estilo, com partes instrumentais diferentes seguindo linhas diversas, interagindo como personagens numa peça. As obras orquestrais importantes de Carter incluem a Sonata para violoncelo (1948), dois Quartetos de cordas (1950–1951 e 1959), um Concerto duplo para cravo e piano (1961) e um Concerto para piano (1964–1965) em reação à construção do Muro de Berlim. A partir dos anos 1970, voltou-se para a música vocal, arranjando poemas de autores contemporâneos americanos como Elizabeth Bishop, em *A Mirror on Which to Dwell* (1975).

SAMUEL BARBER
1910–1981

Samuel Barber nasceu na Pensilvânia em 1910 e se tornou um dos compositores americanos mais célebres do século. Sua obra mais popular foi uma das primeiras – o *Adagio for Strings* (1938), orquestração do movimento do adágio do Quarteto de cordas que compusera dois anos antes. Ex-aluno do Curtis Institute of Music, em Filadélfia, Barber foi conhecido depois pelas obras vocais, como *Knoxville: Summer of 1915* para soprano solo (1948), *Hermit Songs Cycle* (1952–1953) e duas óperas: *Vanessa* (1958) e *Antony and Cleopatra* (1966), criada para a inauguração do novo teatro da Metropolitan Opera no Lincoln Center de Nova York em 1966.

CAMARGO GUARNIERI
1907-1993

Nascido em Tietê, no interior de São Paulo, o compositor e maestro Mozart Camargo Guarnieri foi aluno do escritor Mário de Andrade e sua obra é símbolo do nacionalismo musical brasileiro. Para o compositor, a música devia se inspirar na cultura regional do país e não nas fórmulas das vanguardas europeias, ideia que defendeu na Carta Aberta aos Músicos do Brasil. Escreveu sinfonias, concertos, peças para piano, canções baseadas em poetas brasileiros, trilhas para cinema, óperas e o ciclo dos Choros. E, com elas, ajudou a definir a paisagem sonora brasileira por meio de uma linguagem bastante pessoal.

LUIGI NONO
1924–1990

O veneziano Luigi Nono foi radical em música e política, e muitas vezes combinava as duas. Seu *Il Canto sospeso* (O canto interrompido, 1955–1956) – para vozes solistas, coro e orquestra – cita trechos de cartas de membros da resistência antinazista, na Segunda Guerra, à espera da execução. As crenças marxistas de Nono também são claras em sua primeira ópera, *Intolleranza* (1960), sobre um migrante italiano à procura de trabalho. Nos anos 1960, ele começou a encenar peças, como *La fabbrica illuminata* (1964), em fábricas e outros locais de trabalho.

PIERRE BOULEZ
1925–2016

O compositor francês de vanguarda Pierre Boulez teve grande influência na música do fim do século xx. Uma de suas obras iniciais mais admiradas foi *Le Marteau sans maître* (O martelo sem mestre, 1954), arranjo de poemas do surrealista René Char. *Pli selon pli* (Dobra sobre dobra, 1964), para soprano e orquestra, também fez sucesso. Entre suas obras posteriores estão *Répons* (1985), para eletrônica ao vivo e orquestra de câmara com seis solistas de percussão. Boulez teve carreira internacional como regente, com períodos na Filarmônica de Nova York e na Sinfônica da bbc, em Londres.

MORTON FELDMAN
1926–1987

Nascido no Queens, em Nova York, Morton Feldman foi notável pela quietude lenta e deliberada de sua música e pela duração excepcional de suas obras finais. A quietude, ele dizia, significava que o público poderia ouvir os sons. Em 1977, compôs *Neither* para soprano e orquestra, arranjo de um monólogo do dramaturgo Samuel Beckett. Suas obras finais, como o *String Quartet II* (1983), que dura cinco horas sem interrupção, eram experiências imersivas e quase místicas para os ouvintes.

HANS WERNER HENZE
1926–2012

Alemão que viveu na Itália, Hans Werner Henze é conhecido pelo estilo lírico reluzente inspirado em tradições tão variadas como Romantismo, Neoclassicismo e *jazz*. Muito prolífico, compôs dez sinfonias além de música instrumental solo, de câmara e orquestral. Obteve fama, acima de tudo, pelas óperas, entre elas duas colaborações com o poeta inglês W. H. Auden: *Elegy for Young Lovers* (1961) e *The Bassarids* (1966).

HARRISON BIRTWISTLE
1934–

Harrison Birtwistle fazia parte da chamada Escola de Manchester, grupo de estudantes do Royal Manchester College of Music, no norte inglês. Modernistas, eles também se inspiravam na música medieval e do início do Renascimento. Birtwistle se revelou nos anos 1960 com obras como *Tragoedia* (1965) para quinteto de sopros, harpa e quarteto de cordas, e sua primeira ópera, *Punch and Judy* (1968). As óperas são parte importante de sua produção, entre elas *The Mask of Orpheus* (1986), *Gawain* (1991) e *The Minotaur* (2008); suas obras instrumentais incluem *Exody* (1997), para orquestra; *The Cry of Anubis* (1994), para tuba e orquestra; e *Harrison's Clocks* (1998), para piano solo.

HELMUT LACHENMANN
1935–

O objetivo do alemão Helmut Lachenmann como compositor é abrir novos "mundos sonoros". Modernista que estudou com Luigi Nono, ele cunhou a expressão *"musique concrète instrumentale"*. Em *Pression* (1970), para violoncelo solo, ele usa não só os sons que o violoncelista aprendeu a tocar, mas outros, mais mecânicos, como quando o arco é pressionado para baixo com força sobre as cordas. Ele também incorpora gravações (com frequência distorcidas) de peças conhecidas, como o Concerto para clarinete de Mozart, em suas composições, como em *Accanto*, para clarinete, orquestra e fita de gravação. Outras peças incluem *NUN* (1999), para flauta, trombone, coro masculino e orquestra, e uma ópera, *Das Mädchen mit den Schwefelhölzern* (A pequena vendedora de fósforos), de 1997.

ARVO PÄRT
1935–

As obras iniciais de Pärt, nascido na Estônia, incluem peças indiscutivelmente modernistas, como *Nekrolog* (1960) e suas duas primeiras sinfonias (1963 e 1966). A partir de 1968, porém, ele quase parou de compor por oito anos, em parte reação à censura repressiva em sua terra, ainda controlada pelos soviéticos, mas também por sua devoção à fé ortodoxa. Seu novo estilo emergiu numa curta peça para piano solo, *Für Alina* (1976), notável por seu minimalismo simples e pelo som que evoca sinos. Uma torrente de obras se seguiu, entre elas *Tabula rasa* (1977), *Summa* (1977), *Cantus in memoriam Benjamin Britten* (1977) e *A Paixão segundo São João* (1982).

ARIBERT REIMANN
1936–

Aribert Reimann, compositor, pianista e professor nascido em Berlim, compõe obras de câmara, concertos e peças orquestrais, mas é mais conhecido pelo uso hábil da voz humana – Reimann teve ligação longa e próxima com o barítono Dietrich Fischer-Dieskau, que muitas vezes acompanhava ao piano. Reimann criou óperas de sucesso, em geral baseadas em obras de

OUTROS COMPOSITORES 339

dramaturgos famosos. *Lear*, adaptada da peça de Shakespeare, é considerada seu maior êxito. Modernista no estilo, Reimann também é influenciado pela música indiana.

JOHN TAVENER
1944-2013

Influenciado por Stravinsky e Messiaen entre outros, John Tavener ficou famoso em 1970 quando sua cantata *The Whale* – baseada na história bíblica de Jonas – foi lançada em disco pelo selo Apple. A conversão do londrino Tavener à Igreja Ortodoxa em 1977 foi fruto de longa busca espiritual que redundou em peças ricamente místicas, como *Ikon of Light* (1984), *The Protecting Veil* (1989) e *Song for Athene* (1993). Em 2003, compôs *The Veil of the Temple*, enorme obra coral destinada a durar toda a noite num ofício de vigília ortodoxo e considerada por Tavener sua "suprema realização".

JOHN ADAMS
1947-

Mais jovem que os colegas minimalistas Steve Reich e Philip Glass, Adams, nascido na Nova Inglaterra, nos EUA, fez nome com peças como *Shaker Loops* (1978) e *Grand Pianola Music* (1982). Sua música muitas vezes é bem-humorada e evoca a cultura popular. Pode-se dizer que Adams é mais preocupado que a maioria dos minimalistas com harmonia e progressão. Isso pode ser visto em *Harmonielehre* (1985), obra orquestral de três movimentos, e em sua primeira ópera, *Nixon in China* (1987), inspirada na visita do presidente Richard Nixon à China em 1972. Além de mais duas óperas, suas obras incluem concertos para violino (1993), clarinete (1996) e piano (1997), e *Scheherazade.2* (2014), "sinfonia dramática" para violino e orquestra.

JUDITH WEIR
1954-

Nascida na Inglaterra de pais escoceses, Weir é mais conhecida pelas óperas – da dinâmica obra inicial, *A Night at the Chinese Opera* (1987) e *Miss Fortune* (2011), conto folclórico siciliano atualizado para um mundo urbano do século XXI. Influenciada por compositores como Janáček e Stravinsky, Weir se inspira em tradições populares não só de sua Escócia natal e da Europa como do sul da Ásia. Sua obra dedica particular atenção à narrativa; *Kings Harald's Saga* (1979), para soprano solo, é um drama histórico medieval comprimido em menos de quinze minutos. Já suas obras instrumentais incluem o Concerto para piano (1997), de quinze minutos, outra joia de concisão, e *The Welcome Arrival of Rain* (2001). Em 2014, Weir foi nomeada mestre de música real, sucedendo a Sir Peter Maxwell Davies.

MAGNUS LINDBERG
1958-

A orquestra foi a primeira paixão do finlandês Magnus Lindberg, que se estabeleceu como um dos mais populares compositores de peças orquestrais arrojadas do mundo. Ele começou na vanguarda, em obras como *Ação-Situação-Significação* (1982) e *Kraft* (Poder, 1985). Depois sua música ficou mais eclética, inspirada em obras da tradição clássica (como as de seu antecessor finlandês, Sibelius) e com melodias e cores mais ricas. Suas peças principais a partir dos anos 1990 foram *Aura* (1994) e *Arena* (1995), e desde 2002 incluem concertos para clarinete (2002) e violino (2006), além de sua primeira obra vocal para solista, *Acusado; três interrogatórios para soprano e orquestra* (2014).

JAMES MACMILLAN
1959-

A espiritualidade católica, a política progressista e a tradição folclórica de seu país foram inspirações para o modernista escocês James MacMillan. Seu primeiro grande sucesso foi com a obra orquestral *The Confession of Isobel Gowdie*, estreada nos BBC Proms em 1990. Dois anos depois ele compôs *Veni, veni, Emmanuel* – concerto para percussão e orquestra – para a grande percussionista escocesa Evelyn Glennie. Suas obras vocais – grande parte de sua produção – incluem *Cantos sagrados* (1990), arranjo de poemas dos escritores latino-americanos Ariel Dorfman e Ana Maria Mendosa, a cantata *Quickening* (1998), duas óperas e arranjos de textos litúrgicos e da missa católica.

MARK-ANTHONY TURNAGE
1960-

A primeira ópera do compositor britânico Mark-Anthony Turnage, *Greek*, se baseou numa versão da tragédia de Sófocles *Édipo rei* ambientada no East End londrino. A ópera foi um sucesso imediato ao estrear na Bienal de Munique em 1988. Inspirada em *jazz* e *rock* além da tradição clássica, a música de Turnage é esperta, expressionista e muitas vezes espirituosa. Suas obras para o palco incluem mais duas óperas – *The Silver Tassie* (2000) e *Anna Nicole* (2011) – e os balés UNDANCE (2011), *Trespass* (2012) e *Strapless* (2016). Entre suas obras instrumentais estão *Three Screaming Popes* (1989), inspirada em quadros do artista Francis Bacon, o concerto para trompete *From the Wreckage* (2005), composto para o trompetista Håkan Hardenberger, e um concerto para violino, *Mambo, Blues and Tarantella* (2008).

GEORGE BENJAMIN
1960-

Um dos últimos e mais queridos alunos do velho Messiaen, Benjamin é incomum entre os compositores britânicos por sua afinidade com a vanguarda francesa. Sua produção foi notável pela combinação de precisão, cor e sensualidade. O grande avanço aconteceu aos vinte anos, quando sua peça orquestral *Ringed by the Flat Horizon* estreou nos BBC Proms. Suas obras desde então incluem *At First Light* (1982), para orquestra de câmara; *Upon Silence* (1990), para soprano e *ensemble* de cordas; e *Palimpsests* (2002), para orquestra completa. Ele também compôs três óperas com o dramaturgo Martin Crimp: *Into the Little Hill* (2006), *Written on Skin* (2012) e *Lessons in Love and Violence* (2018).

GLOSSÁRIO

A cappella Canto de solista ou grupo sem acompanhamento.

Acorde Combinação simultânea de notas. Os acordes mais usados são as tríades, formadas por três notas distintas, com base na primeira, terceira e quinta notas de uma escala. Por exemplo, na escala de dó maior as notas da escala são dó, ré, mi, fá, sol, lá e si; a tríade maior de dó consiste nas notas dó, mi e sol.

Altura Posição de um som em relação a uma gama de sons tonais – quão alto ou baixo ele é –, e que depende da frequência das ondas sonoras por segundo (hertz).

Ária Peça vocal para uma ou mais vozes numa ópera ou oratório.

Armadura da clave Indicação escrita da tonalidade a tocar, mostrada por um grupo de acidentes – sustenidos ou bemóis – no início de uma pauta. Em vez de escrever um sustenido para cada fá ou dó na peça em ré maior, por exemplo, os dois sustenidos são colocados no início da pauta. Ver também **Maior** e **Menor**.

Atonal Sem tonalidade reconhecível; o oposto de tonal.

Baixo O mais grave em tom: designa a voz mais grave masculina; a parte mais grave de um acorde ou peça musical, ou o instrumento mais grave de uma família.

Barítono Voz masculina entre tenor e baixo ou instrumento nesse intervalo tonal.

Barroca Música composta entre 1600 e 1750; designa peças do período anterior ao Classicismo.

Basso continuo Acompanhamento harmônico, em geral de cravo ou órgão e violoncelo ou viola da gamba baixo, muito usado no período barroco.

Bel canto Em italiano, "belo canto"; escola de canto do século XVIII e início do século XIX caracterizada pelo foco na beleza do tom, agilidade virtuosística e controle da respiração.

Bemol Nota diminuída um semitom (si diminuído um semitom é um si bemol); também designa voz ou instrumento desafinado por estar abaixo da altura pretendida.

Cadência Sequência que conclui uma frase ou composição musical. Uma "cadência perfeita" cria uma sensação de completude; a "cadência imperfeita" soa incompleta.

Cadenza Originalmente, solo improvisado pelo solista num concerto; a partir do século XIX tornou-se mais formal, menos espontânea.

Cânone Composição contrapontística em que vozes separadas entram uma a uma. Num cânone estrito, cada parte repete a melodia com exatidão.

Cantata Peça programática, em geral para voz e orquestra, destinada a contar uma história; a *cantata da camera* é profana e a *cantata da chiesa* é uma peça sacra.

Cantochão Música medieval de igreja; consiste numa linha vocal em uníssono, sem acompanhamento, com ritmo livre, como a fala, sem duração regular de compassos.

Ciclo de canções Grupo de canções que narram uma história ou compartilham um tema; destinam-se a ser apresentadas em sequência como uma entidade única.

Clássica Música do período posterior ao Barroco, de cerca de 1750 a 1820; o termo também é usado para distinguir a música ocidental formal, destinada ao contexto de uma igreja ou sala de concertos, de outra mais informal, como os estilos de música popular.

Clave Símbolo colocado no início da pauta musical para determinar a altura das notas. Uma clave de sol, por exemplo, define a linha mais baixa da pauta como mi, enquanto uma clave de fá significa que ela deve ser lida como sol.

Coda Literalmente, "cauda", em italiano. Seção final de uma peça musical, distinta da estrutura geral.

Compasso Segmento de tempo musical que contém um número fixo de batidas, dependendo do tempo da música; os compassos são marcados por linhas verticais na partitura.

Concerto Grande peça para instrumento solo e orquestra, destinada a exibir as habilidades do solista; o *concerto grosso* barroco, porém, tem interação mais equilibrada entre uma orquestra

GLOSSÁRIO 341

menor (*ripieno*) e um grupo de solistas (*concertino*).

Consonância Acorde ou intervalo, como o de terça ou quinta, que soa agradável; oposto de dissonância.

Consort Conjunto instrumental popular nos séculos XVI e XVII na Inglaterra; o termo também é usado para designar a música tocada por esses grupos, além da própria apresentação.

Contralto Termo que designa a voz mais grave feminina; também indica um instrumento que é pouco mais grave que um instrumento soprano (neste caso, usa-se "alto"), em sax alto.

Contraponto Execução instrumental ou canto simultâneo de duas ou mais linhas melódicas.

Cromático Baseado na escala de todos os doze semitons de uma oitava, em oposição ao diatônico, que se baseia numa escala de sete notas.

Diatônico Baseado numa escala de sete notas, sem sustenidos nem bemóis, só com as teclas brancas do piano.

Dinâmica Diferenças de volume numa peça ou seção de música; também se refere ao sistema de notação em que marcas na partitura indicam aos executantes o volume.

Dissonância Notas tocadas juntas produzindo discordância (sons desagradáveis ao ouvido); o oposto de consonância e concordância.

Escala Série de notas que definem uma melodia e, em geral, a tonalidade da peça. Escalas diferentes dão à música sentimento e "cor" diversos.

Forma-sonata Forma musical constituída por exposição (dois temas ligados por uma seção ponte, o segundo dos quais numa tonalidade diferente), desenvolvimento (explanação da exposição) e recapitulação, uma reapresentação alterada da exposição na tônica.

Fuga Peça contrapontística altamente estruturada, com duas ou mais partes, popular na era barroca. As vozes ou linhas separadas entram uma a uma, imitativamente.

Harmonia Execução simultânea de notas diferentes (em geral complementares). A unidade básica da harmonia é o acorde.

Intervalo Diferença em altura entre duas notas, expressa numericamente para mostrar quantos semitons há entre elas; pode ser "maior", "menor" ou "perfeito" – por exemplo, uma "terça menor" é um intervalo de três semitons e uma "terça maior" é um intervalo de quatro.

Leitmotiv Literalmente "motivo condutor" em alemão; pequena frase musical que volta ao longo da peça para indicar a presença de um personagem, emoção ou assunto. Plural: *Leitmotive*.

Libreto O texto de uma ópera ou outra obra dramática vocal.

Lied Canção tradicional alemã, popularizada por Schubert. Plural: *Lieder*.

Madrigal Canção profana *a cappella* popular na Inglaterra e na Itália renascentistas; muitas vezes musicava um poema.

Maior Termo aplicado a uma armadura de clave ou qualquer acorde, tríade ou escala em tonalidade maior. Os intervalos em tonalidade maior consistem em dois tons inteiros seguidos por meio tom e depois três tons inteiros seguidos por meio tom. As tonalidades maiores com frequência são descritas como alegres, enquanto as menores evocam melancolia.

Melodia Série de notas que criam juntas uma música ou tema.

Menor Termo aplicado a uma armadura de clave ou acorde, tríade ou escala em uma tonalidade menor; tem uma tonalidade maior relacionada. Difere de sua maior relacionada por sua terceira nota (e às vezes a sexta e a sétima) ser bemol, levando a um som mais sombrio.

Mezzo-soprano Literalmente, "meio-soprano"; a voz soprano mais grave; um tom acima do contralto.

Minimalismo Escola de música principalmente americana que favorecia um universo sonoro de textura quase hipnótica de curtos padrões repetidos.

Missa Ofício principal da Igreja Católica, de estrutura muito formal e com seções específicas – conhecidas como o Ordinário –, celebradas nesta ordem: *Kyrie*, *Gloria*, *Credo*, *Sanctus* com *Hosanna* e *Benedictus*, e *Agnus Dei* e *Dona nobis pacem*.

Modo Escala de sete notas herdada da Grécia antiga através da Idade Média, em que era predominante; os modos sobrevivem hoje na música folclórica e no cantochão.

Modulação Mudança de uma tonalidade para outra – por exemplo, de dó maior para lá menor.

GLOSSÁRIO

Monodia Estilo vocal desenvolvido no período barroco com uma única linha melódica dominante; pode ter ou não acompanhamento.

Monofônico Designa música composta em uma só linha, ou melodia sem acompanhamento.

Moteto Composição coral polifônica baseada em texto sagrado, em geral sem acompanhamento.

Movimento Seção independente de uma obra maior; chamado assim porque cada um tem indicação de tempo diferente, autônoma.

Música de doze tons Obra em que é atribuída a mesma importância a todos os graus da escala cromática, eliminando toda ideia de tônica ou tonalidade.

Música de câmara Peças compostas para pequenos grupos de dois ou mais instrumentos, como duetos, trios e quartetos.

Música programática Música composta para descrever um tema não musical, como um evento, paisagem ou obra literária.

Música serial Sistema de composição atonal desenvolvido nos anos 1920 por Arnold Schoenberg e outros, em que sequências fixas de música são usadas como base para criar uma obra mais complexa inteira.

Musique concrète Música eletrônica que compreende sons instrumentais e naturais, muitas vezes alterados ou distorcidos no processo de gravação.

Natural Nota que não é sustenida nem bemol. Um símbolo de natural pode ser usado logo após um sustenido ou bemol introduzido antes num compasso, para indicar ao músico que não aplique sustenido ou bemol mais à nota, ou para ignorar sustenidos ou bemóis da armadura da clave.

Obbligato Acompanhamento importante (portanto "obrigatório"); em geral designa um contracanto executado em instrumento de *ensemble* ou um acompanhamento barroco de teclado com notação completa, e não com o baixo cifrado padrão.

Oitava O intervalo entre uma nota e outra com o dobro ou metade de sua frequência – por exemplo, no piano há uma oitava entre o dó agudo e a próxima nota dó acima.

Ópera Peça teatral em que todos ou a maioria dos personagens cantam e em que a música é um elemento importante; em geral todos os diálogos são cantados.

Ópera-bufa Tipo de ópera cômica popular no século XVIII.

Opéra comique Tipo exclusivamente francês de ópera que, apesar do nome, nem sempre é cômica, nem especialmente leve; também inclui diálogos falados.

Opera seria O oposto direto da ópera-bufa; caracteriza-se por enredos heroicos ou mitológicos e formalidade na música e na ação.

Opereta Literalmente, "pequena ópera"; estilo de ópera mais leve, do século XIX, que inclui diálogos falados.

Oratório Obra para solistas vocais e coro com acompanhamento instrumental; difere da ópera por ser uma peça de concerto e não teatral.

Ornamento Embelezamento de uma nota ou acorde com um trinado, por exemplo, ou um curto fragmento como um floreio – a nota acima da nota principal, a nota principal e a nota abaixo, tocadas em rápida sucessão.

Ostinato Figura musical repetida, em geral na parte do baixo, fornecendo uma base para a variação melódica e harmônica acima dele.

Overture "Abertura", em francês; introdução instrumental a uma ópera ou balé; apresenta um pouco do material temático principal.

Pauta Padrão de cinco linhas horizontais em que se escreve música.

Pianola Piano que toca automaticamente, com teclas acionadas por ar bombeado através de papel perfurado que sai de um rolo.

Poema tonal Obra sinfônica de um só movimento estendido, em geral programática e que com frequência descreve uma paisagem ou obras literárias; também chamado "poema sinfônico".

Polifonia Com o significado de "muitos sons", refere-se a um estilo de composição em que todas as partes são independentes e têm igual valor.

Recitativo Estilo de canto em ópera e oratório muito relacionado, em altura e ritmo, à emissão do discurso dramático; em geral usado para diálogos e exposição do enredo entre árias e corais.

Réquiem Peça composta como um memorial; também especificamente um arranjo da missa de réquiem católica, para descanso dos mortos.

GLOSSÁRIO 343

Ritmo Padrão de ênfases e durações relativas das notas de uma peça musical, em geral organizadas em grupos regulares ou compassos.

Romantismo Período cultural que dominou o século XIX, anunciado em música por Beethoven; caracteriza-se pelo abandono das formas tradicionais, inspiração em temas extramusicais, aumento na escala da composição e uso de cromatismo.

Rondó Peça ou movimento de música baseado num tema recorrente com material intercalado: segue uma forma como A-B-A-C-A-D-A-E.

Sarabanda Dança cortesã lenta de compasso ternário, popular na Europa a partir do século XVII.

Scherzo Peça (ou movimento) de dança animada, com compasso ternário.

Semitom Também conhecido como meio tom; o menor intervalo musical entre notas na música tonal ocidental. Há dois semitons num tom inteiro e doze semitons numa oitava. Num teclado, um semitom se acha onde duas teclas estão o mais próximas possível – por exemplo, entre mi e fá há um semitom. Ver também **Tom**.

Sinfonia Obra de larga escala para orquestra completa; sinfonias clássicas e românticas têm quatro movimentos – tradicionalmente um *allegro*, um segundo movimento mais lento, um *scherzo* e um *finale* animado. Sinfonias posteriores podem ter mais ou menos movimentos – o primeiro muitas vezes segue a forma-sonata, e o movimento lento e o *finale* podem ter estrutura similar.

Singspiel Literalmente "brincadeira cantada" em alemão, tipo de ópera cômica com diálogos falados em vez de recitativo; tipificada por *A flauta mágica*, de Mozart. Plural: *Singspiele*.

Sonata Peça instrumental popular para um ou mais instrumentistas; originou-se no período barroco, quando o termo designava uma peça curta para solo ou um pequeno grupo de instrumentos acompanhados de um *basso continuo*.

Sonata da camera Tipo de peça de câmara – em geral para dois violinos com *basso continuo* – do final do século XVII e início do XVIII.

Sonata da chiesa "Sonata de igreja"; peça multi-instrumental similar à *sonata da camera*, em geral com quatro movimentos: uma introdução lenta, uma fuga, um movimento lento e um *finale* rápido.

Soprano A mais aguda das quatro vozes de canto padrão – acima de contralto, tenor e baixo; instrumento mais agudo de sua família.

Suíte Obra em geral instrumental com vários movimentos de dança contrastantes, em geral todos na mesma tonalidade.

Sustenido Nota aumentada em um semitom – por exemplo, fá aumentado um semitom é fá sustenido; também designa voz ou instrumento desafinado por estar acima da altura pretendida.

Temperamento Afinação de um instrumento pelo ajuste dos intervalos entre as notas, para permitir que toque em diferentes tonalidades. A maioria dos instrumentos de teclado são afinados usando "temperamento igual" baseado em uma oitava de doze semitons equivalentes.

Tempo O andamento de uma obra; indicado na partitura com termos como *allegro* ("ligeiro") ou *adagio* ("lento").

Tenor A voz masculina adulta natural mais alta; também designa um instrumento nessa gama.

Timbre Qualidade particular, ou caráter, de um som que permite a um ouvinte distinguir um instrumento (ou voz) de outro; sinônimo de "cor tonal".

Tom Dois semitons; igual ao intervalo de uma segunda maior, compreendendo duas posições adjacentes numa pauta. Ver também **Semitom**.

Tonalidade 1) Sistema de escalas e tonalidades maior e menor; forma a base de toda a música ocidental do século XVII até Schoenberg, no início do século XX. A música tonal adota os princípios da tonalidade. **2)** Centro tonal de uma peça musical, baseado na primeira nota (ou tônica) da escala.

Tônica A primeira nota, ou grau, de qualquer escala diatônica (maior ou menor); a nota mais importante da escala, que fornece o foco para a melodia e a harmonia de uma peça musical; também designa o tom principal de uma peça musical.

Tríade Acorde de três notas que consiste em uma nota raiz mais os intervalos de terça e quinta. Há quatro tipos: maior (por ex., dó-mi-sol), menor (por ex., dó-mi bemol-sol), aumentada (por ex., dó-mi-sol sustenido) e diminuta (por ex., dó-mi bemol-sol bemol).

Vibrato Variação rápida e regular de altura ao redor de uma só nota, para efeito expressivo.

ÍNDICE

Os números de página em **negrito** se referem a entradas principais; em *itálico*, a legendas.

1 + 1 (Glass) 312
4'33" (Cage) **304**

A

Abélard, Pierre 26
Abertura de poços (Martinu) 263
Actions for Free Jazz Orchestra (Penderecki/Cherry) 258
Adam de la Halle **33-34**
Adams, John 339
Adams, John Luther 322
Adès, Thomas **328**
Adriana Mater (Saariho) 325
Adventures of Grandmaster Flash on the Wheels of Steel, The 316
Aeolian Harp (Cowell) 268
afro-americana, música 214-215, 254-255, 258, 259, 260, 285
Aida (Verdi) 175, 199
alaúde 35, 54, **56-57**
Albéniz, Isaac *210*, **222**
Albinoni, Tomaso 91, 94
Albion and Albanius (Grabu) 74
Alceste (Lully) 71
Alcina (Händel) 88
Aldeburgh, Festival de 293, 318
aleatória, música **302-305**, 313, **323**
Alleluia (Whitacre) 329
Alleluia nativitus (Pérotin) *30*
Alma redemptoris mater (Power) 42
Alsop, Marin 238, *238*
Ambient 1: Music for Airports (Eno) 320
amor cortesão 34, 35
Amour de loin, L' (Saariaho) 234, **325**
anel do nibelungo, O (Wagner) 182, **184-187**
Anônimo IV 28-29, 31
Antheil, George 268
antífona 23, 68
antiga, música **18-37**
Apocalypse, The (Tavener) **322**
Apocalypsis (Schafer) 322
Apostles, The (Elgar) 218, 219
Appalachian Spring **286-287**, *287*
Apparitions (Ligeti) 324
árabes, convenções poéticas 33
Arezzo, Guido d' **24-25**, *25*
Armed Man, The (Jenkins) 42
Arrival of the Queen of Sheba, The (Händel) 106
Ars nova **36-37**
arte da fuga, A (J. S. Bach) 109, 111, 308
Arte dos ruídos (Russolo) 268
Assim falou Zaratustra (Strauss) **193**, *193*, 270
Associação Russa de Músicos Proletários (ARMP) 276

Athalie (Racine) 208
Atlântida (Falla) 223
Atmosphères (Ligeti) 310
atonalismo **242-245**

B

Babbitt, Milton 337
Bach, Carl Philipp Emanuel 82, 105, **120-121**
Bach, Johann Christian 86, 97, 120, 333
Bach, Johann Sebastian 25, 48, 78, 80, 82, 83, 94, 95, **98-105**, *103*, *105*, **108-111**, 121, 165, 171, 264, 280, 285, 308
Bachianas brasileiras (Villa-Lobos) **280-281**
Balákirev, Mili 207, 335
balé, música de
    comédie-ballet 70
    romântica **190-191**
    soviética 309
Balés Russos 112, 248, *249*, 251, 256, 262
Ballet mécanique (Antheil) 268
Balzac, Honoré de 197
Bamboula Squared (Wuorinen) 324
Banjo, The (Gottschalk) 259
barbeiro de Sevilha, O (Rossini) **148**
Barber, Samuel 286, 337
barberillo de Lavapiés, El (Barbieri) 222
Barbieri, Francisco Asenjo 222
barroca, música **58-111**
    Barroco Colossal 44
    do Alto Barroco **100-105**
    francesa **70-71**, **82-83**
    inglesa **74-77**
    italiana **90-91**, **94-97**
Bartók, Béla 212, 242, 252, 261, 266, **270-271**, *270*, 308
basso continuo 66, 81
Bates, Mason 326
Bayreuth, Festival de 182, 183, 186-187, 293
BBC Radiophonic Workshop 301
Beach, Amy 234
Beckett, Samuel 317, 321
Beecham, Thomas 238
Beethoven, Ludwig van 86, 90, 96, 101, 105, 121, 127, 128, 131, 132, 133, 134, 137, **138-141**, 148, 152, **156-161**, *161*, 166, 169, 177, 182, 188, 208, 265, 304
Bela Adormecida, A (Tchaikóvski) 190, 191
bel canto 183, 197, 211
Bellini, Vincenzo 334
Belshazzar's Feast (Walton) 284
Benjamin, George 265, 301, 339
Berg, Alban 261, *264*, 265, 290
Berio, Luciano 254, 301, **316-317**
Berlioz, Hector 131, 146, 149, 155, **162-163**, *163*, 167, 169, 172-173, 176, 177, 186, 210
Biber, Heinrich 44
Biches, Les (Poulenc) **262**

Billy Budd (Britten) 237, 293
Birtwistle, Harrison 209, 290, 301, 318, 319, 325, 338
biwa 314, *314*
Bizet, Georges 175, 195, 198, 237, 335
Bjørnson, Bjørnstjerne 209
Blow, John 74, 75
blue cathedral (Higdon) **326-327**
Boccherini, Luigi 334
Bohème, La (Puccini) 195-196
Boris Godunov (Mússorgski) 207
Boris Godunov (Rímski-Kórsakov) 207
Borodin, Aleksandr 335
Boulanger, Lili 234, 235
Boulanger, Nadia 235, 238, 287, 299
Boulez, Pierre 229, 264, 283, 301, 306, 308, 320, 338
Brahms, Johannes 155, 158, 164, 166, 173, 179, **188-189**, *188*, 213, 214, 236, 266
brandemburgueses na Boêmia, Os (Smetana) 212, 213
Brewster, Henry 236, 238
Brigg Fair (Delius) 253
Britten, Benjamin 68, 155, 198, 237, 239, 266, 273, 282, 284, 285, **288-293**, 318
Bruckner, Anton 192, 335
Brumel, Antoine 44
Bülow, Hans von 188
burguês fidalgo, O (Lully) **70-71**
Burleigh, Harry 214, *214*
Busoni, Ferruccio 266, 336
Buxtehude, Dieterich **78-79**, 79
Byrd, William **52-53**, 57, 252

C

Caccini, Francesca 234
Caccini, Giulio 63, 66
Cadmus et Hermione (Lully) 107
Cage, John 257, 269, 273, 298, **302-305**, 315, 316, 317, 323, 328
Caldwell, Sarah 238
câmara, música de 80, 124, 127, 234
canção artística 152, 155
    ver também Lieder
"canção de Sícilo" 22
Canções sem palavras (Mendelssohn) 173
Cannabich, Christian 116, 117
cânones 50, 74, 110-111
cantatas 101, 103, 173
cante jondo 223
Canticum Canticorum 51
cantochão **22-23**, 26, 37, 49, 50, 67, 68
canto gregoriano 22, 23, *23*, 25, 69, 317, 320
canto harmônico **28-31**
cantus firmus 36, 37, 42
canzoni 55, 68
Caprichos (Paganini) 146, 147
Cardew, Cornelius 302, 305
Carlos Gomes, Antonio **216-217**
Carmen (Bizet) 175, 195, *195*

Carnaval (Schumann) 164
Carter, Elliot 286, 337
casamento de Fígaro, O (Mozart) 135, 148
Caserta, Philippus de 37
castelo de Barba-Azul, O (Bartók) 270
Cavalleria rusticana (Mascagni) 174, 194, 197
Cavalli, Francesco 63, 76, 77
Cave, The (Reich) 320
Cavos, Catterino 207
Celtic Requiem (Tavener) 282
cena, música de 208-209
Central Park in the Dark (Ives) 316, 317
Cesti, Antonio 63
Chaminade, Cécile 234
Chansons madécasses (Ravel) 198
charamela 35
Charpentier, Marc-Antoine 70, 333
Child of Our Time, A (Tippett) 218, **284-285**, *284*
Chin, Unsuk 301, 324
Chopin, Frédéric 96, **164-165**, *164*, 166, 178, 179
Choros (Villa-Lobos) 281
Chostakóvitch, Dmítri **274-279**, *278*, 309
Chrétien de Troyes 34
ciclos de canções **152-155**
Cinco canções sagradas (Webern) 242
cisne de Tuonela, O (Sibelius) 221
citação, técnica da 317
clássica, era 105, 108-109, **112-141**, 160, 168, 170
Clementi, Muzio **132-133**
clemenzia di Tito, La (Gluck) 118, 135
Cocteau, Jean 256, 257, 262, 299, 321
Codax, Martin 35
Codex psalmorum 43
Coffey, Charles 135-136
colagem **254-255**, **316-317**
Cold Mountain (Higdon) 325, 327
comédie-ballet 70
compositores **26-27**, **232-239**
Concert for Piano and Orchestra (Cage) 323
concerti di camera ver câmara, música de
Concerti ecclesiastici (Viadana) 66
Concerti grossi (Corelli) **80-81**
Concerto para dupla orquestra de cordas (Tippett) 252
Concerto para flauta em lá maior (C. P. E. Bach) **120-121**
Concerto para piano em lá menor (C. Schumann) 179
Concerto para piano em lá menor (Grieg) 179, 209
Concerto para piano em lá menor (R. Schumann) 167, 179
Concerto para piano e orquestra (Cowell) 254
Concerto para piano nº 1 em mi menor (Chopin) 179
Concerto para piano nº 2 em sol menor (Saint--Saëns) 179
Concerto para piano para a mão esquerda (Ravel) **266-267**, *267*
Concerto para violino (Berg) 265
Concerto para violoncelo (Lutosławski) 310
Concerto para violoncelo (Walton) 318
concertos 67, 68, 70, 80, 94-97
    concerti grossi **80-81**, 94, 96
    concertos para piano para a mão esquerda 266-267
    concertos solo **179**
Concertos de Brandemburgo (J. S. Bach) 80, 94
Concertos para trompa (Mozart) 96
concertos públicos, início dos 88

Concierto de Aranjuez (Rodrigo) 222
Concord Sonata (Ives) 286
contemporânea, música **298-329**
contraponto 86, 100, 101, **108-111**
Contrarreforma 48, 50-51
Contrasts (Bartók) 261
Convite à dança (Weber) 178
Copland, Aaron 215, 235, **286-287**
Coppélia (Delibes) 190
corais 78-79, 103, 105, 172, 271, 285
coral, música
    barroca **66-69**, **100-105**
    chori spezzati 55, 66, 69
    inglesa **44-45**, **218-219**, **284-285**
    policoral, estilo 44, 45
    renascentista **44-45**
    século xix **170-173**
    século xxi **329**
Cordier, Baude 37
Corelli, Arcangelo **80-81**, 86, 90, 91, 94
Corigliano, John 326
Coro de Meninos de São Tomás *104*
Corsi, Jacopo 62, 63
Così fan tutte (Mozart) 148
Couperin, François **82-83**
Cowell, Henry 254, 255, 268, 303, 337
cravo 56, **82-83**, 90-91, *90*
cravo bem temperado, O (Bach) 105, 109, *109*, 110, 165, 280
Creation du monde, La (Milhaud) 248
Criação, A (Haydn) 171
Crispino e la comare (Ricci) 148
Crumb, George 327

D

Dadaísmo **256-257**, 303
Dafne, La (Peri/Corsi) 62, 63
dança, formas de 57, 82, 91, 165, 178, *213*, 214, 222, 260
    ver também balé, música de
Danças eslavas (Dvořák) 214, 252, 263
Danças húngaras (Brahms) 189, 214
Danúbio azul (J. Strauss II) 178
Daphnis et Chloé (Ravel) 228
Daughters of the Lonesome Isles (Cage) 273
Davies, Peter Maxwell **318-319**
De institutione musica (Boécio) 24
Debussy, Claude 149, 155, 164, 199, 209, 211, 222, **228-231**, 242, 243, 248, 256, 258, 259, 266, 270, 273, 314, 324
Delibes, Léo 190
Delius, Frederick 253, 336
Derbyshire, Delia 301
descante 29, 31
Déserts (Varèse) 298
Desprez, Josquin **43**, 48, 50
Devil to Pay, The (Coffey) 135-136
Dia, Beatriz, condessa de 26
Diabelli, Anton 160
Diáguilev, Serguei 223, 248, 251, *251*, 256
Dido and Aeneas (Purcell) **74-77**, 290
Didone (Cavalli) 76, 77
Different Trains (Reich) 320
Ditters von Dittersdorf, Carl 125, 136, 334
Diversions (Britten) 266

Don Carlos (Verdi) 175
Don Giovanni (Mozart) 182, 212, 254
Donizetti, Gaetano 148, 174, 216, 334
Donnerstag (Stockhausen) 306
Don Pasquale (Donizetti) 148
Don silencioso, O (Dzerjínski) 276
Dowland, John **56-57**
Dowland, Robert 57
doze notas, música de 264-265
Drátenik (Škroup) 206
Dream of Gerontius, The (Elgar) 170, **218-219**
Dr. Who 301
Dryden, John 74, 77
Duchamp, Marcel 302, 303
Dufay, Guillaume **42**, *42*
Dunstaple, John 42, 44
Dussek, Jan Ladislav 334
Dvořák, Antonín 96, 155, 179, 206, **212-215**, 235, 252, 263
Dzerjínski, Ivan 276

E

Ebony Concerto (Stravinsky) 261
Ecce beatam lucem 44
ecologia sônica **322**
Edgar (Puccini) 195
Egmont (Goethe) 208
Eight Songs for a Mad King (Davies) *318*, **319**
Eimert, Herbert 301
Einstein on the Beach **321**
Elektra (Strauss) 193, 238
eletrônica, música 268, 269, **298-301**, 306, 307
Elgar, Edward 89, 96, 163, 170, 173, 208, 209, **218-219**, 266, 290
Elias (Mendelssohn) 100, 171, **172**, 172, 173, 218
Elizabeth I 45, 52-53, 57
Ellington, Duke 215
Éluard, Paul 262
Enigma Variations (Elgar) 219, 290
Eno, Brian 320, 321
Entertainer, The (Joplin) *259*
Erben, Karel 206
Erlkönig (Schubert) 153, 154
Erratum musicale (Duchamp) 302
escala cromática 242, 243, 264, 265
escala de canto sol-fá 25, 42
escáldico, poema 26
Escola de Mannheim 116-117, 129
Escola de Notre-Dame 28, 31
Escola de São Marçal de Limoges 31
Essercizi per gravicembalo (D. Scarlatti) 90, 91, 132
Estampes (Debussy) 199, 314
Esther (Händel) 86, 100
études 165
Études (Debussy) 324
Études (Ligeti) **324**
Eurídice (Peri) 63
EVERYTHING IS IMPORTANT (Walsh) 328

F

Fairy Queen, The (Purcell) 75, 77
Falla, Manuel de 222, **223**
Falstaff (Verdi) 175
Fantasia chromatica (Sweelinck) 108
Fantasia Concertante on a Theme of Corelli (Tippett) 96
Fantasia on a Theme by Thomas Tallis (Vaughan Williams) 45
Fantasie (Alkan) 266
Farrenc, Louise 234
Fauré, Gabriel 155, 209, **210-211**, *210*, 228, 267
Faust et Hélène (Boulanger) 234
Fausto (Goethe) 153, 176-177
Fausto (Gounod) 195
Fayrfax, Robert 44-45
Feen, Die (Wagner) 149, 182-183
Feldman, Morton 302, 305
ferne Geliebte, An die (Beethoven) 152
Festa, Costanzo 48
feste Burg, Ein (Luther) 78
feste Burg ist unser Gott, Ein (Buxtehude) 79
Fidelio (Beethoven) 134, 137, 182
Field, John 164, 165
Figure humaine (Poulenc) 262
Finlândia (Sibelius) 221
First Construction (in Metal) (Cage) 269
flauta mágica, A (Mozart) 130, **134-137**, *135*, 149
Fledermaus, Die (Strauss) 137
Fluxus, movimento 303
folclórica, música **212-215**, 248-249, 252-253, 263, 270-271, 280
forma-sonata 133
Four Saints in Three Acts (Thomson) 286
fractal, música **324**
Franck, César 163, 335
Frauenliebe und leben (Schumann) 155
Freischütz, Der (Weber) 134, 137, **149**, 182
Frescobaldi, Girolamo 333
Froberger, Johann Jakob 333
fugas 48, 50, **108-111**, 264
futuristas, manifestos 268, 269

G

Gabrieli, Andrea 55, 66, 68
Gabrieli, Giovanni **55**, 68
Gaelic Symphony (Beach) 234
Gagliano, Giovanni Battista da 63
Gagliano, Marco da 63
galante, música **107**
gamelão, música de 248, **273**
Gandolfi, Michael 327
Gautier, Théophile 155
Gay, John 88, 135
Geminiani, Francesco 81
Gerber, Ernst Ludwig 125
German, Edward 290
Gershwin, George 215, **258-261**
Gershwin, Ira 261
Gesamtkunstwerk (Obra de arte total) 182-187
Gesang der Junglinge (Stockhausen) 298, 301
Gesualdo da Venosa, Carlo 54, 332
Gibbons, Orlando 54, 333
Gilbert, W. S. 290
Ginastera, Alberto 280
Giraud, Albert 244
Glass, Philip 235, 273, 312, 313, 320, **321**
Glennie, Evelyn 269
Glière, Reinhold 309
Glinka, Mikhail 207, 334
Globokar, Vinko 301
Gluck, Christoph Willibald 107, **118-119**
Gnéssin, Mikhail 309
Godowsky, Leopold 147
Goehr, Alexander 318
Goethe, Johann Wolfgang von 153, 159, 176-177, 208
Goeyvaerts, Karel 306
goliardos 35
Golijov, Osvaldo 327
Golliwogg's Cakewalk (Debussy) 258, 259
Gombert, Nicolas 48, 67
Goodman, Benny 261, 271
Górecki, Henryk 282, 311
Götterdämmerung (Wagner) 184, *185*, 186
Gottschalk, Louis Moreau 147, 259
Gould, Glenn 111, *111*
Gounod, Charles 177, 195
Goyescas (Granados) 223
Grabu, Louis 74
Graduale Cisterciense 29
Gradus (Glass) 312
Gradus ad Parnassum 108
Graham, Martha 286, *287*
Grainer, Ron 301
Grainger, Percy 252, 253
Granados, Enrique 223
Grande Messe des morts (Berlioz) 210
Grande Valse brillante (Chopin) 178
Grandval, Marie de 234
Great Gatsby, The (Harbison) 286
Great Service (Byrd) 53
Greber, Jakob 74
Gretchen am Spinnrade (Schubert) 153
Grieg, Edvard 179, **208-209**, 220, 235
Gruppen (Stockhausen) **306-307**
Guarani, O (Carlos Gomes) **216-217**
Gubaidúlina, Sofia 310
Guerra e paz (Prokófiev) 272
Guerrero, Francisco 49
Guilherme IX, duque da Aquitânia 33
Guillaume Tell (Rossini) 148, 174

H

Haas, Pavel 263
Hadley, Henry Kimball 293
Hammerklavier sonata (Beethoven) 132
Händel, Georg Friedrich 25, 74, 77, 80, **84-89**, 91, 100, 101, 102, 106, 119, 125, 171, 218, 284, 285
Hans Heiling (Marschner) 149
Harbison, John 286
harmônicos, ideais 42
Harold en Italie (Berlioz) 146
Harris, Roy 286
Harrison, Lou 273
Hart, Roy 319
Harvey, Jonathan 301, 319
Hauptmann, Moritz 100
Hayasaka, Fumio 315
Haydn, Joseph 86, 96, 116, 120, 121, **122-127**, *127*, 128, 132, 138, 139, 152, 158, 171
Héloise, Abbess 26
Henrique de Meissen *34*
Henry, Pierre **299-301**, *299*
Henze, Hans Werner 261, 339
Herdeiros da Montanha Branca (Dvořák) 214
Herder, Johann Gottfried von 159
Hermann, Woody 261
heterofonia 30
Higdon, Jennifer 325, **326-327**
Hildegarda de Bingen **26-27**, *26*
Hiller, Johann Adam 134, 136
Hindemith, Paul 337
hinos 22, *22*, 48, 50, 67, **78-79**, 102, 103
hinos nacionais 174, 214, 220, 221
Hippolyte et Aricie (Rameau) 70, **107**, *107*
Hoffmann, E. T. A. 134, 137, 138, 149
Hofmannsthal, Hugo von 193
Hogan, Eric 258, 259
holandês voador, O (Wagner) 183, 237
Holidays (Ives) 254
Hollis, Margaret 238
Holmès, Augusta 234
Holst, Gustav 74, 252, 253, 290, 336
Holst, Imogen 239, 292
homofonia 50
Honegger, Arthur 262, 268, 336
Hovhannisyan, Edgar 309
Howarth, Elgar 318
Howell, Herbert 284
Hugh the Drover (Vaughan Williams) 290
Hymnus Paradisi (Howell) 284

I J

Ibéria (Albéniz) **222**
Ibsen, Henrik 208-209
I Ching 305
Idomeneo (Mozart) 118, 135
Imaginary Landscape (Cage) 298, 304, 316
Imperial Academia de Música & Ópera Nacional 216
impressionistas, obras musicais **228-231**, 256, 262, 286
In C (Riley) **312-313**, 320
incoronazione di Poppea, L' (Monteverdi) 67, *69*
In nomine, gênero 45
In Seven Days (Adès) **328**
Institut de Recherche et Coordination Acoustique/Musique (Ircam) 301
internacional, estilo **86-89**
Ionisation (Varèse) **268-269**, 308
Iphigénie en Aulide (Gluck) 107
Isle joyeuse, L' (Debussy) 229
Itiberê, Brasílio 280
Ivan Susanin (Cavos) 207
Ives, Charles 155, **254-255**, 286, 316, 317
Jackson, Gabriel 329
Jagd, Die (Hiller) 134, 136
Jahn, Otto 100
Janáček, Leoš 206, 212, **263**
Jarre, Jean-Michel 299
jazz 258, 260-261
Jehin, Léon *210*

ÍNDICE

Jenkins, John 56
Jenkins, Karl 42
Jenůfa (Janáček) 206
Jeu de Robin et de Marion, Le 33-34, *33*
Jeune France, La 282
"jogos musicais de dados" 302
Johannes de Garlandia 24
jongleurs 35
Jonny spielt auf (Krenek) 261
Jonson, Ben 74
Joplin, Scott 259
Jórunn Skáldmaer 26
Judd, Donald 312
Juliana de Liège 26
Jutta of Sponheim 26, 27
juventude de Abraão, A (Gnéssin) 309

K L

Kaffeekantate (Bach) 101
Kapsberger, Giovanni Girolamo 56
Kennedy, Nigel *96*
Khatchaturian, Aram 272, **309**, *309*
Kilar, Wojciech 323
Kindertotenlieder (Mahler) 200
King Jr., Martin Luther 317
King Arthur (Purcell) 70, 75, 77
klagende Lied, Das (Mahler) 199
Knoxville: Summer of 1915 (Barber) 286
Knussen, Oliver 290
Koch, Heinrich Christoph 138
Kodály, Zoltán 212, 252, 271, 336
Korot, Beryl 320
Kraft, Antonín 96
Krenek, Ernst 261
Kronos Quartet 313
Kullervo (Sibelius) 220, 221
Kurtág, György 270
Lachenmann, Helmut 338
Lachner, Franz 130
Lachrimae (Dowland) 57
Lady Macbeth de Mtsensk (Chostakóvitch) 272, 276
Lago dos cisnes (Tchaikóvski) 178, 190
Lambert, Constant 284
Lanier, Nicholas 74, 76
La Pas Ma La (Hogan) 258, 259
Lark Ascending, The (Vaughan Williams) **253**
Lassus, Orlande de 51
Lebègue, Nicholas-Antoine 82
Le Boeuf sur le toit (Milhaud) 262
Lehár, Franz 137
Leitmotive 185, 186, 187, 260
Leoncavallo, Ruggero 194
Léonin 28-29, 31
Lesh, Phil 317
Let's Make an Opera (Britten) 293
Leutgeb, Joseph 96
Levi, Hermann 235
Lévi-Strauss, Claude 317
Lewis, John 261
Licht (Stockhausen) 307
Lieder **152-155**, 234
Lieder eines fahrenden Gesellen (Mahler) 200
Lied von der Erde, Das (Mahler) 198, **200-201**
Ligeti, György 270, 310, 311, **324**
Lim, Liza 323

Lind, Jenny 172
Lindberg, Magnus 339
Liszt, Franz 49, 96, 131, 132, 146-147, 162, 163, 167, 169, **176-177**, 179, 192, 270
litúrgicos, dramas 26, 27, 32
Lobo, Elias Álvares 216
Locke, Matthew 55, 75
Lohengrin (Wagner) 183
Lully, Jean-Baptiste **70-71**, *71*, 86, 102, 107
Lutero, Martinho 48, 52, 78, 103
Lutosławski, Witold 310, **323**
Lutyens, Elisabeth 239, 253, 337

M

Machaut, Guillaume de **37**
MacMillan, James 284, 339
Maconchy, Elizabeth 239
Madame Butterfly (Puccini) 194
Maderna, Bruno 301, 317
madrigais 48, **54**, 102, 234
madrigalismo 54, 102
Magister Albertus Parisiensis 28
Magnificat 102, 120
Magnus liber organi (Léonin) 29
Mahler, Gustav 149, 155, 176, 188, 189, 192, **198-201**, 238, 277, 317, 322
Malats, Joaquim 222
Mallarmé, Stéphane 228, 231
Manelli, Francesco 62
Manfred (Byron) 208
Manon Lescaut (Puccini) 195
Mantra (Stockhausen) 306
Mão Guidoniana 24-25, *24*
Maple Leaf Rag (Joplin) 259
Marcha Jäger (Sibelius) 220
March of the Women, The (Smyth) *238*
Marschner, Heinrich 149
Marteau sans maître, Le (Boulez) 264
Martinu, Bohuslav 263
Marx, Joseph 242
Mascagni, Pietro 174, 194, 336
Maschera, Fiorentio 55
Mask of Orpheus, The (Birtwistle) 318
Mask of Time, The (Tippett) 284
Massenet, Jules 195
Massine, Léonide 190, 223, 256
matemáticos, princípios 308, 324
Matisse, Henri 251
Mazeppa (Grandval) 234
mazurca 165
McCarthy, Nicholas 266
McPhee, Colin **273**
Meistersinger von Nürnberg, Die (Wagner) 186
melismas 23, 31, 76
Mendelssohn, Fanny 234
Mendelssohn, Felix 78, 100, 105, 108, 158, 167, **170-173**, *173*, 179, 208, 218
menestréis 35
Menuhin, Yehudi 105
Mephisto-Walz (Liszt) 176
Mer, La (Debussy) 229, 314
Meredith, George 253
Merrie England (German) 290
Mescalin Mix (Riley) 312
Messe de Liverpool, La (Henry) 299

Messiaen, Olivier 228, 248, 262, 273, **282-283**, 298, 299, 307, 308, 315, 325
Messiah (Händel) 88, 89, 170, 218, 285
Metastasio, Pietro 118
Meyerbeer, Giacomo 183, 334
Micrologus (D'Arezzo) **24-25**
micropolifonia 324
Midsummer Marriage, The (Tippett) 290
Milhaud, Darius 248, 262, 336
Mingus, Charles 261
Minha pátria (Smetana) 206, 213, 263
minimalismo 251, **312-313**, **320-321**
Minnelieder 35
Minnesinger 35
Minotaur, The (Birtwistle) 325
Miss Fortune (Weir) 239
missa 22, 23, 36, 37, 42, 43, 45, 49, 50, 67, 101
missa de réquiem **210-211**
missa *Caput* 36
Missa da Requiem (Verdi) 175
Missa de Notre-Dame 37
Missa de Toulouse 36
Missa de Tournai 36
Missa em si menor (Bach) 101
missa *Et ecce terrae motus* (Brumel) 44
missa *L'Homme armé* (Dufay) **42**, 50
missa *Pange lingua* (Desprez) **43**
missa *Papae Marcelli* (Palestrina) 50-51
missa *Prolationum* (Ockeghem) 50
missa *Repleatur os meum* (Palestrina) 51
missa *Salisburgensis* (Biber) 44
moachaha, música 33
modernismo 193, **224-293**
modos 24, 25
Molière 70
Monk, Thelonius 324
monofonia 50
Monteverdi, Claudio 48, 54, 62, 63, **64-69**, 102, 107, 322
Morley, Thomas 54
Moses und Aron (Schoenberg) 264
motetos 36, 37, 44, 45, 48, 50, 51, 53, 55, 101-102, 264
Mozart, Wolfgang Amadeus 86, 88, 90, 94, 96, 102, 108, 116, 117, 118, 121, 125, 127, **128-131**, 133, **134-137**, 148, 149, 152, 158, 182, 208, 212, 254, 302
Müller, Wilhelm 152, 153
multimídia, experiências 320, **328**
Mundy, William 52
Murail, Tristan 301
Musgrave, Thea 239
"música absoluta" 273
music dramas 184
Music for 18 Musicians (Reich) 320
Music for the Royal Fireworks (Händel) 86, 88
Música ambiente 301, 313, 320
Música para cordas, percussão e celesta (Bartók) 308
musique concrète **298-301**, 306
Musique de table (Telemann) **106**
Mússorgski, Modest 155, **207**, *207*

N O

Nabucco (Verdi) 174, 175
Nancarrow, Conlon 324
naqqara 35
nariz, O (Chostakóvitch) 276, 277
nacionalismo musical 216-217, **202-223**

americano **286-287**
espanhol 222
finlandês **220-221**
francês 256
música folclórica **212-215**
russo **207**
tcheco 206, **212-214**, **263**
nativos americanos, música dos 215
Neoclassicismo 248, 251, 282, 286
Neorromantismo 326
Nepomuceno, Alberto 216, 280
neumas 24, 31
Neuwirth, Olga 328
Newman, John Henry 218, 219
Nielsen, Carl 220, 336
Nietzsche, Friedrich 103, 193
Nijínski, Vaslav *230*, 248, 250
Nikolais, Alwin 300
Noches en los jardines de España (Falla) 222
noiva vendida, A (Smetana) **206**, 213
Nono, Luigi 338
North, Roger 81
Notação
  antiga 22, **24-25**
  revolução **36-37**
noturnos 164, 165
November Steps (Takemitsu) **314-315**
Nuits d'été, Les (Berlioz) 155
Nyman, Michael 313
Oberon, König der Elfen (Wranitzky) 134, 136-137
Obra de arte total 182-187
Obrecht, Jacob 43, 100
O Care, Thou Wilt Despatch Me (Weelkes) 54
Ockeghem, Johannes 50, 332
Octeto (Stravinsky) 286
October (Whitacre) 329
Ode à alegria (Schiller) 159, 162
Odo de Cluny 24
oferenda musical, A (Bach) 111
Offrandes (Varèse) 242
Ogdon, John 318
Oldfield, Mike 313
On Willows and Birches (Williams) 326
ópera
  barroca **74-77**
  britânica, século xx **290-293**
  características 102
  compositoras 234-239
  Escola Napolitana 116, 118
  francesa 107
  inicial **62-63**
  italiana 174-175
  minimalista 321
  ópera-bufa 86, 107, 135, 148
  opera seria **118-119**, 135
  romântica alemã 137, 149, **182-185**
  século xxi 325
  semiópera 77
  Singspiel **134-137**, 149
  tcheca 206
  verismo **194-197**
  zarzuela 222, 223
  Zauberoper (ópera mágica) 134, 137
Ópera do mendigo (Gay) 88, 135
ópera dos três vinténs, A (Weill) 261
Oratório de Natal (Bach) 101, 103
oratórios 86, 89, 100, **101-105**, 171-172, 218, 284
  ver também coral, música

Orbit, William 301
Ordo virtutum (Hildegarda de Bingen) 27
Oresme, Nicole 36
Orfeo, L' (Monteverdi) 62, 63, 66, 67, 107
Orfeo ed Euridice (Gluck) **118-119**
Orfeu 62, *62*, 63
organa **28-31**
orientalismo 71
Otello (Verdi) 174, 175
ouverture 71
Owen, Wilfred 282, 285

P

Pacific 231 (Honegger) 268
Pacius, Fredrik 220
Paganini, Niccolò 96, **146-147**, *147*, 179
Pagliacci (Leoncavallo) 194
Paisiello, Giovanni 148
Paixão segundo São João, A (Pärt) 320
Paixão segundo São Lucas, A (Penderecki) 100, 311
Paixão segundo São Mateus, A (Bach) 100, **102-105**, 170, 171
Palestrina, Giovanni Pierluigi da 42, **46-51**, 264
Pankhurst, Emmeline 235
pantomima 34
papoula vermelha, A (Glière) 309
Para crianças (Bartók) 252
Parade (Satie) **256-257**
Parnasso confuso, Il (Gluck) *119*
Parsifal (Wagner) 183, 187, 198, 218
Pärt, Arvo 313, 320, 329, 338
Partita (Shaw) 329
passacaglia 76
passaggi 55
Patria (Schafer) 322
pavana 57
Pears, Peter 291, 293
Peças de Mistério 32
Pedrell, Felipe 222, 223
Pedro e o lobo (Prokófiev) 272
Peer Gynt (Ibsen/Grieg) 208-209, *208*
Pelléas et Melisande (Debussy) 229
Penderecki, Krzysztof 100, 258, 261, 308, **310-311**
Pénélope (Fauré) 210
percussão 251, 268-269, 273
Perfect Fool, The (Holst) 290
Pergolesi, Giovanni Battista 107
Peri, Jacopo **62-63**
Pérotin 28, 29, 30, 31, *31*, 124
Perugia, Matteo da 37
pescadores de pérolas, Os (Bizet) 198, 237
Peter Grimes (Britten) 237, 239, **290-293**, *291*
Petrucci, Ottaviano 43
Petrushka (Stravinsky) 190
"piano preparado" *303*
Piano-Rag-Music (Stravinsky) 260
Piazzolla, Astor 280, 281
Picabia, Francis 303
Picasso, Pablo 223, 251, 256
Pièces de clavecin (Couperin) 82-83
Pierrot lunaire (Schoenberg) 242, **244-245**, *244*, 308, 318, 319
Pierrot Players (depois, The Fires of London) 242, 319
Pietrobono 56
Pink Floyd 321

Pithoprakta (Xenakis) **308**
Place Where You Go To Listen, The (Adams) 322
Planets, The (Holst) 290
Pleyel, Ignace Joseph 127
poemas sinfônicos 162, 163, 206, 220, 221, 263
Poemas sinfônicos (Liszt) 131
poemas tonais 192, 193, 326-327
Poème électronique (Varèse) 269, 301
polca *213*, 214
poliestilismo 276, 278, 316, 319
polifonia **28-31**, **36-37**, **48-51**, 66, 67
polonaise 165
Porgy and Bess (Gershwin) 260-261, *261*
Poulenc, Francis 155, **262**, 282
Power, Leonel 42
Pran Nath, Pandit 313
Prélude à l'après-midi d'un faune (Debussy) **228-231**, *230*, 242
Préludes (Messiaen) 228, 283
Prelúdios (Chopin) **165**
Priest, Josias 75, 76
prima pratica 66, 67, 69, 101
primitivismo **248-251**
Prince of the Pagodas, The (Britten) 198
príncipe de madeira, O (Bartók) 270
Prokófiev, Serguei 251, 266, 268, **272**, 276, 309
Prometeu: o poema do fogo (Scriábin) 328
Protestante, Reforma 48, 50, 78
Puccini, Giacomo **194-197**
Pulcinella (Stravinsky) 190, 223
Punch and Judy (Birtwistle) 290, 318
Purcell, Henry 70, **72-77**, 86, 102, 124, 290
Purgatory (Weisgall) 290

Q R

qawwali, música 29
Quadros de uma exposição (Mússorgski) **207**
Quarteto de cordas (Debussy) 229
Quarteto de cordas com helicópteros (Stockhausen) 307
Quarteto de cordas em dó maior, op. 54, nº 2 (Haydn) **125-127**
Quarteto de cordas nº 1 (Ligeti) 270
Quarteto de cordas nº 14 (Beethoven) **159-161**
Quarteto de cordas nº 14, "A Morte e a donzela" (Schubert) 158
Quarteto de cordas nº 2 (Schoenberg) 264
Quarteto de cordas nº 4 (Bartók) 271
Quarteto de cordas nº 5 (Bartók) **270-271**
quartetos de cordas **124-127**, **158-161**
Quarteto para o fim do tempo (Messiaen) **282-283**
quatro estações, As (Vivaldi) 94, **96-97**, *96*
Quatro motetos penitenciais (Poulenc) 282
quatro últimas canções, As (R. Strauss) 155, 193
quebra-nozes, O (Tchaikóvski) **191**, *191*
Querelle des Bouffons 107
Quotation of Dream (Takemitsu) 314
Rachmaninoff, Sergei 96, 147, 207, 260, 266, 272
ragtime 258-260
Rainbow in Curved Air, A (Riley) 313
Rain Tree Sketch II (Takemitsu) 315
Rake's Progress, The (Stravinsky) 68
Rameau, Jean-Philippe 70, **107**
rapto do serralho, O (Mozart) 136
Rasputin (Rautavaara) 325
Rastell, John 43

ÍNDICE 349

Rattle, Simon 328
Rautavaara, Einojuhani 325
Ravel, Maurice 178, 198, 207, 211, 228, 253, 256, 258, 260, **266-267**, 273
recitativo 63, 66, 67, 74, 118, 197, 260
regentes mulheres 238
Reich, Steve 312, 313, 317, **320**, *320*
Reichardt, Louise 234
Reimann, Aribert 338
Reincken, Johann Adam *79*
Relâche (Satie) 256
renascentista, música **38-57**
Renascimento Musical Inglês 173
Réquiem (Berlioz) 172-173
Réquiem (Fauré) **210-211**
Réquiem (Verdi) 173, 210
Réquiem alemão (Brahms) 173, 189
Requiem for Strings (Takemitsu) 315
revoltosa, La (Chapí) 223
(R)evolution of Steve Jobs, The (Bates) 326
Revueltas, Silvestre 280, 281
Rhapsody in Blue (Gershwin) 258, *259*, **260**
Rheingold, Das (Wagner) 184, 187
Ribemont-Dessaignes, Georges 303
Ricci, Federico 148
Ricci, Luigi 148
Riders to the Sea (Vaughan Williams) 237
Rienzi (Wagner) 183
Rifkin, Joshua *259*
Rigoletto (Verdi) 68, 174-175
Riley, Terry **312-313**, 320
Rímski-Kórsakov, Nikolai 199, 207, 248, 335
Rinuccini, Ottavio 62, 63
Rio Grande, The (Lambert) 284
ritmo modal 31
ritorno d'Ulisse in patria, Il (Monteverdi) 62, 63
Rodrigo (Händel) 121
Rodrigo, Joaquín 222, 337
Roman de Fauvel, Le (Gervais du Bus) *36*, 37
Romantismo **142-201**, 176, 222, 250, 257, 266
    alemão 137, **149**, 153, **176-177**, **182-185**, 257, 286
    Protorromantismo **158-161**
Romeu e Julieta (Prokófiev) **272**, 309
Rorem, Ned 327
Rosamunde (Schubert) 208
Rosner, Tal 328
Rossi, Luigi 70
Rossini, Gioachino 68, **148**, 173, 174, 216
Rousseau, Jean-Jacques 97
Royal Wind Musick 55
Rubinstein, Anton 179
Rückert, Friedrich 200
Ruggero, Leoncavallo 335
Ruggles, Carl 254
Rusalka (Dvořák) 206
Russo, Bill 261
Russolo, Luigi 268

S

Saariaho, Kaija 234, 301, **325**, *325*
sacra, música
    cantochão **22-23**, 26, 37, 49, 50, 68
    música de igreja protestante **52-53**
    século XX **282-283**
    ver também coral, música; missa

Sagração da primavera (Stravinsky) **248-251**, *249*, *251*, 254
Saint-Francois d'Assise (Messiaen) 325
Saint-Saëns, Camille **179**, 208
Salieri, Antonio 121, 137, 139, 153, 334
salmos, arranjos para 66, 67, 86
Salomé (Strauss) 193
Salomon, Johann Peter 124
Sammartini, Giovanni Battista 116
Sammartini, Giuseppe 119
Sancte Bonifati martyr 30
São Paulo (Mendelssohn) 171-172
Šarlatán (Haas) 263
Sasuntsi Davit (Hovannisyan) 309
Satie, Erik 243, 251, **256-257**, 259, 262, 273, 312
Scalvini, Antonio 217
Scarlatti, Alessandro 91, 118, 121, 124
Scarlatti, Domenico 83, 86, **90-91**, 132
Schaeffer, Pierre 298, **299-301**, 306, 307
Schafer, R. Murray **322**
Scheherazade (Rímski-Kórsakov) 199
Scheidt, Samuel 78, 79
Schein, Johann Hermann 333
Schikaneder, Emanuel 134, 136, 137
Schiller, Friedrich 159, 162
Schneitzhoffer, Jean-Madeleine 190
Schnittke, Alfred 276, 278, 316
Schoenberg, Adam 327
Schoenberg, Arnold 130, **240-245**, 242, 264, 265, 266, 303, 306, 308, 318, 319, 320
schola cantorum 23, 29
schöne Müllerin, Die (Schubert) 152, **153-154**
Schopenhauer, Arthur 185, 186
Schubert, Franz 127, 130, 131, **150-155**, 158, 167, 178, 208
Schuller, Gunther 261
Schumann, Clara Wieck 155, *167*, 179, 188, 189, 234, 334
Schumann, Robert 100, 127, 146, 152, 155, 160, 164, **166-169**, 177, 188-189, 208
Schütz, Heinrich 66, 102, 333
Scriábin, Aleksandr 207, 242, 328
Sebor, Karel 206
Second Service (Sheppard) 52
seconda pratica 66, 67, 69
Seis prelúdios e fugas (Mendelssohn) 108
Semele (Händel) 89
Senesino 88
September Symphony (Kilar) 323
serialismo 248, **264-265**, 308, 320
    serialismo total 303, **306-307**
Serocki, Kazimierz 311
Serra, Richard 312
sertaneja, A (Itiberê) 280
serva padrona, La (Pergolesi) 107
Sessions, Roger 287
Seven Advent Antiphons (Jackson) 329
Shankar, Ravi 321
Shaw, Caroline 329
Sheppard, John 45, 52
Sibelius, Jean 209, **220-221**
Siege of Rhodes, The 74
Siegfried (Wagner) 184, 186
Sigurd Jorsalfar (Bjørnson) 209
silêncio, conceito de 304, 305, 315
Silver Swan, The (Gibbons) 54
Sinfonia (Berio) 254, **316-317**
Sinfonia antartica (Vaughan Williams) 318

Sinfonia em mi bemol maior (Stamitz) 117
Sinfonia fantástica (Berlioz) 131, **162-163**, 167, 176, 186
Sinfonia Fausto (Liszt) 162, 163, 167, **176-177**, *177*
Sinfonia nº 1 (Beethoven) 138, 265
Sinfonia nº 1 (Brahms) 166, 188, **189**
Sinfonia nº 1 (Haydn) 138
Sinfonia nº 1 (Mahler) 166, 188, *201*
Sinfonia nº 1, "Primavera" (Schumann) **167-169**
Sinfonia nº 2 (Mahler) 201, 317
Sinfonia nº 3 (Mahler) 192, 201
Sinfonia nº 3, "Eroica" (Beethoven) 128, 131, **138-141**, 158
Sinfonia nº 3, "Pastoral" (Vaughan Williams) 329
Sinfonia nº 4 (Chostakóvitch) 277
Sinfonia nº 4 (Ives) **255**
Sinfonia nº 4 (Lutosławski) **323**
Sinfonia nº 40 (Mozart) **129-130**, *129*
Sinfonia nº 41, "Júpiter" (Mozart) 130-131
Sinfonia nº 44, "Manhã" (Haydn) 120
Sinfonia nº 5 (Chostakóvitch) **277-279**
Sinfonia nº 5, "Reforma" (Mendelssohn) 78
Sinfonia nº 6, "Pastoral" (Beethoven) 162
Sinfonia nº 8 (Mahler) 176, 322
Sinfonia nº 9 (Beethoven) 128, 131, 138, 159, 162, 166, 182, 188
Sinfonia nº 9, "Do Novo Mundo" (Dvořák) **214-215**
Sinfonia nº 9, "Grande sinfonia em dó maior" (Schubert) 167
sinfonias 128-131
    período clássico **128-131**
    programáticas 162-163
    românticas 131, **162-163**, **166-169**, **188-189**, 192
Sinfonias de instrumentos de sopro (Stravinsky) 272
Sinfonieta (Janáček) **263**
sinfonietas 263
Singakademie 171
Singspiel **134-137**, 149
Six, Les 251, 257, 262
Six Pianos (Reich) **320**
Škroup, František 206
Smetana, Bedřich **206**, 212, 213
Smyth, Ethel **232-239**
sombrero de tres picos, El (Falla) **223**
sonata da chiesa 106
Sonata em ré menor "Pastoral" (D. Scarlatti) 91
sonata em trio 12, 67
Sonata para piano em fá sustenido menor (Clementi) 132, **133**
Sonata para piano em si menor (Liszt) 132, 270
Sonata para piano nº 2, "Concord" (Ives) 254
Sonata para violino em sol menor *O trilo do diabo* (Tartini) 146
Sonata para violino nº 2 (Ravel) 258
Sonata pian' e forte (Gabrieli) 55
sonatas 67, 68, 82, **90-91**, **132-133**
Song for Athene (Taverner) 329
Song of Hiawatha, The (Longfellow) 199, 215
Sonho de uma noite de verão (Mendelssohn) 208
Sonntag (Stockhausen) 322
Sousa, John Philip 259, 260
soviética, música da era **276-279**, **309-311**
Spartacus (Khatchaturian) **309**
Spem in alium (Tallis) 44, 45, 322
Spinacino, Francesco 56
spirituals 214, 285
Spooky Tooth 301
Squarcialupi codex 43
St. John Passion (MacMillan) 284

St. Magnus International Festival 319
Stabat Mater (Palestrina) 49
Stamitz, Anton 117
Stamitz, Carl 117
Stamitz, Johann **116-117**
Stella, Frank 312
Stockhausen, Julius 152
Stockhausen, Karlheinz 283, 298, 301, **306-307**, 322
Stradella, Alessandro 80
Stradivarius, Antonio 146
Strauss, Franz 192
Strauss, Johann, I 137, 178
Strauss, Johann, II **178**, *178*
Strauss, Richard 155, 163, **192-193**, 238, 266, 270
Stravinsky, Igor 68, 190, 223, **246-251**, *251*, 254, 260, 261, 266, 272, 282, 286, 315
Strepponi, Giuseppina 175
Striggio, Alessandro 44, 45
String Around Autumn, A (Takemitsu) 315
Strozzi, Barbara 234, 333
Sturm und Drang, movimento 124, 129, 159
Sturm und Drang, sinfonias (Haydn) 116, 129
Suíte de canções folclóricas dinamarquesas (Grainger) 252
Suíte para piano (Schoenberg) 242
Suíte tcheca (Dvořák) 214
Sullivan, Arthur 290
Suzuki, método 83
Swanee (Gershwin) 261
Sweetlinck, Jan Pieterszoon 78-79, 108, 332
Swingle Singers *316*, 317
Sylphide, La (Schneitzhoffer) 190
Sylvia (Delibes) 190
Symphonie (Webern) **265**
Symphonie pour un homme seul (Schaeffer/Henry) **299-300**

T

Tabuh-Tabuhan (McPhee) 273
Tafelmusik (música de mesa) **106**
Tailleferre, Germaine 262
Takemitsu, Toru **314-315**
Tallis, Thomas **44-45**, 53, 252, 322
Tan Dun 314
Tanglewood Festival 293
Tannhäuser (Wagner) 183
Tartini, Giuseppe 146
Tate, Nahum 75
Tavener, Sir John 282, 319, 322, 329
Taverner (Maxwell Davies) 318
Taverner, John 45, 339
Tchaikóvski, Piotr Ilitch 163, 178, **190-191**, 235
teatro musical 319
Te Deum (Berlioz) 172, 173
Telemann, Georg Philipp **106**
Templári na Morave (Sebor) 206
Thamos, rei do Egito (Mozart) 208
Theatre Piece nº 1 (Cage) 328
Theofanidis, Christopher 327
Theremin, Léon 268
Thomson, Virgil 286
Three Choirs Festival 171, 284
Three Occasions for Orchestra (Carter) 286
Tides of Manaunaun (Cowell) 268
Timbres-durées (Messiaen) 298
Tinctoris, Johannes 44
Tippett, Michael 96, 158, 209, 218, 239, 252, **284-285**, 290, 318
Toldrà, Eduard 223
Tomkins, Thomas 52
tonalidade 242, 245, 254
Tongue of the Invisible (Lim) 323
tons inteiros, escala de 282
Torelli, Giuseppe 94
Tosca (Puccini) **196-197**, *196*
Tost, Johann 126
Totus tuus (Górecki) 282
tragédia florentina, Uma (Zemlinsky) 192
Transcendentalismo, movimento literário 254, 255
traviata, La (Verdi) 68, **174-175**, *174*
Treatise (Cardew) 302, 305
Trenodia para as vítimas de Hiroxima (Penderecki) 308, **310-311**
Três canções russas (Rachmaninoff) 272
Trio for Strings (Young) 312, 320
Tristan und Isolde (Wagner) 68, 185, *185*, 186, 192, 229, 242
Tristão, acorde 185
Trois Gnossiennes (Satie) 273
Trois Gymnopédies (Satie) 256, 257, 262
Trois Morceaux en forme de poire (Satie) 256
Trois Petites Liturgies de la présence divine (Messiaen) 262
trouvère, canções de 33, 34, 35
trovador, canções de 26, 33, 34, 35, 50
trovatore, Il (Verdi) 174, 175
Tubular Bells (Oldfield) 313
Tudor, David 304, 305
Turandot (Puccini) 194
Turangalîla-symphonie (Messiaen) 248
Turnage, Mark-Anthony 319, 339
Turn of the Screw, The (Britten) 68

U V

Umlauf, Ignaz 136
Undine (Hoffmann) 134, 137, 149
Up-Close (Van der Aa) 328
Valéry, Paul 317
valsas 165, 178
Valses nobles et sentimentales (Ravel) 178
Valses sentimentales (Schubert) 178
van der Aa, Michel 328
Vanhal, Johann Baptist 125, 212
Varèse, Edgard 242, **268-269**, 298, 301, 308
Variações Goldberg (J. S. Bach) 111
Variações Haydn (Brahms) 189
Vaughan Williams, Ralph 45, 155, 237, **252-253**, 290, 318, 329
venezianos, música e compositores 68
Venus and Adonis (Blow) 75
Verdelot, Philippe 54
Verdi, Giuseppe 68, 148, 173, **174-175**, 199, 210, 217, 293
Verga, Giovanni 197
verismo 194-197
Verklärte Nacht (Schoenberg) 242
Vésperas da Santa Virgem (Monteverdi) **66-69**, 322
Vexations (Satie) 257, 312
Viadana, Lodovico 66
Victoria, Tomás Luis de 51, 332
vida breve, La (Falla) 223
vida pelo tsar, A (Glinka) 207
Viderunt omnes (Pérotin) 124
vienenses, compositores 130
Vieuxtemps, Henri 147
Villa-Lobos, Heitor **280-281**
villi, Le (Puccini) 194-195
Vinci, Leonardo da 116
virtuoses 51, 69, 80, 89, 90-91, 96, 129, 133, 146-147, 165, 222
Vitry, Philippe de 36-37
viúva alegre, A (Lehár) 137
Vivaldi, Antonio 68, 81, 90, 91, **92-97**, 101, 102
Vltava (Smetana) 213
Vogelweide, Walther von 35

W

Wagner, Richard 68, 131, 148, 149, 155, 162, 166, 177, **180-187**, 192, 198, 218, 229, 230, 236, 237, 242
Wald, Der (Smyth) 235
Walküre, Die (Wagner) 182, 184-185, *186*
Walshe, Jenifer 328
Walton, William 284, 318
Wanderer, Der (Schubert) 153
War Requiem (Britten) 282, 284, 285, 291
Water Music (Händel) 87, 87, 89
Weber, Carl Maria von 134, 137, **149**, 165, 178, 182
Webern, Anton von 242, **264-265**, *264*, 299
Weelkes, Thomas 52, **54**
Weill, Kurt 261, 337
Weir, Judith 239, 339
Weisgall, Hugo 290
Where the Wild Things Are (Knussen) 290
Whitacre, Eric **329**
Whiteman, Paul 260
Whythorne, Thomas 54
Willaert, Adrian 55
Williams, John 326
Wilson, Robert 321
Winchester Troper 28, 30-31
Winterreise (Schubert) 153, 154
Wittgenstein, Paul 267
Wolf, Hugo 155, 155
Wranitzky, Paul 134, 136, 137
Wreckers, The (Smyth) **235-239**
Wuorinen, Charles 324

X Y Z

Xenakis, Iannis 301, **308**
Yeux clos, Les (Takemitsu) 315
Yonge, Nicholas 54
Young, La Monte 304, 312, 313, 320
Yuasa, Joji *314*
Zadok the Priest (Händel) 86, 89, 102
zarzuela 222, 223
Zdravitsa (Prokófiev) 276
Zelenka, Dismas 212
Zemlinsky, Alexander von 192, 243
Zichy, Géza 176
Zwolle, Arnaut van 56

CRÉDITOS DAS CITAÇÕES

MÚSICA ANTIGA

22 São João Clímaco
24 Guido d'Arezzo
26 Hildegarda de Bingen
28 Santo Agostinho
32 Walther von der Vogelweider
36 Guillaume de Machaut

RENASCIMENTO

42 Johannes Tinctoris
43 Josquin Desprez
44 Thomas Tallis
46 Giuseppe Verdi
52 John Irving
54 John Milton
55 Thomas Coryat
56 Sir Thomas Wyatt

BARROCO

62 John Evelyn
64 Claudio Monteverdi
70 Évrard Titon du Tillet
72 Henry Playford
78 Martinho Lutero
80 Angelo Berardi
82 François Couperin
84 Georg Friedrich Händel
90 Domenico Scarlatti
92 Antonio Vivaldi
98 Johann Sebastian Bach
106 Johann Mattheson
107 Alexis Piron
108 Frédéric Chopin

CLASSICISMO

116 Christian Friedrich Daniel Schubart
118 Romain Rolland
120 Carl Philipp Emanuel Bach
122 Joseph Haydn
128 Richard Wagner
132 William Dean Howells
134 *A flauta mágica*
138 Ludwig van Beethoven

ROMANTISMO

146 Yehudi Menuhin
148 Gioachino Rossini
149 Carl Maria von Weber
150 Franz Schubert
156 Ludwig van Beethoven
162 Hector Berlioz
164 Frédéric Chopin
166 Robert Schumann
170 Crítico do *Times* de Londres, 1846
174 D. H. Lawrence
176 *Fausto*
178 Heinrich Heine
179 Camille Saint-Saëns
180 Vincenzo Bellini
188 Clara Wieck Schumann
190 Robert Caro
192 Gustav Mahler
194 Giacomo Puccini
198 Gustav Mahler

NACIONALISMO

206 Bedřich Smetana
207 Havelock Ellis
208 Edvard Grieg
210 Gabriel Fauré
212 Antonín Dvořák
216 Antonio Carlos Gomes
218 Ralph Vaughan Williams
220 Jean Sibelius
222 Isaac Albéniz
223 Crítico do *Times* de Londres, 1918

MODERNISMO

228 Stephane Mallarmé
232 Ethel Smyth
240 Peter Maxwell Davies
246 Igor Stravinsky
252 George Meredith
254 Charles Ives
256 Erik Satie
258 George Gershwin
262 Maurice Sachs
263 Leoš Janáček
264 Anton von Webern
266 Maurice Ravel
268 Edgard Varèse
270 Mikhail Glinka
272 Serguei Prokófiev
273 Colin McPhee
274 Dmítri Chostakóvitch
280 Heitor Villa-Lobos
282 Oliver Messiaen
284 Michael Tippett
286 Martha Graham
288 Benjamin Britten

MÚSICA CONTEMPORÂNEA

298 Pierre Schaeffer
302 John Cage
306 Pierre Boulez
308 Iannis Xenakis
309 Aram Khatchaturian
310 Krzysztof Penderecki
312 Terry Riley
314 Toru Takemitsu
316 Luciano Berio
318 Peter Maxwell Davies
320 Steve Reich
321 Philip Glass
322 R. Murray Schafer
323 Witold Lutosławski
324 Richard Steinitz
325 Kaija Saariaho
326 Notas do programa de *blue cathedral*
328 Thomas Adès
329 Eric Whitacre

AGRADECIMENTOS

A Dorling Kindersley gostaria de agradecer a Smita Mathur, Riji Raju e Nonita Saha pela assistência editorial e a Hansa Babra pela assistência de design.

CRÉDITOS DAS IMAGENS

A editora gostaria de agradecer às seguintes pessoas e instituições pela gentil permissão de reproduzir suas fotos:
(abreviaturas: a: em cima; b: embaixo; c: no centro; d: à direita; e: à esquerda; t: no topo)

22 The Metropolitan Museum of Art: doação de J. Pierpont Morgan, 1917 (bc). **23 Getty Images:** DeAgostini (bd); Universal History Archive (te). **24 Alamy Stock Photo:** Music-Images (cd). **25 Getty Images:** DEA / Veneranda Bilblioteca Ambrosiana / De Agostini (td). **26 Getty Images:** Fine Art Images / Heritage Images (c). **27 Wellcome Images <http://creativecommons.org/licenses/by/4.0>:** William Marshall (td). **29 Alamy Stock Photo:** Steve Hamblin (te). **Getty Images:** Imagno (bd). **30 Alamy Stock Photo:** Paul Fearn (td). **31 Alamy Stock Photo:** Paul Fearn (bd). **33 Lebrecht Music and Arts:** cultureimages (te). **34 Getty Images:** Prisma / UIG (bl). **36 Alamy Stock Photo:** Lebrecht Music and Arts Photo Library (cdb). **37 Alamy Stock Photo:** Music-Images (cb). **42 Alamy Stock Photo:** Granger Historical Picture Archive (cdb). **44 Alamy Stock Photo:** Music-Images (cb). **45 Alamy Stock Photo:** James Hadley (te). **48 Getty Images:** DeAgostini (be). **49 Alamy Stock Photo:** Marka (td). **51 Alamy Stock Photo:** Artokoloro Quint Lox Limited (b). **52 Getty Images:** Culture Club (b). **53 Getty Images:** Mansell / The LIFE Picture Collection (bd). **55 Getty Images:** Fine Art Images / Heritage Images (cd). **57 Getty Images:** Leemage / Corbis (te). **SuperStock:** A. Burkatovski / Fine Art Images (be). **62 Alamy Stock Photo:** Art Collection 2 (cd). **63 Getty Images:** DEA Picture Library (td). **66 iStockphoto.com:** Clodio (bd). **67 Getty Images:** Imagno (td). **68 Getty Images:** DeAgostini (be). **The Metropolitan Museum of Art:** legado de Gwynne M. Andrews, 1931 (tc). **69 Alamy Stock Photo:** Granger Historical Picture Archive (be). **71 akg-images:** (t). **The Metropolitan Museum of Art:** Harris Brisbane Dick Fund, 1917 (cb). **74 Alamy Stock Photo:** 19th era (td). **75 Alamy Stock Photo:** Lebrecht Music and Arts Photo Library (bd). **Getty Images:** DEA / Veneranda Bilblioteca Ambrosiana / De Agostini (be). **76 Getty Images:** Historical Picture Archive / Corbis (te). **77 Alamy Stock Photo:** Lanmas (be). **79 akg-images:** (t). **80 Alamy Stock Photo:** AM Stock (bd). **81 Getty Images:** DeAgostini (td). **83 Getty Images:** DEA / G. Dagli Oorti / De Agostini (be); Leemage / Corbis (be). **86 Getty Images:** DEA / G. Dagli Oorti / De Agostini (be). **87 Getty Images:** Bettmann (c). **88 Alamy Stock Photo:** Chronicle (be). **89 Getty Images:** Angelo Hornak / Corbis (bd). **90 Alamy Stock Photo:** Artokoloro Quint Lox Limited (bd). **91 Getty Images:** De Agostini / A. Dagli Orti (td). **94 Getty Images:** DEA / A. Dagli Orti / De Agostini (td). **95 Getty Images:** Stefano Bianchetti / Corbis (bd). **96 Alamy Stock Photo:** Music-Images (td). **Getty Images:** Adam Berry / Redferns (b). **100 Getty Images:** Fine Art Images / Heritage Images (bd). **101 Getty Images:** DeAgostini (td). **103 Getty Images:** Stefano Bianchetti / Corbis (be). **104 Alamy Stock Photo:** DPA Picture Alliance (b). **105 Getty Images:** DEA Picture Library / De Agostini (td). **107 Getty Images:** Eric Cabanis / AFP (cd). **109 Alamy Stock Photo:** LOOK Die Bildagentur der Fotografen GmbH (bd); Music-Images (td). **111 Getty Images:** Gordon Parks / The LIFE Picture Collection (b). **116 Getty Images:** Imagno (cd). **117 Alamy Stock Photo:** Paul Fearn (te). **119 Getty Images:** Imagno (be, td). **120 Alamy Stock Photo:** Science History Images (cb). **124 Getty Images:** De Agostini / A. Dagli Orti (te). **125 Getty Images:** Imagno (td). **127 Getty Images:** DEA / A. Dagli Orti / De Agostini (be). **129 Getty Images:** DeAgostini (be); Imagno (td). **130 Getty Images:** De Agostini Picture Library (td); DEA / A. Dagli Orti / De Agostini (be). **132 Alamy Stock Photo:** Music-Images (bd). **133 Getty Images:** De Agostini / A. Dagli Orti (td). **135 Alamy Stock Photo:** Westend61 GmbH (t). **136 Alamy Stock Photo:** Interfoto (te). **137 Rex Shutterstock:** Alfredo Dagli Orti (ci). **139 Alamy Stock Photo:** GL Archive (b); Biblioteca do Congresso, Washington, D.C.: LC-USZC4-9589 (td). **140 Getty Images:** Imagno (te). **141 Rex Shutterstock:** Gianni Dagli Orti (bd). **147 Alamy Stock Photo:** Chronicle (td). **Getty Images:** De Agostini Picture Library (be). **149 Alamy Stock Photo:** Music-Images (c). **152 Getty Images:** DeAgostini (bd). **153 Alamy Stock Photo:** North Wind Picture Archives (td). **154 Alamy Stock Photo:** Lebrecht Music and Arts Photo Library (be). **155 Alamy Stock Photo:** Music-Images (bd). **158 Alamy Stock Photo:** Granger Historical Picture Archive (td). **161 123RF.com:** Mikhail Markovskiy (b). **163 Alamy Stock Photo:** Granger Historical Picture Archive (be). **Getty Images:** Pierre Petit / Hulton Archive (td). **164 Getty Images:** Fine Art Photographic Library / CORBIS (td). **165 Getty Images:** DeAgostini (td). **167 Getty Images:** Universal History Archive (be); Roger Viollet Collection (b). **169 Getty Images:** DeAgostini (bd). **171 Alamy Stock Photo:** Paul Fearn (td). **Getty Images:** SSPL (te). **172 Alamy Stock Photo:** Music-Images (bd). **173 Getty Images:** Mansell / The LIFE Picture Collection (bd). **174 Getty Images:** Bertrand Langlois / AFP (td). **175 Getty Images:** De Agostini Picture Library (be). **176 Alamy Stock Photo:** Paul Fearn (c). **177 Getty Images:** Imagno (bd). **Rex Shutterstock:** Alfredo Dagli Orti (ca). **178 Dreamstime.com:** Ershamstar (bd). **182 Getty Images:** Fine Art Images / Heritage Images (td). **183 Alamy Stock Photo:** North Wind Picture Archives (be). **185 Alamy Stock Photo:** Granger Historical Picture Archive (te). **Getty Images:** DeAgostini (bd). **186 Rex Shutterstock:** John Alex Maguire (td). **188 Getty Images:** DeAgostini (bd). **189 Getty Images:** DEA / A. Dagli Orti / De Agostini (cea). **191 Getty Images:** Ole Jensen – Corbis (be); Universal History Archive / UIG (td). **192 Alamy Stock Photo:** Prisma Archivo (be). **193 Getty Images:** DEA / A. Dagli Orti / De Agostini (cb). **Biblioteca do Congresso, Washington, D.C.:** LC-B2- 3747–11 [P&P] (td). **195 Alamy Stock Photo:** Chronicle (td). **Getty Images:** Culture Club (b). **196 Alamy Stock Photo:** Lebrecht Music and Arts Photo Library (be). **Getty Images:** Christophel Fine Art / UIG (td). **199 Getty Images:** Culture Club (te); Fine Art Images / Heritage Images (td). **201 Getty Images:** Imagno (bd). **207 Alamy Stock Photo:** World History Archive (td). **208 Alamy Stock Photo:** Granger Historical Picture Archive (cd). **209 Getty Images:** DEA / A. Dagli Orti / De Agostini (be). **210 Alamy Stock Photo:** Music-Images (cd). **211 Getty Images:** The Print Collector (td). **213 Alamy Stock Photo:** Music-Images (te, td). **214 Alamy Stock Photo:** Granger Historical Picture Archive (be). **215 NASA:** (te). **216 Coleção Ernesto Nazareth** / Acervo Instituto Moreira Salles (bc). **217 Agência DAPRESS** (bc). **Luisa Ricciarini** / Bridgeman Images / Keystone Brasil (ad). **219 Alamy Stock Photo:** Chronicle (be). **220 Getty Images:** Alex Robinson / AWL Images Ltd (td). **221 Getty Images:** Hulton-Deutsch Collection / CORBIS (td). **223 Getty Images:** PHAS / UIG (cd). **229 Getty Images:** Fine Art Images / Heritage Images (te, be). **230 Alamy Stock Photo:** Vibrant Pictures (bd). **234 Alamy Stock Photo:** Music-Images (be). **235 Alamy Stock Photo:** Paul Fearn (cb). **Getty Images:** Hulton Archive (be). **236 Getty Images:** Universal History Archive (t). **238 Alamy Stock Photo:** Chris Fredriksson (be); Heritage Image Partnership Ltd (tc). **239 Getty Images:** Robbie Jack / Corbis (b). **242 Getty Images:** PhotoQuest (cd). **243 Getty Images:** Imagno (td). **244 Alamy Stock Photo:** Lebrecht Music and Arts Photo Library (be). **245 Getty Images:** Imagno (td). **248 Alamy Stock Photo:** Heritage Image Partnership Ltd (be). **249 Alamy Stock Photo:** Music-Images (te). **251 Alamy Stock Photo:** Granger Historical Picture Archive (te). **Getty Images:** Apic (bd). **252 Getty Images:** Universal History Archive / UIG (td). **253 Alamy Stock Photo:** Music-Images (td). **255 Getty Images:** Bettmann (be, td). **256 Getty Images:** DEA / A. Dagli Orti / De Agostini (bc). **257 SuperStock:** Fototeca Gilardi / Marka (b). **259 Alamy Stock Photo:** Everett Collection, Inc. (te); Granger Historical Picture Archive (td). **261 Alamy Stock Photo:** Music-Images (bd). **Getty Images:** George Karger / Pix Inc. / The LIFE Images Collection (c). **262 Getty Images:** Fine Art Images / Heritage Images (cdb). **264 Getty Images:** DEA / A. Dagli Orti / De Agostini (bc). **265 Getty Images:** Granger Historical Picture Archive (te). **267 Getty Images:** Hiroyuki Ito (td); Albert Harlingue / Roger Viollet (be). **269 Getty Images:** Fred Stein Archive / Archive Photos (te); Ken Hively / Los Angeles Times (be). **270 Getty Images:** DEA / A. Dagli Orti / De Agostini (bd). **271 Getty Images:** Bettmann (td). **273 Alamy Stock Photo:** Michele Burgess (td). **276 Getty Images:** Fine Art Images / Heritage Images (td). **277 Alamy Stock Photo:** Music-Images (td). **278 Getty Images:** Fine Art Images / Heritage Images (cd). **Redferns** (be). **281 Getty Images:** Hiroyuki Ito (te); Time Life Pictures / Pix Inc. / The LIFE Picture Collection (be). **283 Getty Images:** Erich Auerbach / Hulton Archive (td); Hulton Archive (be). **284 Lebrecht Music and Arts:** Tristram Kenton (cd). **285 Getty Images:** Hulton- Deutsch Collection / Corbis (be). **287 Getty Images:** Mary Delaney Cooke / Corbis / Martha Graham em *Appalachian Spring*, coreografada por Martha Graham / Martha Graham Dance Company (te); Leonard M. DeLessio / Corbis (td). **290 Getty Images:** Geography Photos / UIG (td). **291 Alamy Stock Photo:** Everett Collection Inc (td). **Getty Images:** Hulton-Deutsch Collection / Corbis (cb). **293 Alamy Stock Photo:** Stan Pritchard (td). **Getty Images:** Kurt Hutton / Picture Post / Hulton Archive (be). **299 Getty Images:** Maurice Lecardent / INA (ca). **300 Getty Images:** George Konig / Keystone Features (te). **301 Getty Images:** Donaldson Collection / Michael Ochs Archives (be). **303 Alamy Stock Photo:** Pierre Brye (te); Granger Historical Picture Archive (td). **304 Alamy Stock Photo:** Science History Images (be). **307 Alamy Stock Photo:** Interfoto (cb). **TopFoto.co.uk:** Sisi Burn / ArenaPAL (td). **309 Alamy Stock Photo:** ITAR-TASS News Agency (cdb). **310 Alamy Stock Photo:** Lucas Vallecillos (be). **311 Alamy Stock Photo:** DPA Picture Alliance (td). **313 Alamy Stock Photo:** Philippe Gras (td). **Getty Images:** Jack Vartoogian (te). **314 Getty Images:** Hiroyuki Ito (b). **315 Getty Images:** Jack Mitchell (td). **316 Getty Images:** Claude James / INA (cd). **317 Rex Shutterstock:** Camilla Morandi (td). **318 Alamy Stock Photo:** Photo 12 / UIG (bc). **319 Getty Images:** Eamonn McCabe / Redferns (td). **320 Getty Images:** Nancy R. Schiff / Hulton Archive (cdb). **322 Alamy Stock Photo:** Artokoloro Quint Lox Limited (cdb). **325 Getty Images:** Raphael Gaillarde / Gamma-Rapho (c). **327 Lawdon Press:** J. Henry Fair (be). **329 Rex Shutterstock:** Rob Scott (b).

Todas as outras imagens © Dorling Kindersley
Para mais informações ver:
www.dkimages.com

Conheça todos os títulos da série:

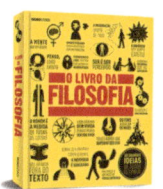

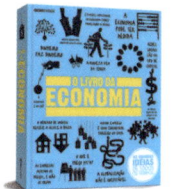

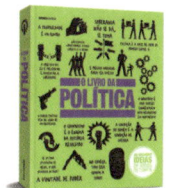

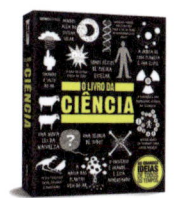

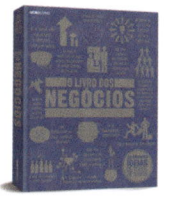

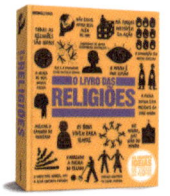

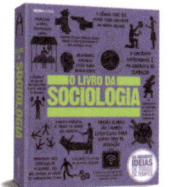

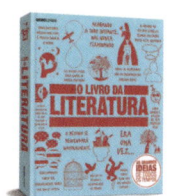

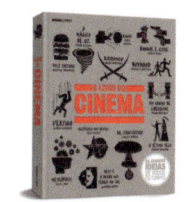

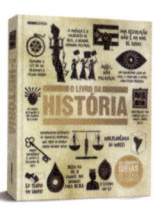

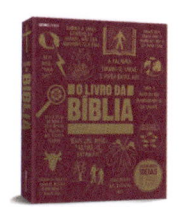

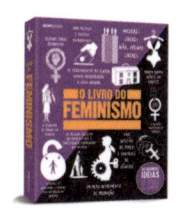

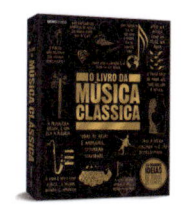

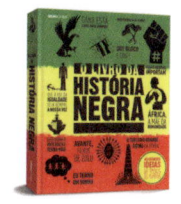

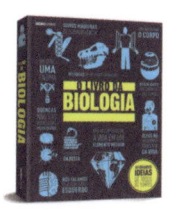

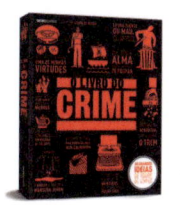

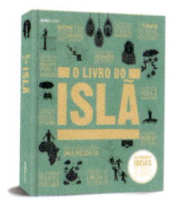

DK | Penguin Random House | GLOBO LIVROS

- O Livro da FILOSOFIA
- O Livro da PSICOLOGIA
- O Livro da ECONOMIA
- O Livro da POLÍTICA
- O Livro da CIÊNCIA
- O Livro dos NEGÓCIOS
- O Livro das RELIGIÕES
- O Livro da SOCIOLOGIA
- O Livro da LITERATURA
- O Livro do CINEMA
- O Livro da HISTÓRIA
- O Livro da MITOLOGIA
- O Livro da BÍBLIA
- O Livro do FEMINISMO
- O Livro da MÚSICA CLÁSSICA
- O Livro da ARTE
- O Livro da ECOLOGIA
- O Livro da MATEMÁTICA
- O Livro da FÍSICA
- O Livro da HISTÓRIA NEGRA
- O Livro da BIOLOGIA
- O Livro da QUÍMICA
- O Livro do DIREITO
- O Livro do CRIME
- O Livro da MEDICINA
- O Livro da HISTÓRIA LGBTQIAPN-
- O Livro do ISLÃ
- O Livro da SEGUNDA GUERRA MUNDIAL